Informatik—Fachberichte

Band 66: Applications and Theory of Petri Nets. Proceedings, 1982. Edited by G. Rozenberg. VI, 315 pages. 1983.

Band 67: Data Networks with Satellites. GI/NTG Working Conference, Cologne, September 1982. Edited by J. Majus and O. Spaniol. VI, 251 pages. 1983.

Band 68: B. Kutzler, F. Lichtenberger, Bibliography on Abstract Data Types. V, 194 Seiten. 1983.

Band 69: Betrieb von DN-Systemen in der Zukunft. GI-Fachgespräch, Tübingen, März 1983. Herausgegeben von M. A. Graef. VIII, 343 Seiten. 1983.

Band 70: W. E. Fischer, Datenbanksystem für CAD-Arbeitsplätze. VII, 222 Seiten. 1983.

Band 71: First European Simulation Congress ESC 83. Proceedings, 1983. Edited by W. Ameling. XII, 653 pages. 1983.

Band 72: Sprachen für Datenbanken. GI-Jahrestagung, Hamburg, Oktober 1983. Herausgegeben von J. W. Schmidt. VII, 237 Seiten. 1983.

Band 73: GI-13. Jahrestagung, Hamburg, Oktober 1983. Proceedings. Herausgegeben von J. Kupka. VIII, 502 Seiten. 1983.

Band 74: Requirements Engineering. Arbeitstagung der GI, 1983. Herausgegeben von G. Hommel und D. Krönig. VIII, 247 Seiten. 1983.

Band 75: K. R. Dittrich, Ein universelles Konzept zum flexiblen Informationsschutz in und mit Rechensystemen. VIII, 246 pages. 1983.

Band 76: GWAI-83. German Workshop on Artificial Intelligence. September 1983. Herausgegeben von B. Neumann. VI, 240 Seiten. 1983.

Band 77: Programmiersprachen und Programmentwicklung. 8. Fachtagung der GI, Zürich, März 1984. Herausgegeben von U. Ammann. VIII, 239 Seiten. 1984.

Band 78: Architektur und Betrieb von Rechensystemen. 8. GI-NTG-Fachtagung, Karlsruhe, März 1984. Herausgegeben von H. Wettstein. IX, 391 Seiten. 1984.

Band 79: Programmierumgebungen: Entwicklungswerkzeuge und Programmiersprachen. Herausgegeben von W. Sammer und W. Remmele. VIII, 236 Seiten. 1984.

Band 80: Neue Informationstechnologien und Verwaltung. Proceedings, 1983. Herausgegeben von R. Traunmüller, H. Fiedler, K. Grimmer und H. Reinermann. XI, 402 Seiten. 1984.

Band 81: Koordinaten von Informationen. Proceedings, 1983. Herausgegeben von R. Kuhlen. VI, 366 Seiten. 1984.

Band 82: A. Bode, Mikroarchitekturen und Mikroprogrammierung: Formale Beschreibung und Optimierung, 6, 7-227 Seiten. 1984.

Band 83: Software-Fehlertoleranz und -Zuverlässigkeit. Herausgegeben von F. Belli, S. Pfleger und M. Seifert. VII, 297 Seiten. 1984.

Band 84: Fehlertolerierende Rechensysteme. 2. GI/NTG/GMR-Fachtagung, Bonn 1984. Herausgegeben von K.-E. Großpietsch und M. Dal Cin. X, 433 Seiten. 1984.

Band 85: Simulationstechnik. Proceedings, 1984. Herausgegeben von F. Breitenecker und W. Kleinert. XII, 676 Seiten. 1984.

Band 86: Prozeßrechner 1984. 4. GI/GMR/KfK-Fachtagung, Karlsruhe, September 1984. Herausgegeben von H. Trauboth und A. Jaeschke. XII, 710 Seiten. 1984.

Band 87: Musterkennung 1984. Proceedings, 1984. Herausgegeben von W. Kropatsch. IX, 351 Seiten. 1984.

Band 88: GI-14. Jahrestagung. Braunschweig. Oktober 1984. Proceedings. Herausgegeben von H.-D. Ehrich. IX, 451 Seiten. 1984.

Band 89: Fachgespräche auf der 14. GI-Jahrestagung. Braunschweig, Oktober 1984. Herausgegeben von H.-D. Ehrich. V, 267 Seiten. 1984.

Band 90: Informatik als Herausforderung an Schule und Ausbildung. GI-Fachtagung, Berlin, Oktober 1984. Herausgegeben von W. Arlt und K. Haefner. X, 416 Seiten. 1984.

Band 91: H. Stoyan, Maschinen-unabhängige Code-Erzeugung als semantikerhaltende beweisbare Programmtransformation. IV, 365 Seiten. 1984.

Band 92: Offene Multifunktionale Büroarbeitsplätze. Proceedings, 1984. Herausgegeben von F. Krückeberg, S. Schindler und O. Spaniol. VI, 335 Seiten. 1985.

Band 93: Künstliche Intelligenz. Frühjahrsschule Dassel, März 1984. Herausgegeben von C. Habel. VII, 320 Seiten. 1985.

Band 94: Datenbank-Systeme für Büro, Technik und Wirtschaft. Proceedings, 1985. Herausgegeben von A. Blaser und P. Pistor. X, 519 Seiten. 1985

Band 95: Kommunikation in Verteilten Systemen I. GI-NTG-Fachtagung, Karlsruhe, März 1985. Herausgegeben von D. Heger, G. Krüger, O. Spaniol und W. Zorn. IX, 691 Seiten. 1985.

Band 96: Organisation und Betrieb der Informationsverarbeitung. Proceedings, 1985. Herausgegeben von W. Dirlewanger. XI, 261 Seiten. 1985.

Band 97: H. Willmer, Systematische Software-Qualitätssicherung anhand von Qualitäts- und Produktmodellen. VII, 162 Seiten. 1985.

Band 98: Öffentliche Verwaltung und Informationstechnik. Neue Möglichkeiten, neue Probleme, neue Perspektiven. Proceedings, 1984. Herausgegeben von H. Reinermann, H. Fiedler, K. Grimmer, K. Lenk und R. Traunmüller. X, 396 Seiten. 1985.

Band 99: K. Küspert, Fehlererkennung und Fehlerbehandlung in Speicherungsstrukturen von Datenbanksystemen. IX, 294 Seiten. 1985.

Band 100: W. Lamersdorf, Semantische Repräsentation komplexer Objektstrukturen. IX, 187 Seiten. 1985.

Band 101: J. Koch, Relationale Anfragen. VIII, 147 Seiten. 1985.

Band 102: H.-J. Appelrath, Von Datenbanken zu Expertensystemen. VI, 159 Seiten. 1985.

Band 103: GWAI-84. 8th German Workshop on Artificial Intelligence. Wingst/Stade, October 1984. Edited by J. Laubsch. VIII, 282 Seiten. 1985.

Band 104: G. Sagerer, Darstellung und Nutzung von Expertenwissen für ein Bildanalysesystem. XIII, 270 Seiten. 1985.

Band 105: G. E. Maier, Exceptionbehandlung und Synchronisation. IV, 359 Seiten. 1985.

Band 106: Österreichische Artificial Intelligence Tagung. Wien, September 1985. Herausgegeben von H. Trost und J. Retti. VIII, 211 Seiten. 1985.

Band 107: Mustererkennung 1985. Proceedings, 1985. Herausgegeben von H. Niemann. XIII, 338 Seiten. 1985.

Band 108: GI/OCG/ÖGJ-Jahrestagung 1985. Wien, September 1985. Herausgegeben von H. R. Hansen. XVII, 1086 Seiten. 1985.

Band 109: Simulationstechnik. Proceedings, 1985. Herausgegeben von D. P. F. Möller. XIV, 539 Seiten. 1985.

Band 110: Messung, Modellierung und Bewertung von Rechensystemen. 3. GI/NTG-Fachtagung, Dortmund, Oktober 1985. Herausgegeben von H. Beilner. X, 389 Seiten. 1985.

Informatik-Fachberichte 144

Herausgegeben von W. Brauer
im Auftrag der Gesellschaft für Informatik (GI)

Horst Oberquelle

Sprachkonzepte für benutzergerechte Systeme

Springer-Verlag
Berlin Heidelberg New York
London Paris Tokyo

Autor

Horst Oberquelle
Fachbereich Informatik, Universität Hamburg
Rothenbaumchaussee 67/69, D–2000 Hamburg 15

CR Subject Classifications (1987): H.1.2, D.2.1

ISBN-13: 978-3-540-18235-1   e-ISBN-13: 978-3-642-72927-0
DOI: 10.1007/978-3-642-72927-0

Repro- und Druckarbeiten: Weihert-Druck GmbH, Darmstadt
Bindearbeiten: Druckhaus Beltz, Hemsbach/Bergstraße
2145/3140 – 5 4 3 2 1 0

Diese Arbeit ist meiner Frau A n k e gewidmet,
die mich seit meinen ersten Schritten in der
Informatik begleitet.

VORWORT

Die vorliegende Arbeit ist das Ergebnis langjähriger Bemühungen um einen grundlegenden Beitrag zur Entwicklung benutzergerechter, interaktiver Systeme. Sie ist eine leicht überarbeitete Fassung meiner Habilitationsschrift mit dem Titel "Sprachkonzepte für die kooperative Rollenentwicklung", die vom Fachbereich Informatik der Universität Hamburg im Jahre 1986 angenommen wurde.

Die Untergruppe 'Mensch-Maschine-Kommunikation' unter Leitung von Prof. Dr. Ingbert Kupka im Arbeitsbereich 'Theoretische Grundlagen der Informatik' (Leiter Prof. Dr. Wilfried Brauer) im Fachbereich Informatik der Universität Hamburg war in vielen Jahren eine inspirierende Umgebung.

Ein einjähriger Aufenthalt als Vertretungsprofessor an der Datalogisk Afdeling der Universität Aarhus in Dänemark bot mir weitere fruchtbare Anregungen und gute Arbeitsmöglichkeiten. Die Verfügbarkeit des Graphiksystems MacDraft und die bereitwillige Überlassung von Macintosh-Rechnern durch meine Aarhuser Kolleginnen und Kollegen haben es mir ermöglicht, die Vielzahl der graphischen Darstellungen herzustellen. Für die Überarbeitung stand mir ein entsprechendes System im Hamburger Fachbereich Informatik zur Verfügung.

Ein ganz besonderer Dank gilt meiner Kollegin Dr. Susanne Maaß, die mir eine ständige Gesprächspartnerin war und für einen wesentlichen Teil der Arbeit mit Korrektur- und Verbesserungsvorschlägen zur Seite gestanden hat. Schließlich möchte ich mich bei meinen Gutachtern Prof.Dr.W.Brauer, München, Prof.Dr. C.Floyd, Berlin, und Prof.Dr.I.Kupka, Clausthal-Zellerfeld, für wertvolle Hinweise bedanken.

Ohne das große Verständnis und die ständige moralische Unterstützung meiner Frau Anke und die Geduld meiner Söhne Malte und Steffen wäre es kaum möglich gewesen, diese Arbeit anzufertigen.

Hamburg, im Juli 1987   Horst Oberquelle

Inhaltsverzeichnis

1. PROBLEMSTELLUNG

> 'Wir muten Leuten zu, unsere Computer zu benützen
> und ihre Auswirkungen zu akzeptieren, die sich
> überwältigt und desorientiert vorkommen müssen,
> weil wir ihnen Zeichenmengen mit rachitischem
> Sinn liefern und weil wir sie in Strukturen
> zwingen, die für sie undurchschaubar bleiben.'
>
> (H.Zemanek, 1984, S.25)

Transparenz von Computersystemen ist eines der seit langem
verfolgten Ziele der Informatik. Durch die Ausbreitung des
Computereinsatzes in vielfältige Anwendungsbereiche und die
interaktive Nutzung durch Informatik-Laien hat es eine neue
Bedeutung erlangt. Nicht nur die Entwickler sind an mehr
Transparenz interessiert, sondern auch alle anderen Menschen,
die Computer als Teil ihrer Arbeitsumwelt erleben.
Waren die Anstrengungen im Zusammenhang mit dem 'strukturierten
Programmieren' in den 70er Jahren darauf gerichtet, kleine
Programme für Programmierer verständlicher zu machen, konzen-
trieren sich die Anstrengungen in den 80er Jahren auf die
Transparenz großer Programmsysteme für Entwickler und Anwender
wie auf die Transparenz von Mensch-Maschine-Schnittstellen für
die Benutzer. Auf den ersten Blick scheinen beide Bereiche nur
wenige Berührungspunkte zu haben.

1.1. Probleme der Softwaretechnik

Im Bereich der Softwaretechnik werden 'große Programme'
folgendermaßen definiert:
> 'Ein Programm ist groß, wenn es eine Vielfalt von
> menschlichen Interessen und Tätigkeiten in sich wider-
> spiegelt. Und wenn es das tut, so wird es das
> Fassungsvermögen eines Einzelnen wesentlich übersteigen.
> Eine organisierte Gruppe von Menschen wird erforderlich
> sein, um so ein Programm zu entwerfen, zu implemen-
> tieren, zu warten und weiterzuentwickeln.' (Belady
> & Lehman, 1979; zitiert nach Floyd & Pasch, 1985)

Wenn wir davon ausgehen, daß große Programme nur von Gruppen von
Menschen entwickelt werden können, dann liegt es auf der Hand,
daß deren Kooperation nur dann gelingt, wenn sie adäquate
gemeinsame sprachliche Hilfsmittel und Werkzeuge verwenden.
Eine derartige 'Sprache' scheint noch weitgehend zu fehlen.
C.Floyd und J.Pasch (1985) haben auf verschiedene Mängel der
Softwareentwicklungsmethoden hingewiesen:

- keine geeigneten Strukturierungskonzepte für große
  Programme
- keine ausreichende Behandlung aller bei der Softwareentwicklung relevanter Grund- und Diskursbereiche (System-
  ziele, Anforderungen, Systemfunktionen, Entwurfsbausteine,
  Programmbausteine) und ihrer Zusammenhänge
- ungenügende Unterstützung für Datenbehandlung und
  Mensch-Maschine-Interaktion
- zu hoher Beschreibungs- und vor allem Änderungsaufwand
- lineare Sichtweise der Softwareentwicklung (kein evolutio-
  näres Vorgehen).'

Das Problem der Mensch-Maschine-Schnittstelle wird aus der Perspektive der Entwickler als ein Randproblem betrachtet, für dessen Bewältigung ebenfalls Hilfsmittel fehlen.

Der kritisierte hohe Beschreibungs- und Änderungsaufwand kann sowohl mit den unzureichenden, bisher verwendeten sprachlichen Hilfsmitteln wie mit der mangelnden Unterstützung durch passende Werkzeuge (z.B. Editoren o.ä.) erklärt werden.

Auch in den neueren Arbeiten von P.Freeman und A.van Staa zur theoretischen Fundierung der Softwaretechnik (Freeman & von Staa, 1984, von Staa & Freeman, 1985) rücken Beschreibungen und Beschreibungssprachen ins Zentrum des Interesses. Sie bauen ihre Theorie auf einer Analyse aller Aktivitäten auf, in denen Beschreibungen erzeugt, bearbeitet, ausgewertet oder sonst verwendet werden, und leiten Anforderungen an zukünftige Beschreibungssprachen her, auf die noch einzugehen sein wird.

Der letzte oben genannte Punkt deutet eine grundsätzliche Kritik an der heutigen Praxis der Softwareentwicklung an: in dem üblicherweise verwendeten Phasenkonzept (Software-Lebenszyklus) findet zu wenig Rückkopplung zum Anwender statt. Diese schwache Rückkopplung drückt sich in den typischen Kommunikations- prozessen aus: In der Phase der Systemanalyse versucht der Entwickler, für sich ein Modell der Anwendung zu erarbeiten, und holt sich dazu Information vom Anwender. Die Art und Weise der Modellierung und Beschreibung wird häufig durch Computer- orientierte Grundvorstellungen geprägt.
Mit der Festlegung der Anforderungen an ein zu entwickelndes System wird ein Kontrakt zwischen Entwickler und Anwender geschlossen, bei dem der Entwickler wiederum weitgehend über die sprachlichen Hilfsmittel entscheidet.
Spezifikation und Implementation werden als Phasen ohne Kontakt mit dem Anwender gesehen.

Nach der Realisierung bekommen die Anwender das komplette System mit begleitender Dokumentation geliefert. Auch hier bestimmen die Entwickler weitgehend über die Sprachen, z.B. über die Dialogsprachen bei interaktiven Komponenten und über die Dokumentationssprache. Auch in der Schulung und bei der Abfassung von Erklärungen, die im Dialog angefordert werden können (HELP-Texte etc.), ist die Sprache der Entwickler dominant.

Eine stärkere Rückkopplung zu den Anwendern während allen Phasen der Softwareentwicklung kann nur gelingen, wenn adäquate sprachliche Hilfsmittel zur Verfügung stehen. Eines der grundsätzlichen Probleme scheinen bereits die der Sprache zugrunde liegenden Konzeptionen und Begriffe zu sein.
Für die Anwender bilden z.B. Gegenstände und Dokumente - d.h. individuelle Objekte - bekannte Grundkonzepte. Für Informatiker ist die Welt der Werte ein natürlicher Ausgangspunkt. Im Computer treffen beide Vorstellungswelten aufeinander (MacLennan, 1982), z.B. dann, wenn Dateien mal als dokumentartige Gebilde, mal als komplexe Werte betrachtet werden oder die Unterscheidung zwischen Original und Kopie mal relevant, mal nicht einmal möglich ist.
N.Streitz (1984) hat darauf hingewiesen, daß solche widersprüchlichen Konzeptionen zur Verwirrung von Benutzern führen und damit Transparenz verhindern können.

Das von H.Zemanek konstatierte Fehlen einer 'abstrakten Architektur' (Zemanek, 1980, 1984) deutet in dieselbe Richtung. Abstrakte Architektur soll beschreiben, was in einem System geschieht, während Implementation das 'wie' und Realisation das 'wann' und 'wo' bestimmen. Die abstrakte Architektur sollte eine Kultur des Entwurfs und der Beschreibung hervorrufen, welche die Schwierigkeiten der Einsicht in komplexe Systeme verringert (Zemanek, 1984, S.15).
Komplementär dazu ist sicherlich auch eine 'Lesekultur' für Systembeschreibungen nötig. Sie kann sich allerdings auch nur dann entwickeln, wenn es verständliche Beschreibungssprachen und Beschreibungskonventionen gibt, die allgemein eingehalten werden.

In Anlehnung an die Überlegungen von C.A.Petri (1977b) zu 'Modellbildung als Kommunikationsdisziplin' kann die Kritik an der gegenwärtigen Praxis der Entwicklung von interaktiver Software folgendermaßen gesehen werden: Die Entwickler gehen mit einem aus dem Umgang mit Computern entstandenen und durch vielfältige Abstraktionen gekennzeichneten Grundverständnis an die Aufgabe heran, eine Organisation zu verändern. Sie sind auf Grund ihrer speziellen Perspektive nicht in der Lage, bestimmte,

praktisch relevante Phänomene und Bedürfnisse bei der Modellbildung (Systemanalyse, Entwurf, Dokumentation) zu erfassen. Modellbildungsfehler zeigen sich erst, nachdem ein System realisert ist - und können gar nicht oder nur mit sehr hohem Kostenaufwand (Boehm, 1976) behoben werden.
Eine Verbesserung der Situation erscheint dadurch möglich, daß bereits bei der Auswahl der Grundkonzepte von Beschreibungssprachen und bei der Formulierung von Systemmodellen die Anforderungen der Anwender stärker berücksichtigt werden.

1.2. Probleme bei Dialogschnittstellen

Das Problem der transparenten Beschreibung komplexer Systeme stellt sich auch für den Entwurf von Mensch-Maschine-Schnittstellen.
J.Nievergelt konstatiert, daß nach der strukturierten Programmierung in den 70er Jahren die Gestaltung von Mensch-Maschine-Schnittstellen das primäre methodische Problem der 80er Jahre ist (Nievergelt, 1983). Die Gestaltung und Beschreibung des Systemzustandes und seine Darstellung an der Schnittstelle werden von ihm als Hauptaufgaben angesehen.

Dieselbe Problematik spricht H.Zemanek an, wenn er von der <u>Zugriffsarchitektur</u> spricht, die die abstrakte Architektur aus der Sicht des Benutzers erfaßt:
'Sie wäre zu definieren als die vollständige formale Beschreibung der Verhaltensweise des Systems, wie sie an der Schnittstelle beobachtet, erfahren und verwendet werden kann. Die Beschreibung sollte nichts Unnötiges enthalten, aber auch keine Verhaltensweise weglassen; es darf keine Funktion erst aus dem Umgang mit dem System entdeckbar sein. Diese Definition mag trivial erscheinen, aber eine derartige Beschreibung ist gar nicht leicht herstellbar. Sie müßte aus der Entwurfsdokumentation, aus der Gesamtarchitektur des Systems unter Bedacht auf den viel weniger informierten Benützer abgeleitet werden, und das ist eine erhebliche zusätzliche Mühe. Die Prüfung tatsächlich gelieferter Systembeschreibungen macht offenbar, wieviel Einsicht in das Handwerk des Informatikers noch fehlen muß, weil Informatikerinformation an die Schuhe des Schusters erinnert, die in einem schlechteren Zustand sind als die Schuhe des Kunden.'
(Zemanek, 1984, S.16 f.)

Die Zugriffsarchitektur sollte also eine modellhafte Beschreibung aller über die Dialogschnittstelle erreichbaren

Teile eines Systems sein. Sind fast alle Komponenten eines Systems über eine solche Schnittstelle erreichbar, so ist die Zugriffsarchitektur ähnlich komplex wie die abstrakte Architektur des Gesamtsystems. Sind nicht-automatisierte Komponenten erreichbar, so müssen auch sie in der Zugriffsarchitektur beschrieben werden können. Der wesentliche Unterschied zwischen abstrakter Architektur und Zugriffsarchitektur liegt in der Unterschiedlichkeit der Perspektiven.

In der Literatur über das Erlernen des Umgangs mit Dialogsystemen wird immer wieder die Schwierigkeit erwähnt, die Benutzer haben, sich selbst ein konsistentes, gedankliches Modell der Zugriffsarchitektur zu machen (vgl. etwa Young, 1981). Die Verwendung adäquater Metaphern scheint für das Lernen besonders positiv zu sein (Carroll & Thomas, 1982). Mehrere, nur teilweise zutreffende Metaphern können auf der anderen Seite verwirren (Halasz & Moran, 1982; Streitz, 1984).
Die Verwendbarkeit von Metaphern ist aufs engste mit den Konzeptionen verknüpft, die einer Entwurfssprache zugrunde liegen: Die Grundkonzepte der Entwurfssprache haben prägenden Einfluß auf die Eigenschaften des entworfenen Systems und unterstützen damit bestimmte Metaphern. Sind beispielsweise bewegliche, individuelle Objekte ein Grundkonzept der Entwurfssprache, so können leicht Metaphern verwendet werden, die den Transport und die Bearbeitung von Gegenständen zum Inhalt haben. Sind kopierbare Werte das wesentliche Grundkonzept, so sind diese Metaphern kaum einsetzbar.

Ausgehend von dem Problem der benutzergerechten Gestaltung von Mensch-Maschine-Kommunikation wird in Oberquelle (1984b) die Frage diskutiert, wie benutzerorientierte Modelle von Dialogsystemen entwickelt werden können. Der Vorschlag der kooperativen Modellbildung stellt den Entwurf des <u>Benutzungsmodells</u> (= Zugriffsarchitektur im Sinne Zemaneks) gemeinsam durch Benutzer und Entwickler in den Vordergrund. Dieses wäre dann nicht mehr aus einem Gesamtmodell (d.h. der Gesamtarchitektur) abzuleiten, sondern das Gesamtmodell müßte passend zu dem(den) Benutzungsmodell(en) gewählt werden. Kooperative Modellbildung kann dabei durchaus von anfänglichen Metaphern ausgehen und diese zu vollständigen Modellen ausarbeiten. Die Schaffung passender sprachlicher Hilfsmittel ist auch für diesen Ansatz nötig.

1.3. Zielsetzung und Aufbau der Arbeit

Das Anliegen dieser Arbeit ist es, einen Beitrag zur Entwicklung einer benutzerorientierten Beschreibungssprache für Organisa-

tionen mit interaktiver Computeranwendung zu leisten. Sie soll
Möglichkeiten bieten, die abstrakte Gesamtarchitektur von Anwen-
dungssystemen einschließlich Benutzungsmodellen von computer-
gestützten Teilen aus der Sicht von Benutzern zu erfassen und
transparenter zu machen. Dabei wird folgendermaßen vorgegangen:

In einem ersten Schritt wird in Kapitel 2 ein allgemeiner
konzeptioneller Rahmen entwickelt, innerhalb dessen Arbeit in
Organisationen ohne und mit Computerbenutzung aus der Sicht von
arbeitenden Personen analysierbar und beschreibbar ist. Die
dabei eingeführten Begriffe sind Grundlage und Bestandteil der
nachfolgend entwickelten Sprachkonzepte.
'Kooperierende Rollen' werden als zentrales Konzept eingeführt.
Die Entwicklung von Software im allgemeinen und speziell von
Dialogsystemen ordnen sich als Tätigkeiten von sekundären Rollen
ein, die der Reorganisation primärer Rollen dienen.
Aufbauend auf einer allgemeinen Charakterisierung von Beschreibungen wird dann die Frage untersucht, für welche Zwecke
Rollenbeschreibungen im einzelnen im Rahmen der Weiterent-
wicklung von Organisationen eingesetzt werden können. Die
Zielvorstellung einer kooperativen Rollenentwicklung, bei der
die Träger aller durch Computereinsatz veränderten Rollen an der
Entwicklung beteiligt werden, ist die Basis für die Erörterung
von Anforderungen für die zu verwendenden Aeschreibungssprachen.

Im 3.Kapitel werden bekannte graphische Beschreibungshilfsmittel
aus unterschiedlichen Gebieten daraufhin überprüft, wie weit sie
für die Beschreibung von Rollen im Rahmen von kooperativer
Rollenentwicklung geeignet erscheinen.

Da es keine befriedigenden Sprachkonzepte für die Rollenbeschreibung gibt, wird im 4.Kapitel eine neue, umfassende und
kohärente Menge von primär graphischen Ausdrucksmitteln für die
Rollenbeschreibung vorgestellt, die wesentlich auf Ideen der
Netztheorie aufbauen. Sie spannen einen Raum von
Beschreibungsmöglichkeiten auf, in dem für jeden Anwendungsfall
eine gezielte Auswahl der sprachlichen Hilfsmittel getroffen
werden kann.

Im 5.Kapitel werden verschiedene Anwendungsmöglichkeiten der
Beschreibungskonzepte anhand von ausführlichen Beispielen
demonstriert.

Das abschließende 6.Kapitel faßt die Ergebnisse der Untersuchung
zusammen und gibt einen Ausblick auf weitere Anwendungs- und
Ausbaumöglichkeiten.

2. ARBEIT IN ORGANISATIONEN MIT INTERAKTIVER RECHNERNUTZUNG UND IHRE BESCHREIBUNG

Bevor wir uns der Aufgabe zuwenden, Anforderungen an Beschreibungssprachen herauszuarbeiten, erscheint es uns notwendig, einige grundsätzliche und schwierige Zusammenhänge zu analysieren und zu charakterisieren, die sich aus den beiden folgenden Feststellungen ergeben:

- Arbeitsprozesse und ihre Struktur sind Gegenstand von Beschreibungen.
- Beschreibungen sind Gegenstand von Arbeitsprozessen oder beeinflussen sie.

Um diese verschränkte Beziehung zu erläutern und dabei eine begriffliche Basis für die weitere Arbeit zu legen, beginnen wir mit einer Charakterisierung von Beschreibungen. Anschließend geben wir eine Charakterisierung von Arbeit in Organisationen, die ein spezielles Rollenkonzept vorstellt. In einem dritten Schritt wird herausgearbeitet, für welche Zwecke Beschreibungen im Zusammenhang mit Arbeitshandeln in verschiedenen Rollen eingesetzt werden. Schließlich werden Anforderungen an Beschreibungssprachen aus der Sicht von Benutzern interaktiver Systeme formuliert.

2.1. Eine Charakterisierung von Beschreibungen

Die nachfolgende Charakterisierung von Beschreibungen soll dazu dienen, wesentliche Gesichtspunkte herauszuarbeiten, die bei der Entwicklung von Beschreibungssprachen zu beachten sind. Sie beinhaltet als solche eine durch diesen speziellen Zweck bedingte Perspektive (wie alle Beschreibungen eines Phänomens), nämlich die Sicht des Verfassers. Die Richtigkeit dieser Charakterisierung ist keine Frage der Beweisbarkeit in einem formalen Sinne, sondern eine Frage der intuitiven Übereinstimmung von Verfasser und Lesern. Auf eine ausführliche Begründung der einzelnen Aussagen wird hier deshalb bewußt verzichtet. Die wichtigsten Autoren und Quellen, die zur Entwicklung der hier präsentierten Sicht beigetragen haben, werden am Ende des Abschnitts angegeben.

Wir gehen von den folgenden Annahmen aus:

(1) Für das Verständnis von Beschreibungen sind <u>drei</u> <u>strukturelle Ebenen</u> zu unterscheiden, die nur relativ zur Ebene der Beschreibungen erklärt werden können:

    (i)   die Ebene der Realität;
    (ii) die Ebene der Beschreibungen;
    (iii) die Ebene der Beschreibungshilfsmittel.

Daß diese Ebenen bei Beschreibungen in natürlicher Sprache schwer voneinander trennbar sein können, sei nur am Rande bemerkt. Vermischungen der Ebenen können dort bekanntermaßen zu Paradoxien führen.

(2) <u>Beschreibungen</u> sind komplexe, materiell repräsentierte sprachliche Äußerungen.
Sie dienen der Kommunikation zwischen ihren <u>Autoren</u> (Produzenten) und <u>Lesern</u> (Verwendern). Dies schließt die Verwendung als Hilfsmittel für das Verstehen der beschriebenen Realität wie den Einsatz zwecks Veränderung der Realität ein.
Sie sind in einer <u>Beschreibungssprache</u> formuliert, die unter den drei semiotischen Gesichtspunkten von Syntax, Semantik und Pragmatik betrachtet werden kann.

(3) Die <u>Syntax</u> der Beschreibung beschäftigt sich mit der <u>Form</u>. Sie erfaßt sowohl die Art der Darstellung wie die inhärente Struktur.

- Für die <u>Art der Darstellung</u> gibt es zwei prinzipielle Möglichkeiten:
  a) die <u>Textdarstellung</u>, die Zeichenketten verwendet und auf eine sequentielle, zeitliche Wahrnehmung abzielt,
  b) die <u>graphische Darstellung</u>, die zweidimensionale Beziehungen zwischen Zeichen ausnutzt und eine unmittelbare räumliche Wahrnehmung ermöglicht.

  Graphische Darstellungen können in zwei Hauptgruppen unterteilt werden:
  - <u>schematische</u> Darstellungen:
    Diese geben die wesentlichen Eigenschaften eines Objektes und Beziehungen zwischen diesen in einer kodierten Form wieder. Beispiele sind Diagramme, Netzwerke (einschließlich Bäumen) und topographische Darstellungen.
  - <u>bildliche</u> Darstellungen:
    Sie beruhen darauf, daß sichtbare, charakteristische Eigenschaften eines Objektes in gleichartiger (projek-

tiver, piktographischer) Weise wiedergegeben werden. Die Möglichkeiten reichen von der Fotografie über verschiedene Stufen der Abstraktion und Schematisierung bis zu Piktogrammen.
Beide Gruppen nutzen die zweidimensionalen Möglichkeiten mit unterschiedlichem Grad an Regelmäßigkeit. Die Grenzen zwischen beiden Gruppen sind fließend.

Mischungen zwischen Textdarstellungen und graphischen Darstellungen sind möglich. Texte können zur Ergänzung graphischer Darstellungen dienen, z.B. bei der Benennung von Knoten in Graphen. Graphische Hilfsmittel können zur Hervorhebung von Strukturen in Texten eingesetzt werden, z.B. in Tabellen.

● Die <u>Strukturiertheit</u> von Beschreibungen ergibt sich aus den Bedeutung tragenden elementaren Bestandteilen und deren Beziehungen. Sie kann zwischen informal und vollständig formal variieren.

(4) Die <u>Semantik</u> beschäftigt sich mit dem <u>Inhalt</u>, d.h. mit der beschriebenen Realität und deren Beziehung zu Bestandteilen der Beschreibung.

● Der <u>Inhalt</u> wird bestimmt durch
  - den beschriebenen Realitätsausschnitt,
  - die berücksichtigten Aspekte und
  - die Abstraktionsebene, auf der die Aspekte beschrieben werden.

● (Teil-)Beschreibungen desselben Realitätsausschnitts auf unterschiedlichen Abstraktionsebenen bilden eine <u>Beschreibungshierarchie</u>.

● Die <u>semantische Qualität</u> einer Beschreibung ergibt sich aus
  - der Vollständigkeit der Erfassung,
  - der Präzision der Erfassung,
  - der Kompatibilität von verschiedenen Aspektbeschreibungen desselben Realitätsausschnitts,
  - der Kompatibilität mit Beschreibungen der Umgebung des betrachteten Ausschnitts,
  - der Kompatibilität mit Beschreibungen des betrachteten Ausschnitts zu unterschiedlichen Zeitpunkten,
soweit diese für den Leser wichtig sind.

(5) Die __Pragmatik__ betrachtet den Sinn und Zweck von Beschreibungen. Sie kann nur in bezug auf die Interessen und die Arbeitsbedingungen von Autor und Leser bestimmt werden.

● Jede Beschreibung beinhaltet eine __Perspektive__, die vom Autor aufgrund der eigenen Interessen unter Einbeziehung von Erwartungen an den (die) Leser bestimmt wird. Sie findet ihren Niederschlag in allen Entscheidungen bezüglich Form und Inhalt der Beschreibung, ist aber nicht explizit einer Beschreibung zu entnehmen.

● Jede Beschreibung wird vom Leser unter einer bestimmten __Perspektive__ wahrgenommen, die durch seine Interessen und Erwartungen an den Autor bestimmt ist.

● Die __Arbeitsbedingungen__ von Autor und Leser bei der Herstellung, Übermittlung und Verwendung von Beschreibungen beeinflussen deren Qualität und Nützlichkeit. Dies gilt insbesondere für komplexe Beschreibungen.

Die __Herstellbarkeit__ von Beschreibungen wird durch die Art der materiellen Repräsentation und die verfügbaren Hilfsmittel bestimmt. Für den Autor sind z.B. die folgenden Handlungsmöglichkeiten wichtig:
- neu Erstellen;
- Erstellen durch Transformation aus einer anderen Beschreibung;
- Zerlegen/Zusammensetzen aus Teilen;
- Entfernen von Teilen;
- Ergänzen, Ändern, Löschen von Angaben.

Bei der __Übermittlung__ müssen die Fragen nach
- der Aufbewahrung,
- der Vervielfältigung,
- der Verteilung sowie
- der Verfügbarkeit
für alle Leser geklärt werden.

Die __Verwendbarkeit__ durch den Leser beschäftigt sich mit Aspekten wie
- schneller visueller Erfaßbarkeit,
- direkter, intuitiver Verständlichkeit,
- Auswertbarkeit bezüglich spezieller Eigenschaften,
- Vorhersagekraft,
- Transformierbarkeit in andere Beschreibungen
und den dafür verfügbaren Hilfsmitteln.

- Beschreibungen unterliegen dem Gesetz der <u>Kommunikations-ökonomie</u>, d.h. Autoren und Leser sind an möglichst geringem Kommunikationsaufwand interessiert.

<u>Autoren</u> sind daran interessiert, die Herstellung von Beschreibungen möglichst ökonomisch zu gestalten. Deshalb kann universelleren Beschreibungssprachen mit einfacherer Repräsentation (z.B. durch Texte) und Beschreibungen, die vielfältige Aspekte abdecken und für verschiedene Lesergruppen einsetzbar sind, der Vorzug gegeben werden. Derartige Beschreibungen können einen erhöhten Aufwand bei der Verwendung nach sich ziehen.

<u>Leser</u> hingegen haben ein Interesse, den für ihre aktuelle Situation relevanten Inhalt schnell zu entnehmen. Dazu sind spezialisierte, jederzeit verfügbare Beschreibungen mit visuell schnell erfaßbarem Inhalt (z.B. in Form strukturierter Texte oder graphischer Darstellungen) besonders gut geeignet. Ihre Herstellung erfordert aber gewöhnlich einen großen Aufwand. Wenn Leser und Autor nicht identisch sind, ergibt sich ein Interessenkonflikt.

- Jede Beschreibung besitzt einen <u>Kontext</u>, dem die verwendeten Begriffe und Beschreibungshilfsmittel entnommen sind und dessen Kenntnis zum Verständnis der Beschreibungen notwendig ist. Keine einzelne Beschreibungssprache ist ausreichend, um alle Aspekte eines Realitätsausschnitts zu erfassen. Dies wäre auch nur bei einer universalen Perspektive notwendig.

- Ein wesentlicher Teil des Kontextes sind die <u>intuitiven Vorstellungen</u>, die selbst auf Erfahrungen mit der Realität aufbauen und ihren Ausdruck in den Grundkonzepten der Beschreibungssprache finden. Die intuitive Klarheit der Grundkonzepte ist eine wesentliche Voraussetzung für das Verständnis jeglicher Beschreibungen.

Das intuitive Verständnis ist auch die Voraussetzung für das Verständnis spezieller Eigenschaften, z.B. syntaktischer und semantischer Strukturen. Es kann vom menschlichen Leser einer Beschreibung eingesetzt werden, um fehlerhafte Beschreibungen zu korrigieren (z.B. Syntaxfehler) oder unvollständige Beschreibungen zu vervollständigen.

Die benötigten Qualitäten einer Beschreibungssprache lassen sich nur aus einer Analyse des zu erfassenden Realitätsausschnitts und von Interessen der Autoren und Leser ableiten.

Die hier präsentierte Sicht von Beschreibungen ist durch die folgenden Ansätze besonders beeinflußt worden:
Die Arbeiten zu den Grundlagen der Mensch-Maschine-Kommunikation (Kupka, Maaß & Oberquelle, 1981, 1982; Oberquelle, Kupka & Maaß, 1983; Maaß, 1984) haben das Verständnis von Kommunikation geprägt. Auf einem Modell der Mensch-Maschine-Kommunikation aufbauende Überlegungen des Verfassers zur Modellbildung im Rahmen von Mensch-Maschine-Kooperation sind eingeflossen (Oberquelle, 1984b).
Die semiotischen Kategorien Syntax, Semantik und Pragmatik entstammen der Linguistik und werden im Sinne von G.Klaus (1973) verwendet.
Die Einteilung der visuell wahrnehmbaren Darstellungen geht auf Arbeiten von J.Bertin (1974) und P.Gorny (1984) zurück.
P.Sørgaard und K.Nygaard haben sich mit der Frage der Perspektiven, die durch Beschreibungen zum Ausdruck kommen, näher beschäftigt (Sørgaard, 1985; Nygaard & Sørgaard, 1987).

Die Überlegungen von P.Freeman und A.von Staa (1984) zur Softwaretechnik behandeln mehrere Aspekte von Beschreibungen, insbesondere auch Operationen an Beschreibungen, wie sie oben unter Herstellung, Übermittlung und Verwendung aufgeführt sind. Allerdings stellen sie die Beschreibungen in den Mittelpunkt und vernachlässigen pragmatische Aspekte, die sich durch die unterschiedlichen Interessen von Autoren und Lesern ergeben. Die Aussagen zur Bedeutung der Intuition für das Verständnis von Beschreibungen bauen auf den Arbeiten von C.Floyd (1985) und P.Naur (1985) auf.

2.2. Organisierte Arbeit und Rollen

Bei der bisherigen Diskussion von Beschreibungssprachen für interaktive Systeme haben die im Rechner ablaufenden Aktivitäten und ihre Spezifikation aus der Sicht der Systementwickler im Vordergrund gestanden. Die Notwendigkeit einer Ausweitung des zu berücksichtigenden Realitätsausschnitts ist verschiedentlich geäußert worden.
In den Untersuchungen zur Mensch-Maschine-Kommunikation und -Kooperation von I.Kupka, H.Oberquelle und S.Maaß wird die Einbeziehung der Entwickler (Kupka, Maaß & Oberquelle, 1981, 1982; Oberquelle, 1984b) und des Managements (Maaß, 1984) gefordert. Im sogenannten IFIP-Modell für Benutzerschnittstellen (Dzida, 1983a) werden Organisationsschnittstellen zur 'Arbeitswelt' als Erweiterung eingeführt.

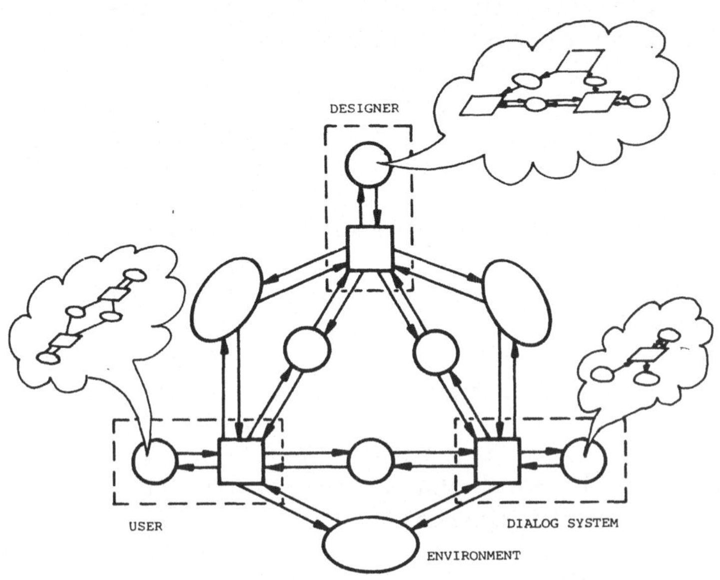

Abb. 2/1: Das Meta-Modell der Mensch-Maschine-Kooperation (Oberquelle, 1984b, S. 33)

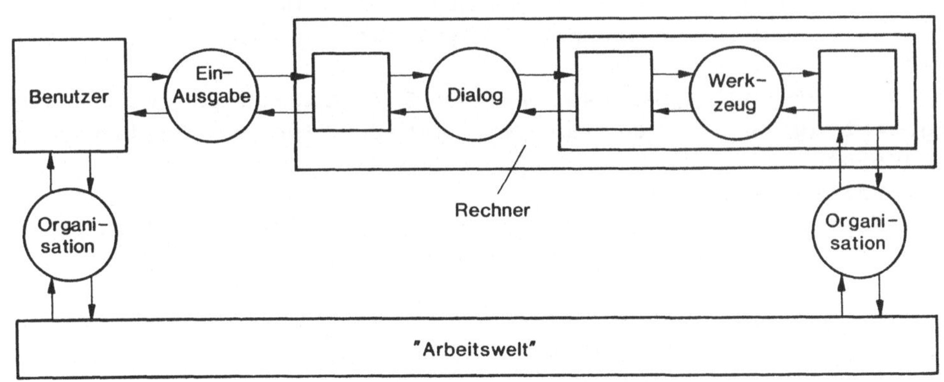

Abb. 2/2: Das IFIP-Modell der Mensch-Maschine-Schnittstellen (Dzida, 1983a, S. 7)

Die resultierenden Gesamtmodelle sind aber bei weitem nicht differenziert genug, um Rechnerbenutzung im Arbeitszusammenhang von Benutzern zu erfassen. Dies ist jedoch der Realitätsausschnitt, in dem der Rechnereinsatz für Benutzer erst einen Sinn bekommt.
Schon die Bezeichnungen 'Benutzer' und 'Entwickler' sind Ausdruck einer eingeschränkten, computerorientierten Perspektive

und werden im folgenden weitgehend vermieden. Um einen
hinreichend großen Kontext für die Erörterung von Rechnereinsatz
in Arbeitsprozessen zu haben, sollen zunächst allgemeine
Merkmale von organisierter Arbeit herausgearbeitet werden.

Die primäre Aufgabe aller Organisationen besteht in der
zuverlässigen Produktion bestimmter Güter, deren Vertrieb oder
der Bereitstellung bestimmter Dienstleistungen. Als sekundäre
Aufgabe kommt die Aufrechterhaltung und Weiterentwicklung der
Organisation hinzu. Der in diesem Zusammenhang zentrale Begriff
der <u>Arbeitsorganisation</u> hat eine Doppelbedeutung, die die
Verknüpfung der beiden Teilaufgaben verdeutlicht. Zum einen
beschreibt er den statischen Rahmen (festgelegte Strukturen,
Vorschriften), in dem sich die primäre Aufgabenerfüllung
vollzieht. Zum anderen bezeichnet er den Prozeß, in dem dieser
Rahmen geschaffen, verändert und zeitweise fixiert wird.
Derartige Wechsel von Struktur- und Prozeßebenen wurden von
L.Mathiassen (1981) als charakteristisch für den Bereich der
Systementwicklung herausgestellt.

Auf der strukturellen Ebene der Arbeitsorganisation finden wir
eine Vielzahl wichtiger Phänomene. Diese sind im Rahmen der
betriebswirtschaftlichen Organisationstheorie (Kosiol, 1978)
ausführlich behandelt worden - allerdings aus der globalen Sicht
des Managements. Sie werden dort über die Prozeßebene
eingeführt, die sich mit der Aufgabenanalyse und Stellenbildung
befaßt.
Bei der <u>Aufgabenanalyse</u> werden Gesamtaufgaben unabhängig von
Aufgabenträgern traditionell unter fünf Gesichtspunkten
betrachtet:
(1) Verrichtungsanalyse:
    Hierarchische Gliederung nach einheitlichen Teilaufgaben bis
    zu Teilaufgaben für einen einzelnen Aufgabenträger.
(2) Objektanalyse:
    Betrachtung der Ausgangs-, Zwischen- und Endobjekte und der
    indirekt beteiligten Objekte (z.B. Werkzeuge, Maschinen) auf
    der Basis der verwendeten Technik.
(3) Ranganalyse:
    Hier wird zwischen Entscheidung und Ausführung unterschieden.
(4) Phasenanalyse:
    Der Prozeß der Aufgabenerfüllung wird in die Phasen Planung,
    Realisation und Kontrolle unterteilt.
(5) Zweckbeziehungsanalyse:
    Unterteilung der Aufgaben in (primäre) Zweck- und
    (sekundäre) Verwaltungsaufgaben.

Die weitere Zergliederung von Teilaufgaben eines einzelnen Aufgabenträgers kann nach denselben Gesichtspunkten erfolgen. Sie wird gewöhnlich <u>Arbeitsanalyse</u> genannt und konzentriert sich meistens nur auf die beiden ersten Aspekte.

Die <u>Aufgabensynthese</u> umfaßt das Problem der Vereinigung analytisch ermittelter Teilaufgaben zu Aufgabenkomplexen, die in ihren Verknüpfungen die organisatorische Aufbaustruktur der Organisation entstehen lassen.

Grundbegriff ist die <u>Stelle</u> als Aufgabengefüge eines einzelnen Aufgabenträgers. Eine Stelle kann mit einem oder mehreren Arbeitsmitteln ausgestattet sein. Stellen und Stelleninhaber können organisatorisch zu Arbeitskolonnen, Arbeitsgruppen oder Abteilungen und höheren organisatorischen Einheiten zusammengefaßt werden.

Stellt man sich auf den Standpunkt einer Person, welche einzelne Teilaufgaben ausführt, kommen einige neue oder anders gewichtete Charakteristika zum Vorschein. Eine solche lokale Betrachtungsweise wird in dem nachfolgend beschriebenen <u>Rollenkonzept</u> herausgearbeitet. Es stellt komprimiert eine Sichtweise dar, die auf der Basis von verschiedenen Ansätzen entstanden ist, ohne daß deren Einfluß im einzelnen noch festgestellt werden kann. Die folgenden Hinweise geben die wesentlichen Quellen an.

Die Bedeutung 'funktioneller Rollen' wurde von Nygaard & Handlykken (1981) im Zusammenhang mit Softwareentwicklungsprozessen diskutiert. Diese Überlegungen sind in Keil-Slawik (1985a, 1985b) fortgeführt und in Netzdarstellungen von Rollen umgesetzt worden. Ein abweichendes Rollenkonzept auf der Grundlage von Petri-Netzen stammt von A.W.Holt (1979a, 1979b, 1980, 1985, 1986). Es hat zur Klärung des in dieser Arbeit entwickelten Rollenkonzeptes beigetragen. Arbeiten aus dem Bereich der Arbeitsanalyse (Hacker, 1978; Volpert, 1974; Dzida, 1983b) haben das Verständnis für die Dynamik von Arbeitshandeln und die Bedeutung verschiedener Objektklassen beeinflußt.

Die Aussagen über individuelle Objekte und ihre Bearbeitung beruhen auf eigenen Arbeiten des Verfassers zum Objektbegriff und seiner Formalisierung (Oberquelle, 1979a, 1979b, 1984a). Sie werden durch Arbeiten zur realitätsnahen Modellierung im Bereich der Informationssysteme (vgl. z.B. Gibbs, 1985) gestützt, wo immer stärker individuelle, unabhängige, bewegliche Objekte als Grundkonzept gefordert und verwendet werden.

2.2.1. Das Rollenkonzept

Wir betrachten organisierte Arbeit aus der Perspektive einzelner Personen. Die Gesamttätigkeit einer Person fassen wir als Handeln in verschiedenen Rollen auf, die in ein Netzwerk kooperierender Rollen eingebettet sind.

Rollen und ihr Zusammenwirken behandeln wir auf <u>drei Ebenen</u>, die eng miteinander verzahnt sind und nur relativ zueinander erklärt werden können.

Auf der abstraktesten Ebene, der <u>Rollenebene</u>, gehen wir von solchen, durch Arbeitsteilung entstandenen <u>Aufgaben</u> mit einheitlichem Ziel aus, für die eine einzelne Person verantwortlich ist. Eine solche Aufgabe zusammen mit dem zu ihrer Erfüllung notwendigen Wissen und allen Hilfsmitteln bezeichnen wir als <u>Rolle</u>, die verantwortliche Person als <u>Rollenträger</u>.

Auf der <u>Funktionsebene</u> werden zusammenhängende Gesamtheiten von sequentiellen Handlungen einer Rolle mit gemeinsamem Zweck und bestimmter Methode als Einheit betrachtet und als <u>Tätigkeit</u> bezeichnet. Tätigkeiten können von Personen oder Maschinen ausgeführt werden. Sie tragen zur Aufgabenerfüllung der Rolle bei. Tätigkeiten, ihre Träger und die benötigten Mittel fassen wir unter dem Begriff der <u>Funktion</u> zusammen, die Träger bezeichnen wir auch als <u>Funktionsträger</u>.

Die detaillierteste Betrachtungsebene ist die <u>Aktionsebene</u>, auf der einzelne <u>Handlungen</u> (als Bestandteile von Tätigkeiten) und ihr dynamisches Verhalten in Raum und Zeit erfaßt werden. Auf dieser Ebene wird insbesondere die Verwendung und Bearbeitung von <u>Objekten</u> durch Handlungen als wichtiges Phänomen behandelt.

Wir erläutern unser Rollenverständnis näher durch charakterisierende Aussagen und führen dabei weitere Begriffe ein.

(1) Personen und Rollen

Die wesentlichen Beziehungen zwischen Personen und Rollen werden durch die folgenden Aussagen erfaßt.

- Jede Rolle besitzt eine <u>soziale Dimension</u>.
  Sie beinhaltet diejenigen Eigenschaften, die nur in bezug auf eine <u>Person als Rollenträger</u> in einem sozialen Umfeld relevant sind, z.B.
  - den Sinngehalt einer Rolle,
  - die Verantwortlichkeit des Rollenträgers,
  - die Kompetenz zur Nutzung von Entscheidungsspielräumen,
  - Rechte und Pflichten gegenüber anderen Rollen und ihren Trägern.

- Jede <u>Person</u> kann gleichzeitig <u>Rollenträger für viele Rollen</u>
  sein.
  Neben den durch organisierte Arbeit definierten Rollen kann
  eine Person auch Kunde, Mitglied eines Vereins, Ehegatte, ...
  etc. sein.
  Die Fähigkeit zur Übernahme neuer Rollen und zur Abgabe von
  Rollen ist eine inhärente Eigenschaft von Personen.

- Verschiedene <u>Rollen einer Person</u> sind <u>nicht unabhängig
  voneinander</u>, sondern können sich gegenseitig beeinflussen.
  Jede Rolle besitzt einen <u>Kontext</u>, der das gesamte Wissen des
  Rollenträgers und seine sonstigen Rollen umfaßt.
  <u>Entscheidungen</u> darüber, wann eine bestimmte organisatorische
  Rolle gespielt wird, können Personen in diesem Kontext fällen.
  Der Kontext jeder organisatorischen Rolle ist größer als die
  Gesamtheit der organisatorischen Rollen ihres Trägers.
  Die Möglichkeit des <u>Rollenwechsels</u> wird z.B. beim Auftreten
  von Situationen genutzt, für die im Rahmen einer bestimmten
  Rolle keine Handlungen möglich oder vorgesehen sind. Solche
  Situationen sind <u>Ausnahmesituationen</u> bezüglich dieser Rolle.

- Jede Rolle besitzt eine <u>Nachbarschaft</u>, die aus allen Rollen
  besteht, mit denen direkte Kooperation stattfindet. Diese
  Rollen können unterschiedliche Rollenträger haben.

- <u>Entscheidungen</u> über die Ausführung bestimmter Handlungen einer
  Rolle werden im Kontext der Rolle oder in der Nachbarschaft
  gefällt, soweit sie nicht innerhalb der Rolle festgelegt sind.

Jede Rolle besitzt eine <u>funktionale</u> Dimension. Sie drückt sich
in ihren Funktionen und deren Zusammenwirken untereinander und
mit Funktionen der Nachbarschaft in Raum und Zeit aus. Die
funktionale Dimension wird in den beiden folgenden Punkten näher
charakterisiert.

(2) Organisatorischer Raum

Ein wesentliches Hilfsmittel für die interne Organisation von
Rollen und für die Kooperation zwischen Rollen stellt der
organisatorische Raum dar.

- Der <u>organisatorische Raum</u> einer Rolle ist die Gesamtheit von
  organisatorischen Positionen, in denen sich rollenrelevante
  Objekte zwecks Aufgabenerfüllung befinden können.

- Unter einer <u>organisatorischen</u> <u>Position</u> (kurz: Position) verstehen wir einen für die Rolle charakteristischen Bearbeitungszustand, in dem sich ein Objekt befinden kann. Positionen werden primär durch Fixierung von räumlichen Positionen definiert, die die Funktion von Trägern für bewegliche oder stationäre Objekte haben. Zum Beispiel realisiert ein Postausgangskorb in einem Büro eine organisatorische Position für die Aufnahme von Stapeln versandfertiger Briefe. Nicht immer läßt sich der Bearbeitungszustand eines Objektes im Rahmen einer Rolle anhand seines Aufenthaltsortes eindeutig feststellen. Manchmal drückt er sich auch nur in einer charakteristischen Eigenschaft des Objektes selbst oder in einer zeitlichen Position relativ zu den zulässigen Handlungen der Rolle aus. Beispielsweise kann ein Schriftstück mit einem Bearbeitungsvermerk unabhängig von seiner exakten Lage (z.B. auf dem Schreibtisch des Rollenträgers) als in der Position 'erledigt' betrachtet werden. Ein Brief nach der Lektüre, aber vor der Beantwortung kann als in der Position 'zur Beantwortung' befindlich betrachtet werden. Auch derartige Situationen erfassen wir mit dem Begriff der organisatorischen Position.

- Jede Position kann durch den <u>Typ</u> ihrer Objekte und ihre <u>Kapazität</u> (d.h. die Anzahl der gleichzeitig in ihr zulässigen Objekte) charakterisiert werden. Positionen mit der Kapazität 1 heißen <u>elementar</u>; alle anderen Positionen werden <u>komplexe Positionen</u> genannt.

- Wir gehen ferner davon aus, daß sich jedes für eine Rolle relevante Objekt in genau einer Position befindet, wenn es nicht gerade durch Handlungen bearbeitet wird.

(3) Rollenrelevante Objekte

<u>Objekte</u>, die durch Rollen verwendet oder bearbeitet werden, haben die folgenden Eigenschaften:

- Alle Objekte sind <u>Individuen</u> mit einer Vielzahl von <u>Attributen</u>, von denen nur ein bestimmter Teil für eine Rolle relevant ist. Attribute von Objekten können <u>fest</u> oder <u>veränderlich</u> sein. Einzelne Attributwerte können <u>einfach</u> oder <u>strukturiert</u> sein.

- Objekte können aus Teilobjekten zusammengesetzt und in solche zerlegbar sein. Es wird deshalb zwischen <u>atomaren</u> und <u>zusammengesetzten</u> Objekten unterschieden.

- Objekte können als solche, d.h. als <u>reale Objekte</u>, oder als Träger von Daten, d.h. als <u>Datenobjekte</u>, eingesetzt werden. In Datenobjekten werden veränderliche Attribute benutzt, um Informationen im Rollenkontext darzustellen.

- Objekte können <u>stationär</u> sein, d.h. aus der Sicht der Rolle eine unveränderbare Position haben, oder <u>beweglich</u> sein, d.h. sich an verschiedenen Positionen aufhalten.

- Objekte sind nur in <u>beschränkter Anzahl</u> verfügbar. Sie können weder aus dem Nichts entstehen, noch spurlos verschwinden.

- <u>Rollenrelevante Attribute</u> eines Objektes können in allen Handlungen ausgewertet werden, die Zugriff auf das Objekt haben.

- Objekte können bezüglich einzelner Handlungen weiter klassifiziert werden in
  - <u>Arbeitsgegenstände</u> oder <u>Materialien</u>,
  - <u>Arbeitsmittel</u> oder <u>Werkzeuge</u> sowie
  - <u>Arbeitssteuerungen</u> oder <u>Parameter</u> bzw. <u>Pläne</u>.

(4) Rollendynamik

Das <u>dynamische Verhalten</u> von Rollen bei der Aufgabenerfüllung drückt sich in den Handlungsfolgen ihrer Funktionen und deren Wirkungen aus. Der Zusammenhang zwischen Handlungen, Funktionen und Rollen kann folgendermaßen gekennzeichnet werden:

- Alle Handlungen werden aktiv durch <u>Funktionsträger</u> ausgeführt. Die Verfügbarkeit der Funktionsträger ist eine notwendige Voraussetzung für die Ausführung von Handlungen. Funktionsträger sind eine von den passiven Objekten klar zu trennende Kategorie selbständig aktiver Komponenten von Organisationen.

- <u>Personen</u> und <u>Maschinen</u> können als Funktionsträger eingesetzt sein. Personen können gleichzeitig Funktionsträger innerhalb einer Rolle und Rollenträger sein.
  Funktionen, die von Maschinen ausgeführt werden, nennen wir <u>automatisierte Funktionen</u>.

- Handlungen können in elementare Handlungen und komplexe Handlungen unterteilt werden.
  <u>Elementare Handlungen</u> werden als nicht weiter zerlegbare, in

ihrer Ausführung nicht unterbrechbare Einheiten betrachtet.
__Komplexe__ __Handlungen__ sind Zusammenfassungen von mehreren
elementaren Handlungen.

- Die Handlungen jeder Funktion werden vom Funktionsträger
__zeitlich__ __sequentiell__ ausgeführt. Die Reihenfolge der Handlungen ist nicht notwendig vollständig festgelegt. Personen
können über alternativ mögliche Handlungen im Rollenkontext
entscheiden. Solche Alternativen bilden den __Entscheidungs-__
__spielraum__ innerhalb einer Funktion. Maschinelle
Funktionsträger benötigen __vollständige__ __Handlungspläne__, in
denen auch das Verfahren zur Auswahl zwischen alternativen
Handlungen vollständig festgelegt ist. Sie haben keinen
eigenen Entscheidungsspielraum.

- Die __Zustände__, in denen sich Funktionsträger vor und nach
Handlungen befinden, sind zeitlicher Natur und nur in bezug
auf die Handlungsreihenfolgen von Interesse.
Zustände sind keine Bestandteile des organisatorischen Raumes
und von anderer Natur als organisatorische Positionen für
Objekte. Ein Funktionsträger kann sich gleichzeitig in
mehreren Zuständen für seine verschiedenen Funktionen
befinden, ohne daß damit eine Aussage über seine räumliche
Verfügbarkeit verbunden wird. Objekte können sich nur in genau
einer räumlichen Position befinden.

Solange sich ein Funktionsträger in Zuständen befindet, in
denen noch Handlungen möglich sind, nennen wir die Funktion
__aktiv__. Sonst heißt sie __passiv__, und ihr Zustand wird ein
__Endzustand__ der Funktion genannt.

- __Notwendige__ __Voraussetzung__ für die Ausführbarkeit von Handlungen ist neben der Verfügbarkeit der Funktionsträger die
Verfügbarkeit der benötigten Objekte in der richtigen
organisatorischen Position, mit passender Struktur und
Attributwertekonstellation. __Hinreichende__ __Voraussetzung__ ist
die Entscheidung der Funktionsträger für die Handlung unter
allen ihren in verschiedenen Funktionen bzw. Rollen möglichen
Handlungen.

- Handlungen haben __Wirkungen__ bezüglich Objekten, Positionen und
Zuständen.
Objekte können zerlegt und zusammengesetzt werde. Ihre
veränderlichen Attribute können modifiziert werden, was bei
Datenobjekten z.B. die Bedeutung von Löschen, Hinzufügen,
Ändern oder Ersetzen von Daten haben kann. Das Kopieren von
Daten ist eine spezielle, auf der Veränderlichkeit von

Attributen basierende Wirkung.
Objekte können in ihrer organisatorischen Position verändert,
d.h. im organisatorischen Raum transportiert werden ('Fluß von
Objekten').
Funktionsträger können eine Änderung ihres Zustandes erfahren.

(5) Kooperation und Interaktion

Unterschiedliche organisatorische Rollen werden als unabhängig
voneinander betrachtet, soweit sie nicht durch explizite
Kooperationsbeziehungen miteinander verbunden sind. _Indirekte
Abhängigkeiten_ zwischen organisatorisch unabhängigen Rollen
können durch identische Rollenträger entstehen, da diese einen
gemeinsamen Kontext für die Rollen konstituieren.

● Die _explizite_ _Kooperation_ von Nachbarrollen geschieht in
  zwei verschiedenen Formen:

  - durch _gemeinsame_ _Handlungen_ ihrer Funktionen, die die
    gleichzeitige Teilnahme mehrerer Funktionsträger erfordern.
    Gemeinsame Handlungen werden eingesetzt, um Kräfte,
    Fähigkeiten, Rechte etc. der Funktionsträger gleichzeitig
    zur Wirkung zu bringen. Die persönliche Übergabe eines
    Dokumentes, der Austausch von Informationen im Gespräch,
    das Öffnen eines Safes durch die Inhaber geheimer
    Codezahlen u.ä. sind Beispiele für gemeinsame Handlungen.
    Gemeinsame Handlungen _synchronisieren_ die Handlungen der
    beteiligten Funktionen und können allen beteiligten
    Funktionen zugerechnet werden.

  - durch die Benutzung _gemeinsamer_ _Positionen_, die wir
    Schnittstellen zwischen den Nachbarrollen nennen.
    Schnittstellen werden verwendet, um bewegliche Objekte
    auszutauschen oder über stationäre, aber veränderliche
    Objekte Daten zwecks Informationsaustausch zwischen
    Personen weiterzugeben. Schnittstellen können so zur
    Koordination von Rollenverhalten beitragen, ohne daß die
    Rollen auf der Aktionsebene synchronisiert werden.

Die Kooperation zwischen Rollen basiert auf Übereinkünften,
die nicht unbedingt explizit und vollständig festgelegt sein
müssen und als Teil des Rollenkontextes aufgefaßt werden
können.

Die Beobachtung, daß alle Personen durch die sie umgebende
Realität verbunden sind und daher reale Objekte austauschen
und gemeinsam handeln können, sowie die Feststellung von
Watzlawick et al. (1974) zur Kommunikationspragmatik, daß
'eine Person in Gegenwart einer anderen Person nicht nicht
kommunizieren kann') deuten darauf hin, daß alle Rollenträger
über irgendeine ihrer Rollen in Kooperationsbeziehungen stehen
können. Die organisatorische Unabhängigkeit von Rollen ist
deshalb nur eine relative Unabhängigkeit.

● Die oben genannten Kooperationsformen implizieren entsprechende Formen des Zusammenwirkens auf der Funktionsebene. Wird
von der Rollenzugehörigkeit von Funktionen und von
Rollenkontexten abstrahiert, d.h. die soziale Dimension
vernachlässigt, so sprechen wir von der <u>Interaktion</u> der
Funktionsträger. Die Bezeichnung Interaktion wird auch für
alle Formen der Zusammenarbeit zwischen dem Rollenträger und
anderen Funktionsträgern (z.B. Maschinen) innerhalb seiner
Rolle verwendet, soweit sie nicht gleichzeitig Träger einer
zugehörigen Unterrolle sind.

Die Beschreibung von Arbeitssituationen vom Standpunkt eines
Rollenträgers beinhaltet immer eine bestimmte <u>Perspektive</u> (vgl.
2.1(4)). Am Beispiel des Objektkonzepts soll der Einfluß von
Perspektiven zum Abschluß dieses Abschnitts verdeutlicht werden.

Die Einteilung aller Objekte in solche, die zur Realisierung
organisatorischer Positionen dienen, und die eigentlichen
Objekte der Rolle ist ebenso rollenabhängig wie die
Unterscheidung von atomaren und zusammengesetzten Objekten. Ein
zusammengesetztes Objekt aus der Sicht der einen Rolle kann eine
strukturierte Menge von Positionen für eine andere Rolle
bereitstellen. Ein zusammengesetztes Objekt für eine Rolle oder
Handlung kann für eine andere als atomar gelten.

Die Annahme, daß Objekte weder aus dem Nichts entstehen können
noch verschwinden können, hat mehrere interessante Konsequenzen.

(a) Objekte, die Gegenstand von Handlungen einer Rolle sind,
    können nur auf drei Arten in den organisatorischen Raum der
    Rolle gelangen:
    - Sie können im Rahmen einer gemeinsamen Handlung aus einer
      Nachbarrolle direkt übernommen werden.
    - Sie können aus einer Schnittstelle entnommen werden.
    - Sie können im Zuge der Konstituierung der Rolle vom

Delegierenden (vgl. 2.2.2.) in Positionen der Rolle bereitgestellt werden.

(b) In ähnlicher Weise können Objekte, die das Ergebnis von Handlungen einer Rolle sind, nur auf drei Wegen den organisatorischen Raum der Rolle verlassen:
- durch Übergabe an Nachbarrollen in gemeinsamen Handlungen;
- durch Ablage in Schnittstellen;
- durch Reorganisationshandlungen bezüglich der Rolle (vgl. 2.2.2.), sobald diese passiv geworden ist.

Positionen im jeweils letzten Fall erscheinen vom Standpunkt der Rolle aus wie Quellen und Senken für Objekte.
Auch die Festlegung relevanter Attribute kann für dasselbe Objekt von Rolle zu Rolle wechseln. So mag z.B. bei einem Bibliotheksbuch für die Rolle 'Leser' das Attribut 'Inhalt' am wichtigsten sein, während für die Rolle 'Bücherverwaltung' lediglich die Attribute 'Titel' und 'Signatur' von Belang sind.

Selbst die Unterscheidung der die Individualität ausmachenden Substanz von den Attributen kann bei Objekten variieren. Für die Rolle 'Bücher einbinden' sind Buch und Schutzeinband zwei Objekte, die zu einem zusammengesetzten Objekt verarbeitet werden. Für die 'Leitung' der Bibliothek wird dasselbe Objekt als Buch mit dem Attribut 'eingebunden' erscheinen.

Auch die Einordnung eines Objekts als reales Objekt oder als Datenobjekt kann wechseln. So wird das Buch vom 'Leser' als Datenobjekt ausgewertet, welches Informationen über das behandelte Thema darstellt, während es beim 'Einsortieren' in der Bibliothek als reales Objekt mit festen Attributen betrachtet wird.

Bei der Klassifikation von Objekten in Arbeitsgegenstände (Materialien), Arbeitsmittel (Werkzeuge) und Arbeitssteuerungen (Parameter/Pläne) kann die Zuordnung einzelner Objekte zu diesen Klassen sogar von Handlung zu Handlung wechseln. Zum Beispiel kann der Arbeitsgegenstand einer vorbereitenden Handlung zum Werkzeug einer nachfolgenden produktiven Handlung werden und deren Produkt mag ein Datenobjekt sein, welches einen Plan für eine weitere Handlung darstellt.

2.2.2. Primäre und sekundäre Rollen,
Delegation und Wechsel des Funktionsträgers

Analog zur Unterteilung der Aufgaben einer Organisation in primäre und sekundäre Aufgaben können wir auch Rollen ihrem Inhalt nach in primäre und sekundäre Rollen unterteilen.
Primäre Rollen sind solche, die im Rahmen einer festen Organisationsstruktur zur Erfüllung primärer Aufgaben auf der untersten Prozeßebene beitragen.
Sekundäre Rollen dienen der Organisation und Reorganisation des primären Rollengefüges und gehören damit inhaltlich der nächsten Prozeßebene an. Sie besitzen selbst aber auch alle strukturellen Merkmale von Rollen.
Im Prinzip sind Rollen auf vielen Stufen möglich. Personen können Rollen auf unterschiedlichen Stufen gleichzeitig spielen. Dies ist die Grundlage für die arbeitsteilige Organisation, für Delegation und Reorganisation.

Einige für die Delegation wichtige Zusammenhänge können im Rahmen unseres Rollenkonzeptes folgendermaßen erklärt werden:

(1) Personen können jede ihrer Rollen zum Gegenstand einer sekundären Rolle machen und diese umorganisieren. Insbesondere kann eine primäre Rolle in Funktionen zerlegt werden, die durch Delegation an andere Personen übertragen werden. Auf diese Weise entstehen Unterrollen.

(2) Die Delegation geschieht durch Kommunikation zwischen kooperierenden Nachbarrollen der beteiligten Rollenträger. Dabei übernimmt der neue Rollenträger die Verantwortung für die Erfüllung der Rollenaufgabe im Rahmen der übermittelten Rollenbeschreibung und unter Verwendung der vom Delegierenden zur Verfügung gestellten primären Organisationsstrukturen und Objekte. Ein Teil der Verantwortung und Kompetenzen bezüglich der delegierten Rolle kann beim Delegierenden verbleiben.

(3) Die für die Delegation notwendigen Rollenbeschreibungen stellen in der Regel nur einen Teil der Rolle explizit dar. Ein wesentlicher Teil des notwendigen Wissens wird in Form von beruflichen Qualifikationen der Rollenträger erworben oder steht als Erfahrungswissen zur Verfügung. Bei Unklarheiten über die Rolle kann Kommunikation mit dem Delegierenden im Rahmen der sekundären Rollen notwendig sein.

Im Unterschied zur Delegation stellt der <u>Wechsel des Funktionsträgers</u> für eine bestimmte Funktion nur eine Veränderung einer Rolle in funktionaler Hinsicht dar. Der neue Funktionsträger führt bestimmte Handlungen stellvertretend für den Rollenträger aus, ohne soziale Bindungen einzugehen. Die Verantwortung bleibt vollständig beim Rollenträger, der auch das Recht zum beliebigen Eingreifen behält.

Wie die Delegation erfordert auch der Wechsel des Funktionsträgers die Anfertigung einer Beschreibung, aber nur der betroffenen Handlungen in ihrer funktionalen Dimension.
Die <u>Automatisierung</u> von Funktionen durch Computereinsatz auf der Basis von Programmen als Handlungsbeschreibungen ist der typische Fall eines Funktionsträgerwechsels.
Der Einsatz einer anderen Person allein als neuer Funktionsträger ist zwar denkbar, muß aber als Ausnahmefall betrachtet werden. Normalerweise ist er in eine Delegation mit Bildung einer Unterrolle eingebettet.

Der Wechsel des Funktionsträgers ist in der Literatur verschiedentlich als 'Delegation' bezeichnet worden, so z.B. in den Kommunikationsdisziplinen von C.A.Petri (1977a) und von Kupka, Maaß & Oberquelle (1981, 1982) im Zusammenhang mit der Programmierung von algorithmischem Kommunikationsverhalten.
Die hier getroffene Unterscheidung von Rollenträger und Funktionsträger sowie von Delegation und Wechsel des Funktionsträgers betrachten wir als grundlegend. Sie gestattet es einerseits, Verantwortlichkeiten und Zuständigkeiten für die Ausführung von Handlungen getrennt zu behandeln. Andererseits impliziert sie die Zuordnung aller Funktionen zu verantwortlichen Rollen.

Die für die Beschreibung und den Entwurf von Mensch-Maschine-Systemen grundlegende Frage nach der Einordnung von Computern kann in diesem Kontext behandelt werden.

Die Auffassung, daß Computer einschließlich ihrer Software keine Rollenträger sein können, ist schon früh von C.A.Petri (1977a) geäußert worden. Er weist ihnen in seinen 'Kommunikations-disziplinen' die Funktion eines 'verallgemeinerten Kommunika-tionsmediums' zu und erwartet, daß sie sich als 'allgemeines Medium für streng organisierbaren Informationsfluß' erweisen werden.
Zu einer ähnlichen Einschätzung vom Computer als einem komplexen Kommunikationsmedium kommen Winograd & Flores (1986) in ihrer

Untersuchung über Sprache und Verstehen im Zusammenhang mit dem Computer.
Auf die eingeschränkten Kommunikationsmöglichkeiten mit Computern haben auch W.Dehning und S.Maaß (1977) hingewiesen, die deshalb von Mensch-Computer-Interaktion sprechen.
Die in Kupka Maaß & Oberquelle (1981) diskutierten Möglichkeiten der algorithmischen Mensch-Machine-Kommunikation sowie der Mensch-Maschine-Kooperation und das in Oberquelle (1984b) vorgestellte Meta-Modell (vgl. Abb.2/1) benutzen noch nicht das hier entwickelte Rollenverständnis und konzentrieren sich primär auf die Funktions- und Aktionsebene.

Vor dem Hintergrund unseres Rollenkonzeptes fällt die Einschätzung der Grenzen und Möglichkeiten von Computereinsatz in Organisationen klar aus:

- Computer können keine sozialen Bindungen eingehen und können damit keine Rollenträger sein. Sie können deshalb auch nicht mit Personen in einem umfassenden Sinne kommunizieren oder kooperieren.
- Computer können keine realen Objekte mit ihrer Umgebung austauschen.

Hingegen können Computer eingesetzt werden, um
- durch ihre Speicher organisatorische Positionen und Objekte zu realisieren;
- durch ihre programmierbaren Prozessoren vollständig vorgeplante Handlungen auszuführen;
- durch ihre Peripheriegeräte Daten mit der Umgebung austauschen zu lassen,
d.h. sie können als Funktionsträger eingesetzt werden und mit ihrer Umgebung interagieren.

Da die Bearbeitung der Speicher nur über Aktivitäten von Prozessoren möglich ist, ist mit der Verwendung von Speichern für die Realisierung von Positionen und Objekten immer auch ein Einsatz von Computern als Funktionsträgern verbunden.

Der Prozeß der Softwareentwicklung und der Einsatz von Computern können im Rahmen unseres Rollenkonzeptes insgesamt als spezielle Tätigkeiten sekundärer Rollen eingeordnet werden, die sich oft zu sehr auf die funktionale Dimension von umzugestaltenden primären Rollen konzentrieren.
Bei den an den Computer übertragenen Funktionen ist jeweils zusätzlich klarzustellen, welcher Rolle sie zuzurechnen sind.

In der in Kupka, Maaß & Oberquelle (1981) und Maaß (1984)
entwickelten Sichtweise vom 'Rechner als virtuellem
Kommunikationspartner mit virtueller Intention' wird versucht,
ohne eine explizite Rollenzuordnung auszukommen. Alle
automatisierten Funktionen, mit denen ein Rollenträger
interagiert, werden zusammengefaßt und in ihrer Gesamtheit wie
eine vollautomatisierte Rolle - aber ohne angebbaren
Rollenträger - behandelt.
Von der expliziten Zuordnung aller automatisierten Funktionen zu
Rollen versprechen wir uns mehr Transparenz für die beteiligten
Rollenträger.
Bei der Betrachtung von Mensch-Machine-Schnittstellen ist
zusätzlich zu beachten, daß dieselbe gerätetechnische Schnittstelle (z.B. ein Terminal) zur Interaktion eines Rollenträgers
mit verschiedenen automatisierten eigenen und fremden Funktionen
verwendet werden kann.

Eine genauere Darstellung von verschiedenen Möglichkeiten des
interaktiven Rechnereinsatzes wird unter Verwendung der im
4. Kapitel eingeführten Sprachkonzepte im 5. Kapitel erfolgen.

2.3. Rollen und Rollenbeschreibungen

Wie wir im vorigen Abschnitt erläutert haben, sind
Rollenbeschreibungen eine Grundlage für die Reorganisation von
Rollen. In diesem Abschnitt soll dargestellt werden, für welche
Zwecke Rollenbeschreibungen im einzelnen eingesetzt werden,
welche Schwierigkeiten dabei bestehen und wie Rollenbe-
schreibungen hergestellt werden. Dabei wird besonders auf
teilautomatisierte Rollen und Probleme der Softwaretechnik
eingegangen.
Das Konzept der 'kooperativen Rollenentwicklung' wird als
Zielvorstellung für die Entwicklung von Organisationen mit
interaktivem Rechnereinsatz eingeführt.
Anforderungen an Beschreibungssprachen für die kooperative
Rollenentwicklung werden abgeleitet.

2.3.1. Rollenspezifisches Wissen und die Benutzung
von Rollenbeschreibungen durch primäre Rollen

Die Aufgabe eines Rollenträgers besteht in der zuverlässigen
Erfüllung der mit seiner Rolle verknüpften Arbeitsaufgaben unter
Verwendung der zugehörigen Positionen und Objekte und durch
Kooperation mit anderen. Die verantwortliche und streßarme
Erfüllung der Aufgaben setzt voraus, daß der Rollenträger die

Arbeitssituation kontrolliert (Troy, 1981). <u>Kontrolle</u> bedeutet
dabei in aufsteigender Stufung
- Transparenz
- Vorhersehbarkeit } der Situation .
- Beeinflußbarkeit
Ohne Transparenz sind die höheren Stufen nicht erreichbar. Die
Transparenz einer automatisierten Funktion und ihres
Zusammenspiels mit personalen Funktionen und Unterrollen ist
Teil der Transparenz der gesamten Arbeitssituation.
Die Frage der Verantwortlichkeit für Handlungen, die durch den
Computer ausgeführt werden, ist für den Benutzer von besonderer
Bedeutung. Das Rollenkonzept erlaubt eine klare Zuordnung.

Bei der Erledigung von Aufgaben durch Menschen lassen sich vier
wesentliche <u>Phasen</u> feststellen (Norman, 1984), die noch
hierarchisch ineinander geschachtelt sein können, wenn einzelne
Phasen oder Teile davon als Unteraufgaben betrachtet und nach
derselben Unterteilung erledigt werden:
- (1) Ziele setzen ('intention');
- (2) planen ('selection');
- (3) ausführen ('execution');
- (4) auswerten ('evaluation').

Eine ähnliche, hierarchisch-sequentielle Struktur beschreiben
Hacker (1978) und Volpert (1974), die bei den angesprochenen
Objekten noch zwischen Werkzeugen (Arbeitsmitteln), Objekten
(Arbeitsgegenständen) und Verfahrensparametern unterscheiden
(vgl. Dzida, 1983b).

Die Phasen (1) bis (4) werden von personalen Handlungsträgern
bei jeder Handlung durchlaufen. Sie sind unabhängig davon, ob
die Aufgabe eine Zielfindungs-, Planungs-, Ausführungs- oder
Auswertungsaufgabe in einem größeren Zusammenhang ist.

Transparenz und Vorhersehbarkeit im Sinne von Troy und die
Phasen (2) und (4) nach Norman setzen beim Rollenträger <u>Wissen</u>
über die Rolle, ihre Umgebung und erreichbare Situationen
voraus.

Für die Phase (2) ist speziell Wissen erforderlich, welches eine
Abbildung von Aufgaben in alternativ mögliche Handlungen und
Handlungsfolgen unterstützt.
Bei teilautomatisierten Rollen tritt fast immer das Phänomen
auf, daß die Objekt- und Handlungsstrukturen in den personalen
und automatisierten Teilen nicht übereinstimmen. Ein Teil der
Arbeitsleistung des Rollenträgers in der Planungsphase besteht

dann in der Abbildung von Strukturen des Aufgabenbereichs in konkrete Handlungen bezogen auf die Schnittstelle zum Computer ('task-action mapping'). Diese Abbildung ist umso leichter, je kleiner die Differenz zwischen Aufgabenstrukturen und den Handlungsstrukturen des automatisierten Teils ist.

T.Moran (1981) unterteilt diese Abbildung in vier Ebenen:
 (a) Aufgabenebene
 (b) semantische Ebene
 (c) syntaktische Ebene
 (d) Interaktionsebene ,
wobei die Ebenen (b) und (c) einer gedanklichen Planungsphase (2) nach Norman (1984) entsprechen. Für eine optimale Abbildung von Aufgaben in Handlungen benötigt der Benutzer ein <u>vollständiges Systemmodell der regulären Möglichkeiten</u> ('task-action mapping', vgl. Oberquelle, 1984b). Häufig geben sich Benutzer mit einem Teilmodell zufrieden.
Einige der Übergänge werden nach einer Eingewöhnungsphase unbewußt vollzogen bzw. übersprungen - so wie für den geübten Autofahrer z.B. die Aufgabe 'links abbiegen' bestimmte Handlungsketten automatisch auslöst. Ähnliches gilt vermutlich für die getrennte Wahrnehmung von Handlungen, Objekten und ihren Eigenschaften. Geübte Rollenträger agieren nach Winograd & Flores (1986) in einem Zustand der intuitiven Handhabung von Objekten ('readiness-to-hand') und verlassen ihn nur beim Eintreten unerwarteter Situationen ('breakdowns').

Für die Phase (4) ist es notwendig, daß der Rollenträger alle erreichbaren Situationen in bezug auf alle seine Rollen interpretieren kann ('situation-task mapping'; Oberquelle, 1984b), um bei einer unerwarteten Situation bezüglich einer Rolle in einer passenden anderen Rolle zu handeln. Im Ausnahmefall bedeutet dies auch Handeln außerhalb der durch die Organisationsstruktur vorgesehenen Rollen. Für automatisierte Funktionen ergibt sich die Forderung, daß alle an der Schnittstelle erkennbaren Situationen erklärbar sein sollten. Dies ist besonders schwierig nach Unterbrechungen der Arbeit oder bei unbeabsichtigt erreichten Situationen, die durch falsche Handlungsplanung (syntaktische oder semantische Ebene) oder fehlerhafte Handlungsausführung (z.B. Tippfehler) entstanden sind.

Die Interpretation muß dabei von der Interaktionsebene (d) schrittweise bis zur Aufgabenebene (a) aufsteigen können, um den Fehler zu lokalisieren. Hierfür ist ein <u>vollständiges Benut-</u> <u>zungsmodell</u> erforderlich, d.h. der Benutzer braucht ein vollständiges Modell aller über die Schnittstelle erreichbaren Funktionen, einschließlich aller irregulären Situationen. Die Nützlichkeit von Modellen für 'breakdown'-Situationen wird auch von Winograd & Flores (1986) betont.

Für den Erwerb des für eine verantwortungsvolle Wahrnehmung von Rollen benötigten Wissens gibt es zwei unterschiedliche Wege:

a) Erfahrungslernen
Dies ist der Weg, der in vielen Berufen, z.B. durch eine Lehre, verfolgt wird. Vormachen, Imitation, Anleitung, exemplarisches Vorgehen und intensive Kooperation und Kommunikation mit erfahrenen Rollenträgern sind wichtige Bestandteile. Wesentliche Abstraktions-und Verallgemeinerungsleistungen werden durch den Lernenden selbst erbracht.

b) Lernen aus Rollenbeschreibungen
Diese Möglichkeit wird z.B. beim Lernen aus Dokumentationen oder der Arbeit mit sogenannten 'selbsterklärenden Computersystemen' bevorzugt, wobei gewöhnlich nur Beschreibungen des automatisierten Teils der Rolle vorliegen.

Beide Formen des Lernens können gemischt und zu unterschiedlichen Zeiten vorkommen, z.B. beim Kennenlernen einer neuen Rolle und bei der Auffrischung oder Erweiterung des Wissens zwecks Analyse einer unerwarteten Situation.

Für das Erfahrungslernen von Computerbenutzern gibt es Hindernisse auf unterschiedlichen Ebenen, die meist von Fehlern oder Versäumnissen in verschiedenen Phasen der Softwareentwicklung herrühren.

Die schwerwiegendsten Fehler sind Entwurfsfehler. Diese können sich auf die Funktionalität (bearbeitete Objekte und Operationen) wie auf das Verhalten an der Schnittstelle beziehen.

Die elementaren Objekte und Operationen können
● unnötig weit von der Aufgabenebene entfernt sein (zu großer semantischer Übersetzungsaufwand),
● ungünstig in Ausgabe und Eingabe repräsentiert sein (großer syntaktischer und Interaktionsaufwand),
● unnötig umfangreich sein (zu komplexes Systemmodell für die Analyse nötig).

Bei Beschränkung der Entwurfstätigkeit allein auf den computergestützten Teil kann eine weitere Schwierigkeit für den Benutzer entstehen: Die Objekte im Computer und die im Umfeld können auf unterschiedlichen Grundideen beruhen. Z.B. sind das Transportieren, Zerlegen und Zusammensetzen von Objekten grundlegende Operationen außerhalb des Computers; innerhalb des Computers müssen sie häufig durch Kopieren und Löschen simuliert werden. Dies setzt das Verständnis der Ideen von Variablen und Werten voraus. In ihnen spiegelt sich deutlich die Perspektive der Entwickler wider. Solche Brüche in der Betrachtungsweise müssen als Entwurfsfehler für die Arbeitsorganisation angesehen werden.

Unökonomisches Kommunikationsverhalten automatisierter Funktionen, inkonsistente Kommunikationskonventionen und die Verhinderung von Metakommunikation sind weitere typische Entwurfsfehler bei der algorithmischen Mensch-Machine-Kommunikation (vgl. Kupka, Maaß & Oberquelle, 1981), die wir nun genauer 'algorithmische Mensch-Maschine-Interaktion' nennen sollten.

Häufig entstehen Probleme erst dadurch, daß für die Erledigung der Arbeitsaufgaben eines Rollenträgers verschiedene (Teil-) Dialogsysteme eingesetzt werden. Sie mögen zwar einzeln betrachtet konsistent und fehlerfrei sein. In ihrer Kombination können sie jedoch sowohl hinsichtlich der Funktionalität wie des Interaktionsverhalten so unterschiedlich sein, daß dem Benutzer die Entwicklung eines konsistenten Gesamtbenutzungsmodells nicht gelingt und die Routinisierung von Handlungsfolgen behindert wird. Eine der Ursachen für diese in der Praxis häufig anzutreffende Situation liegt im Fehlen einer Entwurfssprache und Entwurfssystematik für interaktive Systeme.

Fehler bei der Realisierung von Dialogsystemen können bei der Auswahl von Geräten wie bei der Programmierung gemacht werden. Aus der Sicht des Benutzers liegt jedoch auch schon dann ein Realisierungsfehler vor, wenn bestimmte Eigenschaften der verwendeten Programmiersprache oder des Betriebssystems bis zur Dialogschnittstelle durchschlagen können, ohne daß es dafür im Benutzungsmodell eine Entsprechung gibt. Selbst Fehlermeldungen beziehen sich oft auf ein Systemmodell des Programmierers und nicht auf ein dem Benutzer vertrautes Benutzungsmodell.

Schließlich werden im traditionellen Softwarelebenszyklus Fehler bei der Systemeinführung gemacht, indem den Benutzern eine

Schulung vorenthalten wird, die es ihnen erlaubt, ein passendes gedankliches Systemmodell in einer ausbaufähigen Grundstufe zu entwickeln. Dieser Fehler passiert umso eher, wenn gar keine Architektur im Sinne von Zemanek (1984) existiert, wenn Metaphern, die dem Benutzer vertraut sind und das Lernen erleichtern, nicht angewandt werden können, oder das Lernen auf die 'trial-and-error'- Tutoriumskomponenten beschränkt wird. Mängel der Dokumentation übertragen sich selbstverständlich auf die Lernsituation. Bei der Einschränkung auf Erklärungen aus dem Computer sind insbesondere unvorhergesehene Rückfragen zur Beschreibungsmethode oder Terminologie sowie Fragen zwecks Verständnisüberprüfung durch den Benutzer nicht möglich.

Aus Untersuchungen über Lernverhalten (Vester, 1975) ist bekannt, daß das Lernen neuer Sachverhalte durch Verwendung schon bekannter Konzepte bei der Erklärung wesentlich unterstützt wird. Fremde Erklärungshilfsmittel können hingegen zu Lernblockaden führen.

Für das <u>Lernen aus Rollenbeschreibungen</u> ist die entscheidende Frage, ob die Beschreibungen die Rolle hinreichend vollständig erfassen und die Perspektive des Rollenträgers berücksichtigen. Benutzerdokumentationen von Softwaresystemen sind für Benutzer häufig schwer zu verstehen. Die Schwierigkeiten beginnen bei den meist ungenannten und als selbstverständlich bekannt vorausgesetzten Grundideen, z.B. dem Verständnis der Konzepte 'Variable' und 'Wert'. Sie setzen sich in der Terminologie fort, die oft rechnerorientiert und nicht aufgabenorientiert ist. Die in der Dokumentation verwendeten Beschreibungshilfsmittel sind häufig für die beschriebene Komplexität nicht angemessen (z.B. nur Text), werden nicht erläutert und wechseln von Teilaspekt zu Teilaspekt. Oft werden Systeme nicht vollständig und nur auf einer Detaillierungsebene erfaßt.
Viele der Schwierigkeiten rühren daher, daß die Dokumentation nicht auf einem Benutzungsmodell beruht, welches bereits in der Anforderungsdefinition festgelegt wurde, sondern daß sie erst am Ende der Realisierung des Systems entsteht, Implementierungsdetails enthält und aus der Sicht der Entwickler verfaßt wird.
Eine gezielte Unterstützung der wesentlichen Tätigkeiten eines Benutzers, Abbildung von Aufgaben in Handlungen und Interpretation des Zustandes in Bezug auf seine Aufgaben, wird bisher durch Dokumentationen kaum erreicht (vgl. Clement, 1984).

Ähnliches gilt für die in Rechnern realisierten HELP-Funktionen, die dazu dienen sollen, im Rahmen von algorithmischer Metakommunikation (vgl. Kupka, 1984) ein System zu erklären.

Überblicke als Gedächtnisstützen für die Handlungsauswahl sind hier oft ebensowenig zu finden wie Fehlerlisten o.ä. für die Situationsanalyse. Ein Hauptproblem für die Bereitstellung von angemessenen HELP-Funktionen ist ebenfalls das Fehlen von konsistenten Benutzungsmodellen, auf die sich die Metakommunikation beziehen könnte.

Um die Ursachen der oben beschriebenen Schwierigkeiten beim Erfahrungslernen und beim Lernen aus Beschreibungen zu erkennen, müssen wir die Herstellungsprozesse für Systeme und Beschreibungen näher betrachten, die in sekundären Rollen ablaufen.

2.3.2. Reorganisation und die Produktion von Rollenbeschreibungen durch sekundäre Rollen

Der Anlaß für die Änderung einer bestehenden Organisation ist die Feststellung, daß Ziele und Verhalten nicht mehr in Übereinstimmung sind. Der Reorganisationsprozeß besteht weitgehend aus der Herstellung und Bearbeitung von Beschreibungen (vgl. Freeman & von Staa,1984).

Der Ausgangspunkt ist eine <u>Ist-Beschreibung</u> der bestehenden Organisation. Sie dient dazu, die Struktur und die Dynamik der Organisation hinreichend genau und vollständig explizit darzustellen und bewertbar zu machen. Die Perspektive der Ist-Beschreibungen wird heute fast ausschließlich von den Systemanalytikern festgelegt, die besonderes Interesse an formalisierbaren und quantifizierbaren Eigenschaften haben.
Die Ist-Beschreibung wird daraufhin analysiert, ob sie Schwachstellen in bezug auf die aktuellen Ziele enthält. Sind Schwächen der Organisation bekannt, die nicht an der Ist-Beschreibung erkennbar sind, muß diese erweitert oder verfeinert werden.
Verbesserungsvorschläge werden in Form von alternativen Plänen erarbeitet und bewertet. Die Auswahl unter diesen Plänen führt zur Festlegung einer neuen Soll-Struktur der Organisation.

Die <u>Soll-Beschreibung</u> ist die Grundlage für alle realen Reorganisationsmaßnahmen, die die primären Rollenträger und Funktionsträger sowie den organisatorischen Raum betreffen. Sie enthält (implizit oder explizit) die neuen Rollenbeschreibungen und legt die Anforderungen für zu automatisierende Funktionen fest. Die traditionelle Softwaretechnik hat sich nur auf den letzten Komplex konzentriert.

Softwareentwicklung ist eine komplexe und zeitaufwendige sekundäre Aufgabe, die auf mehrere Rollen verteilt ist. Sie kooperieren primär durch den Austausch von Beschreibungen.

Die Entwerfer haben die Aufgabe, die Anforderungsdefinition in konkretere Objekt- und Handlungsstrukturen sowie Mensch-Maschine-Schnittstellen umzuformen. Ihr Entwurf konzentriert sich meistens auf die Gesamtarchitektur des Computersystems und die Zugriffsarchitekturen der einzelnen Benutzerrollen. Sie sind dafür verantwortlich, daß der Entwurf mit den bekannten Methoden und den verfügbaren Mitteln realisiert werden kann.

Die vollständige Formalisierbarkeit eines Entwurfs ist die Voraussetzung für die Realisierung durch die Programmierer; denn Programmieren bedeutet, Objekte und Handlungen in Programmen vollständig formal zu beschreiben, so daß sie an einen algorithmisch arbeitenden Funktionsträger übertragen werden können. Formalisierungen sind jedoch auch nicht immer problemlos, wie die folgenden Beobachtungen zeigen.

Üblicherweise wird bei Entwurf und Realisierung schichtenweise bzw. hierarchisch vorgegangen. Virtuelle Maschinen sind ein beliebtes Hilfsmittel. Für die Übergänge zwischen den Schichten treten aber zwei Arten von Problemen auf:
(a) Durchschlagen von Fehlern in niederigeren Schichten auf höhere Schichten, was das Verstehen einer Maschine als virtuelle Maschine zumindest erschwert;
(b) Wechsel von Konzepten bei Annäherung an die reale Maschine.

Der zweite Punkt soll durch folgendes Beispiel verdeutlicht werden:

Beim Entwurf des experimentellen Rahmendialogsystems RDS (Kupka, Oberquelle & Wilsing, 1975) wurden sogenannte 'tasks', unvollständig abgearbeitete Aufträge, eingeführt. Auf der intuitiven Ebene wurden 'tasks' wie individuelle Objekte (Dokumente) behandelt, die z.B. auf einen Stapel wartender 'tasks' gelegt und von dort zurückgeholt werden können.
Bei der Formalisierung dieser Vorstellung in einer VDL-Variante mit abstrakten Datentypen wurden solche Stapel von 'tasks' durch Keller von 'task'-Beschreibungen erfaßt. Die Individualität von 'tasks' konnte in der Formalbeschreibung nur noch unvollkommen ausgedrückt werden und blieb deshalb weitgehend unberücksichtigt.
In der Implementation in Pascal wurden 'tasks' durch Verbunde

realisiert, die über Zeiger dynamisch verwaltet wurden. Hier entsprachen 'tasks' wieder individuelle Objekte - nämlich Speicherbereiche auf der Halde. Die Unvollständigkeiten der Formalbeschreibung führten zu Implementationsfehlern.

Dieses Beispiel macht deutlich, daß die Formalisierung mit mathematischen Hilfsmitteln manchmal konzeptionell wesentliche Eigenschaften vernachlässigt (hier die Individualität von Objekten), die auf der Ebene der Maschine durchaus eine Entsprechung haben.
Die Tatsache, daß für moderne, objektorientierte Systeme mit direkter Manipulation von Objekten, z.B. das Bürosystem der APPLE LISA, keine Formalbeschreibung der Semantik vorliegt, weist ebenfalls auf die Schwierigkeiten der Formalisierung der intuitiv klaren Konzepte hin.
Für die Formulierung von Benutzungsmodellen wären Beschreibungshilfsmittel nützlich, die die Individualität von Objekten berücksichtigen.

<u>Programmierung</u> bedeutet aus der Sicht des primären Rollenträgers, daß ein Teil seiner Aufgaben vollständig formal beschrieben wird, um ihn an eine Maschine als Funktionsträger zu übergeben. Gleichzeitig werden damit seine Handlungsmöglichkeiten an der Schnittstelle festgeschrieben (z.B. als Zwang zur 'algorithmischen Interaktion'; vgl. Kupka, Maaß & Oberquelle, 1981).

Softwareentwicklung erfaßt in der Praxis meist größere, verbundene Aufgabenkomplexe, die unterschiedlichen Rollen und Rollenträgern zugeordnet waren und werden. Die resultierenden <u>Programme</u> sind partielle, formale Rollenbeschreibungen für alle diese Rollen, die durch ihren Entstehungsprozeß aus Beschreibungen die Perspektive aller am Entwicklungsprozeß beteiligten sekundären Rollen beinhalten.

In <u>Benutzerdokumentationen</u> wird versucht, die Semantik der Programme aus der Perspektive von Benutzern, d.h. von primären Rollenträgern, zu erläutern. Oft sind sie so abgefaßt, daß sie für alle betroffenen primären Rollen verwendbar und leicht änderbar sind (Herstellungsökonomie). Solange Benutzerdokumentationen von Entwicklern allein verfaßt werden, enthalten sie ähnliche Perspektiven wie die Programme selbst und bauen auf demselben Kontext auf. Ähnliches gilt für die fragmentarischen Rollenbeschreibungen, die in HELP-Systemen zur Verfügung gestellt werden.

Mit der _Installation_ von Softwaresystemen geht die Realisierung neuer Rollen einher. Erst jetzt kann tatsächlich festgestellt werden, ob die Reorganisation die erwünschte Verbesserung bewirkt hat. Für die Träger der neuen Rollen ist die entscheidende Frage, ob diese angemessen, kontrollierbar und verantwortlich ausfüllbar sind. Erst zu diesem Zeitpunkt wird manchmal klar, daß die

- Arbeitsteilung zwischen Mensch und Maschine nicht akzeptabel ist,
- die automatisierten Teile nicht transparent sind,
- die automatisierten Teile mit anderen Rollen ihrer Rollen-träger schlecht verträglich sind oder
- die Rollenbeschreibungen unverständlich oder schlecht ver-wendbar sind.

Zusätzlich können sich die Ziele der Gesamtorganisation bereits während der Reorganisationsphase geändert haben. Anpassungen der Rollen und der Software werden notwendig.

Traditionell werden im Rahmen der Softwaretechnik Änderungen der Software in einer Phase der _Wartung und Pflege_ an den Programmen vorgenommen, ohne daß alle zugehörigen Beschreibungen ebenfalls geändert werden.
Personen, die in dieser Phase tätig sind, müssen existierende Systeme aus Beschreibungen heraus verstehen, die von anderen verfaßt und realisiert wurden. Beschreibungen der abstrakten Architektur und der Benutzermodelle können dabei wesentlich zur Komplexitätsreduzierung beitragen und die Kommunikation mit primären Rollenträgern erleichtern.

In neuerer Zeit mehren sich die Vorschläge, Pflege und Wartung durch einen erneuten Durchlauf der gesamten vorhergehenden Phasen zu ersetzen und damit Softwaretechnik als Bestandteil eines permanenten, mit langsamer Frequenz ablaufenden Reor-ganisations-und Anpassungsprozesses zu begreifen (Floyd, 1983, 1986; Floyd & Keil, 1983; Floyd & Pasch, 1985; Gould & Lewis, 1985).

2.3.3. Kooperative Rollenentwicklung

Die typische Situation bei der Entwicklung von Organisationen mit interaktivem Rechnereinsatz auf der Basis der traditionellen Softwaretechnik kann zusammenfassend folgendermaßen gekennzeichnet werden:

(1) Die primären Rollen (produktive Arbeit) und die sekundären
    Rollen (Reorganisationsarbeit) sind personell weitgehend
    getrennt.

(2) Die Entwickler sind primär an einem eingeschränkten
    Realitätsausschnitt interessiert, der sich auf die
    automatisierbaren Rollenbestandteile und die Schnittstelle
    zu 'Benutzern' konzentriert.

(3) Die Perspektive der Entwickler ist stark durch die
    Erfahrungen mit Computern und durch das Ziel, Programme als
    Produkte zu erstellen, bestimmt.

(4) Die einseitige Perspektive der Entwickler findet ihren
    Niederschlag in allen von ihnen angefertigten Beschrei-
    bungen, die von der Ist-Beschreibung bis zur Dokumentation
    eines neuen Systems reichen. Automatisierte Funktionen
    spiegeln dieselbe Perspektive wider, da sie über Programme
    als letzte Glieder einer Folge von Beschreibungen festgelegt
    werden.

(5) Die Rückkopplung zu den primären Rollenträgern erfolgt meist
    nach durchgeführter Reorganisation und zu spät, um
    rechtzeitige Korrekturen anzubringen.
    Die resultierenden Schwierigkeiten bei der Ausfüllung der
    neuen Rollen sind belastend für die Rollenträger und
    dysfunktional für die Organisation.

C.Floyd (1983, S. 2) beschreibt die veränderte Situation der
Softwaretechnik ganz ähnlich:
    'Diese ist dadurch gekennzeichnet, daß Programme zwar
    einigermaßen gut strukturiert, annähernd korrekt und gar
    termingerecht fertiggestellt werden, daß sie aber, einmal
    eingesetzt, keine angemessenen Werkzeuge für ihre
    Benutzer sind, das soziale Netz der Benutzerorganisation
    zerstören, den angestrebten Rationalisierungsgewinn nicht
    erbringen und veränderlichen Anforderungen nicht angepaßt
    werden können.'

Die Einbeziehung der primären Rollenträger und ihrer Perspektive
in die Reorganisationsarbeit erscheint deshalb aus mehreren
Gründen notwendig. Zum einen kann es hierdurch gelingen, spezi-
fisches Wissen der primären Rollenträger über ihre alte Rolle
und deren Umgebung einzubeziehen, welches durch einen Betrachter
der Rolle nicht erfaßbar und teilweise nicht einmal in direkter
Kommunikation explizierbar ist. In einer veränderten Rolle kann
es als Teil des Rollenkontextes wieder aktiviert werden.

Zum anderen bietet sich hierdurch für die primären Rollenträger eine bessere Möglichkeit, die eigene Arbeitssituation zu beeinflussen und damit die 3.Stufe der Kontrollierbarkeit nach Troy (1981) zu verwirklichen. Transparenz und Vorhersehbarkeit als Voraussetzung und Ergebnis der Beeinflussung sind darüber hinaus notwendige Bedingungen für die verantwortliche Rollenausübung.

Wir fassen diese Überlegungen unter der Zielvorstellung der ' <u>kooperativen Rollenentwicklung</u> ' zusammen.

Sie bedeutet, daß

- primäre Rollenträger aktiv sekundäre Aufgaben im Rahmen der Reorganisation ihrer eigenen Rollen übernehmen, um ihre eigenen Interessen und Perspektiven einzubringen;
- der zu betrachtende Realitätsausschnitt von automatisierbaren Funktionen auf Rollen und Rollenkomplexe ausgedehnt wird;
- Softwareentwicklung von einem isolierten Produktionsprozeß für ein Produkt mit definierten Eigenschaften zu einem wiederholt zu durchlaufenden Bestandteil der Reorganisation von Rollen mit Unsicherheiten und vielfältigen Rückkopplungen wird;
- die Blickrichtung der Reorganisationsarbeit weg von Programmen, Computern und Machbarkeit ('Diese Aufgabe können wir auf die Maschine übernehmen.') hin zu Rollen, Rollenträgern und Angemessenheit für menschengerechte Arbeit ('Diese Handlungen wollen wir automatisch ausführen lassen.') gelenkt wird.

Ansätze in dieser Richtung finden sich an vielen Stellen. Einige uns wichtige seien stellvertretend erwähnt.

● Die skandinavischen Partizipationsprojekte arbeiten seit Jahren in ähnliche Richtung. Einen zusammenfassenden Rückblick liefern Ehn & Kyng (1987).
● Die in Oberquelle (1984b) diskutierte Möglichkeit der kooperativen Modellbildung für Dialogsysteme verfolgt ähnliche Ziele, wenn auch der Schwerpunkt auf der Modellierung der automatisierten Bestandteile liegt.
● Der heute praktizierte Einsatz von Prototypen (vgl. Überblick in Floyd (1984)) ist ein anderer Ansatz, um dem zukünftigen Rollenträger frühzeitige Erfahrungen mit der veränderten Rolle und Reaktionen darauf zu ermöglichen. Er setzt die explizite Beschreibung des im Prototyp realisierten Entwurfs voraus, der aber unvermeidlich die Perspektive der Autoren enthält.

● Die Entwurfsempfehlungen von Gould & Lewis (1985) basieren ebenfalls auf einer Ausweitung des Realitätsausschnitts ('early focus on users and tasks'), Einbeziehung von Benutzern in Experimenten ('empirical measurement') und einem iterativen Vorgehen ('iterative design'). Die primären Rollenträger werden hier allerdings als mehr oder weniger passiv beteiligte Beobachtungssubjekte und Testpersonen und nicht als aktive Beteiligte betrachtet.

● Allgemeine Ideen für eine menschengerechte Gesamtorganisation von Computer-gestützter Arbeit (Organisationsergonomie; vgl. Krückeberg, 1983) sind bisher kaum erforscht. Die Arbeit von T.Malone (1985) ist einer von wenigen Beiträgen, die die Kooperation von Benutzergruppen unter Einschluß von Computersystemen thematisieren.

● Die beste Zusammenfassung wesentlicher, sich bereits abzeichnender Änderungen im Selbstverständnis der Softwaretechnik beschreibt C.Floyd (1983, 1987) mit den 'Grundzügen eines Paradigmenwechsels in der Softwaretechnik'.

Ein uns zentral erscheinender Punkt wird allerdings kaum explizit behandelt: die Frage nach der <u>Sprache</u>, in der Rollen beschrieben werden. Sie ist die Basis der Kooperation zwischen primären und sekundären Rollen, sei es in der Form von Kommunikation oder gemeinsamer Bearbeitung von Organisations- und Rollenbeschreibungen.
In der traditionellen Reorganisationsarbeit war die Sprache der Entwickler dominierend. Sie hat das Denken der Entwickler beeinflußt und ist Ausdruck ihrer Interessen und Perspektiven. Ihre Unzulänglichkeiten werden über Programme und Dokumentation auch an der Mensch-Maschine-Schnittstelle sichtbar. Die Informatiker-Fachsprache wird auch von H.Zemanek (1984, S. 19) scharf kritisert.

Kooperative Rollenentwicklung bedarf einer veränderten Sprache, die von den primären Rollen ausgeht und Anforderungen der sekundären Rollen erst an zweiter Stelle berücksichtigt.

2.3.4. Anforderungen an Sprachen zur Rollenbeschreibung

Wie aus den Erläuterungen zur kooperativen Rollenentwicklung deutlich wurde, müssen Beschreibungssprachen <u>primäre Rollen und Rollenkomplexe einschließlich automatisierter Teile</u> als <u>Realitätsausschnitt</u> abdecken.

Die intuitiven Erfahrungen und die Begrifflichkeit der zu
ändernden primären Rollen sind Kontext und semantische Basis.
Sie müssen über die rollen- und anwendungsspezifische
Terminologie in die Beschreibungssprache einfließen.
Alle in Abschnitt 2.2. vorgestellten Aspekte des Rollengefüges
müssen getrennt und in ihrem Zusammenwirken möglichst direkt
darstellbar sein:
(1) die <u>statische Struktur</u> des Rollen- und Funktionsgefüges
    und die Kooperations- und Interaktionsbeziehungen;
(2) die <u>Nutzung des organisatorischen Raumes</u> und der
    <u>Einsatz von Maschinen</u> als Funktionsträger;
(3) die Bedeutung und Struktur von <u>Objekten</u> und <u>Operationen</u>;
(4) die <u>dynamische Struktur</u> der Handlungen für jeden
    Funktionsträger jeder Rolle, wobei personale und
    automatisierte Teile A erkennbar sein sollten;
(5) die <u>dynamische Struktur</u> der Objekt- und Datenflüsse.

Die zu berücksichtigenden <u>Abstraktionsebenen</u> ergeben sich aus
dem Bedarf an lokalen, auf einzelne Rollen bezogenen
Beschreibungen und übergreifenden, auf Rollenkomplexe oder
Aufgabenbereiche ausgerichteten Beschreibungen. Die erste Art
ist wichtiger für das Verständnis primärer Rollen, während die
zweite Art für die Reorganisation der globalen Kooperation
benötigt wird.

In bezug auf die Rollenbeschreibungen sind die Träger primärer
Rollen vornehmlich durch Reorganisationsmaßnahmen betroffene
Leser. Hieraus ergeben sich spezielle Anforderungen hinsichtlich
der semantischen Qualitäten, der Verwendbarkeit und der Form.

<u>Vollständigkeit</u> und <u>maximale Präzision</u> von Rollenbeschrei-
bungen sind aus zwei Gründen keine erstrebenswerten Qualitäten
von Rollenbeschreibungen. Vollständige und detaillierte
Beschreibungen können Gestaltungs-und Handlungsspielräume der
Rollenträger unnötig einengen. Sie erzeugen darüber hinaus einen
unerwünscht hohen Kommunikationsaufwand.
Es kommt deshalb darauf an, die Rollen im jeweiligen
Verwendungszusammenhang lediglich <u>hinreichend</u> zu erfassen. Nur
relevante Aspekte oder Ausschnitte müssen mit dem jeweils
benötigten Grad an Präzision darstellbar sein.
Dies bedeutet zum Beispiel, daß bei der Beschreibung einer
speziellen Rolle sowohl Binnenstruktur wie
Kooperationsbeziehungen zur Umgebung erfaßt sein müssen
(Relevanz), daß aber die Aktivitäten der Rolle viel genauer
dargestellt werden müssen als die der Nachbarrollen (benötigte
Präzision).
Die Präzisionsanforderungen sind hinsichtlich automatisierter

Rollenbestandteile in der Regel größer, soweit sie ein spezielles, formales Interaktionsverhalten gegenüber den Rollenträgern zeigen. Auch hier ist die Verwendungssituation zu berücksichtigen.

Um die <u>Kompatibilität</u> von Teilbeschreibungen zu erreichen, ist es erstrebenswert, möglichst <u>einheitliche</u>, zumindest aber <u>kohärente Beschreibungskonzepte</u> einzusetzen.

<u>Einfachheit</u> der Beschreibungskonzepte ist nur in dem Maße anzustreben, wie sie die Verwendungsprozesse unterstützt.

Aus den verschiedenen Arten von Rollenbeschreibungen und der Art ihrer Bearbeitung können weitere Anforderungen abgeleitet werden.

Beim Einsatz der Beschreibungssprache für Ist-Beschreibungen ist es das Ziel, Schwachstellen der Organisation aufzudecken. Solche Schwachstellen können innerhalb einzelner Rollen oder im Bereich der Kooperation liegen.
Für die Zusammenarbeit von primären Rollenträgern mit Entwicklern gibt es bisher keine festen Formen. Primäre Rollenträger könnten zum Beispiel als Autoren von partiellen Rollenbeschreibungen, als Mitglieder von Autorengruppen wie als Kritiker der entstandenen Beschreibungen agieren.
Um ein breites Spektrum der Zusammenarbeit zu ermöglichen, sollte eine Beschreibungssprache sowohl stark strukturierte
- Vorgehensweisen wie offene Methoden unterstützen, z.B.
  'top-down'-Vorgehen mit der Gesamtaufgabe der Organisation oder einer Rolle als Ausgangspunkt;
- 'bottom-up'-Verfahren, ausgehend von Einzelaktivitäten bzw. Rollen mit dem Ziel der Vergröberung;
- 'inside-out'-Verfahren, die von einer Tätigkeit oder Rolle ausgehend die Nachbarschaft einbeziehen;
- 'outside-in'-Vorgehensweisen, welche von den Schnittstellen der Organisation oder Rolle zur Umgebung zu den inneren Teilen vorstoßen;
- stückweise Beschreibung von Teilen höchster Relevanz, Abgleich, Ergänzung und Zusammensetzen von Teilbeschreibungen, etwa ausgehend von Handlungsketten, vielfach genutzten Schnittstellen o.ä. sowie
- Mischformen.

Die Ausarbeitung von alternativen Lösungskonzepten ist hauptsächlich Aufgabe der Entwickler, da sie über die Einsatzmöglichkeiten von Rechnern besser informiert sind. Die primären Rollenträger treten vornehmlich als Leser und Kritiker in Erscheinung und sind eventuell bei der Bewertung von Soll-Beschreibungen beteiligt.
Für sie sind die Veränderungen der Rollen, die sich durch Umorganisation und Computereinsatz ergeben werden, besonders wichtig. Veränderungen sollten als Modifikationen bestehender Rollen darstellbar und erkennbar sein. Automatisierte Teile sollten besonders kenntlich gemacht werden können und in einem Benutzungsmodell zusammengefaßt werden, wobei aus der Sicht des Benutzers eine hinreichend präzise Darstellung (anstelle der von Zemanek geforderten formalen Darstellung) ausreicht.
Eine integrierte Sicht aller Arten des Computereinsatzes im Sinne einer Gesamtarchitektur nach Zemanek (1984) ist für die Benutzer nicht wichtig. Jedoch können Überblicke über das neue Rollengefüge mit Kennzeichnung der Einsatzorte von DV im Sinne eines Modells der Anwendung zum Verständnis jeder geänderten Rolle beitragen.

Primäre Rollenträger sind nach der Reorganisation daran interessiert, ihre neuen Rollen schnell und vollständig zu erfassen. Die als Dokumentationen verfügbaren Rollenbeschreibungen können die Lernprozesse, vor allem im Hinblick auf die automatisierten Teile, unterstützen.

Die Aufteilung der Beschreibungen in einzelne Rollen bietet eine erste Strukturierung.
Objekte und Tätigkeiten jeder Rolle sollten schrittweise sowohl auf verschiedenen Aggregationsstufen als auch in Ausschnitten mit Erweiterungsmöglichkeiten beschreibbar sein. Die Teilbeschreibungen sollten ein kohärentes Ganzes bilden und damit dem Rollenträger erlauben, schrittweise ein vollständiges Modell seiner Rolle zu erwerben. Dies gelingt am leichtesten, wenn die Teilbeschreibungen aus einer kohärenten Gesamtbeschreibung der Rolle gewonnen werden und die Beschreibungssprache die Ausschnittbildung und Aggregation unterstützt.
Für das Erlernen der Benutzung von Mensch-Maschine-Schnittstellen sind die vier Ebenen von Moran (1981) (vgl. 2.3.1.) zu berücksichtigen.
Für den ausgebildeten, erfahrenen Rollenträger können geraffte Überblicke als Gedächtnisstütze fungieren. Detaillierte Beschreibungen müssen bei Bedarf zugreifbar sein.

Ein weiterer wichtiger Einsatzbereich von Rollenbeschreibungen ist die Analyse unvorhergesehener Situationen, insbesondere bei der Mensch-Maschine-Interaktion. Hier muß die vollständige Rollenbeschreibung ausgehend von bestimmten Phänomenen, z.B. dem Erscheinen einer speziellen Meldung an der Benutzerschnittstelle, systematisch ausgewertet werden können.

Soweit es um die Beschreibung einzelner Rollen und die Unterstützung der Kommunikation mit primären Rollenträgern geht, haben primäre Rollenträger und Entwickler ähnliche Interessen. Aus den Aufgaben der Entwickler ergeben sich jedoch auch einige weitergehende Forderungen.

Zum einen sind sie für die Reorganisation von vielen Rollen und deren Kooperation verantwortlich. Dies begründet ihr Interesse an rollenübergreifenden Beschreibungen, die größere organisatorische Einheiten oder Aufgabengebiete umfassen.
Die Gesamtarchitektur eines Computersystems für die Unterstützung vieler Rollen sollte mit der Beschreibungssprache ebenfalls erfaßt werden können. Daß solche Gesamtsysteme als nebenläufige Systeme ohne globalen Zustand zu betrachten sind, ist inzwischen weit verbreitete Meinung. Bracci & Pernici (1984) stellen diese Eigenschaft z.B. für Bürosysteme besonders heraus. Das von uns vorgestellte Rollenkonzept geht bereits von nebenläufig ausführbaren Rollen und räumlich verteilten Positionen aus, deren Objekte asynchron bearbeitet werden können. Diese Eigenschaften vererben sich auf die automatisierten Teile der Rollen.

Der Übergang von der lokalen Betrachtung zur Betrachtung größerer Einheiten bedeutet, daß die Beschreibungssprache möglichst verschiedene Abstraktionen und Sichten (Ausschnittbildungen) unterstützen sollte. Umgekehrt sollten einzelne Rollen als Verfeinerungen und Ausschnitte bezüglich der Gesamtstruktur darstellbar sein.

Zum zweiten sind die Entwickler die Autoren der meisten Rollenbeschreibungen und deshalb an einer effizienten Erstellung interessiert. Dies kann durch strukturierte und modularisierbare Beschreibungen und Repräsentationen unterstützt werden, die es erlauben, Beschreibungen in einem umfassenden Sinne zu editieren. Lokale Operationen, z.B. die Korrektur von Einzelheiten, wie globale Operationen sollten möglich sein. Die Herstellung von alternativen Plänen durch Abwandlung von vorhandenen Beschreibungen wäre beispielsweise eine solche globale Operation.

Schließlich fällt den Entwicklern drittens die Aufgabe zu, die zu automatisierenden Teile durch Programme zu realisieren, sei es in Prototypen oder anwendungsreifen Versionen. Möglichst vollständige und präzise Beschreibungen dieser Teile würden die Programmierung wesentlich erleichtern. Balzer, Cheatham & Green (1983) glauben sogar, daß die Programmierung auf der Basis formaler Beschreibungen weitgehend automatisch erfolgen könnte. Um die Arbeit der Entwickler zu unterstützen, wäre es deshalb günstig, wenn die Beschreibungssprache es erlaubte, unvollständige Beschreibungen zu vervollständigen und grobe Spezifikationen weiter zu präzisieren - im optimalen Fall bis hin zu präzisen Programmiervorgaben.

Die __Form__ und die __materielle__ __Repräsentation__ von Rollenbeschreibungen haben die Aufgabe, Herstellung, Übertragung und Verwendung optimal zu unterstützen.
Für die primären Rollenträger haben die schnelle visuelle Erfaßbarkeit und die direkte, intuitive Verständlichkeit der elementaren Bestandteile als Grundlage der leichten Lesbarkeit besondere Bedeutung.

Informatiker haben in der Vergangenheit vielfach den Versuch unternommen, ihre Entwürfe weitgehend mit Hilfe formaler Methoden darzustellen, um größtmögliche Präzision zu erreichen. Die vollständige, formale Spezifikation von Softwaresystemen erheben auch Balzer, Cheatham & Green (1983) zur Zielvorstellung für eine Softwaretechnik der 90er Jahre.
Vollständige, formale Beschreibungen realer Systeme werden bei Verwendung einfacher Beschreibungshilfsmittel sehr komplex und deshalb unübersichtlich und schwer verständlich. Bei Verwendung mächtigerer Beschreibungshilfsmittel sind zwar weniger komplexe Beschreibungen möglich, jedoch kann das Verstehen der Hilfsmittel Schwierigkeiten bereiten.
Ohne Kenntnis der beim Entwurf verwendeten intuitiven Vorstellungen bleiben Formalbeschreibungen auch für Fachleute intransparent.

Geht man von der realistischen Annahme aus, daß die Träger primärer Rollen wenig Interesse an und wenig Übung mit formalen Beschreibungen haben und daß Rollen nicht vollständig formal beschrieben werden können, dann stellt sich die Frage, welcher Grad der Formalisiertheit und welche Mischung von Text und Graphik geeignet ist. Wie bereits oben erwähnt, haben die Träger primärer Rollen lediglich ein Interesse an hinreichend präzisen Beschreibungen.

Auf die weitreichenden Möglichkeiten der Beschreibung in natürlicher Sprache und die Notwendigkeit ihrer Beherrschung hat H.Zemanek (1984) eindringlich hingewiesen. Auch P.Naur betont die Möglichkeiten der präzisen Beschreibung in natürlicher Sprache (Naur, 1982, S.447). Er hat sich mit dem Problem der Formalisiertheit von Sprache bei der Programmierung eingehend auseinandergesetzt. Seine Feststellungen sind auch für unseren Bereich von Bedeutung:

● Formale Sprachen sind immer nur eingebettet in informale Sprache möglich.
● Die Beschränkung auf formalisierte Sprache geht oft mit einer zu starken Konzentration allein auf die im Rechner ablaufenen Teile einer Gesamttätigkeit einher und vernachlässigt Interessen von beteiligten Personen.
● Informale Sprache kann sehr präzise sein, wenn sie diszipliniert eingesetzt wird.
● Bei der Einführung von intuitiven Begriffen kann Formalisierung bestenfalls eine Hilfe, aber kein Ersatz für klare Erläuterungen sein.
● Formalisierung kann einfach sein; sie muß nicht unbedingt das Verständnis einer komplizierten mathematischen Theorie erfordern. Formalisierung sollte nur dort eingesetzt werden, wo sie unbedingt notwendig ist. Sie darf kein Selbstzweck sein.
● Bei Stil und Technik von Programmbeschreibungen sollte man sich an traditionellen technischen Dokumentationen orientieren.

Die letzte Feststellung und die Überlegungen von Zemanek legen einen Vergleich mit der traditionellen Architektur nahe, der für primäre Rollenträger mehrere interessante Gesichtspunkte hinsichtlich der Form ergibt.
Architekten und Bauherren können sich über einen Entwurf auf der Basis von Zeichnungen (schematischen Darstellungen) verständigen. Dabei reichen Teil- oder Aspektbeschreibungen in der Regel aus, um eine gleichartige gemeinsame Vorstellung des gesamten entworfenen Objektes zu gewinnen. Die verwendeten Zeichnungen sind exakt, ohne vollständig formal zu sein (z.B. lage- und maßstabsgerecht, aber ohne Vermaßung). Sie verwenden eine ausgeprägte Symbolik für allseits bekannte funktionale Komponenten, z.B. für die sanitäre Installation.
Die Einbettung eines entworfenen Objektes in seine Umgebung wird mit denselben Hilfsmitteln dargestellt wie das Objekt selbst. Für die tatsächliche Konstruktion können die Zeichnungen verfeinert und erweitert werden (Maßstabswechsel, Vermaßung, Materialangaben) und durch detaillierte Pläne ergänzt werden (z.B. Installationspläne). Der Zusammenhang aller Teilbe-

schreibungen wird durch das dreidimensionale Koordinatensystem
hergestellt.

Manchmal werden reale Modelle verwendet, um die Wirkung eines
Entwurfs in seiner zukünftigen Umgebung besser beurteilen zu
können. Dies ist eine Art von 'prototyping'.
Üblicherweise können Kunden solche Entwürfe nach kurzer
Eingewöhnung lesen und kritisieren, weil die Ausdrucksmittel auf
gleichartigen Erfahrungen und Konzeptionen beruhen. Kunden sind
hingegen nicht in der Lage, Architektenzeichnungen selbst zu
erstellen oder formgerecht abzuändern. Kunde und Architekt haben
also durchaus einen unterschiedlichen aktiven und passiven
'Sprachschatz'.

Diese Hinweise und Beobachtungen machen deutlich, daß graphische
Hilfsmittel als wesentliche Ergänzung der natürlichen (verbalen)
Sprache anzusehen sind. Auch sie müssen nicht voll formalisiert
sein. Die Einhaltung von Konventionen erleichtert allerdings
hier ebenfalls das Verständnis. Die Kombination von verbaler und
graphischer Sprache wird auch von D.Ross (1980) als 'natürliche
Sprache' in einem allgemeineren Sinne verstanden. Diese schließt
künstliche Sprachen bis hin zu formalen Sprachen ein.

Graphische Darstellungen bieten zum einen die Möglichkeit, große
Mengen von Information und komplexe abstrakte Zusammenhänge in
Strukturbeschreibungen komprimiert und übersichtlich darzustellen und damit leichter erfaßbar zu machen (Bertin, 1974).
Zusätzlich können bildliche Darstellungen, z.B. in Form von
Bildsymbolen (Ikonen), anstelle von Texten verwendet werden, um
z.B. einzelne Objekte, Objektklassen oder Handlungen prägnant zu
beschreiben. Graphische Darstellungen sollten für Rollenbeschreibungen deshalb soweit wie möglich genutzt werden,
insbesondere um die Zusammenhänge räumlicher und zeitlicher
Natur zu veranschaulichen.

Aus der Sicht der Entwickler sind Graphik und Texte
wünschenswerte Darstellungsformen, die auch für ihre speziellen
Aufgaben genutzt werden können.
Für die Darstellung organisatorischer Zusammenhänge sind neben
Texten seit langem graphische Hilfsmittel geläufig, z.B. in Form
von Organisationsplänen, Materialflußplänen, Netzplänen usw.

Allerdings sind diese Hilfsmittel nur für einzelne Aspekte einsetzbar, sehr uneinheitlich sowie unterschiedlich präzise und formalisiert.
Graphische Hilfsmittel für die Programmierung (z.B. Flußdiagramme, Struktogramme, Datenflußpläne, Moduldiagramme) stehen zwar in großer Zahl zur Verfügung, sind aber wenig kohärent und nicht allgemein einsetzbar. Die Notwendigkeit der Entwicklung einer Sprache für technische Zeichnungen ('blueprint language') im Bereich der Softwaretechnik wird auch von D.Ross (1977) hervorgehoben. Bisher dominieren im Bereich der Programmierung eindeutig Textdarstellungen.

Texte hatten bisher für den Entwickler wesentliche Vorteile:
- Programme werden fast ausschließlich in Textdarstellung an Rechner übermittelt und in dieser Form von Übersetzern verarbeitet.
- Formale Beschreibungen basieren weitgehend auf mathematischen Modellen, die durch Zeichenketten dargestellt werden.
- Texte können leicht in Rechnern gespeichert, editiert und ausgewertet werden.
- Die Peripheriegeräte von Rechnern erlauben die billige und schnelle Produktion und Verteilung von externen Text-darstellungen.

Die seit kurzem verfügbare Technologie, z.B. in Form von Arbeitsplatzrechnern, mit hochauflösenden Graphikbildschirmen und -druckern eröffnet kostengünstige Möglichkeiten für die Erstellung, Bearbeitung und Auswertung von graphischen Beschreibungen. Diese können sowohl für die Erstellung von Rollenbeschreibungen wie für die Programmierung und die Gestaltung von Mensch-Maschine-Schnittstellen eingesetzt werden.

Der benötigte Grad der Präzision für die Entwickleraufgaben beeinflußt die Form der Rollenbeschreibungen. Hohe Präzision ist lediglich für die zu programmierenden Teile und während der Implementation notwendig.

In Überlegungen zu einem neuen Paradigma der Softwaretechnik schlagen Balzer, Cheatham & Green (1983) sogar formale Spezifikationen als Verständigungsebene zwischen Auftraggebern und Entwicklern vor. Sie gehen davon aus, daß Benutzer in der Lage sein werden, formale Spezifikationen zu verstehen und bei Bedarf abzuändern. Sie hoffen, daß diese Spezifikationen direkt als Prototypen interpretiert werden können und daß die Implementation weitgehend automatisch erfolgen kann.

Auf die Situation der konventionellen Architektur übertragen
würde dies bedeuten, daß man den Kunden aufbürdet, aktiv den
Sprachschatz der Entwurfszeichnungen zu erlernen und selbst zum
Entwerfer zu werden. Diese Vorstellung scheint dem Verfasser
nicht nur für die traditionelle Architektur unrealistisch. Sie
bedeutet auch, einseitig die Interessen der Entwickler zu
bevorzugen. Unserer Meinung nach ist es ausreichend, wenn die
Beschreibungssprache so konzipiert ist, daß Teile von
Rollenbeschreibungen bei Bedarf formalisiert werden können und
die entstehende Formalbeschreibung rechnergestützt bearbeitet
werden kann.

Für die <u>materielle</u> <u>Repräsentation</u> von Rollenbeschreibungen
stehen im wesentlichen zwei Möglichkeiten zur Verfügung, die
Papierdarstellung und die rechnerinterne Darstellung mit der
Möglichkeit der Ausgabe auf Bildschirmen und als
Papierdarstellung.

Für die Verwendung in Gruppensituationen, z.B. bei der
Entwicklung einer Ist-Beschreibung, Diskussion einer Soll-
Beschreibung oder für die Schulung werden <u>Papierdarstellungen</u>
benötigt. Großflächige Darstellungen auf Wandtafeln, Flip-Charts
oder durch Projektion können die Kommunikation in der Gruppe
wesentlich erleichtern.

Für die Arbeit in kleinen Gruppen oder von Einzelnen ist auch
die <u>Bildschirmdarstellung</u> geeignet. Wesentlicher Nachteil ist
hier die begrenzte sichtbare Fläche und die sehr eingeschränkte
Auflösung im Vergleich zu gedruckten Darstellungen.
Rechnerinterne Rollendarstellungen können allerdings flexibler
ausgewertet und präsentiert werden.

Um permanente Verfügbarkeit, z.B. beim Lernen oder bei der
Analyse unvorhergesehener Situationen (etwa bei Ausfall von
automatisierten Teilen), zu garantieren, werden Rollenbeschreibungen in Papierform auch parallel zu rechnerinternen
Darstellungen benötigt.

Papierdarstellungen können sowohl manuell wie rechnergestützt
produziert werden. Da die Herstellung der Rollenbeschreibungen
fast ausschließlich Aufgabe der Entwickler ist, haben die
primären Rollenträger keine speziellen Anforderungen an die Art
der Herstellung. Die Möglichkeit der rechnergestützten
Darstellung und Bearbeitung sollte im Interesse der Autoren
gegeben sein, die über Rechner als Arbeitsmittel bei der

Reorganisationsarbeit verfügen. Die manuelle Erstellung sollte aber ebenfalls möglich sein.

Die <u>Anforderungen an Beschreibungssprachen</u> für die kooperative Rollenentwicklung können wir folgendermaßen zusammenfassen:

- Sie müssen primäre Rollen einschließlich automatisierter Teile aus der Perspektive der primären Rolle erfassen.

- Kohärente Darstellungen verschiedener Aspekte auf verschiedenen Abstraktionsstufen und in unterschiedlichen Ausschnitten müssen unterstützt werden - möglichst auf der Basis eines einheitlichen Grundkonzeptes.

- Die Vervollständigung und Präzisierung bis hin zur Formalisierung sollten möglich sein.

- Die Möglichkeiten von Graphik und ergänzendem Text sind mit dem Ziel der leichten Lesbarkeit und direkten Verständlichkeit bei geringer Formalisierung zu nutzen.

- Papierdarstellungen aller Beschreibungen müssen möglich sein.

- Alle Beschreibungen sollten rechnerintern speicherbar und bearbeitbar sein.

3. ANALYSE GRAPHISCHER BESCHREIBUNGSHILFSMITTEL

Ziel dieses Kapitels ist es, bekannte Beschreibungshilfsmittel
daraufhin zu untersuchen, ob sie direkt zur Beschreibung von
Rollen geeignet sind oder durch Adaption verwendbar gemacht
werden könnten. Wegen der besonderen Bedeutung der graphischen
Darstellungen analysieren wir nur solche Hilfsmittel, die
bereits graphische Möglichkeiten intensiv nutzen.

Ausgehend von verschiedenen Aspekten unseres Rollenkonzeptes
werden unterschiedliche, sich teilweise überlappende Gebiete in
Betracht gezogen:
Rollen als Konzept zur Erfassung organisierter Arbeit legen es
nahe, mit arbeitsorientierten Ansätzen zu beginnen.
Die Tatsache, daß Organisationen räumlich verteilt sind und
asynchron arbeiten, lenkt das Interesse auf allgemeine Be-
schreibungshilfsmittel der Informatik für asynchrone, verteilte
Systeme. Die Automatisierbarkeit von Handlungen bringt den
Automatisierungsprozeß und damit die Softwaretechnik ins
Blickfeld.
Als wichtiger Spezialbereich der Softwaretechnik werden
graphische Beschreibungstechniken für Mensch-Maschine-Schnitt-
stellen gesondert behandelt.
Schließlich werden individuelle Objekte als wichtiges
Grundkonzept unseres Ansatzes zum Ausgangspunkt einer getrennten
Betrachtung gemacht.
Abschließend werden die Ergebnisse dieser Analysen
zusammengefaßt und mit dem Anforderungskatalog aus Kapitel 2
verglichen.

3.1. Arbeitsorientierte Ansätze

3.1.1. Organisationslehre

Die betriebswirtschaftliche Organisationslehre beschäftigt sich
mit Organisationen als komplexen Gesamtsystemen und deren
Gestaltung (Grochla, 1972; Grochla, 1978). Von einer systematischen Ausnutzung graphischer Beschreibungsmöglichkeiten kann
bisher nicht gesprochen werden. Graphische Darstellungen werden
häufig zur Veranschaulichung von hierarchischen Strukturen
herangezogen, z.B. für die Aufbauorganisation einer Unternehmung
(Abb.3/1) oder für die Zergliederung von Aufgaben (Abb.3/2),
nicht aber zur Darstellung komplexerer Zusammenhänge.

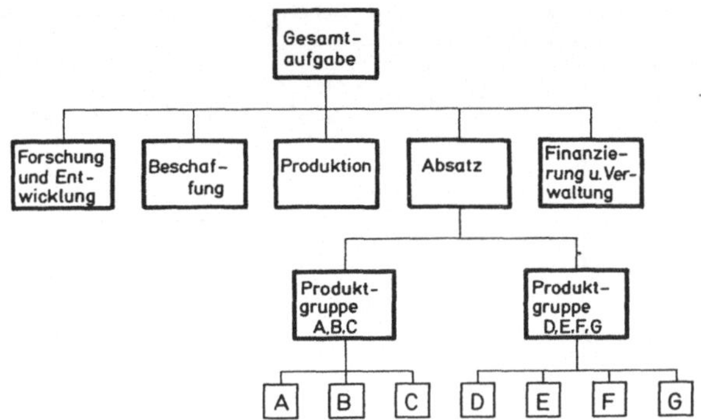

Abb. 3/1: Hierarchische Aufbaustruktur
(Grochla, 1972, S. 89)

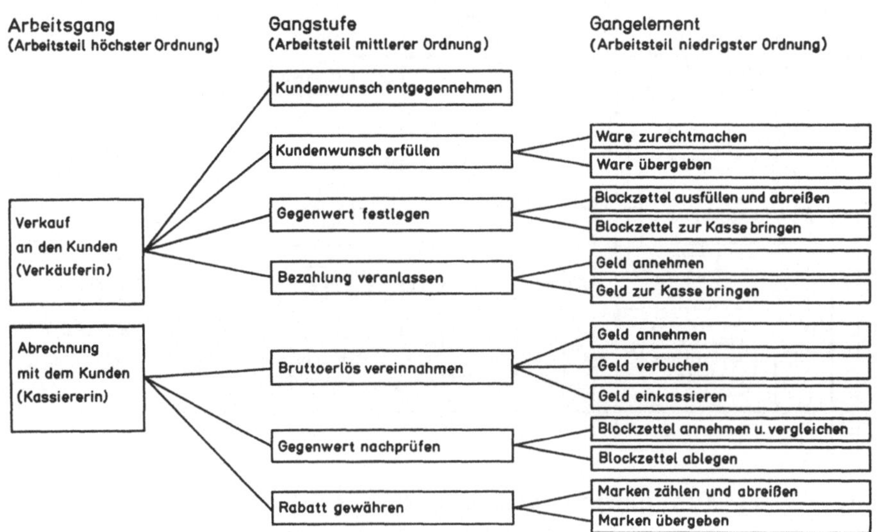

Abb. 3/2: Hierarchische Aufgabengliederung
(Grochla, 1972, S. 126)

Eine der wenigen systematischen graphischen Beschreibungen
bietet das <u>Kölner Integrationsmodell</u> (KIM; Grochla et al.,
1974), das für eine Gesamtorganisation sämtliche Informationsflüsse in einem Graphen mit Aufgaben als Knoten und Kanälen als
Kanten schematisch erfaßt und zusätzliche Angaben in Tabellen
darstellt.
Spezielle Knotenarten werden eingesetzt, um die Verbindungen zur
Umgebung und zwischen Teilen der Beschreibung zu erfassen.

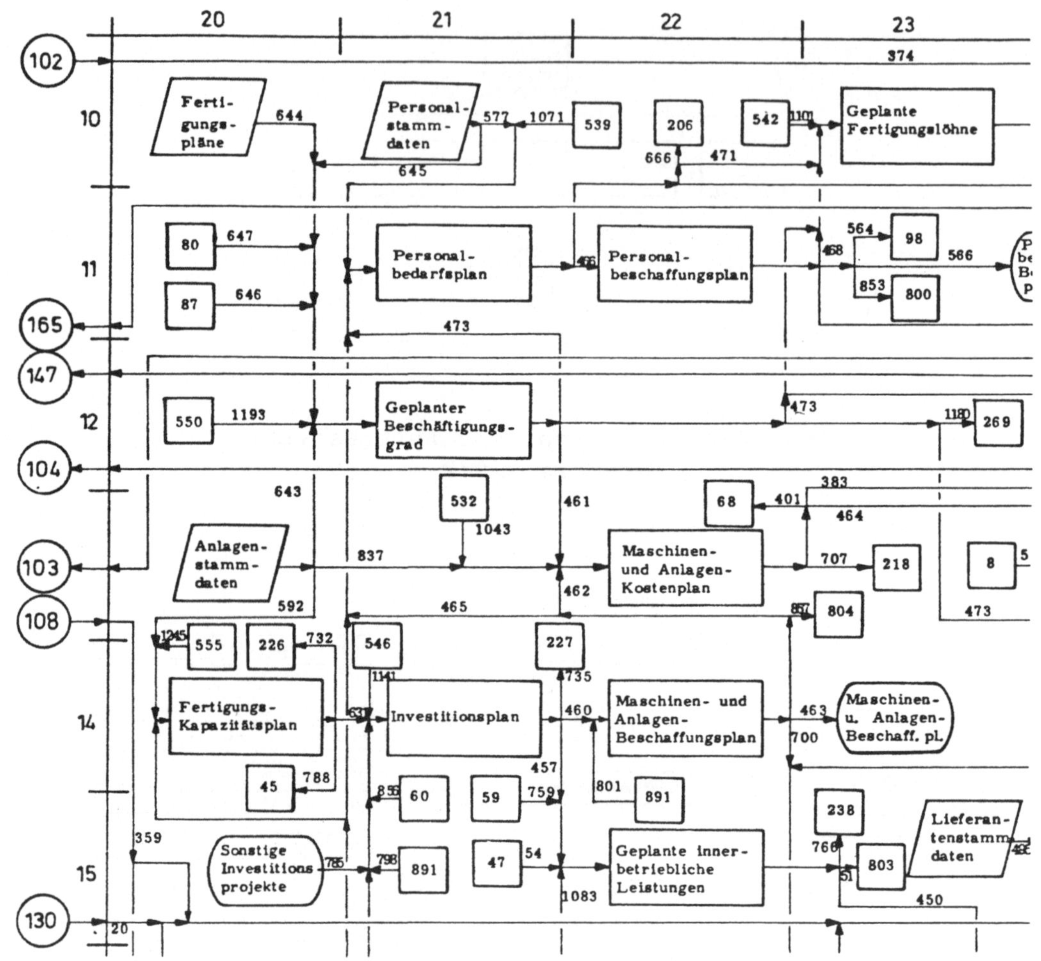

Abb. 3/3: Ausschnitt aus dem Kölner Integrationsmodell
(Grochla et al., 1974, Faltblatt 2, Ausschnitt)

Diese Form der graphischen Darstellung ist für unsere Zwecke
ungeeignet, denn
- sie konzentriert sich nur auf einen Aspekt: Informationsflüsse
  und Aufgaben unabhängig von ihren Trägern;
- sie verfügt über keine Darstellungsmöglichkeit für Abstraktionen und rollenspezifische Sichten;
- sie kann insgesamt zu wenig von der Rollensemantik erfassen.

Netzpläne (Götzke, 1972) konzentrieren sich auf der anderen
Seite zu stark auf das Zeitverhalten komplexer Aufgabengefüge
und die automatische Auswertbarkeit. Sie vernachlässigen den
Objektaspekt weitgehend, unterstützen keine rollenspezifischen

Sichten und ignorieren den Raumaspekt vollständig. Sie erscheinen für eine Ausweitung ebenfalls ungeeignet.

3.1.2. Arbeitswissenschaft

Die Arbeitswissenschaft als Spezialgebiet der Psychologie geht von Personen als Funktionsträgern aus und betrachtet Arbeitsaufgaben primär unter dem Gesichtspunkt der Belastung. Erst in neuerer Zeit werden in Verbindung mit dem Computereinsatz Versuche unternommen, den Zusammenhang bestimmter <u>Tätigkeitsklassen</u> und <u>Objektklassen</u> aus der Sicht von Rollenträgern graphisch zu beschreiben (Dzida, 1981; Dzida, 1983b; Dzida & Valder, 1984). Dabei werden Petri-Netze in einer nicht genau erläuterten, informalen Interpretation verwendet, die Aspekte von Kanal/Instanz-Netzen und Mittel/Aufgaben-Netzen (vgl.3.2.4 und Oberquelle, 1980) mischt. Einzelne Arbeitsschritte werden durch die benötigten Werkzeuge, Parameter und Objekte (= Arbeitsgegenstände), die Aktivität sowie das Resultat mit speziellen Attributen dargestellt. Ein Arbeitsschritt entspricht in unserer Terminologie einer Handlung.

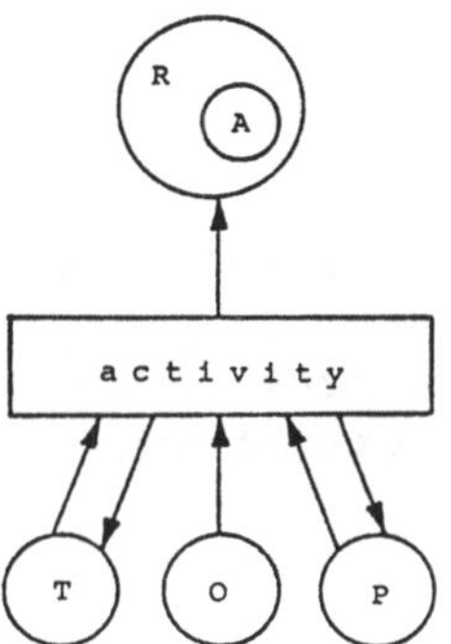

T - Werkzeug   O - Objekt   P - Parameter
R - Resultat   A - Attribut

Abb. 3/4: Komponenten eines Arbeitsschrittes
(Dzida & Valder, 1984, S. 322)

Durch Zusammensetzen von Arbeitschritten entstehen Netze mit sequentiell oder nebenläufig möglichen Handlungen für eine Arbeitsaufgabe ('task'). Eine Person kann mehrere Aufgaben wahrnehmen. Die Beschreibungsmethode von Dzida konzentriert sich primär auf die Handlungsdynamik, einen menschlichen Funktionsträger und auf die Beziehungen der drei Objektarten zueinander. Automatisierte Funktionen werden als Werkzeuge betrachtet, die über Parameter gesteuert werden und während der

Verwendung nicht mit dem menschlichen Rollenträger interagieren. Der verwendete Objektbegriff wird nicht näher erläutert, aber es scheint so, daß Objekte generell als beweglich betrachtet werden. Die Eigenschaften von Objekten werden als veränderbar angesehen.

Der Raumaspekt von Rollen wird ebensowenig betrachtet wie die Kooperation. Kooperation durch Austausch von Objekten ist allerdings leicht darstellbar durch Identifizierung von Resultaten und Objekten in den entsprechenden Netzen.

In Dzida & Valder (1984) wird eine Formalisierung angegeben, die es erlaubt, einfache Auswertungen der Beschreibungen automatisch vorzunehmen. Sie besteht lediglich in einer Transformation der in der graphischen Darstellung vorhandenen Angaben in eine maschinenverarbeitbare Textdarstellung.

Für den kleinen betrachteten Ausschnitt der Rollensemantik ergeben sich anschauliche Beschreibungen. Die Methode müßte aber erheblich erweitert werden, um sie zu einer vollständigen Beschreibungssprache für Rollen zu machen. Wir werden an späterer Stelle sehen, daß solche Beschreibungen als Spezialfälle aus allgemeineren Beschreibungen abgeleitet werden können.

3.1.3. Benutzerorientierte Systementwicklung

Im Rahmen von Projekten zur Entwicklung und Revision von Computer-gestützten Arbeitssystemen unter besonderer Berücksichtigung der Benutzerinteressen sind vereinzelt graphische Hilfsmittel vorgeschlagen und verwendet worden.

In einem Projekt zur Entwicklung und Erprobung von Hilfsmitteln zur **benutzerorientierten Systemrevision** von teilautomatisierten Arbeitsabläufen (BENORSY; Essig et al., 1980) wurde eine spezielle Beschreibungssprache vorgeschlagen. Sie ist Petri-Netzen (s.3.2.1.) ähnlich und durch diese beeinflußt.
Arbeitsabläufe werden als Netze aus Aktivitäten und Speicherungen beschrieben. Aktivitäten und Speicherungen können durch Texte benannt, inhaltlich verbal beschrieben und mit der Angabe ihres Trägers versehen werden. Speicherungen und Aktivitäten können auf zwei Arten verbunden sein: Senkrechte Pfeile geben den Fluß von Daten/Objekten an, waagerechte Pfeile den Einfluß einer Speicherung (z.B. einer Vorschrift) auf eine Aktivität.

a) Darstellung von Aktivitäten

b) Darstellung von Speicherungen   **c) Resultat von**
                                              Entscheidungen

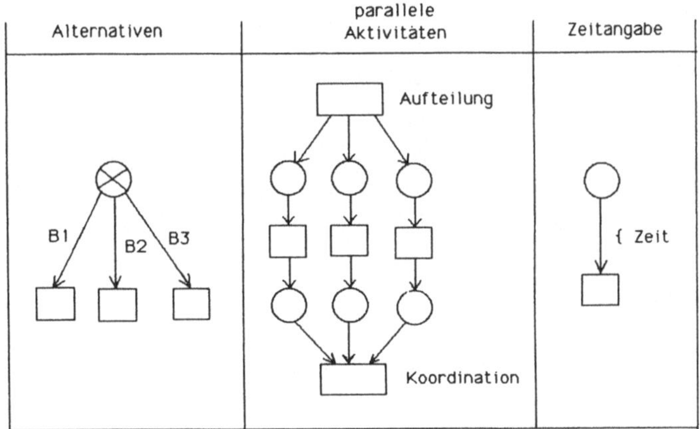

d) Objekt-/Datenfluß und Ergänzungen

e) Einfluß   **f) Schnittstellen**

Abb. 3/5: BENORSY-Konzepte
(Zusammenstellung durch den Verfasser)

Bei den Aktivitäten wird weiter zwischen Entscheidungen und sonstigen Aktivitäten, bei den Speicherungen zwischen Entscheidungsinformation und sonstigen Speicherungen unterschieden. Zusätzlich kann für Aktivitäten angegeben werden, ob sie automatisch oder von Personen ausgeführt werden. Bei den Speicherungen kann hervorgehoben werden, wer der Erzeuger und wer der Konsument ist (Person, Maschine).
Die Flußrelation (nach unten gerichtete Pfeile) kann verwendet werden, um parallele Aktivitäten und deren Koordination darzustellen. Durch ergänzende Beschriftungen können die Fallunterscheidungen bei Verzweigungen nach Entscheidungen angegeben und Zeitangaben zum Beginn einer Aktivität gemacht werden. Die Abgrenzung von Zuständigkeitsbereichen ist durch Hervorhebung von Speicherungen als Schnittstellen möglich. Aktivitäten können schrittweise verfeinert werden, ausgehend von einer gröbsten Form für jedes Arbeitsverfahren (Abb.3/6).

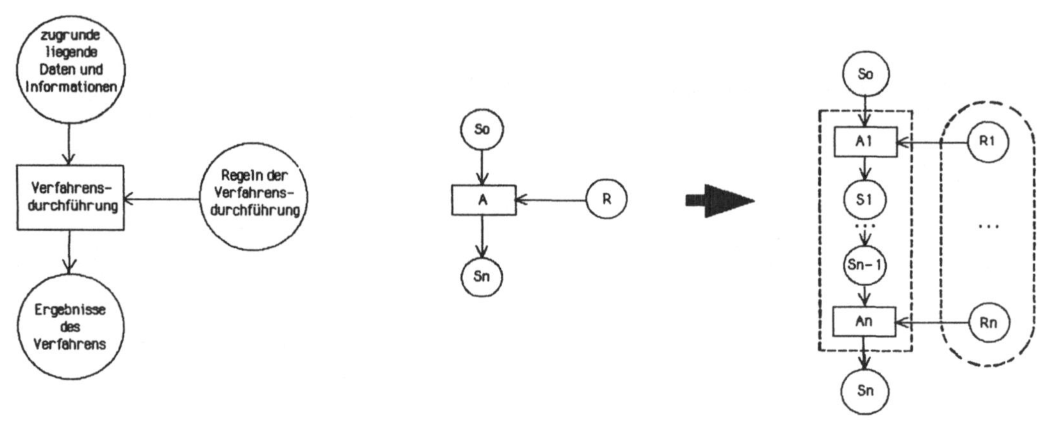

a) gröbste Form   b) exemplarische Verfeinerung

Abb. 3/6: Verfeinerung von Aktivitäten

BENORSY-Beschreibungen sind geeignet, einen Teil der funktionalen Rollenaspekte darzustellen, speziell die Beziehungen zwischen Objekten und Handlungen.
Der verwendete Objektbegriff ist jedoch unklar. Reale Objekte und Daten, Fluß und Einfluß werden nicht klar unterschieden, mit Ausnahme von beeinflussenden Regelungen. Werkzeuge als spezielle Objekte werden nicht erwähnt.

Eingeschränktes Verhalten von Funktionsträgern, z.B. bestimmte Abfolgen von Aktivitäten, die sich nicht aus den Speicherungen

ergeben, oder die Kooperation von Rollen durch gemeinsame Handlungen können nicht direkt ausgedrückt werden.
Für die Darstellung unterschiedlicher Sichten werden keine Hilfsmittel angeboten. Die Herstellung und Bearbeitung wird manuell vorgenommen. Zur Formalisierbarkeit sind keine Aussagen gemacht. Eine Erweiterung und Präzisierung des BENORSY-Ansatzes scheint am ehesten unter stärkerer Berücksichtigung von Konzepten der Netztheorie möglich, die im nächsten Abschnitt behandelt werden.

In skandinavischen Projekten zur Analyse von Auswirkungen des Computereinsatzes in Arbeitsprozessen und zur arbeitsorientierten Gestaltung von Computeranwendungen sind verschiedene flußorientierte Beschreibungen von Arbeitszusammenhängen angefertigt worden. Sie gehen ebenfalls von Petri-Netzen aus, konzentrieren sich aber stärker auf den Objektaspekt.

In einer Arbeitsgruppe (Arbejdspladsgruppe, 1985) wurde die primär manuelle Arbeit in einer Bibliothek beschrieben. Abb.3/7 zeigt einen Ausschnitt aus der Beschreibung der Bücherakzession.

Der Raum- und der Objektaspekt der betrachteten Rollen wird gut erfaßt. Die Objektsemantik wird weitgehend durch Nutzung bildlicher Darstellungen ausgedrückt, die dem Anwendungsbereich entnommen sind.
Verbindungen zur Umgebung des betrachteten Systemausschnitts sind angedeutet. Die Handlungsdynamik ist in dem beschriebenen Fall von untergeordneter Bedeutung. Vergröberungen und andere Sichten spielten in diesem Projekt keine Rolle.
Über die Systematik für die Erstellung derartiger Netze liegen bisher keine Veröffentlichungen vor.

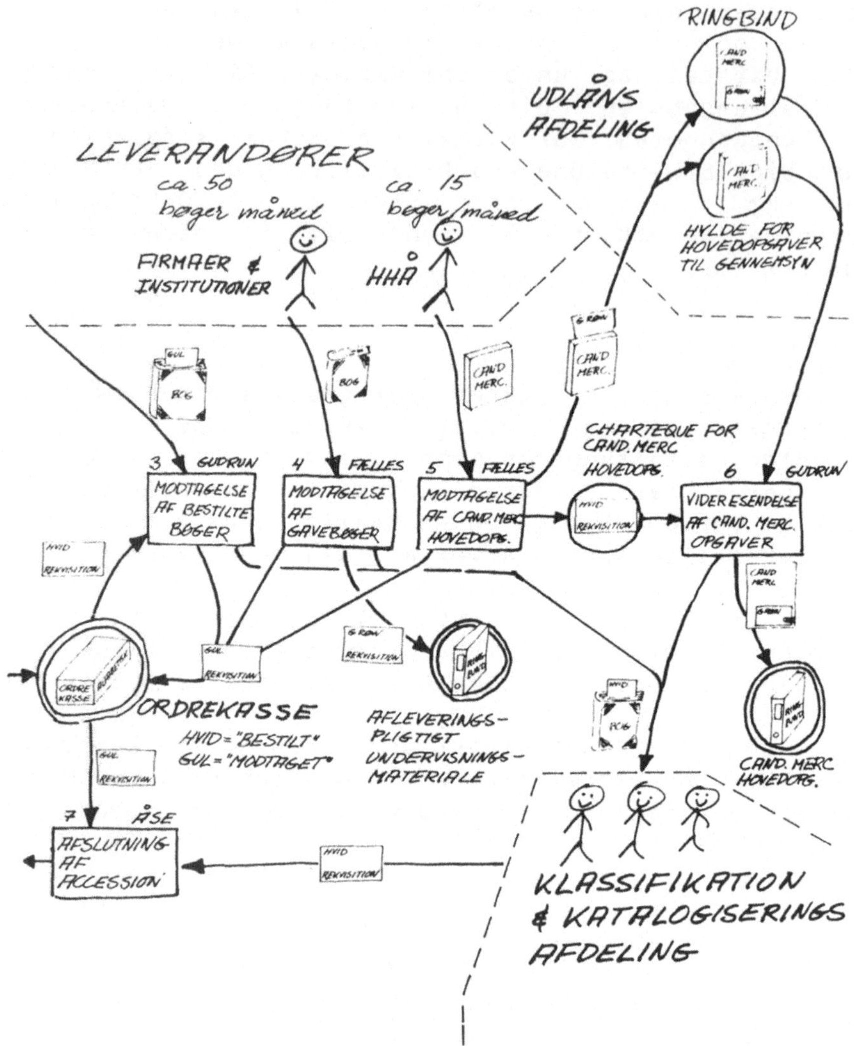

Abb. 3/7: Bücherakzession in einer Bibliothek
(Arbejdspladsgruppe, 1985, S. 11)

Im Rahmen des **UTOPIA-Projektes** (Bartholdy, 1984; Kammersgaard & Kyng, 1984) sind ebenfalls bildliche Darstellungen bei der Beschreibung von Arbeitsorganisationen eingesetzt worden (Abb.3/8).
Eine oder mehrere Rollen werden als Einheit betrachtet. Sie sind durch bildliche Darstellungen der einzelnen Rollen und ihrer Träger und durch ergänzende Texte erklärt. Die zwischen den Rollenträgern ausgetauschten Objekte sind ebenfalls bildlich und durch erklärenden Text beschrieben.

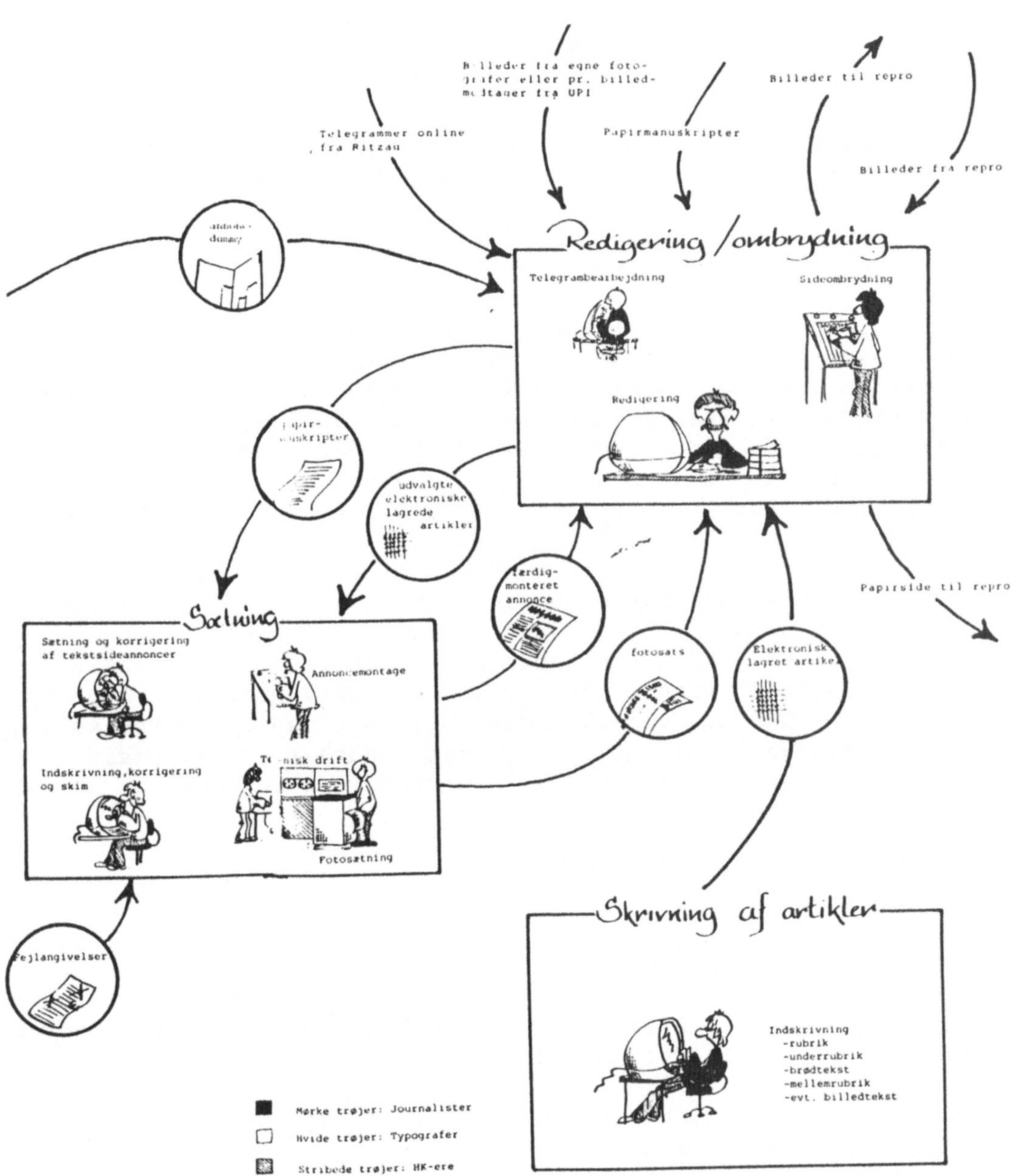

Abb. 3/8: Aufgaben und Mittel bei der Herstellung einer Zeitung
(Kammersgaard & Kyng, 1984, S. 5)

Die beiden letzten Beispiele für graphische Beschreibungen zeigen Möglichkeiten der präzisen, aber informalen Rollenbeschreibung auf, die unseren Anforderungen für die Lesbarkeit gut entsprechen, aber einer systematischen Grundlage bedürfen.

3.2. Asynchrone, verteilte Systeme

Die Betrachtung asynchron arbeitender, verteilter Systeme ist ein Gegenstand der Informatik. Solche Systeme treten primär in Form von Computern mit mehreren Prozessoren, Rechnernetzen und nicht sequentiellen Programmen auf. Aber auch soziotechnische Systeme fallen in diese Kategorie.

Neben programmiersprachlichen Beschreibungen auf der Basis von Texten haben sich Petri-Netze (vgl. Brauer, 1980) als wichtigste graphische Beschreibungsmöglichkeit durchgesetzt. Allerdings ist die Zahl der Netzinterpretationen inzwischen so groß, daß eine Klassifikation und eingehende Diskussion der verschiedenen Ansätze notwendig erscheint. In Anlehnung an die 'Allgemeine Netztheorie' von C.A.Petri (1980) unterscheiden wir abstrakte, mathematische Netzmodelle von angewandten Modellen und ordnen sie zusätzlich unterschiedlichen Ebenen zu.
Neben der Ausdrucksstärke in einem abstrakten, teilweise mathematischen Sinne interessiert uns vor allem, ob die vorgeschlagenen und in Beispielen verwendeten Interpretationen und graphischen Darstellungen zur Rollenbeschreibung geeignet erscheinen. Auf die vielfältigen Möglichkeiten zur Verbesserung der graphischen Kommunikation mit Netzen, wie sie in Oberquelle (1981) dargestellt werden, wird nur am Rande eingegangen.

3.2.1. Abstrakte Netze

Petri-Netze sind abstrakt betrachtet eine mathematische Struktur mit zwei Sorten von Elementen und einer Relation, die nur verschiedenartige Elemente verbinden kann. Sie ist durch folgende Definition festgelegt:

Ein Tripel $N=(S,T;F)$ heißt ein (_Petri-_) _Netz_ genau dann, wenn

(i) $S \cap T = \emptyset$

(ii) $S \cup T \neq \emptyset$

(iii) $F \subset (S \times T) \cup (T \times S)$

(iv) $\mathrm{dom}(F) \cup \mathrm{cod}(F) = S \cup T$.

Die Elemente von S werden <u>S-Elemente</u>,
die Elemente von T werden <u>T-Elemente</u>,
die Elemente von S u T werden die <u>Elemente</u> des Netzes und
die Relation F wird die <u>Flußrelation</u> genannt.

Ein Netz wird graphisch schematisch dargestellt, indem S- und T-Elemente als Knoten und die Elemente von F als gerichtete oder ungerichtete Kanten eines Graphen gezeichnet werden.

S-Elemente:

T-Elemente:

F-Elemente: oder   bzw.

S-berandete Unternetze werden <u>S-Komponenten</u>, T-berandete Unternetze werden <u>T-Komponenten</u> genannt.
Netze, in denen alle T-Elemente nur genau eine Eingangs- und eine Ausgangskante besitzen, heißen <u>S-Graphen</u>. Analog werden <u>T-Graphen</u> definiert.
Eine formale Definition dieser und weiterer Begriffe der Netztheorie findet man z.B. in Best & Fernandez (1986).

Netze können interpretiert werden, indem man S und T mit passenden Konzeptpaaren verbindet, F sinnvoll erklärt und die Netzelemente durch entsprechende zusätzliche Anschriften kennzeichnet. Die Anschriften müssen nicht notwendig Texte sein.

Für Netze sind allgemeine Operationen für systematisches Abstrahieren/Präzisieren, Vergröbern/Verfeinern sowie für Ausschnittbildung/Erweiterung über Morphismen erklärt (vgl. Genrich & Stankiewicz-Wiechno, 1980), die hier nur anschaulich erläutert werden sollen. Die Beispiele sind Kupka, Maaß & Oberquelle (1981) entnommen.

Beim <u>Abstrahieren</u> werden T-Komponenten durch T-Elemente und S-Komponenten durch S-Elemente ersetzt, und die Flußrelation wird aus der Flußrelation des Ausgangsnetzes abgeleitet. <u>Präzisieren</u> ist der inverse Vorgang. Abstraktion und Präzisierung können in einem Schema dargestellt werden. Die Darstellung der F-Elemente des abstrakten Netzes wird häufig weggelassen.

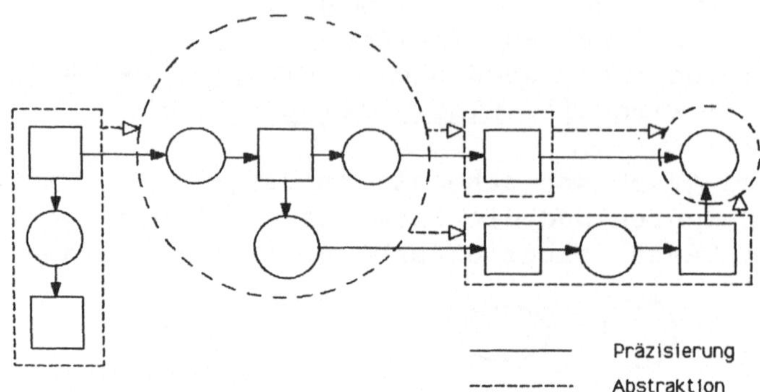

Abb. 3/9: Beispiel für Abstraktion und Präzisierung

Das ausschließliche Zusammenfassen nur von S- bzw. T-Elementen ('folding') bezeichnen wir als <u>Vergröberung</u>. Jedes F-Element wird einem vergröberten F-Element zugeordnet. Der umgekehrte Vorgang wird <u>Verfeinerung</u> genannt.

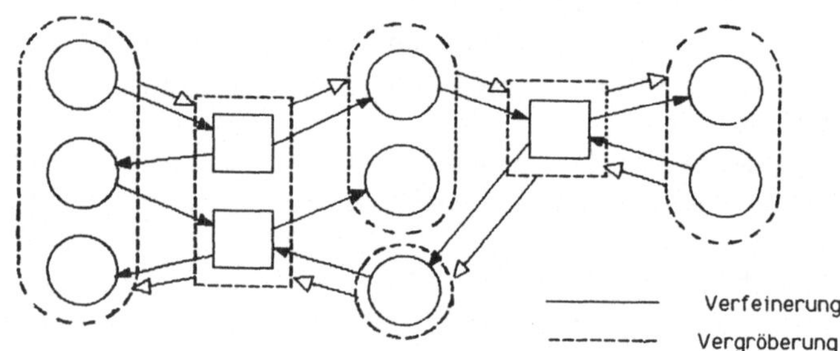

Abb. 3/10: Beispiel für Vergröberung und Verfeinerung

Bei der <u>Erweiterung</u> werden einem Netz zusätzliche Elemente und Kanten hinzugefügt, bei der <u>Ausschnittbildung</u> Teile des Netzes weggelassen.

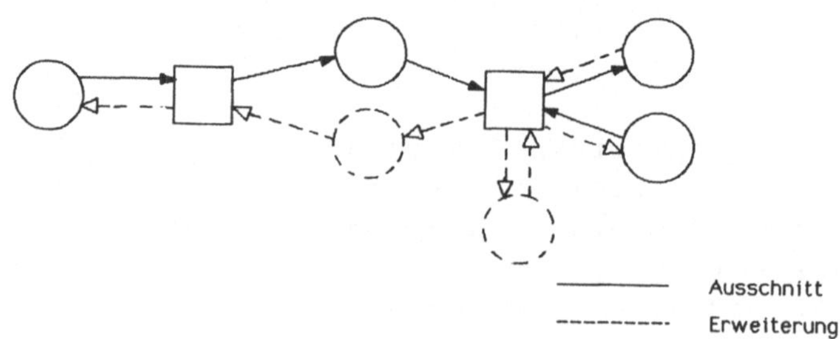

Abb. 3/11: Beispiel für Erweiterung und Ausschnittbildung

Die graphische Darstellbarkeit dieser allgemeinen Operationen ermöglicht leicht lesbare, kohärente Beschreibungen verschiedener Aspekte eines Systems auf unterschiedlichen Abstraktionsstufen. Durch Verbesserung der graphischen Darstellung (Oberquelle, 1981) kann die Verständlichkeit erhöht werden. Dies erfordert teilweise die Berücksichtigung der verwendeten Interpretation und des betrachteten Aspektes.

3.2.2. Niedere Netzmodelle

Zu den niederen Netzmodellen zählen wir Kausalnetze, Bedingung/ Ereignis-Systeme und Platz/Transitions-Netze.

In <u>Kausalnetzen</u> werden S-Elemente als einmalige Bedingungen und T-Elemente als einmalige Ereignisse aufgefaßt und grundlegende Fragen der kausalen Abhängigkeit und Unabhängigkeit behandelt.

<u>Bedingung/Ereignis-Systeme</u> (B/E-Systeme) betrachten wiederhol- bar erfüllbare Bedingungen und wiederholt mögliche Ereignisse sowie erreichbare Konstellationen, die durch eigenschaftslose Marken in den S-Elementen dargestellt werden können.

<u>Platz/Transitions-Netze</u> (P/T-Netze, ursprünglich Petri-Netze genannt) liegen auf der nächst höheren Betrachtungsebene, wo Plätze als Träger mit bestimmter Kapazität für durch eigenschaftslose Marken repräsentierte Objekte betrachtet werden und Transitionen die Verteilung der Marken auf den Plätzen durch asynchrones 'Schalten' gemäß einer 'Schaltregel' ändern.

Diese Netzinterpretationen erlauben zwar die Beschreibung bestimmter Aspekte verteilter Systeme, z.B. das asynchrone Ausführen von Handlungen, und die mathematische Analyse von bestimmten Eigenschaften (z.B. Verklemmungen, Invarianten). Es stehen auch Netzeditoren für die rechnergestützte Erstellung und Bearbeitung zur Verfügung (PETRIPOTE: Beaudouin-Lafon, 1983; PET: Krog & Pedersen, 1984; Genrich & Shapiro, 1983). Je nach Standpunkt sind diese Netze aber entweder zu elementar, um die Rollensemantik zu erfassen, oder abstrahieren zu sehr von wesentlichen Eigenschaften. Die Vorstellungen von beweglichen, veränderlichen Objekten oder der Unterschied zwischen Objekten und Funktionsträgern könnten mit diesen Netzen z.B. nur indirekt und schwerfällig erfaßt werden. Die graphischen Darstellungen werden meistens sehr umfangreich und kompliziert.

Aus diesen Gründen sind viele Verallgemeinerungen und Erweite- rungen von Platz/Transitions-Netzen vorgeschlagen worden, sowohl im Rahmen der 'Allgemeinen Netztheorie' wie von bestimmten Anwendungen ausgehend. Einige für unsere Zwecke interessante Formen werden in den folgenden Abschnitten behandelt.

3.2.3. Mathematische höhere Netzmodelle

Im Rahmen der 'Allgemeinen Netztheorie' sind mehrere sogenannte höhere Netzinterpretationen entwickelt worden, die die Komplexität von Platz/Transitions-Systemen reduzieren sollen unter Beibehaltung der Möglichkeiten zur mathematisch-formalen Behandlung von Netzeigenschaften.

<u>Prädikat/Transitions-Netze</u> (Pr/T-Netze) (Genrich & Lautenbach, 1981) betrachten die S-Elemente als n-stellige Prädikate 1.Stufe mit veränderlicher Extension. Die aktuelle Extension eines Prädikates wird durch eine Markierung mit n-Tupeln von individuellen Symbolen einer für jede Anwendung näher zu spezifizierenden Struktur Σ ausgedrückt.
T-Elemente beschreiben die Entnahme von Individuentupeln aus Eingangsprädikaten und die Ablage von Tupel-Kopien in Ausgangsprädikaten gemäß einer Beschriftung der Kanten mit formalen Summen über Variablennamen und einer zusätzlichen Restriktion (Transitionsformel), der alle beteiligten Individuentupel genügen müssen.
Pr/T-Netze erlauben die mathematische Untersuchung von Netzeigenschaften (z.B. die Berechnung von Invarianten). Für die rechnergestützte Erstellung können allgemeine Netzeditoren (vgl. Genrich & Shapiro, 1983) eingesetzt werden. Erste rechnergestützte Auswertungsverfahren sind verfügbar.

Pr/T-Netze sind, was die semantische Ausdrucksstärke betrifft, mächtig genug, um die Dynamik von Rollen auf der Ebene elementarer Handlungen vollständig zu erfassen. Sie erfordern dazu eine Ausfüllung und Formalisierung der oben erwähnten Struktur Σ , die verwendet werden könnte, um Objekte und Operationen an Objekten auszudrücken. Um den verlustfreien Fluß von Objekten zu beschreiben, müßten zusätzliche Konventionen (ähnlich wie bei SA-Netzen, vgl. 3.2.4.) eingeführt werden.

Der Grad der Formalisiertheit, die verwendeten mathematischen Konzepte und die verwendete mathematische Sprache lassen erkennen, daß Pr/T-Netze nicht direkt geeignet sind, um Rollen für primäre Rollenträger verständlich zu beschreiben. Als Zielstruktur bei der Formalisierung zu automatisierender Teile kommen sie hingegen in Frage.

Einen ähnlichen formalen Ansatz verfolgt K.Jensen (1981) mit den gefärbten Netzen ('coloured Petri nets'). Die Individualität von Marken wird durch 'Farben' genannte Werte ausgedrückt, Plätze werden mit Multimengen gefärbter Marken markiert und das dynamische Netzverhalten durch Funktionen erfaßt. Primäres Ziel ist auch hier die mathematische Auswertbarkeit.

In Jensen (1983) wird eine Integration von Ideen der Pr/T-Netze und der gefärbten Netze vorgenommen, um die Vorteile der etwas besseren Verständlichkeit von Pr/T-Netzen mit den Vorteilen der leichteren mathematischen Handhabbarkeit der gefärbten Netze zu kombinieren. Die resulierenden 'High-level'-Netze (HL-Netze) sind wie die Pr/T-Netze als Basis für die Formalisierung von Rollen geeignet, nicht aber für die informale Beschreibung.

Ganz ähnlich verhält es sich mit den von W.Reisig (1982) vorgestellten Relationennetzen, die anstelle von formalen Summen und Funktionen mit Multimengen und Multirelationen arbeiten.

Für alle hier erwähnten Netze gilt, daß man beim Abstrahieren oder Vergröbern im allgemeinen den jeweiligen Netztyp verläßt.

3.2.4. Anwendungsorientierte höhere Netzmodelle

Ausgangspunkt für die meisten anwendungsorientierten höheren Netzmodelle ist die nicht formalisierte Kanal/Instanz-Netz-Interpretation (K/I-Netze). Die Netzelemente werden hier als Funktionseinheiten interpretiert.

In ihrer frühesten Version (Genrich & Richter, 1974; DIN, 1978; Oberquelle, 1980) bezog sie sich auf informationsverarbeitende Systeme.

T-Elemente (☐) stellen aktive Funktionseinheiten dar, deren Aufgabe in der Ausübung bestimmter Tätigkeiten besteht. Sie werden Instanzen genannt.

S-Elemente (◯) stellen passive Funktionseinheiten zur Übergabe von Nachrichten oder Daten zwischen Instanzen dar und werden Kanäle genannt.

Die Flußrelation (➝) beschreibt das Zugriffsrecht von Instanzen auf Kanäle.

Grundgedanke dieser ursprünglichen Interpretation ist es, daß
die funktionale statische Aufbaustruktur von Systemen erfaßt
werden soll. Die Funktionsträger von Instanzen werden nicht
gesondert betrachtet. Genrich & Richter (1974) verwenden auch
den Begriff 'Rolle' als Synonym für Instanz. Ebenso werden
Objekte, die Kanäle realisieren, nicht als solche, sondern nur
in ihrer Funktion für ein System betrachtet. Ihre Namen drücken
räumliche Intentionen aus.

Abstraktion/Präzisierung, Vergröberung/Verfeinerung und Aus-
schnittbildung/Erweiterung sind bei K/I-Netzen möglich, führen
nicht aus der Klasse heraus und sind leicht interpretierbar.

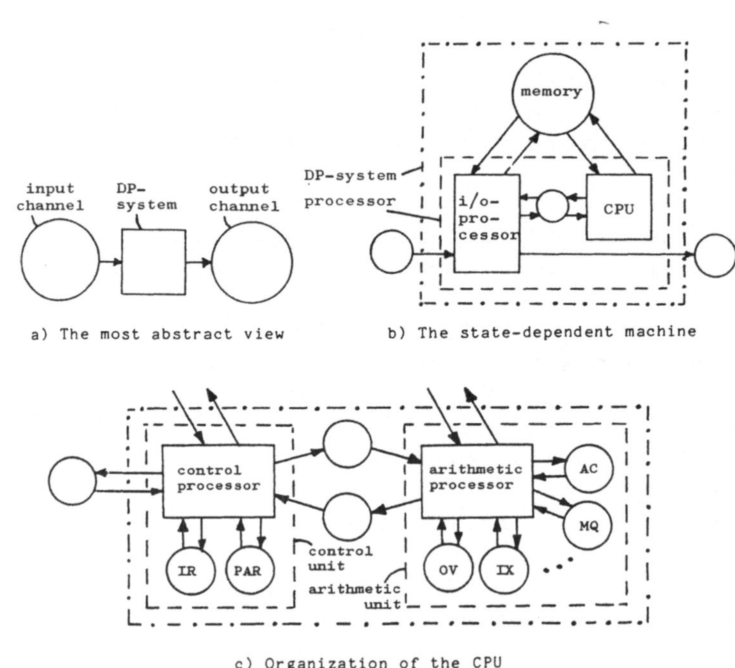

Abb. 3/12: Beispiele für K/I-Netze
(Oberquelle, 1980, S. 489)

K/I-Netze in dieser Version sind geeignet, über Schnittstellen
kooperierende Rollen und Funktionen zu beschreiben. Rollen,
Funktionen und Tätigkeiten müßten als Instanzen, Positionen als
Kanäle dargestellt werden. T-Abstraktionen können z.B. Rollen-
und Funktionskomplexe und S-Vergröberungen komplexe Positionen
erfassen. Für S-Abstraktionen ('Positionen mit internen Rollen
oder Funktionen bzw. Aufgaben oder Tätigkeiten') gibt es in
unserem Rollenkonzept keine direkte Entsprechung.

Für die Beschreibung der Rollendynamik und des Objektaspektes sind K/I-Netze nicht ausreichend.

In neuerer Zeit sind auch andere Netzarten als Kanal/Instanz-Netze bezeichnet worden. Sie unterscheiden sich von den oben genannten primär dadurch, daß sie über die Beschreibung statischer Strukturen hinausgehen und den Kanalbegriff ausweiten.

In Reisig (1983) werden Kanal/Instanz-Netze zwar ähnlich wie oben erläutert, in den Beispielen stellen die Kanäle jedoch primär Positionen von beliebigen beweglichen Objekten und Instanzen komplexe Handlungen dar. Zustände von Funktionsträgern werden außerdem explizit betrachtet und dem Kanalbegriff untergeordnet. Die intuitive, begriffliche Klarheit der K/I-Interpretation wird damit teilweise aufgegeben (vgl. Abb.3/13).

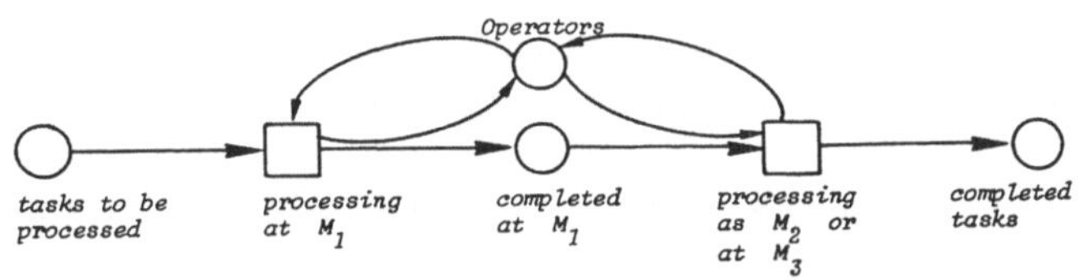

Abb. 3/13: K/I-Netz nach Reisig (1983, S. 310)

Einer der wesentlichen Gründe dürfte darin liegen, daß für Vergröberungen von (dynamischen) P/T-Netzen, für die die Schaltregel nicht mehr anwendbar ist, keine passende Bezeichnung existiert und diese unter Mißachtung der ursprünglichen Bedeutung auch als Kanal/Instanz-Netze bezeichnet werden.

Eine ähnliche Interpretationsschwierigkeit findet man bei Richter (1983a, 1983b). Die Begriffe Kanal und Instanz werden wiederum als von Medien bzw. Akteuren abstrahierende Funktionseinheiten eingeführt. Bei zunehmender Verfeinerung von K/I-Netzen tritt die statische Auffassung zugunsten der dynamischen Betrachtung in den Hintergrund. Hier scheint die Bezeichnung Kanal/ Instanz-Netz für alle Arten von Pr/T-Netzen verwendet zu werden, für die die Schaltregel nicht mehr anwendbar ist oder die noch nicht vollständig formalisiert sind.

In Richter & Voss (1986) wird ebenfalls der Kanal-Begriff verallgemeinert: Kanäle können Informationen darstellen und reale Betriebsmittel ('resources') enthalten, wobei Objekte und Funktionsträger als Betriebsmittel betrachtet werden.

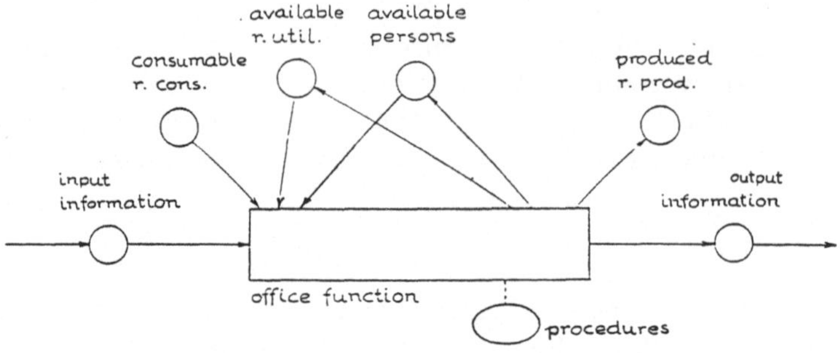

Abb. 3/14: K/I-Netz nach Richter & Voss (1986, S. 409)

Ist die Ausweitung des Kanalbegriffs auf 'Träger für beliebige Objekte' für die Rollenbeschreibung nützlich, so erscheint die Gleichsetzung von Funktionsträgern und Objekten problematisch.

Zusammenfassend kann festgehalten werden, daß die Interpretation von Netzen als Kanal/Instanz-Netze inzwischen einige Inkonsistenzen aufweist. Sie erscheint uns außerdem zu wenig differenziert für die transparente Rollenbeschreibung.

<u>Mittel/Aktivitäten-Netze</u> (M/A-Netze) wurden in Oberquelle (1980) eingeführt, um in informalen Systembeschreibungen den Umgang mit Objekten besser zu erfassen.

<u>Aktivitäten</u> (☐) werden als Informationsverarbeitungsprozesse,
<u>Mittel</u> (◯) als benötigte oder erzeugte Produkte für Aktivitäten interpretiert, und
die Flußrelation (➡) beschreibt die Verwendung der Mittel.

M/A-Netze wurden in Kombination mit K/I-Netzen verwendet, um einige der oben skizzierten Interpretationsschwierigkeiten zu vermeiden. Auch diese Interpretation enthält einige Unklarheiten, da nicht sauber zwischen Fluß und Einfluß von Mitteln, zwischen einzelnen Mitteln und zwischen Klassen von Mitteln (Typen) unterschieden wird. M/A-Netze könnten nach Präzisierung ihrer Semantik höchstens für die Beschreibung des Objektaspektes von Rollen herangezogen werden.

Die __Rollen/Aktivitäten-Netze__ von A.W.Holt (1979a, 1979b) konzentrieren sich nicht auf Objekte, sondern auf das Verhalten der Akteure.
__Rollen__ (◯) beschreiben mögliche Zustände von Akteuren, __Aktivitäten__ (☐) beschreiben gemeinsame Handlungen der Akteure. Die __Flußrelation__ (⟶) drückt die Zustandswechsel der Akteure aus. In Vergröberungen wird sie auch benutzt, um auszudrücken, daß ein Akteur 'Geber' oder 'Empfänger' für ein Objekt oder Datum in einer Aktivität ist.

Diese Interpretation ist auch der Ausgangspunkt für das von A.W.Holt und Mitarbeitern entwickelte, aber erst teilweise publizierte Konzept der __Koordinationssysteme__ (Holt, Ramsey & Grimes, 1983; Holt, 1985, 1986). Koordinationssysteme können als ungerichtete Netze aus __Zentren__ (◯) und __Operationen__ (☐) beschrieben werden, wobei die Verbindung (⟶) zwischen diesen die __Beteiligung__ von Zentren __an Operationen__ ausdrückt.
Der Begriff des Zentrums umfaßt soziale Rollenbestandteile (Akteur mit Interesse, Verantwortlichkeit) wie funktionale Bestandteile (enthaltene Objekte: Materialien, Werkzeuge, Handlungsplan).
Operationen können lokal für ein Zentrum sein oder gemeinsame Operationen (Interaktionen) mit anderen Zentren darstellen. Interaktionen synchroniseren die Interaktionspartner und können zum Austausch von Objekten verwendet werden.

Die Begriffe 'Rolle' und 'Aktivität' werden in diesem Rahmen speziell definiert:
Jedem Zentrum wird ein verantwortlicher Akteur zugeordnet, das Zentrum und seine Operationen bilden eine __Rolle__, jede Operation mit den beteiligten Zentren eine __Aktivität__.
Die Kooperation von Rollen ist nur durch gemeinsame Operationen möglich. Objekte können sich nur in Zentren aufhalten. Schnittstellen in unserem Sinne sind nicht vorgesehen.

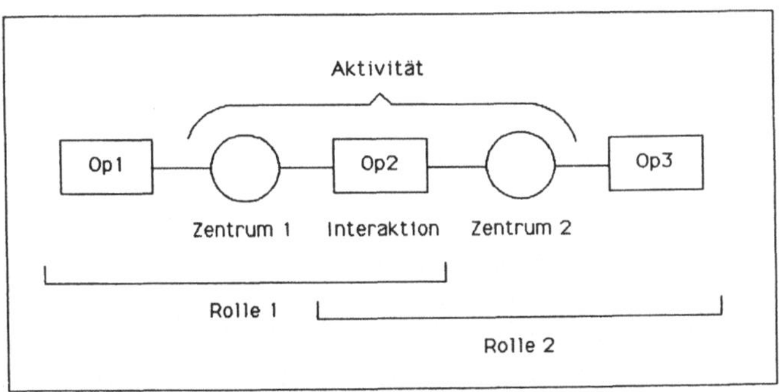

Abb. 3/15: Grundkonzepte von Koordinationssystemen

Holt (1986) weist darauf hin, daß Gegenstände ('bodies') als Verallgemeinerung von Zentren sowohl als Plätze mit Inhalt ('flow interpretation') als auch als entstehende und verbrauchte Produkte ('production interpretation') verstanden werden können.

Die Grundideen der Koordinationssysteme erfassen wesentliche Teile unseres Rollenkonzeptes. Die ausschließliche Kooperation von Rollen über gemeinsame Operationen scheint uns eine unnötige Einschränkung zu sein, wenngleich sie klare Verantwortlichkeiten für Objekte definiert. Die noch in Entwicklung befindlichen graphischen Hilfsmittel zur Beschreibung von Handlungsplänen sind zur Zeit ebensowenig zugänglich wie das auf der Grundlage von Koordinationssystemen implementierte System SOMA, so daß eine abschließende Bewertung noch nicht möglich ist.

Die **Funktionsnetze** von H.P.Godbersen (1983) sind mit dem Ziel entwickelt worden, die Beschreibung, den Entwurf und die Entscheidungsfindung bei der Entwicklung von allgemeinen Informationssystemen zu unterstützen. Netzbeschreibungen sollen sowohl die Modellierung als auch die Modellanalyse und die Simulation zu diesem Zweck unterstützen.

Ausgangspunkt für die Funktionsnetze sind Kanal/Instanz-Netze, die um formale Attribute erweitert wurden, markiert werden können und mit ihren T-Elementen einzelne Handlungen beschreiben, womit die ursprüngliche Interpretation auch hier verlassen wird.

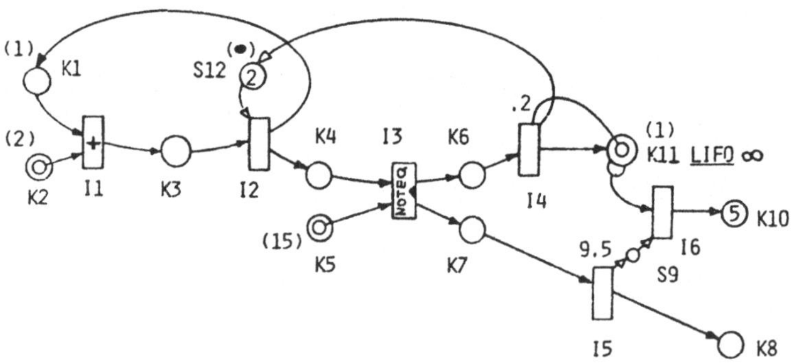

Abb. 3/16: Beispiel eines Funktionsnetzes
(Godbersen, 1983, S. 48)

Funktionsnetze bieten folgende zusätzlichen Möglichkeiten:

(1) Es werden zwei Sorten von Marken, Nachrichtenmarken und
    Kontrollmarken, unterschieden, die Inhalte transportieren
    können (Text bzw. Adresse). Entsprechend werden Kanäle und
    die Flußrelation aufgeteilt, aber nur die Flußmöglichkeiten
    graphisch unterschieden (Steuerfluß, Nachrichtenfluß).
(2) Bei Nachrichtenkanälen wird weiter zwischen Entnahme von
    Objekten und Kopieren des Inhalts unterschieden, nicht
    jedoch zwischen Ablage von Objekten und Ändern des Inhalts.
(3) Kanäle haben eine beschränkte Kapazität k > 0 für die
    Aufnahme von Marken.
(4) Es werden drei komplexe Kanalarten zur Darstellung von
    Warteschlangen (FIFO), Kellern (LIFO) und adressierbaren
    Speichern (ADDRESS) unterschieden, wobei der Typ FIFO als
    Standardfall betrachtet wird.
(5) Instanzen haben einen veränderbaren Zeitbedarf, der in einem
    lesbaren Kanal für Zeitparameter gespeichert werden kann.
(6) Instanzen können unterschiedlichen Schaltregeln gehorchen,
    was bestimmten Vergröberungen von P/T-Netzen entspricht.
(7) Instanzen können ein internes Gedächtnis besitzen, das nicht
    als Kanal modelliert wird.
(8) Jeder Instanz ist eine Tätigkeit (JOB) zugeordnet, die als
    mathematische Abbildung anzugeben ist. Das Herstellen
    identischer Kopien (leicht irreführed MOVE genannt) wird als
    Standardfall angenommen, eine Vielzahl vordefinierter JOBs
    steht zur Verfügung.

Die vielfältigen verfügbaren Konzepte (vgl. Abb.3/17) sind
ausreichend, um einen großen Teil der Rollensemantik zu
erfassen. Die verwendete Terminologie (insbesondere die
englischen Attributsnamen) ist zu sehr auf Netze als solche
ausgerichtet und müßte anwendungsnäher formuliert werden.
Das zugrundeliegende Objektkonzept ist nicht ausreichend, um
strukturierte Objekte zu erfassen. Die Beschränkung von Daten
auf Texte ist für viele Anwendungen nicht angemessen (z.B. für
Formulare, Graphiken, strukturierte Daten.
Die graphischen Darstellungen werden schon bei kleinen Netzen
durch die graphische Symbolik und die zusätzlichen Inschriften
leicht unübersichtlich.

Die allgemeinen Möglichkeiten der Abstraktion/Präzisierung,
Vergröberung/Verfeinerung und Auschnittbildung/Erweiterung für
Petri-Netze sind anwendbar und werden als Hilfsmittel bei der
schrittweisen Präzisierung oder der Herausarbeitung von Sichten
empfohlen.
Für die rechnergestützte Auswertung bietet der vollformalisierte
Funktionsnetzansatz vielfältige Möglichkeiten, die auch
implementiert wurden.

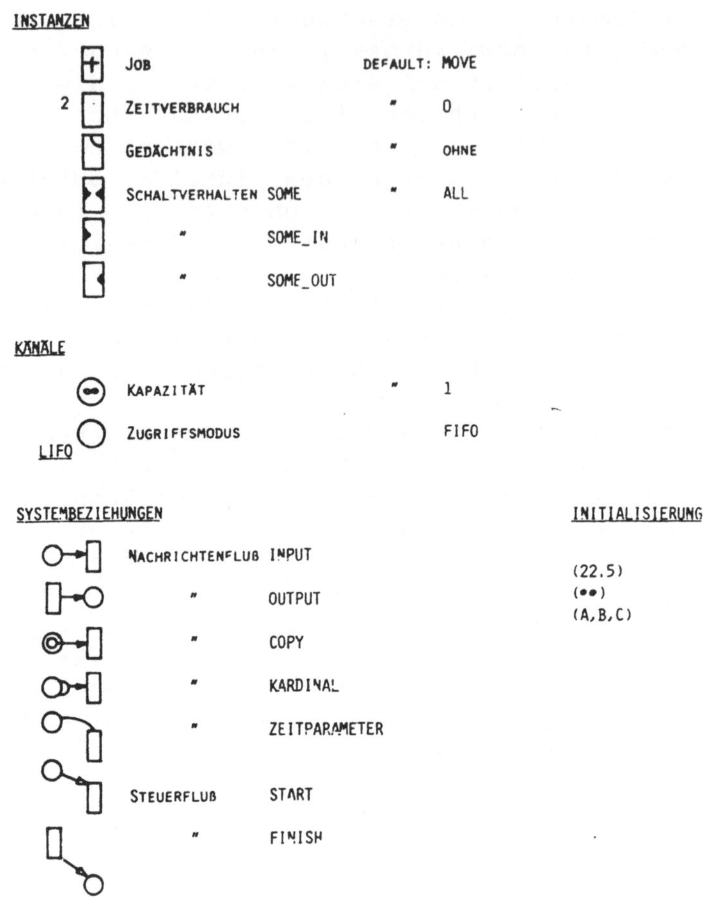

Abb. 3/17: Liste der graphischen Symbole
für Funktionsnetze
(Godbersen, 1983, S. 178)

Ein ähnliches Ziel wie bei den Funktionsnetzen verfolgen
F.Cindio, G.De Michelis, L.Pomello und C.Simone (1983a, 1983b)
beim Einsatz der überlagerten ('superposed') Automaten-Netze
(SA-Netze), die ursprünglich als allgemeine Hilfsmittel für die
formale Beschreibung, Verifikation und Auswertung von komplexen
verteilten Systemen (De Cindio et al., 1982) entwickelt wurden.
SA-Netze werden zur Beschreibung und Analyse von Organisationen
verwendet, wobei Kommunizierbarkeit, Formalität und Verwendbarkeit auf verschiedenen Abstraktionsstufen als wichtige
Eigenschaften der SA-Netze angegeben werden.
Die elementaren Netzbausteine von SA-Netzen sind S-Graphen, die
verzweigte Plätze (◯) und Transitionen (☐) mit nur je

einem Eingang und Ausgang enthalten. Sie können als endliche Automaten betrachtet werden, die Klassen sequentieller Prozesse beschreiben. Durch Verschmelzen von Transitionen solcher S-Graphen entstehen SA-Netze, in denen die einzelnen Transitionen immer gleich viele Eingänge wie Ausgänge besitzen ('ausbalanciert' sind). Diese Eigenschaft erlaubt es, Transitionen systematisch zu präzisieren oder zu verfeinern bzw. zu abstrahieren oder zu vergröbern.
Jedem Platz wird ein fester Markentyp zugeordnet, Plätze können mit individuellen Marken belegt werden, die eine veränderliche Datenkomponente ('state vector') haben.
Transitionen können in Abhängigkeit von den Eingangsplätzen und den Eigenschaften von Marken schalten und die Markenverteilung wie die Datenkomponenten von Marken ändern. Das Verhalten der Transitionen wird ähnlich wie bei Pr/T-Netzen durch einen logischen Ausdruck beschrieben. SA-Netze können auf Pr/T-Netze zurückgeführt werden.
SA-Netze enthalten einige Konzepte, die für die Beschreibung von Rollen vorteilhaft erscheinen. Die S-Graph-Komponenten können das zeitliche Verhalten eines Funktionsträgers (Plätze als Zustände) gut erfassen. Transitionen können in natürlicher Weise gemeinsame Aktivitäten mehrerer Funktionsträger darstellen. Ebenso können sie verwendet werden, um den 'verlustfreien' Fluß individueller Objekte zu beschreiben. Zur sichtbaren Trennung dieser unterschiedlichen Rollenaspekte tragen SA-Netze hingegen nicht bei. Eine transparente Erfassung strukturierter Objekte und ihrer Verarbeitung (z.B. Zerlegen, Zusammensetzen) ist nicht möglich.
Durch Ausschnittbildung bzw. Überlagerung sowie die anderen Netzoperationen können Sichten und Betrachtungsniveaus variiert werden.

Bei der Beschreibung von Organisationen mit SA-Netzen werden häufig die elementaren Netzkomponenten (Prozesse) getrennt dargestellt und die in Transitionen stattfindenden Interaktionen mit anderen Prozessen in Textinschriften angegeben. Dies macht die Kooperation mit der Umgebung kaum transparent (vgl. den Kommentar von D.Craemer im Anschluß an De Cindio et al.(1983a), S.154/55).
Auch in kombinierten Diagrammen, die z.B. die Kooperation bestimmter Rollen beschreiben (vgl. Abb.3/18) sind die rollen-spezifischen Anteile kaum zu erkennen.
Durch die prinzipielle Plazierung von Texten neben den Transitionen werden die Diagramme schwer lesbar und unübersichtlich.
Die vollständige Formalisierung macht die Beschreibungen zwar präzise. Die intuitive Verständlichkeit geht dabei jedoch teil-weise verloren.

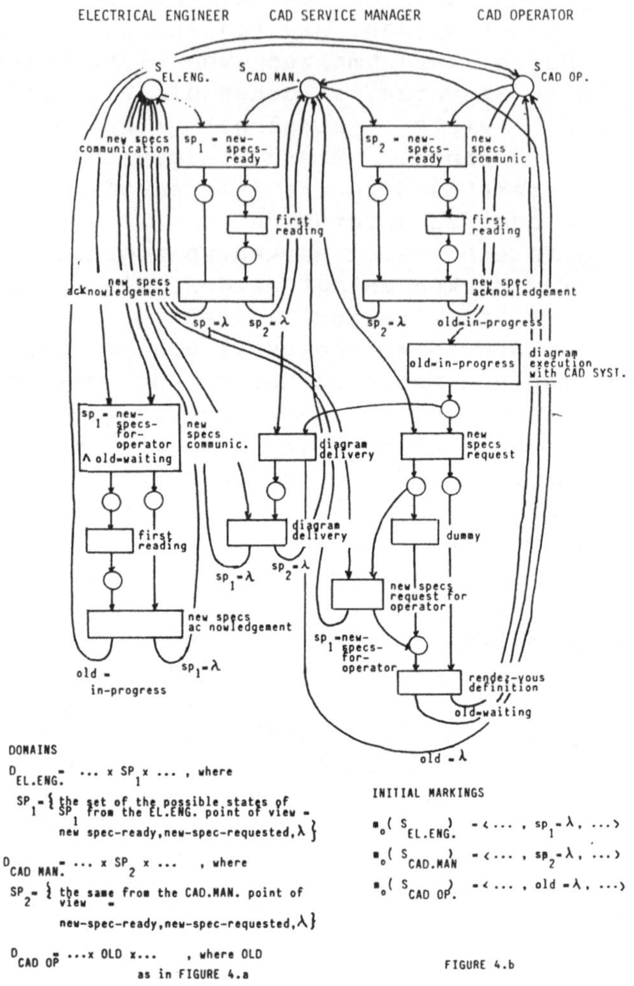

Abb. 3/18: Beispiel für ein SA-Netz
(De Cindio et al., 1983b, S.188)

Für die Anwendung im Bereich der Büroautomation sind von G. Richter (1982; 1983a;1983b) <u>IML-beschriftete Prädikat/Transitions-Netze</u> (kurz IML-Netze) vorgeschlagen worden. Die wesentliche Ergänzung gegenüber den Pr/T-Netzen stellt die Verwendung des Objektkonzeptes der 'Information Management Language' IML als Konkretisierung der in Pr/T-Netzen nicht weiter spezifizierten Objektstruktur Σ dar.
Um zu vollständig formalen Beschreibungen zu kommen, schlägt G. Richter vor, von Kanal/Instanz-(K/I-)Netzen mit informalen Beschriftungen auszugehen und die Netze und ihre Beschriftungen

zu präzisieren. Auf die unklare Interpretation von K/I-Netzen bei Richter wurde bereits hingewiesen.

Mit IML-Netzen wird ausschließlich die Behandlung von Datenobjekten in verteilten Systemen modelliert. Datenobjekte in IML heißen Gebilde. Sie sind abstrakte Informationsobjekte (Werte!), die unstrukturiert (atomar) oder gemäß einer von drei Kompositionsformen als Aggregate zusammengesetzt sind, nämlich als Menge von Gebilden (Kollektion), Funktion von Gebilden auf Gebilde (Nomination) oder als Folge von Gebilden (Katenation). IML-Gebilde haben eine Textdarstellung und eine graphische Darstellung (s. Abb.3/19). Grundoperationen von IML sind das bei Datenobjekten übliche kopierende Lesen und die Zuweisung. Zusätzlich stehen höhere Operationen zur Verfügung, die die Konstruktion von zusammengesetzten Datenobjekten erlauben.

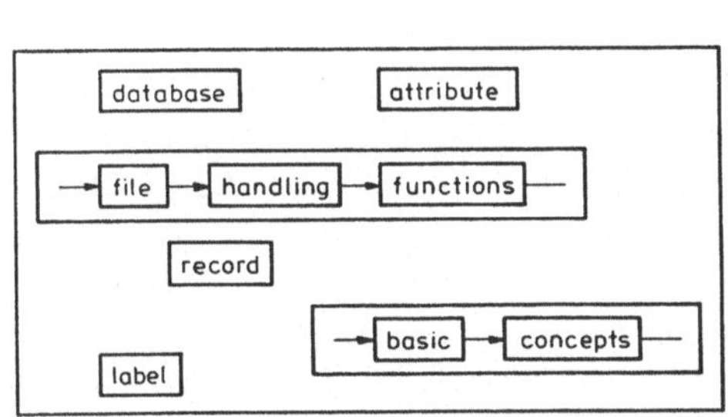

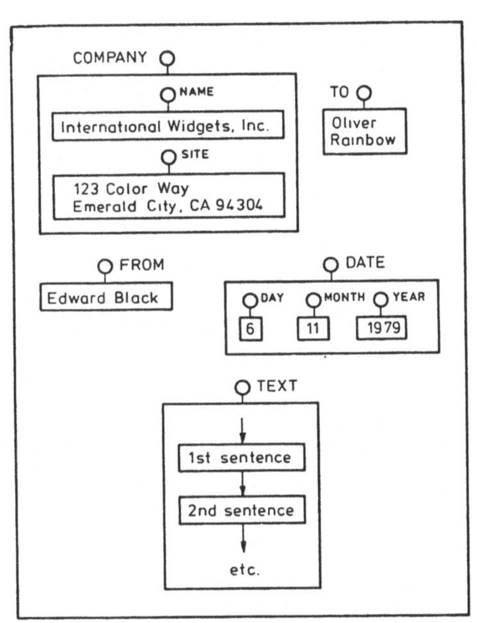

a) Kollektion von 4 Atomen und 2 Katenationen   b) Nomination von 2 Atomen, 2 Nominationen und 1 Katenation

Abb. 3/19: Beispiele für IML-Gebilde in graphischer Darstellung (Richter, 1982, S. 367)

IML bietet die Möglichkeit, Prädikate über Gebilden und Operationen an Gebilden in einer formalisierten Sprache zu formulieren. IML-Formeln werden als Transitionsformeln der Pr/T-Netze eingesetzt. Neben der enormen Ausweitung der Beschreibungen durch die Formalisierung stellen die IML-Formeln den normalen

Leser vor große Probleme. Bedingt durch die Allgemeinheit der IML-Konzepte (in bezug auf die Grundkonstruktionen) und die ungünstige syntaktische Notation sind die Formeln schwer verständlich. Ähnliches gilt für die Definitionen von Gebildetypen, soweit sie nicht die graphische Darstellung nutzen.

Für Anwendungen mit Datenobjekten, die sich durch hierarchische Aggregierung aus atomaren Objekten, Kollektionen, Nominationen und Katenationen erfassen lassen, bieten die IML-Netze eine ausreichende semantische Basis. Das Zerlegen und Zusammensetzen von Datenobjekten im Sinne unserer Rollensemantik kann indirekt durch Kopier-, Einsetz-, Lösch- oder Modifikationsoperationen auf IML-Aggregaten (vgl. Richter, 1982) erfaßt werden. Die vollständig formalisierten IML-Netze sind nur für Fachleute verständlich.

Viele der nicht-formalen Zwischenstufen von Beschreibungen auf dem Weg von K/I-Netzen zu Pr/T-Netzen bei Richter (1983a, 1983b) in Kombination mit graphischen Gebildedarstellungen erscheinen präzise genug, um einem primären Rollenträger den Umgang mit Objekten verständlich zu machen. In Richter (1983a) wird jedoch auch darauf hingewiesen, daß es bisher an einer Systematik für die Gewinnung solcher Zwischenstufen fehlt.

Für die Darstellung der Handlungsdynamik und von Zuständen der Funktionsträger bringen die IML-Netze keine über die Pr/T-Netze hinausgehenden neuen Möglichkeiten.

Das Konzept der <u>Objektflußnetze</u> (OF-Netze) in Oberquelle (1984a) ist ein Versuch, den Umgang mit strukturierten, individuellen Objekten formal adäquat zu erfassen. Im Unterschied zu anderen höheren Netzinterpretationen werden Objekte hier durch individualisierte Terme einer Algebra (d.h. als baumstrukturierte Individuen) behandelt. Die elementaren Objekte bewegen sich verlustfrei in OF-Netzen, in denen S-Elemente (◯) Positionen und T-Elemente (☐) Aktivitäten darstellen.

Ähnlich wie für die Rollenbeschreibung gefordert, wird bei den Aktivitäten zwischen steuernden Eingangsbedingungen und Effektbeschreibungen unterschieden. Ebenso können in ihren Attributen unveränderliche Individuen und Objekte mit veränderlichen Daten unterschieden werden.
OF-Netze können als eine spezielle Ausprägung von Pr/T-Netzen angesehen werden. In ihrer graphischen Darstellung unterscheiden sie sich von diesen insofern, als Eingangsbedingungen und Effekte in sichtbar getrennten Bereichen im Innern von

Aktivitätsdarstellungen erscheinen und Ausdrücke und Zuweisungen als Ausdrucksmittel verwendet werden.

OF-Netze erfassen die Semantik des Objektaspektes in vollem Umfang. Der Grad der Formalisierung macht sie für die angestrebten Rollenbeschreibungen ungeeignet. Als Zwischenstufe zu rechnergestützt auswertbaren Formalbeschreibungen, z.B. zu Pr/T-Netzen, sind sie ein wertvolles Bindeglied.

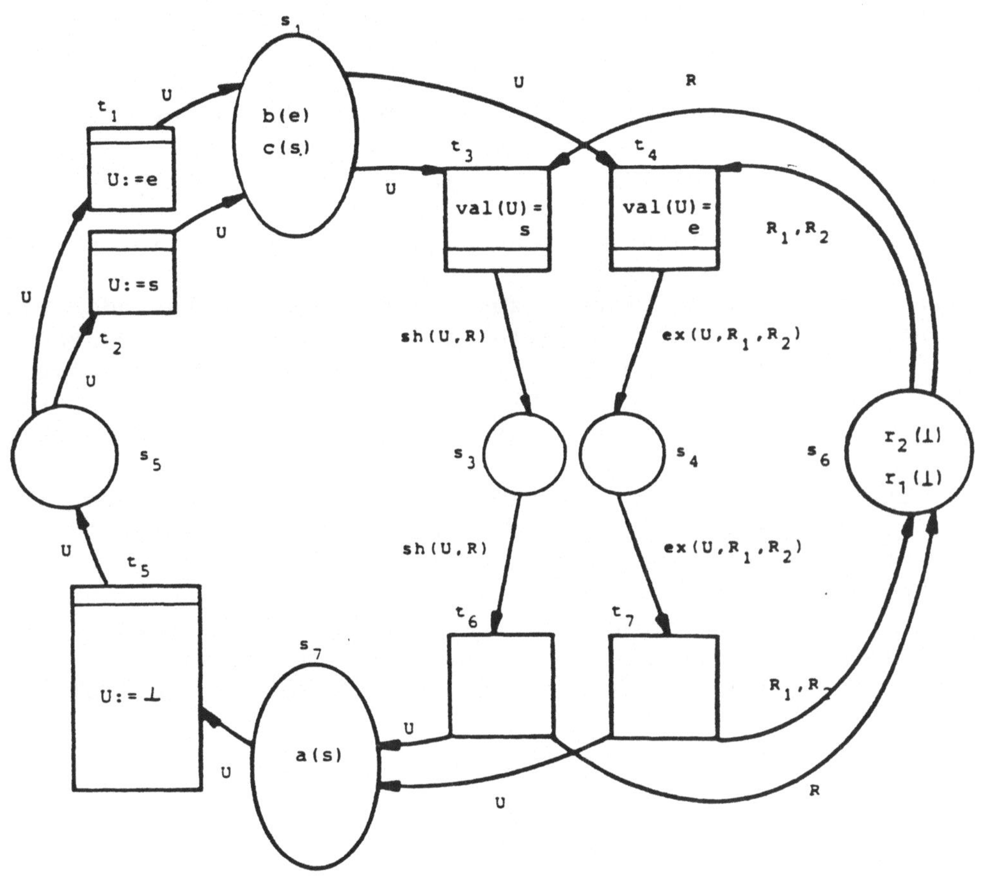

Abb. 3/20: Beispiel eines OF-Netzes
(Oberquelle, 1984a, S. 76)

Die von S.Wendt (1983) eingeführten __allgemeinen Instanzen-Netze__ bauen ebenfalls auf Petri-Netzen auf, sind aber von den Kanal/Instanz-Netzen zu unterscheiden.

Instanzen (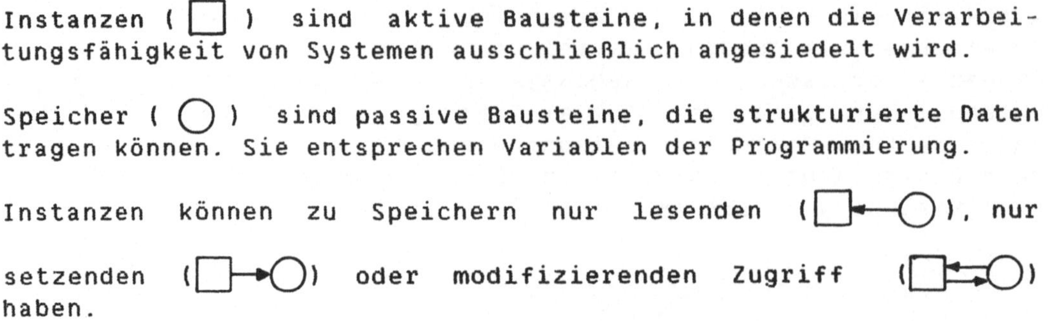) sind aktive Bausteine, in denen die Verarbeitungsfähigkeit von Systemen ausschließlich angesiedelt wird.

Speicher (◯) sind passive Bausteine, die strukturierte Daten tragen können. Sie entsprechen Variablen der Programmierung.

Instanzen können zu Speichern nur lesenden (☐◀─◯), nur setzenden (☐─▶◯) oder modifizierenden Zugriff (☐◀▶◯) haben.

Setzen neuer Datenwerte beinhaltet das vollständige Löschen der alten Werte. Die Struktur von Speichern wird durch sogenannte 'Datengitter' festgelegt, die allgemeine relationale Datenstrukturen in einer Matrixform erfassen.
Instanzen können eigene Speicher besitzen oder auf Speichern aus ihrer Umgebung arbeiten.
Instanzen führen Aktionen aus, die nebenläufig oder kausal abhängig sein können. Das Geflecht der Aktionen wird durch ein Petri-Netz beschrieben, in dem die T-Elemente die Aktionen (☐) und die S-Elemente (Stellen, ◯) mögliche Aktivierungen von Aktionen darstellen. Der aktuelle Zustand wird durch eine Markierung im Sinne von P/T-Netzen angegeben.
Als Spezialfall von Instanzen-Netzen betrachtet S.Wendt Netze mit programmierten Instanzen. Die Instanz wird als allgemeiner sequentiell arbeitender Abwickler für Programme angesehen, deren Kontrollstruktur durch ein Petri-Netz erfaßt wird und deren Aktionen durch Funktionen über Werten der zugreifbaren Speicher beschrieben sind. Programme und Kontrollzustand (d.h. die Markierung des Netzes) werden in speziellen Variablen des Abwicklers gespeichert.

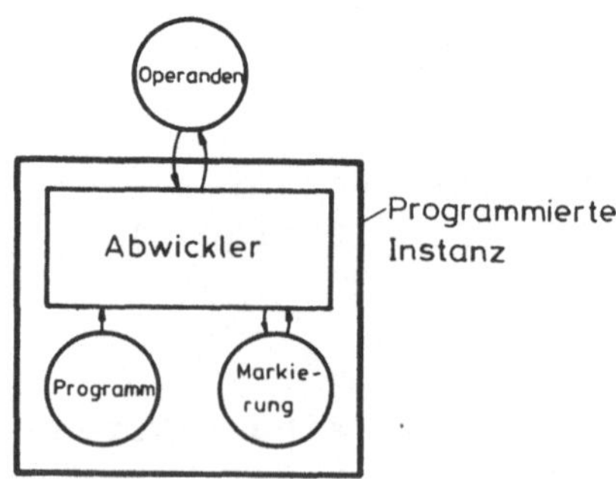

Abb. 3/21: Die programmierte Instanz
(Wendt, 1983, S. 85)

Programmierte Instanzen können auf zwei Arten kooperieren:
a) durch <u>Operandenkommunikation</u> über gemeinsame Speicher für Operanden,
b) durch <u>Markenkommunikation</u>, in der die Abwickler setzenden oder modifizierenden Zugriff auf die Markierungsvariablen des jeweils anderen Abwicklers haben.

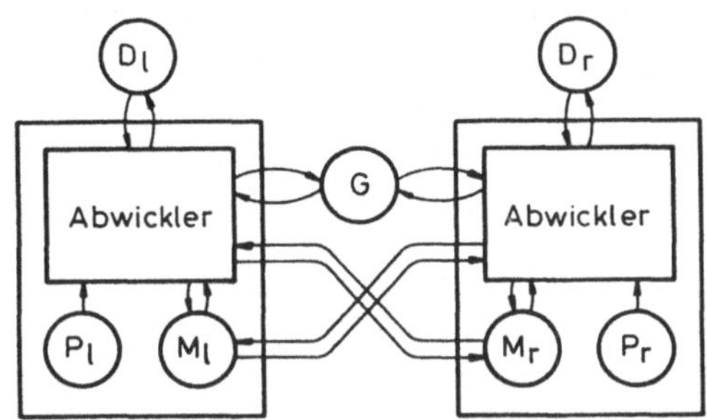

Abb. 3/22: Operandenkommunikation (über G)
und Markenkommunikation
(Wendt, 1983, S. 87)

Instanzen-Netze können auf verschiedenen Abstraktionsstufen und mit unterschiedlicher Präzision formuliert werden.
Bei der <u>Detaillierung</u> wird eine vollständige Systembeschreibung hierarchisch verfeinert, bei der <u>Präzisierung</u> wird eine näherungsweise Beschreibung vervollständigt.
Die Detaillierung einer Instanz ergibt ein Instanzen-Netz, die Detaillierung einer Variablen ergibt nur eine Menge isolierter Teilvariablen.
Die Ersetzung einer Variablen durch ein Instanzen-Netz ist eine Präzisierung. S-Komponenten eines solchen Netzes können nur dann zu S-Elementen eines höheren Abstraktionsniveaus zusammengefaßt werden, wenn die darin enthaltenen Instanzen die über den abstrakten Speicher ausgetauschte Information nicht verändern. Solche Fälle liegen z.B. vor, wenn die Weitergabe lediglich verzögert, die Kodierung von Information verändert oder die Aufteilung der Information auf Teilvariable geändert wird.
Diese pragmatisch begründeten Detaillierungs- und Präzisierungskonzepte entsprechen nicht den allgemeinen Operationen auf Netzen. Die in der Literatur über Petri-Netze praktisch unbeachteten allgemeinen Instanzen-Netze von Wendt scheinen die graphische Beschreibung von Rollen mit stationären Datenobjekten in weitgehendem Maße zu gestatten. Bewegliche Objekte sind nicht berücksichtigt.

3.3. Softwaretechnik

Im Gebiet der Softwaretechnik ist die Notwendigkeit graphischer
Beschreibungsformen als Hilfsmittel zur Erhöhung der Transparenz
und zur Komplexitätsbewältigung schon früh erkannt worden.
<u>Programmablaufpläne</u> und <u>Datenflußdiagramme</u> nach DIN 66001
(DIN, 1977) waren ein früher Ansatz. Auch wenn sie Möglichkeiten
enthalten, Nebenläufigkeit auszudrücken: Sie haben sich als zu
ausdrucksschwach, teilweise als zu sehr auf spezielle
Gerätschaften spezialisiert und als schlecht strukturierbar
erwiesen.
Für die Beschreibung von Datenstrukturen sind vielerlei
graphische Hilfsmittel entwickelt worden, auf die im Abschnitt
3.5. eingegangen wird.
Der einzige weitverbreitete und umfassende graphische Ansatz
sind SADT-Diagramme. Ein weiterer, wegen seiner starken Nutzung
von Graphik interessanter Ansatz ist die ISAC-Methode.
Zusätzlich sind verschiedene Varianten und Erweiterungen von
Petri-Netzen für die Softwaretechnik vorgeschlagen worden.

3.3.1. SADT

Die 'Structured Analysis and Design Technique' (SADT) von
D.Ross (1977) beruht auf einer Diagrammsprache, die ihr
Entwickler als 'evolutionäre natürliche Sprache' für den Bereich
des Computereinsatzes ansieht. Sie soll dazu dienen, in einer
beliebigen Sprache abgefaßte gedankliche Einheiten zu bündeln,
zu strukturieren und zu kommunizieren.
Der SADT-Sprache liegen zwei duale Konzepte zugrunde:
a) Systeme werden 'dinglich' betrachtet; dies führt zu einer
   datenmäßigen Zerlegung.
b) Systeme werden 'ereignis-orientiert' betrachtet; dies führt
   zu einer Aktivitätszerlegung.
Beide Aspekte werden mit derselben Diagrammtechnik hierarchisch
verfeinernd dargestellt, wobei Kästen die Daten- bzw. Aktions-
einheiten und Pfeile Zusammenhänge symbolisieren. Die Zahl der
Kästen pro Diagramm soll auf sechs beschränkt sein.

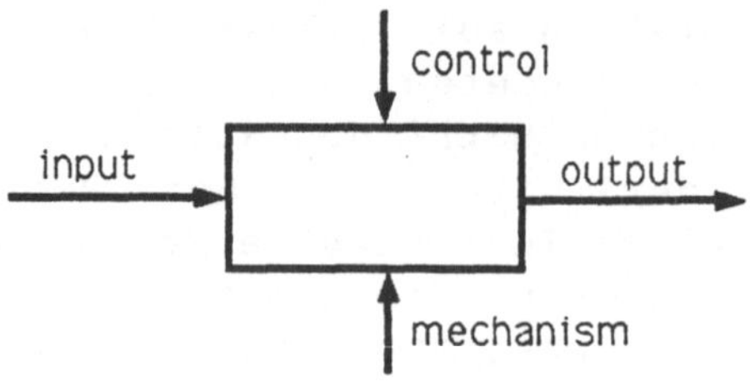

Abb. 3/23: SADT-Box

Durch eine Darstellungs-, Bezeichnungs- und Beschriftungs-
disziplin sollen SADT-Diagramme eine einheitliche Struktur
bekommen.

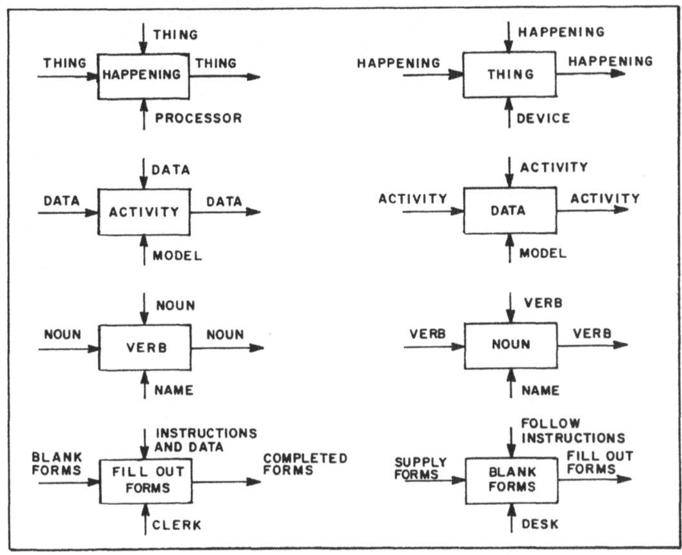

Abb. 3/24: Bezeichnungsdisziplin in SADT
(Ross, 1977, S. 25)

SADT-Beschreibungen sind als Hilfsmittel für die Anforderungsdefinition im Rahmen der Softwaretechnik entwickelt worden. Sie
sollen die funktionale Architektur zu entwickelnder Systeme
durch Angabe der Aktivitäten und Objektflüsse unabhängig von
deren jeweiligen Trägern erfassen (Ross & Schoman, 1977). Sie
können auch für den Entwurf eingesetzt werden (Dickover, McGowan
& Ross, 1978).
SADT unterstützt die zweckgerichtete Beschreibung von System-
ausschnitten in einer 'top-down'-Vorgehensweise aus einer festen
Perspektive und kann zur Rollenbeschreibung verwandt werden.
Obwohl die SADT-Methode einen sehr allgemeinen Anspruch erhebt
und sicher umfassender ist als manche andere Technik der
Anforderungsdefinition, gibt es für Autoren und Leser von SADT-
Beschreibungen einige Schwierigkeiten.
Die Träger von Objekten und Handlungen werden als von unterge-
ordneter Bedeutung angesehen und bei den Daten- und Aktivitätsdiagrammen nur lokal als 'Mechanismen' angegeben. Das
zugrundeliegende Verständnis von Objekten ist unklar: bei den
allgemeinen Ausführungen scheinen bewegliche Objekte gemeint zu
sein, in allen speziellen Beispielen werden statische
Datenobjekte betrachtet.

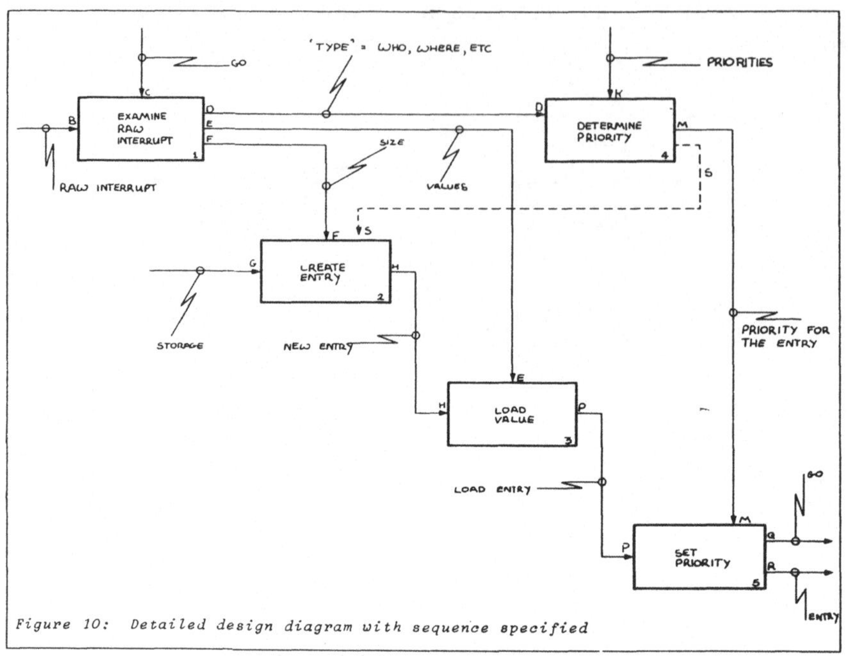

Figure 10: Detailed design diagram with sequence specified

4/1 : DK → SM
2/1 : SFG → S̄H

Abb. 3/25: Beispiel eines Aktivitätsdiagramms
(Dickover et al., 1978, S. 111)

Wegen der Aufteilung der Darstellung in Daten- und Aktivitätsdiagramme ist es schwierig, alle Zusammenhänge zwischen Daten
und Aktivitäten zu erkennen. Eine gemeinsame Basis, aus der die
beiden Diagrammarten als Projektionen ableitbar sind, fehlt.
Dies mag einer der Gründe sein, warum in der Literatur keine
überzeugenden Beispiele für die duale Modellierung zu finden
sind und in der Praxis fast nur Aktivitätsdiagramme verwendet
werden. Möglicherweise ist die postulierte vollständige Dualität
der Konzepte nicht gegeben. Die Schwierigkeit, Beispiele für
kontrollierende Aktivitäten bezüglich eines Datenobjektes zu
finden, deutet in diese Richtung.
Die Beschränkung der Zahl der Knoten pro Diagramm erzwingt eine
Darstellung komplexer Systeme in vielen Stufen, wobei einzelne
Verfeinerungsstufen nicht mehr in ihrer Gesamtheit erfaßt werden
können und Verbindungen zu den Nachbardiagrammen nur über höher
gelegene Knoten möglich sind. Graphische Darstellungen erlauben
im allgemeinen jedoch die Erfassung viel größerer Zahlen von
Komponenten und Relationen in einem Diagramm.
Durch das streng hierarchische Vorgehen wird auch die Ableitung

anderer Sichten aus einer Beschreibung nicht unterstützt. Die Empfehlung zur sequentiellen (treppenförmigen) Anordnung nur von verbundenen Knoten jedes Diagramms erschwert die Erfassung von Nebenläufigkeiten (vgl. Valder & Weller, 1984).
Sequentialisierungen, die sich nicht aus dem Datenfluß ergeben, sind nur als nachträgliche Ergänzungen von Aktivitätsdiagrammen ausdrückbar (gestrichelte Linie in Abb.3/25).
Durch ihre Betonung der strukturellen Beziehungen zwischen Aktivitäten und Objekten und wegen der oben erläuterten Schwierigkeiten können SADT-Diagramme nur einen Teil der Rollensemantik erfassen. Durch die Bevorzugung der 'top-down'-Vorgehensweise werden offenere Methoden, die Ableitung anderer Sichten und die Verwendung unterschiedlicher Abstraktionen behindert.

3.3.2. ISAC

<u>ISAC</u> (Information Systems Work and Analysis of Changes) (Lundeberg, Goldkuhl & Nilsson, 1979) ist ein umfassendes Konzept zur Entwicklung computergestützter Informationssysteme.

ISAC verwendet sehr viele Arten von Diagrammen und Tabellen für die Systembeschreibung, die an bestimmte Phasen der Systementwicklung gekoppelt sind.

Aktivitätsdiagramme beschreiben den Fluß von realen Objekten (Personen oder Materialien) und von Nachrichten durch Aktivitäten auf verschiedenen Abstraktionsebenen. Aktivitäten können verfeinert werden und führen zu einer Baumstruktur von Teilbeschreibungen. Die graphischen Beschreibungen werden durch Tabellen und erklärende Texte ergänzt.

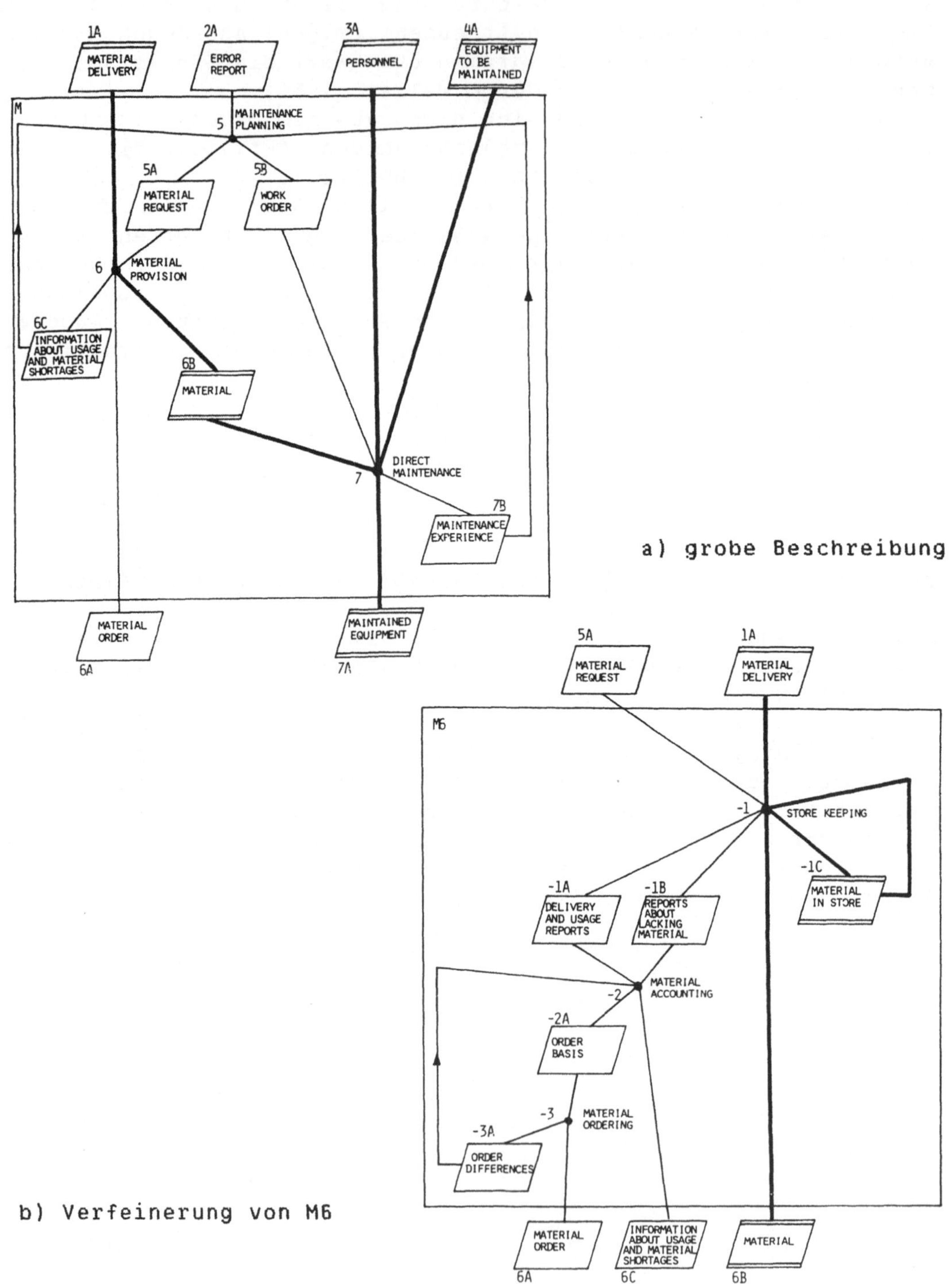

a) grobe Beschreibung

b) Verfeinerung von M6

Abb. 3/26: Aktivitätsdiagramme
(Lundeberg et al., 1979, S. 11 und 95)

Informationssubsysteme von Aktivitäten werden identifiziert und die Beziehungen von Eingangs- und Ausgangs-Datenstrukturen durch hierarchische Informationspräzedenzgraphen (s. Abb.3/27) erfaßt, die ausdrücken, welche Informationen für die Erzeugung anderer Informationen nötig sind.

Einzelne Datenstrukturen werden mit baumförmigen <u>Komponenten-Diagrammen</u> (C-Graphen) beschrieben.
Für die Entwurfsphase, die Programmierung und die Realisierung durch bestimmte Hardware wird eine Fülle weiterer Diagramme vorgeschlagen.
In der Entwurfsphase von automatisierbaren Informationssubsystemen werden netzähnliche <u>Datenverarbeitungsentwurfsgraphen</u> und baumförmige <u>Programmstrukturdiagramme</u>, die der Jackson-Methode folgend aus hierarchischen Datenstrukturgraphen abgeleitet sind, verwendet.

Die Realisierung eines Entwurfs durch bestimmte Geräte wird durch <u>erweiterte Datenverarbeitungsgraphen</u> repräsentiert, die zusätzliche Symbole für Geräte und Handlungsträger enthalten.
Die entwickelten Systeme werden in einer auf das Gesamtsystem abgestellten Form geräteunabhängig und geräteabhängig dokumentiert.
Die Einsetzbarkeit von ISAC-Hilfsmitteln für Rollenbeschreibungen scheint aus mehreren Gründen fraglich (vgl. auch Bødker & Hammerskov, 1984):
- ISAC enthält kein Konzept für die Beschreibung der (räumlichen) Positionsstruktur.
- Die für die frühen Phasen eingesetzten Hilfsmittel abstrahieren von den Handlungsträgern und scheinen von einer Situation ganz ohne Computereinsatz auszugehen. Die inhaltliche Beschreibung einzelner Aktivitäten, z.B. durch einen Algorithmus, ist nicht vorgesehen. Der Objekt- und insbesondere der Datenfluß stehen im Vordergrund. Die Behandlung von Personen als Ressourcen erscheint problematisch.
- Durch die 'top-down'-Vorgehensweise ausgehend von Gesamtaktivitäten und die hierarchische Aufteilung der Teilbeschreibungen sind Ausschnitte, die quer zur gewählten Hierarchie liegen, kaum erfaßbar. Unterschiedliche Vergröberungen werden nicht unterstützt.
  Die spezifischen Beschreibungen aus späteren Phasen sind primär computerorientiert und nur geeignet, um die Gesamtarchitektur von Informationssystemen darzustellen. Rollenspezifische Beschreibungen im Sinne von Benutzungsmodellen scheinen aus diesen wiederum hierarchischen Beschreibungen nur schwer ableitbar.

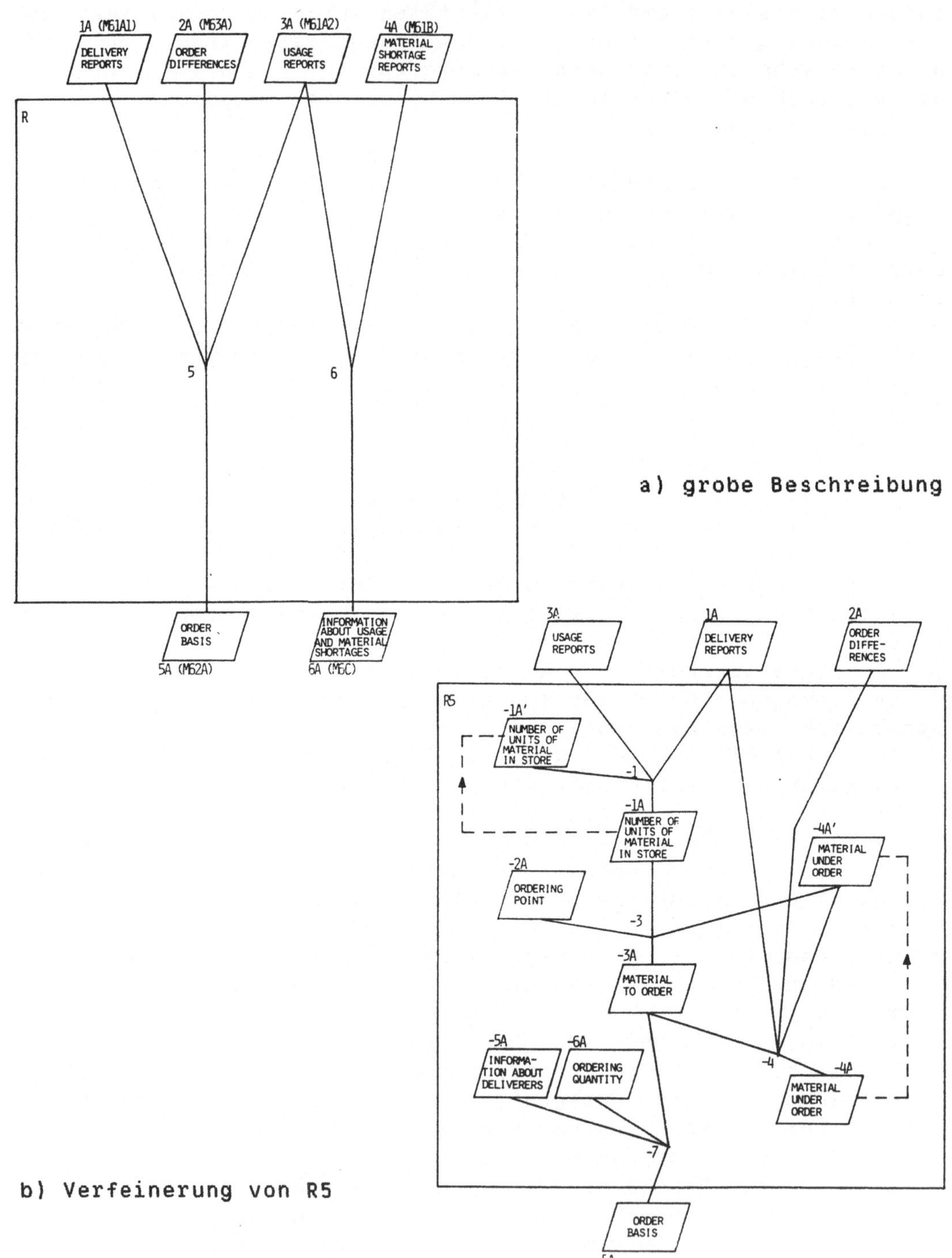

Abb. 3/27: Informationspräzedenzgraph
(Lundeberg et al., 1979, S. 99)

Die zu große Komplexität der Beschreibungshilfsmittel von ISAC ist einer der Gründe gewesen, der zur Entwicklung einer wesentlich <u>vereinfachten Form</u> geführt hat (Jochum & Winter, 1981).
Sie ist eine spezielle Form von Mittel/Aktivitäten-Netzen, in der die Möglichkeiten der systematischen Präzisierung und Verfeinerung im Sinne der Netztheorie (vgl. 3.2.1.) genutzt werden und eine spezielle Benennungsdisziplin eingehalten wird. Die graphisch unterschiedliche Repräsentation von elementaren Aktivitäten (▮, ausgefüllte Fläche) im Vergleich zu allen anderen Komponenten (⬭ , ⟨‾ ‾⟩ , ⌐ ‾⌐) führt zu einer unangemessenen visuellen Dominanz und erzwingt Beschriftungen neben den Knoten.

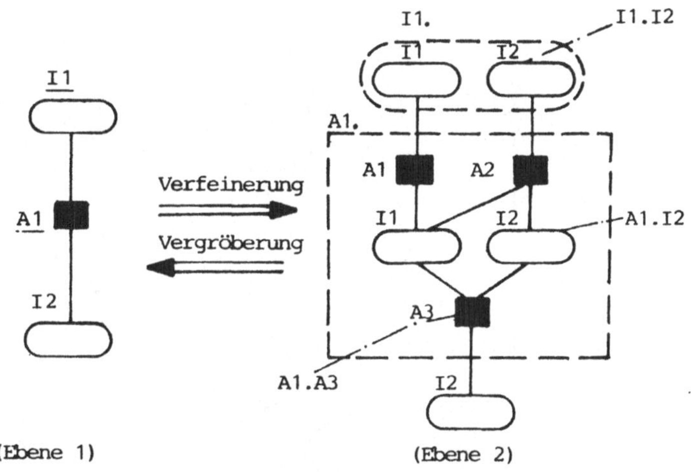

Abb. 3/28: Vereinfachte ISAC-Graphen
(Jochum & Winter, 1981, S. 205)

Für die Rollenbeschreibung sind die ISAC-Hilfsmittel nur sehr eingeschränkt geeignet.

3.3.3. Ansätze auf der Basis von Netzen

Um Netze für den Softwareentwurf nutzbar zu machen, sind zunächst verschiedene Erweiterungen von Platz/Transitions-Netzen entwickelt worden. Aus der Vielzahl ähnlicher Ansätze seien zwei Arbeiten stellvertretend erwähnt.

Mekly & Yau (1980) führen <u>abstrakte</u> <u>Prozeßnetze</u> ein, um Soft-
wareentwürfe zu beschreiben. Sie unterteilen die S-Elemente in
Eingaben, Ausgaben und Systemzustände, die als strukturierte
Daten beschrieben werden.
Transitionen werden verfeinert in 'state-definition'-
Transitionen, die den sequentiellen Kontrollfluß ausdrücken, und
'state-transformation'-Transitionen, die Änderungen an einem
globalen Zustandsvektor vornehmen.

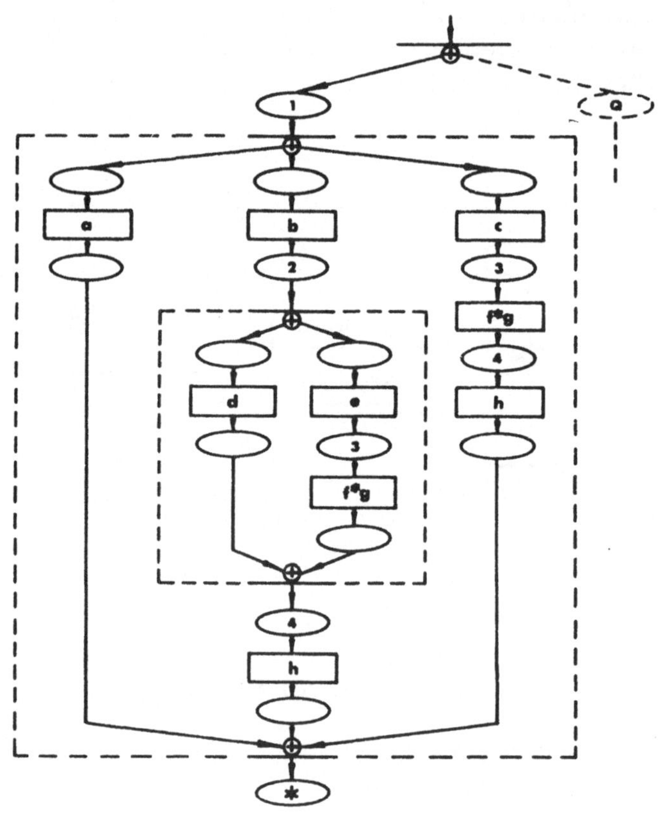

$$N = (a + b(d + e\, f^* g)h + c\, f^* g\, h)^* a$$

Abb. 3/29: Ein abstraktes Prozeßnetz
(Mekly & Yau, 1980, S. 430)

In der graphischen Darstellung wird nur die Kontrollstruktur von
sequentiellen Programmen aufbauend auf den Konstruktionen der
strukturierten Programme hierarchisch beschrieben.

Diese Beschreibungsmethode ist im Prinzip geeignet, den Zeit-
aspekt von einzelnen Rollen und die Kooperation über Datenaustausch zu erfassen. Der Objektaspekt kann durch herkömmliche
Datenstrukturen nur unzureichend beschrieben werden.

Yau & Caglayan (1983) benutzen Netze zur Beschreibung verteilter Softwaresysteme. S-Elemente werden in <u>Kontrollzustände</u> und <u>Systemzustände</u> unterteilt, die die Festlegung der zeitlichen Reihenfolge bzw. die Speicherung von Daten beschreiben. T-Elemente stellen <u>Softwarekomponenten</u> dar, die abhängig von Kontrollzuständen arbeiten und die Datenstrukturen in Systemzuständen bearbeiten. Softwarekomponenten können kooperieren durch Kontrollzustände und durch Datenobjekte. Ihre interne Struktur kann durch Präzisierungen und Verfeinerungen beschrieben werden.

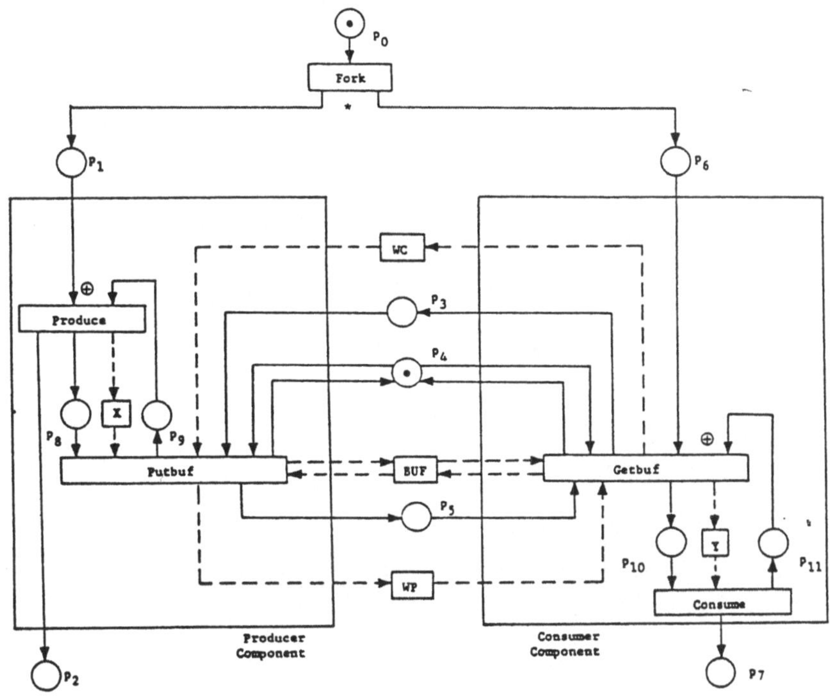

Abb. 3/30: Graphische Darstellung eines Softwareentwurfs
(Yau & Caglayan, 1983, S. 741)

In der graphischen Darstellung werden Daten- und Kontrollfluß in Kombination dargestellt, wobei die graphisch ähnliche Darstellung von Daten (Systemzustände) durch kleine Kästen und von aktiven Softwarekomponenten durch größere Kästen die Lesbarkeit behindert.

Diese Methode ist besser als die zuvor erläuterte zur Beschreibung des asynchronen Verhaltens kooperierender Rollen geeignet. Der Objektaspekt wird jedoch auch hier nicht ausreichend erfaßt, da nur stationäre Datenobjekte betrachtet werden. Für die Kennzeichnung personaler und automatisierter Teile wären Ergänzungen notwendig.

Eine einfache Variante von Netzen stellen die in Keil-Slawik (1985a, 1985b) und Kämper & Schneider (1984) beschriebenen <u>Aufgabennetze</u> dar, die zur aufgabenbezogenen Anforderungs- ermittlung verwendet werden und deshalb auch in 3.1. eingeordnet werden könnten. Sie beschreiben 'funktionelle Rollen' durch Angabe ihrer Tätigkeiten sowie der verwendeten Objekte und Speicher in graphischer Form, ergänzt durch Tabellen, die verbal Eigenschaften der Objekte und Speicher erfassen. Unter 'funktioneller Rolle' werden hier die gesamten Aufgaben eines Rollenträgers verstanden. Die Einzelaufgaben eines Rollenträgers werden als Teilaufgaben von übergeordneten Aufgaben der Organisation dargestellt. Dies führt zu einer hierarchischen Struktur von Beschreibungen, in der die Teilbeschreibungen für einen Rollenträger auf verschiedene Stellen verteilt sind, so daß deren direkte Zusammenhänge nicht transparent werden.

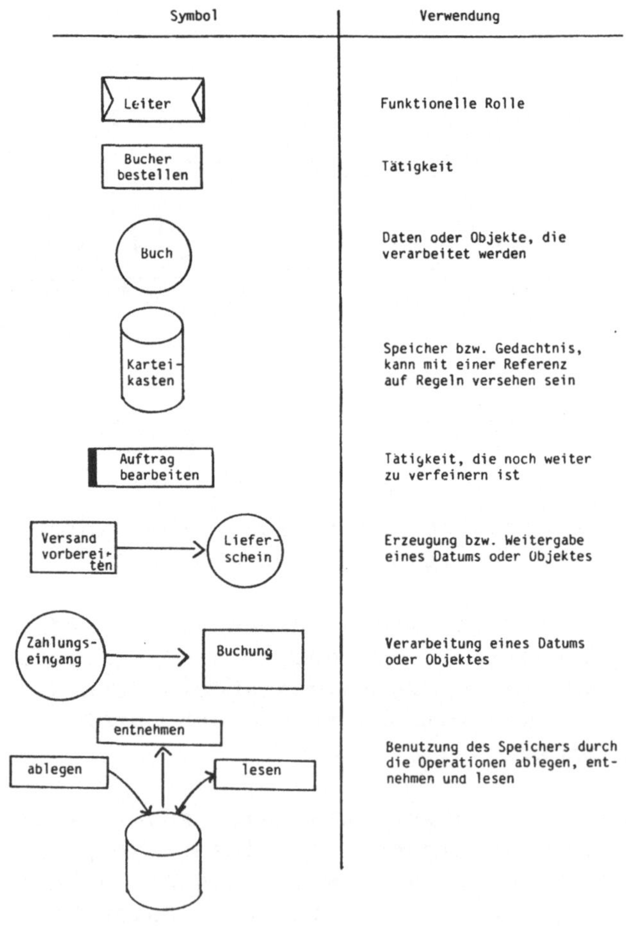

Abb. 3/31: Symbolik der Aufgabennetze
(Keil-Slawik, 1985a, S. 138)

Aufgabe: Bestandsaufbau
Funktionelle Rolle: Verwaltungskraft
Tätigkeit: Überblick

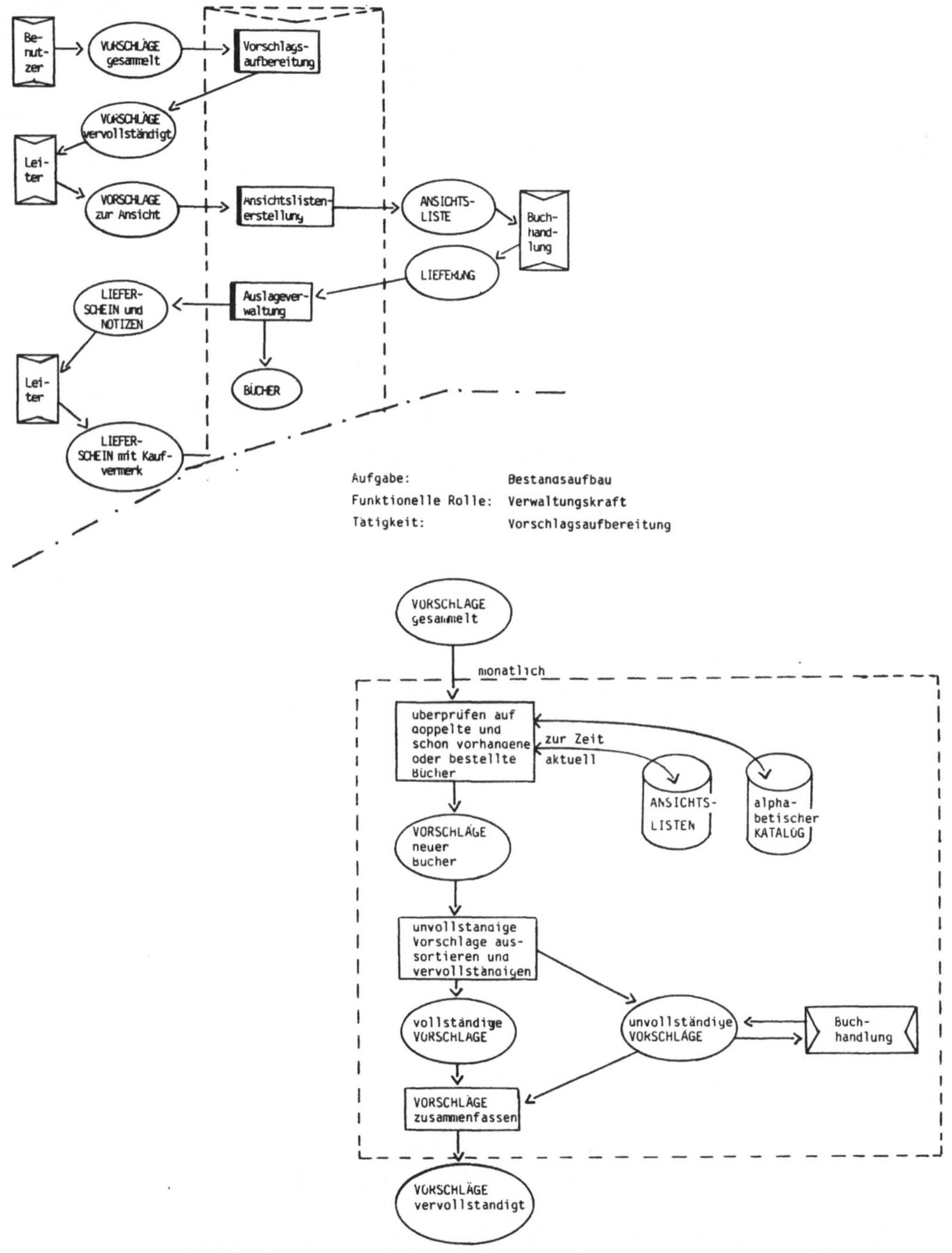

a) ohne Computereinsatz (Aufgabennetze, z.T. Ausschnitt)

Abb. 3/32: Überblicksdiagramme und Verfeinerungen
(Keil-Slawik, 1985a, S. 148/149)

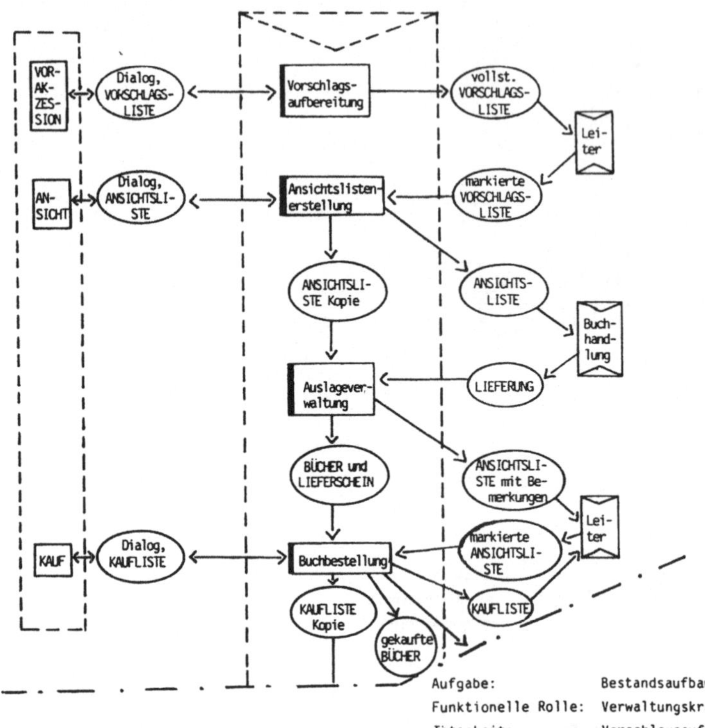

b) mit Computereinsatz (Soll-Netz, z.T. Ausschnitt)

Abb. 3/32: Überblicksdiagramme und Verfeinerungen
(Keil-Slawik, 1985a, S. 172, 167)

Für die Darstellung von Soll-Konzepten werden sogenannte <u>Soll-Netze</u> verwendet, in denen automatisierte Handlungen genauso wie personale durch T-Elemente und die Schnittstellen zu personalen Tätigkeiten durch dieselbe Art von S-Elementen wie für den Objektfluß beschrieben werden (vgl. Abb. 3/32). Lediglich durch Verstärkung der Pfeile wird angedeutet, daß es sich um eine Mensch-Maschine-Interaktion handelt.
Interne Speicher des Rechners werden gar nicht beschrieben, was für Rollen, die über solche Speicher kooperieren, zu unzusammen-hängenden Teilbeschreibungen führt.

Die intuitiven Vorstellungen, die den Aufgabennetzen zugrunde liegen, scheinen in vielen Punkten mit unserem Rollenkonzept übereinzustimmen. Die Beschreibungstechnik weist aber vielerlei Unklarheiten und Lücken auf:
- Der Unterschied zwischen Objektfluß und Zugriff auf Daten wird nicht zum Ausdruck gebracht.
- Die Möglichkeiten der systematischen Abstraktion, Vergröberung und Ausschnittbildung bei Netzen werden nur unvollkommen genutzt.
- Das Konzept zur Beschreibung von Mensch-Maschine-Schnitt-stellen und von automatisierten Funktionen ist nur schwach entwickelt.
- Die Möglichkeiten zur zunehmenden Präzisierung bis hin zu Formalisierungen (etwa im Rahmen der Allgemeinen Netztheorie) sind bisher ungeklärt.

Der Ansatz der Aufgaben- und Soll-Netze erlaubt zwar die transparente Beschreibung von Aspekten unseres Rollenkonzeptes, ist aber insgesamt nicht als ausgereift anzusehen.

Eine weitere Modifikation von Petri-Netzen für die Softwaretechnik beschreibt M.Maiocchi (1985). Es ist eine Variante der Mittel/ Aktivitäten-Netze, in der S-Elemente als <u>Betriebsmittel</u> ('resource') und T-Elemente als <u>Aktivitäten</u> interpretiert werden. Unter dem Begriff 'Betriebsmittel' werden alle Arten von realen Objekten (z.B. Reagenzgläser), Datenobjekte (z.B. schriftliche Berichte), komplexe Speicher mit Inhalt (Dateisysteme) und auch Funktionsträger (z.B. eine Sekretärin) zusammengefaßt (vgl. Abb. 3/33). Sie werden bildlich dargestellt.

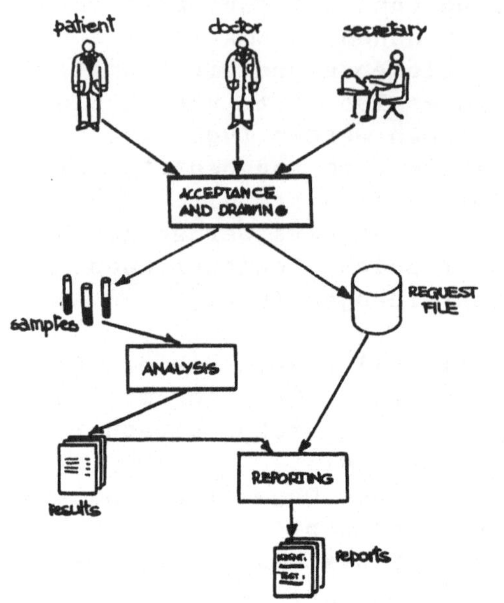

Abb. 3/33: Resource/Activity-Netz
(Maiocchi, 1985, S. 257)

Die Aktivitäten werden als Kästen mit Textinschriften dargestellt. Die Flußrelation ist so spezialisiert worden, daß verschiedene Formen der gleichzeitigen oder alternativen Verwendung und Produktion von Mitteln sichtbar gemacht werden können (vgl. Abb.3/34).

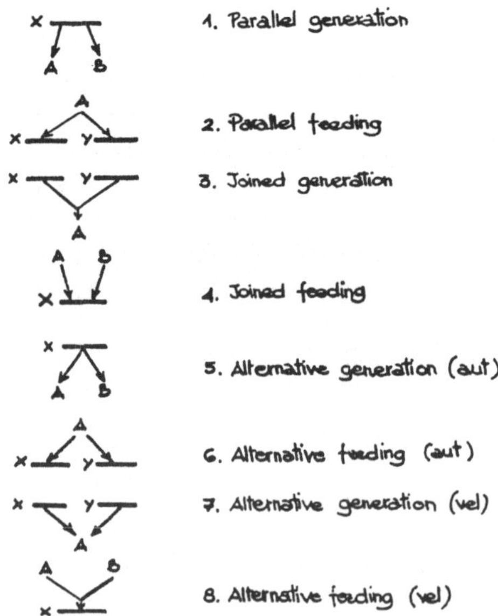

Abb. 3/34: Formen der Flußrelation
(Maiocchi, 1985, S. 261)

Die Beschreibungstechnik wird für die schrittweise verfeinernde, zum Teil ausschnittweise Beschreibung von Mensch-Maschine-Systemen bis hin zu programmierbaren Teilen verwendet. Ergänzend werden Textbeschreibungen von Mitteln und Aktivitäten benutzt. Einfache Auswertungen auf der Basis der Netzbeschreibung (z.B. Zeitbedarf für komplexe Aktivitäten) sind möglich. Eine Formalisierung ist nicht angestrebt. Vielmehr sollen die informalen Beschreibungen der Kommunikation zwischen Auftraggebern und Entwicklern dienen.

Der Raumaspekt wird in dieser Interpretation nicht berücksichtigt. Der verwendete Betriebsmittelbegriff wird nirgends erläutert. Die Beispiele deuten darauf hin, daß Individuen beliebiger Art gemeint sind.
Selbst die Semantik von Aktivitäten ist nicht klar beschrieben. Es wird nicht erklärt, wohin die eingehenden Mittel einer Aktivität fließen und woher produzierte Mittel gewonnen werden.
Die Beschreibungstechnik konzentriert sich auf eine globale Sichtweise von Systemen, rollenspezifische Beschreibungen erscheinen aber möglich.
Für die vollständige Erfassung der Rollensemantik erscheint die Methode jedoch nicht umfassend und differenziert genug.

Erweiterungen von Pr/T-Netzen für Zwecke der Softwaretechnik werden im <u>SEGRAS-Projekt</u> untersucht (Krämer, 1984).
Ziel ist dabei die Entwicklung einer formalen, semi-graphischen Spezifikationssprache für verteilte Softwaresysteme. Graphische Darstellungen werden in diesem Ansatz nur zur Beschreibung der nicht-sequentiellen Teile eines Systems in ähnlicher Form wie bei Pr/T-Netzen verwendet. Die Objekte werden mit Methoden der initialen Algebra spezifiziert. Wegen der weitgehenden Abstraktheit und der vollständigen Formalisierung ist die Spezifikationssprache SEGRAS für Rollenbeschreibungen völlig unangemessen.

3.4. Spezifikation interaktiver Systeme

Für die Beschreibung interaktiver Systeme sind schon früh (Parnas, 1969) graphische Hilfsmittel eingesetzt worden. Im Rahmen dieser Untersuchung ist von Interesse, welcher Teil automatisierten Rollenverhaltens durch derartige Beschreibungen erfaßt wird und ob sie auch für nicht automatisierte Teile eingesetzt werden können.

3.4.1. Zustandsdiagramme

Eine wesentliche Klasse von Beschreibungstechniken sind die auf den von Parnas (1969) eingeführten Zustandsdiagrammen aufbauenden Ansätze. Sie gehen alle von der Vorstellung aus, daß interaktive Systeme sequentiell arbeiten und in bestimmten Zuständen Eingaben erwarten, in Abhängigkeit vom Inhalt dieser Eingaben bestimmte Aktivitäten mit internen Effekten ausführen, Ausgaben erzeugen und neue Zustände einnehmen. Die internen Aktivitäten können z.T. schrittweise ohne weitere Eingabe ausgeführt werden und zu ergebnisabhängigen Zustandsübergängen führen.
In der Darstellung der Zustände durch Knoten eines Graphen und der Zustandsübergänge durch gerichtete Kanten besteht weitgehende Einigkeit. In der Art der Darstellung und Zuordnung von Eingaben, Aktivitäten und Ausgaben sowie der strukturierten Beschreibung durch Hierarchisierung gibt es unterschiedliche Vorgehensweisen. Drei wesentliche Ansätze seien erläutert. Diesen Ansätzen verwandte Vorschläge findet man in Jacob (1983) und Wells (1984).

Die **hierarchischen Interaktionsdiagramme** von E.Denert (1977) gehen von der Idee aus, daß interaktive Systeme durch drei Arten von 'Zuständen' beschrieben werden können:
a) durch (interne) einfache Zustände, in denen das System unab-
   hängig von der Umgebung arbeitet,
b) durch sogenannte Interaktionspunkte, in denen Eingaben aus
   der Umgebung erwartet werden, die die Auswahl der weiteren
   Aktivitäten bestimmen, und
c) durch komplexe Zustände.

Die Beschreibung von Systemen erfolgt 'top-down', wobei komplexe Zustände durch ganze Interaktionsdiagramme verfeinert werden, bis nur die beiden ersten Arten von Zuständen auftreten. Zustandsübergänge werden durch Pfeile angegeben.
Der Nachrichtenaustausch eines interaktiven Systems mit der Umgebung wird durch informale Anschriften an den Pfeilen angegeben, wobei Ausgaben an den Pfeilen notiert werden, die zu Interaktionspunkten führen, und zulässige Eingaben an den von Interaktionspunkten wegführenden Pfeilen stehen.
Einfache und komplexe Zustände können Zustandsübergangskanten zu verschiedenen Folgezuständen haben, die mit Bedingungen für die Wahl des jeweiligen Übergangs beschriftet sind.

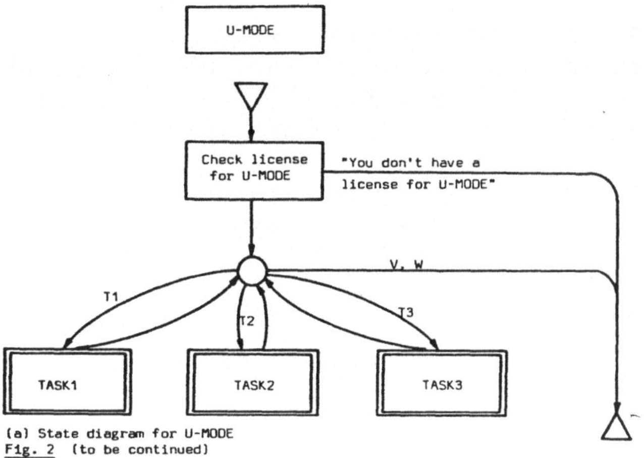

a) grobes Diagramm

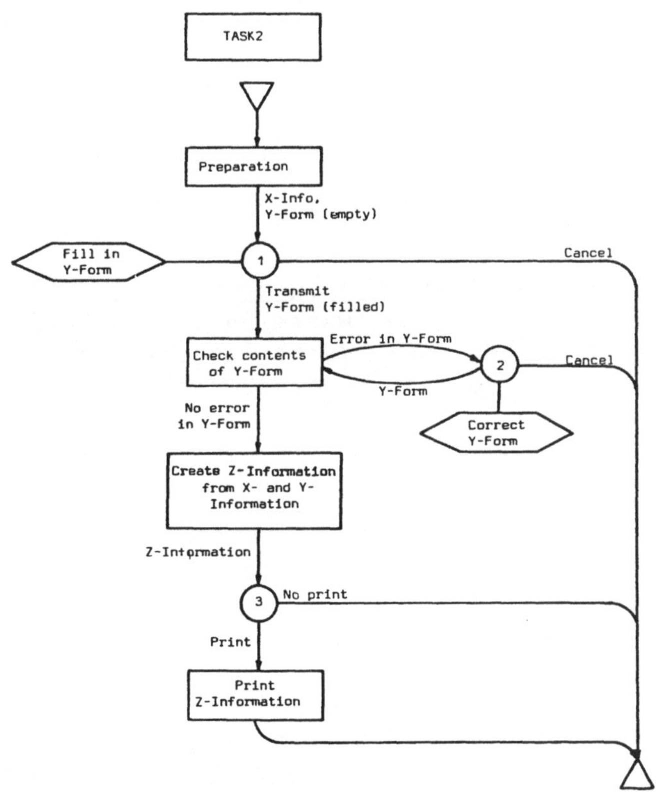

b) Verfeinerung von TASK 2

Abb. 3/35: Hierarchische Interaktionsdiagramme
(Denert, 1977, S. 418/419)

Die Bezeichnung 'Zustand' wird hier uneinheitlich verwendet. Interaktionspunkte sind Zustände im eingangs erläuterten Sinne, 'einfache Zustände' entsprechen den internen Aktivitäten (einschließlich Zwischenzuständen), 'komplexe Zustände' erfassen komplexe Handlungen und Zustandsübergänge.
Der Ansatz ist nicht formalisiert. Programmgerüste zur Simulation oder Realisierung des Interaktionsverhaltens können schematisch aus den Diagrammen abgeleitet werden.

In den <u>verallgemeinerten Transitionsnetzen</u> von Kieras & Polson (1984) werden Eingaben, Aktivitäten und Ausgaben an den Kanten wie in Abb.3/36 notiert.

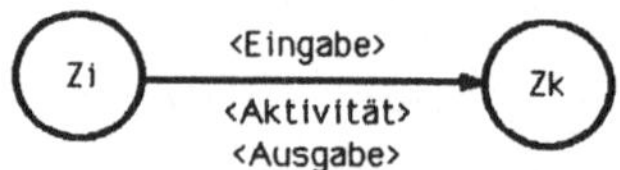

Abb. 3/36: Beschriftung von verallgemeinerten Transitionsnetzen

Fehlende Eingabespezifikationen entsprechen internen Zustandsübergängen. Zustände und Transitionen können durch ganze Diagramme verfeinert werden.

In den <u>erweiterten Zustandsdiagrammen</u> der USE-Methode für den Entwurf interaktiver Systeme (Wasserman, 1985) werden die Eingaben und Aktivitäten den Kanten zugeordnet, während gleichartige Ausgaben mit dem Erreichen der Zustände verbunden sind.

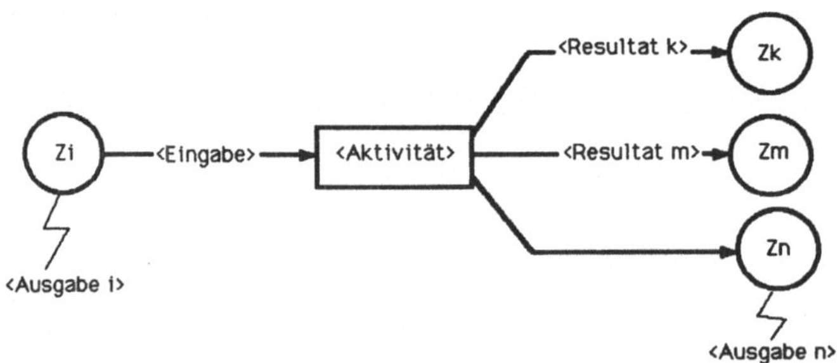

Abb. 3/37: Struktur von erweiterten Zustandsdiagrammen

Zusätzlich können Aktivitäten Resultatwerte liefern, die die Verzweigungen zu unterschiedlichen Folgezuständen steuern. Die Angabe von Aktivitäten und Resultaten ist optional. Interne Zustandsübergänge werden durch eine Pseudoeingabe (+) erfaßt.

Sowohl ganze Transitionen wie Aktivitäten können durch
verfeinernde Diagramme beschrieben werden.
Für die USE-Diagramme gibt es zusätzlich eine Textform, die
computergestützt bearbeitet und insbesondere für Prototyping-
Verfahren genutzt werden kann.

Alle drei Beschreibungstechniken ermöglichen leicht verständliche Beschreibungen des äußeren, an der Schnittstelle beobacht-
baren Verhaltens von interaktiven Systemen, auch von nicht
automatisierten. Für die Erfassung der internen Struktur und
Arbeitsweise solcher Systeme wären allerdings wesentliche
Ergänzungen notwendig.

Zustandsdiagramme können auch als spezielle Netze aufgefaßt
werden, nämlich als S-Graphen, in denen die Zustände durch
(verzweigte) S-Elemente und die Zustandsübergänge durch
(unverzweigte) T-Elemente dargestellt werden.

3.4.2. Gesamtbeschreibungen

Einen umfassenden Ansatz zur Beschreibung und Entwicklung
interaktiver Systeme haben Iivari & Koskela (1984) vorgelegt
(siehe auch Iivari, 1983). In der <u>PIOCO-Methode</u> (Pragmatic,
Input-Output, Constructive-Operative) werden Systeme auf drei
Ebenen beschrieben:

(1) Auf der <u>pragmatischen</u> <u>Ebene</u> wird das betrachtete System
    sowohl in seiner statischen wie in seiner dynamischen
    Struktur in der 'Host System Language' HSL graphisch
    beschrieben.
    ● HO-Graphen erfassen das Gesamtsystem als Funktionseinheit
      und die Verbindungen zu Funktionseinheiten seiner
      Umgebung, über die Materialien, Informationen und Geld
      ausgetauscht werden.
    ● HS-Graphen stellen die Zerlegung der Gesamtaufgabe des
      Systems in Teilaufgaben und die diese verbindenden Flüsse
      und Speicher dar.
    ● HP-Graphen erlauben die Beschreibung der Dynamik einzelner
      Aufgaben in Form von sequentiellen Programmen.

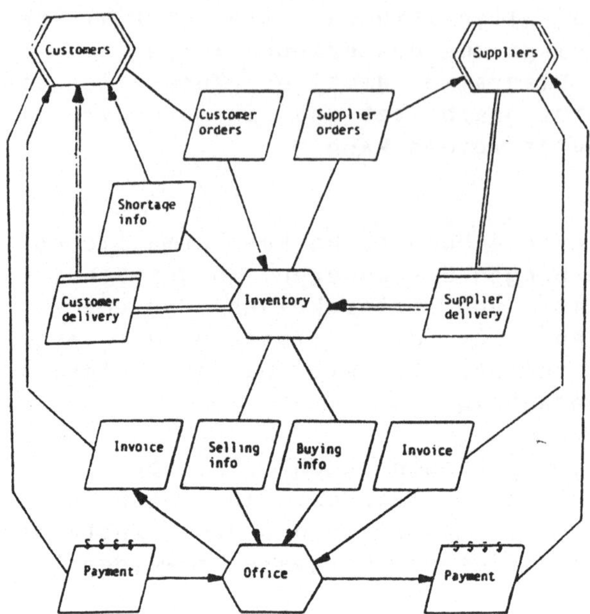

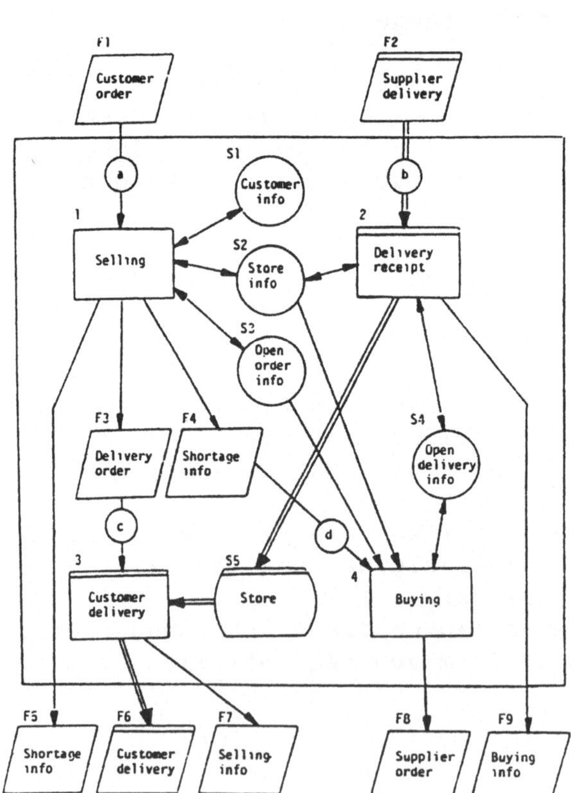

Abb. 3/38: Diagramme der pragmatischen Ebene
(Iivari & Koskela, 1984, S. 155)

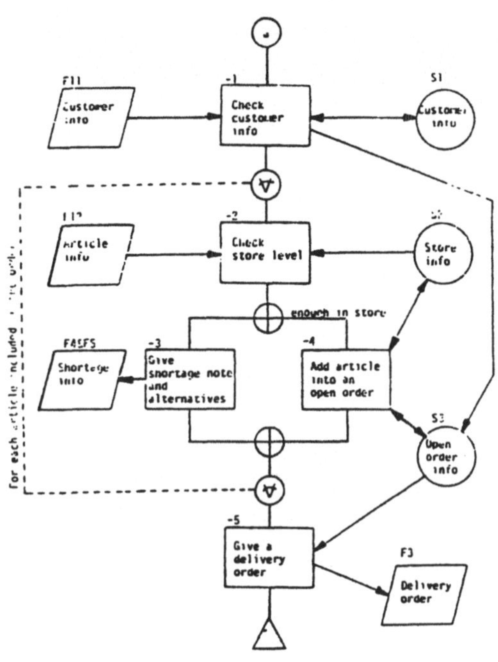

c)

Abb. 3/38: Diagramme der pragmatischen Ebene
(Iivari & Koskela, 1984, S. 155)

Nach der Entscheidung, welche Objekte in Computern gespeichert und welche Funktionen automatisiert werden sollen, kann die veränderte Dynamik einzelner Funktions- einheiten und ihr Zusammenwirken mit den relevanten Teilen des geplanten Informationssystems in speziellen HP-Graphen dargestellt werden. Die Funktionen des automatisierten Informationssystems und ihre Verbindungen können zusammen- gefaßt und mit Informationssystemgraphen dargestellt werden. Dies bedeutet eine Ausschnittbildung und Verknüpfung von Teildiagrammen aus der Sicht des Systementwicklers.

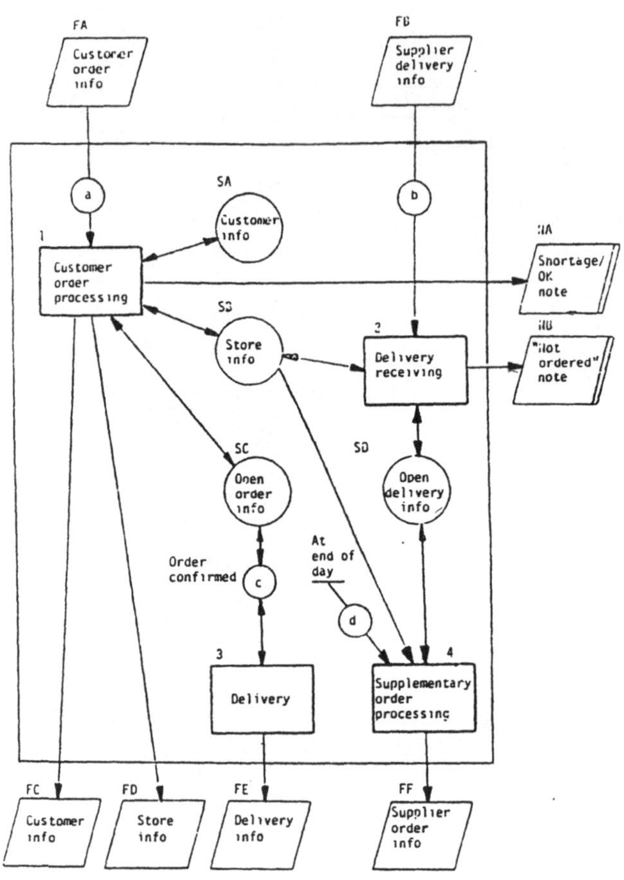

Abb. 3/39: Informationssystem-Graph
(Iivari & Koskela, 1984, S.156)

(2) Auf der __Ein/Ausgabe-Ebene__ werden die Informationen, die an den Schnittstellen zum automatisierten Teil ausgetauscht werden, in ihrer semantischen und syntaktischen Struktur sowie ihren dynamischen Abhängigkeiten analysiert und in der Input-Output Specification Language IOSL graphisch dargestellt.

Die semantische Analyse

- betrachtet Informationen in ihrer hierarchischen Gliederung und beschreibt sie durch Informationstyp-Graphen und

- erfaßt die Logik der Informationsverarbeitungsprozesse durch Programme (Information Process Type Graphs).

Die syntaktische Beschreibung erfaßt die spezielle Form der
Mensch-Maschine-Interaktion und wird mit einer weiteren
Sorte von Diagrammen, Interaktionsgraphen, ausgedrückt.

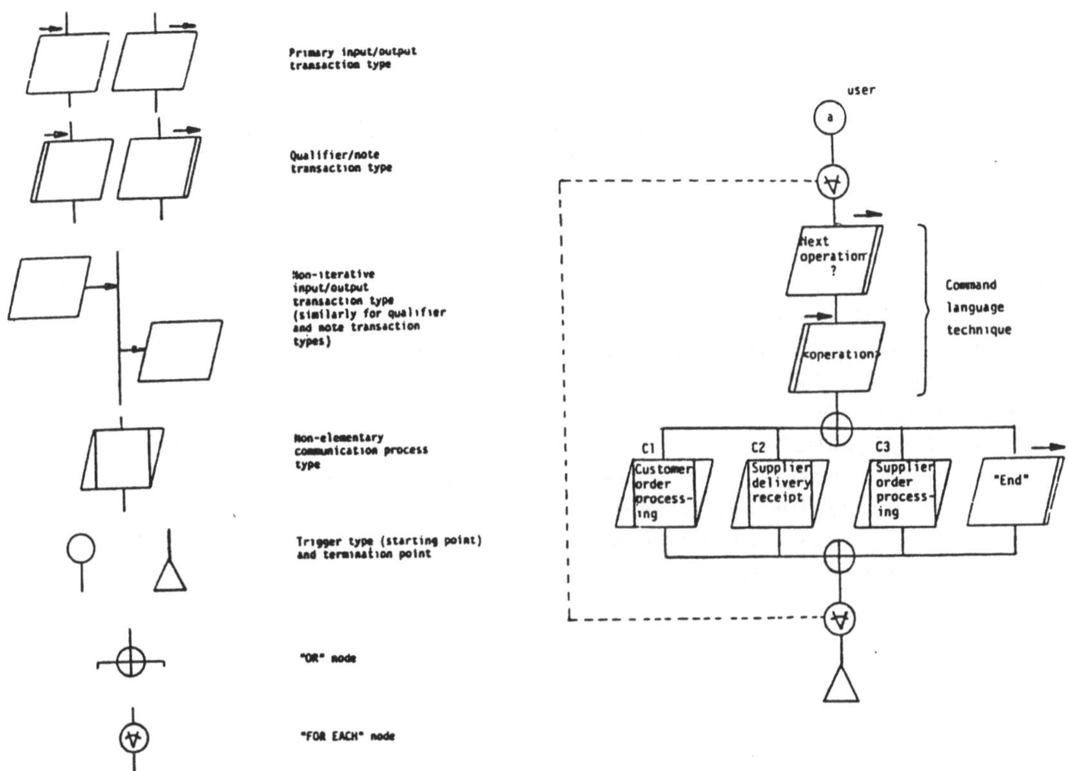

a) Symbolik für Interaktionsgraphen   b) Interaktionsgraph

Abb. 3/40: Beschreibung auf der Ein-/Ausgabeebene
(Iivari & Koskela, 1984, S. 157)

(3) Auf der <u>konstruktiv-operationalen Ebene</u> wird die interne
    Struktur des automatisierten Informationssystems und sein
    Verhalten spezifiziert und implementiert. Zur Beschreibung
    werden drei weitere Typen von Graphen verwendet.

Die Beschreibungssprachen sind Teil einer Systementwicklungs-
methode. Die PIOCO-Beschreibungssprachen decken einen großen
Teil useres Rollenkonzeptes ab. In den Beschreibungen der
Dynamik werden allerdings nur Informationsverarbeitungsaktivitä-

ten berücksichtigt. Sie erlauben die Beschreibung unterschiedlicher Sichten auf verschiedenen Abstraktionsstufen. Die
vollständige Formalisierung wird nicht direkt unterstützt.

Die insgesamt 10 (!) graphischen Beschreibungssprachen verwenden
eine ausgeprägte, aber verwirrende und teilweise inkonsistente
Symbolik, wodurch die direkte Lesbarkeit sowie intuitive
Verständlichkeit beeinträchtigt werden.

In Oberquelle (1984c, 1985) werden Ansätze für eine _semi-
formale, graphische Beschreibungssprache für Dialogsysteme_
vorgestellt. Diese Beschreibungssprache nutzt Hilfsmittel aus
dem Bereich der Petri-Netze und graphische Darstellungen für
Objekte.
Die statische Struktur von Dialogsystemen und die Einbettung in
die Umgebung werden mit Kanal/Instanz-Netzen erfaßt.
Datenobjekte werden mit verschiedenen Techniken dargestellt:
durch Ikonen, Tabellen, Strukturskizzen und durch erweiterte
Syntaxdiagramme.
Die Dialogdynamik wird durch spezielle Zustands-/Aktivitätsnetze
ausgedrückt, die es erlauben, die mit den Zustandsdiagramm-
techniken (siehe oben) beschreibbaren Zusammenhänge zu erfassen
und sie als Aspektbeschreibung in eine auf Netzen basierenden
Beschreibungssprache zu integrieren.

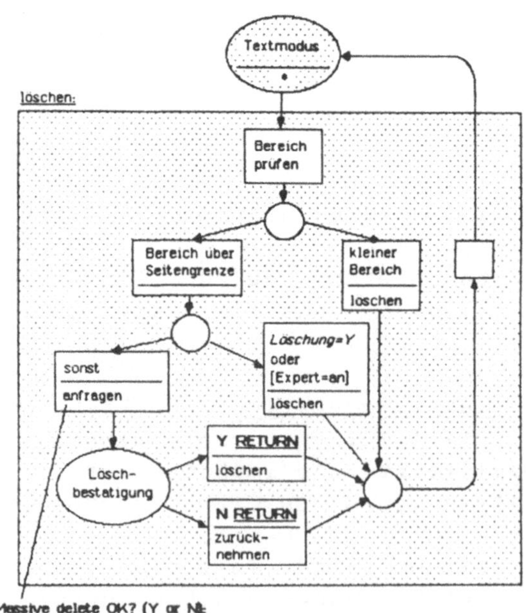

Abb. 3/41: Ein Zustands-/Aktivitätsnetz
(Oberquelle, 1984c, S. 55)

Die graphische Darstellungstechnik gestattet es, sehr komplexe Zusammenhänge auf engem Raum übersichtlich und gut lesbar zu präsentieren und Beschreibungen schrittweise zu präzisieren. Eine verbesserte Version dieses Ansatzes wird in Abschnitt 5.2.3. vorgestellt.

3.5. Objektbeschreibungen

Faßt man die bisher diskutierten Möglichkeiten zur Beschreibung des Objektaspektes zusammen, so muß man feststellen, daß nur wenige Ansätze graphische Hilfsmittel nutzen, daß aber sowohl schematische wie bildliche Darstellungen vorkommen. Die Hauptschwierigkeit scheint in der Erfassung der Individualität und den damit eng verbundenen Möglichkeiten des Zusammensetzens und Zerlegens von Objekten zu bestehen.

In dem großen Gebiet der konzeptionellen Datenmodelle (vgl. Brodie et al., 1984) treffen wir auf dieselben Schwierigkeiten. Es wird von stationären Datenobjekten ausgegangen und diskutiert, wie ihre <u>Werte</u> zu strukturieren sind. Das Problem der Individualität von Objekten tritt hier nur indirekt auf, indem die Daten Beschreibungen von individuellen Objekten und Beziehungen zwischen diesen enthalten können.

Der Ansatz aus diesem Bereich, der unsere intuitiven Vorstellungen von Objekten am ehesten wiederzugeben gestattet, ist das ' <u>Entity-Relationship'(ER)-Modell</u> von P.P.Chen (1976). Hier werden individuelle Einheiten ('entities'), ihre Eigenschaften ('attributes') und Beziehungen zwischen solchen Einheiten ('relationships') als getrennte Konzepte betrachtet. Dies entspricht in etwa der Unterscheidung von individuellen Objekten, Attributen und Kompositionsformen. Einheiten und ihre Beziehungen werden graphisch dargestellt (vgl. Abb.3/42).

Die Zielsetzung des ER-Ansatzes ist jedoch nicht die Behandlung einzelner Objekte, sondern die Auseinandersetzung mit Mengen gleichartig verknüpfter Einheiten bis zu Datenbanken, deren Daten durch ER-Diagramme und andere Hilfsmittel beschrieben werden. Auch in Erweiterungen des ER-Konzeptes zur Erfassung von hierarchischen Strukturen (z.B. Santos, Neuhold & Furtado, 1980) dominiert die datenorientierte Betrachtungsweise.

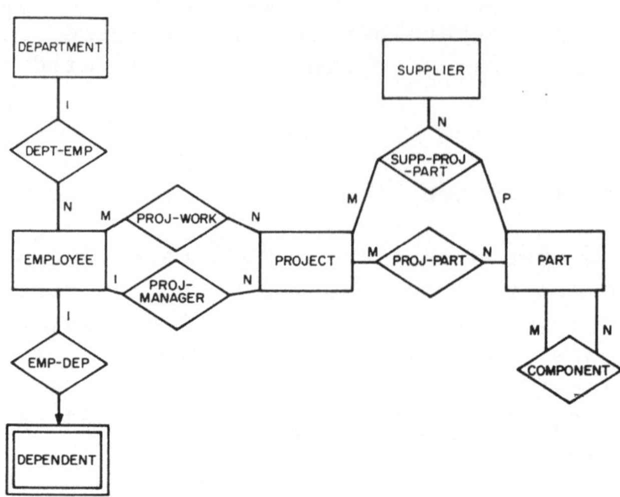

Abb. 3/42: Entity/Relationship-Diagramm
(Chen, 1976, S. 19)

Die Vielfalt und Zahl der sonstigen Ansätze zur graphischen
Beschreibung strukturierter Daten (Werte) und Datentypen sind zu
groß, als daß sie an dieser Stelle dargestellt und hinsichtlich
ihrer Adaptierbarkeit für die Objektbeschreibung gewürdigt
werden könnten.
Es ist jedoch naheliegend, daß alle graphischen Darstellungsformen für spezielle Relationen zwischen Werten, z.B. für
Mengen, Sequenzen, Bäume oder allgemeinere Relationen, auch zur
Erfassung entsprechender Relationen zwischen Objekten herangezogen werden können. Die Individualität von Objekten kann
dabei Einschränkungen notwendig machen.

Der einzige Ansatz, der strukturierte, individuelle Objekte als
Grundkonzept verwendet, liegt in dem Entwurf der Programmier-
sprache **INTRAN** von I.Kupka und Mitarbeitern vor (Hülsen et al.,
1984). Ausgangspunkt ist hier die Vorstellung, daß ein aus
individuellen Objekten aufgebauter, strukturierter Gesamtzustand
nach fallweise auswählbaren Regeln sequentiell bearbeitet wird.
Für die Konstruktion von Objekten stehen zwei Arten von
Basisobjekten (datentragende, atomare Objekte und sogenannte
Hüllenobjekte) und drei Arten der Komplexbildung (offene
Kollektion, offene Aufreihung und das Schachteln mit einem
Hüllenobjekt unter teilweiser Indizierung der Komponenten) zur
Verfügung.

Die Basisobjekte sind sämtlich durch unterschiedliche Identifikatoren unterscheidbar und können eine Menge von Marken tragen,
die nur zur Identifizierung der markierten Objekte verwendet
werden. Für alle Objekte gibt es eine graphische und eine
algebraisch-formale Darstellung.

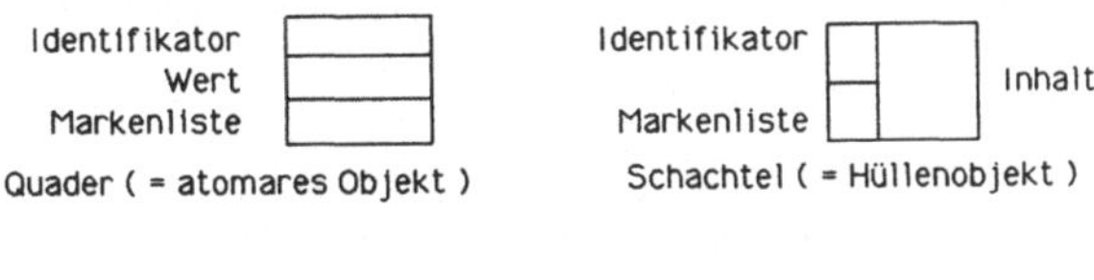

a) elementare Objekte

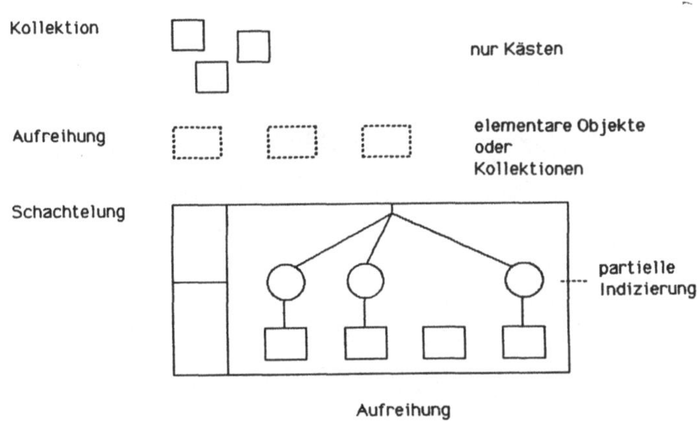

b) komplexe Objekte

Abb. 3/43: Graphische Darstellung von INTRAN-Objekten
(Zusammenstellung durch den Verfasser)

Das Schwergewicht des INTRAN-Konzeptes liegt auf einer voll
formalisierten Textdarstellung von Objekten und Verarbeitungsregeln. Die Verarbeitungsregeln enthalten Muster für die
Interpretation/Zerlegung des alten Zustandes und Muster für die
Strukturierung des veränderten Zustandes sowie zusätzliche
Bedingungen. Das Zerlegen und Zusammensetzen von Objekten und
die Auswahl von Aktivitäten (Regelanwendungen) über einschränkende Bedingungen sind Grundkonzepte von INTRAN.
Die graphischen Darstellungen werden lediglich zur Verdeutlichung der Ideen verwendet.

Für die Beschreibung des Objektaspektes von Rollen sind die
INTRAN-Konzepte bedingt geeignet, da sie wesentliche Grundideen
unseres Objektkonzeptes enthalten. Die vorgegebenen Strukturie-

rungsmöglichkeiten für Objekte auf einer Aggregationsstufe (mengenartige Kollektion und Aufreihung) sind für Objekte mit komplexen Beziehungen zwischen den Komponenten zu wenig differenziert und müßten ergänzt werden. Die Verarbeitungsregeln müßten für verteilte Objekte wesentlich erweitert werden. Ob eine Integration mit Beschreibungsmöglichkeiten für die anderen Aspekte von Rollen möglich ist, ist eine offene Frage.

Die Möglichkeit der <u>bildlichen Darstellung von Objekten und Objekttypen</u> als Alternative zur schematisch-strukturellen Darstellung ist bereits mehrfach erwähnt worden.
Sie bietet sich für reale Objekte in natürlicher Weise an, da diese eine sichtbare Gestalt besitzen. Selbst Operationen an Objekten können bildlich und praktisch ohne Worte dargestellt werden (vgl. Abb.3/44).

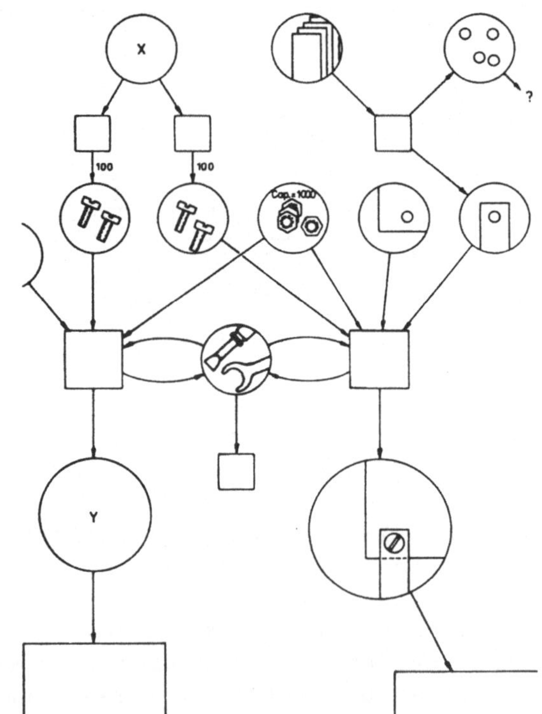

Abb. 3/44: Bildliche Darstellung eines Produktionsprozesses
          (Petri, 1980, S. 2)

Für virtuelle Objekte, z.B. im Rechner gespeicherte Datenobjekte, können bildliche Darstellungen nur künstlich eingeführt werden. Konventionen für derartige Darstellungen existieren bisher nicht. Häufig werden Analogien zu herkömmlichen Objekten benutzt, z.B. wenn in Bürosystemen Dateikataloge als 'Ordner' und Dateien als 'Dokumente' symbolisiert werden.

Bildliche Beschreibungen sind hinsichtlich der Zahl darstellbarer Attribute und Beziehungen beschränkt und als Formalisierung nicht geeignet. Für informale Beschreibungen bieten sie wegen der schnellen Erfaßbarkeit jedoch Vorteile gegenüber schematischen Darstellungen oder Texten. Wir werden an späterer Stelle auf bildliche Beschreibungen für Objekte noch näher eingehen.

3.6. Zusammenfassung der Analysen

Vergleichen wir die existierenden graphischen Beschreibungsmöglichkeiten mit dem Anforderungskatalog aus Kapitel 2, so kommen wir zusammenfassend zu folgendem Ergebnis:

Es gibt keinen einzelnen Ansatz, der es gestattet, primäre Rollen einschließlich automatisierter Teile aus der Perspektive des Rollenträgers vollständig zu erfassen.
Die Rollensemantik wird durch verschiedene Ansätze auf der Basis von Netzen weitgehend überdeckt. Sie können aber nicht einfach kombiniert werden, sondern bedürfen einer Vereinheitlichung und Anpassung. Insbesondere sind die verwendeten Begriffe unklar und teilweise uneinheitlich erklärt, was sich in der verwirrenden Terminologie widerspiegelt.
Es erscheint möglich, bekannte Spezifikationsverfahren für Mensch-Maschine-Schnittstellen in Netzdarstellungen zu integrieren.

Für die Erfassung des Objektaspektes fehlen völlig ausgereifte Konzepte. Lediglich für stationäre Datenobjekte liegen umfassende Hilfsmittel vor.

Die unterschiedliche Natur der zeitlichen Zustände für Funktionsträger und der räumlichen Positionen für Objekte wird kaum berücksichtigt. Soweit beide Aspekte überhaupt erfaßt werden, werden sie bei zunehmender Formalisierung gleich behandelt. Die pragmatisch wichtige Unterscheidung zwischen Rollenträgern und Funktionsträgern wird nirgends klar getroffen.

Für die kohärente Beschreibung verschiedener Aspekte auf verschiedenen Abstraktionsstufen und in unterschiedlichen Ausschnitten erscheinen Netzbeschreibungen am besten geeignet,

da sie die meisten Aspekte abdecken und über entsprechend einsetzbare, allgemeine Operationen zur Verknüpfung von Netzen verbunden werden können. Die Beispiele haben darüber hinaus gezeigt, daß verschiedene Formen der Objektdarstellung (bildlich, schematisch, informaler oder formaler Text) mit Netzen kombiniert werden können. Netzbeschreibungen legen keine spezielle Vorgehensweise für die Erstellung und Bearbeitung fest. Sie können in flexibler Weise vervollständigt und präzisiert werden.
Für die Formalisierung von Rollenbeschreibungen bieten die Pr/T- bzw. HL-Netze einen allgemeinen Rahmen, der jedoch um ein Konzept für die Formalbeschreibung zusammengesetzter Objekte ergänzt werden muß. Die rechnergestützte Auswertung von Eigenschaften ist für Pr/T- und HL-Netze möglich.

Die graphischen Ausdrucksmöglichkeiten werden bisher zur Unterstützung der Lesbarkeit und direkten Verständlichkeit in unbefriedigender Weise genutzt. Ein Kompromiß zwischen Einfachheit und visueller Differenziertheit bei großer Allgemeinheit und Einheitlichkeit scheint schwer erreichbar zu sein.

Für alle Arten der graphischen und textlichen Darstellungen ist eine rechnerinterne Speicherung und Bearbeitung möglich. Nur für wenige graphikorientierte Ansätze existieren diese Möglichkeiten bereits. Für Netzeditoren gibt es erste experimentelle Versionen.

4. GRUNDKONZEPTE FÜR DIE ROLLENBESCHREIBUNG

Ziel dieses Kapitels ist die Bereitstellung einer neuen, umfassenden und kohärenten Menge von primär graphischen Ausdrucksmitteln für die Rollenbeschreibung auf den drei Betrachtungsebenen von Rollen, Funktionen und Aktionen, die die Anforderungen aus Abschnitt 2.3.4. weitgehend erfüllen.

Um dieses Ziel zu erreichen, werden für die Beschreibung der statischen Struktur von Rollen- und Funktionsgefügen und der Dynamik auf der Aktionsebene beschriftete Netze in differenzierten graphischen Ausprägungen und Interpretationen eingeführt, die einerseits leicht unterscheidbar, andererseits leicht aufeinander beziehbar und untereinander kombinierbar sind.
Die Gesamtheit dieser Netze bezeichnen wir als <u>Rollen-/ Funktions- und Aktionsnetze</u> (<u>RFA-Netze</u>).

Für den wichtigen Komplex der adäquaten Erfassung von Objekten und des Umgangs mit ihnen erscheint es nicht möglich, eine einheitliche, beste Beschreibungsform vorzuschlagen. Nach einer weiteren Präzisierung des Objektbegriffs wird deshalb das Spektrum der Beschreibungsmöglichkeiten anhand von vielfältigen Beispielen aufgezeigt, aus dem in jedem konkreten Anwendungsfall ausgewählt werden kann.

Auf jeder Betrachtungsebene werden informale und formalere Beschreibungsformen vorgestellt und zueinander in Beziehung gesetzt.

Zwecks Strukturierung und Komplexitätsbewältigung werden oft kleinere Einheiten zu größeren Einheiten zusammengefaßt. Dabei finden drei inhaltlich unterscheidbare <u>Abstraktionsprinzipien</u> immer wieder Verwendung, auf die an dieser zentralen Stelle bewußt hingewiesen werden soll:
- Bei der <u>Komplexbildung</u> werden gleichartige Teile zu einer Einheit zusammengefaßt, z.B. mehrere Positionen zu einer komplexen Position.
- Bei der <u>Abgrenzung</u> werden solche Einheiten zusammengefaßt, die einer einheitlichen Zuständigkeit unterliegen, z.B. alle Positionen und Funktionen, für die ein Rollenträger verantwortlich ist, oder Handlungen mit den Positionen, auf die sie allein zugreifen können.
- Bei der <u>'pars-pro-toto'-Abstraktion</u> wird eine Gesamtheit von kleineren Einheiten mit einem wesentlichen Teil identifiziert, z.B. eine Funktion mit der zugehörigen Tätigkeit unter Vernachlässigung privater Positionen.

Für die graphische Darstellung gibt es im Prinzip viele Wahlmöglichkeiten. Die gewählten graphischen Formen stellen einen Vorschlag dar, der unterschiedliche Konzepte und Eigenschaften möglichst sichtbar trennen soll, aber gleichzeitig Zusammenhänge und Verwandtschaften erkennen läßt. Für die graphische Darstellung von Netzen wurden insbesondere die allgemeinen Überlegungen von Oberquelle (1981) berücksichtigt.

Die vorgestellten Beschreibungskonzepte bilden keine einheitliche Beschreibungssprache im engeren Sinne, die bei der Beschreibung von Rollen immer vollständig zum Einsatz kommen muß. Vielmehr stellen sie einen umfassenden Vorrat von Ausdrucksformen zur Verfügung, aus dem im einzelnen Anwendungsfall passend zur Vorgehensweise bei der Rollenentwicklung und passend zum Zweck der Beschreibung ausgewählt werden kann. Durch Einbeziehung von fachsprachlicher Terminologie und graphischer Symbolik kann eine anwendungsorientierte Spezialisierung erfolgen.

Für die Einführung der Konzepte gibt es - ähnlich wie für ihre Anwendung - keine eindeutig vorgegebene Reihenfolge.
Wir wählen hier eine Art 'top-down'-Vorgehen, indem wir auf der abstraktesten Ebene beginnen und zunächst die statische Struktur von Rollen und Funktionen betrachten und über Objekte zur Dynamik auf der Aktionsebene gelangen.
Abschließend werden die wesentlichen Eigenschaften der Sprachkonzepte zusammenfassend hervorgehoben und Beziehungen zu anderen Ansätzen aufgezeigt.

4.1. Statische Rollenbeschreibung

Die Aufgabe der statischen Rollenbeschreibung besteht darin, Formen der Arbeitsorganisation auf den beiden oberen Betrachtungsebenen, der Rollen- und der Funktionsebene, zu erfassen. Folgende Phänomene müssen transparent beschrieben werden:
- die Hierarchien von Rollen und Funktionen und ihr Zusammenhang;
- die Arten der Kooperation bzw. Interaktion über gemeinsame Schnittstellen oder Handlungen;
- die Nutzung des organisatorischen Raumes.

Für diesen Zweck führen wir drei Unterklassen von RFA-Netzen ein, die wir <u>Rollennetze</u> (<u>R-Netze</u>), <u>Funktionsnetze</u> (<u>F-Netze</u>) und <u>Rollen- und Funktionsnetze</u> (<u>RF-Netze</u>) nennen.
RF-Netze können als natürliche Kombination von R-Netzen und F-

Netzen angesehen werden. In den folgenden Abschnitten wird gleich die umfassende Netzklasse der RF-Netze behandelt, welche R-Netze und F-Netze als Spezialfälle enthält.

4.1.1. Rollen- und Funktionsstruktur

<u>Rollen</u> und <u>Funktionen</u> sind die primären Beschreibungseinheiten in RF-Netzen. Sie werden wegen ihrer engen inhaltlichen Verwandtschaft beide durch gleichartige Symbole dargestellt, aber durch eindeutige Beschriftung unterschieden.
Rollen werden durch personenorientierte Namen bezeichnet (z.B. Leiter, Leserin, Kontrolleur), Funktionen durch substantivierte Verben, die primär die Tätigkeit ausdrücken (z.B. Beschaffung, Katalogisierung). Ergänzend können die jeweiligen Träger in Klammern aufgeführt werden.

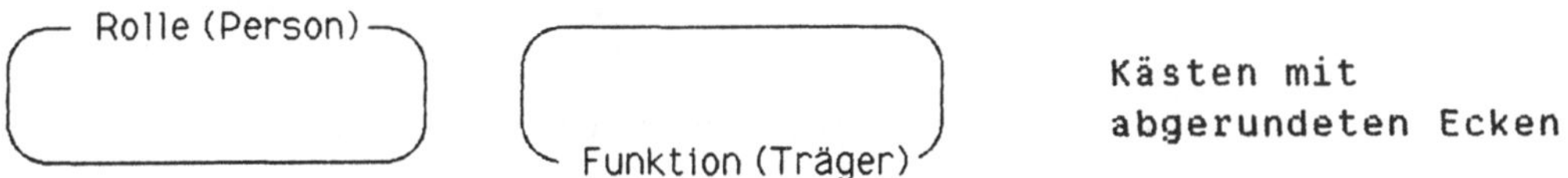

Abb. 4/1: Graphische Darstellungen für Rollen und Funktionen

Zur Hervorhebung von automatisierten Funktionen und teilweise automatisierten Rollen kann die untere Kante der zugehörigen Kästen jeweils verstärkt gezeichnet werden.

Abb. 4/2: Automatisierte Funktion oder Rolle

<u>Rollen-</u> und <u>Funktionskomplexe</u>, die an anderer Stelle verfeinert werden, werden mit doppelten Begrenzungslinien gezeichnet und in der Verfeinerung mit gestrichelten Linien kenntlich gemacht (Abb.4/3b) oder durch die Textur der Fläche hervorgehoben (Abb.4/3c). <u>Doppelte Umrandungen</u> sind das Standardausdrucksmittel für komplexe Netzkomponenten.

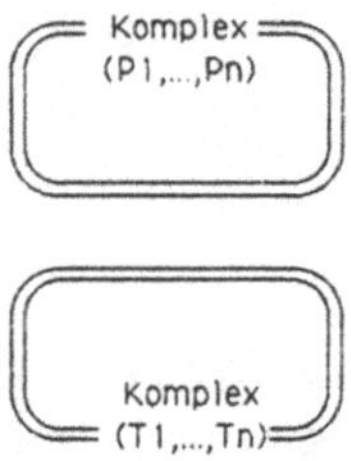

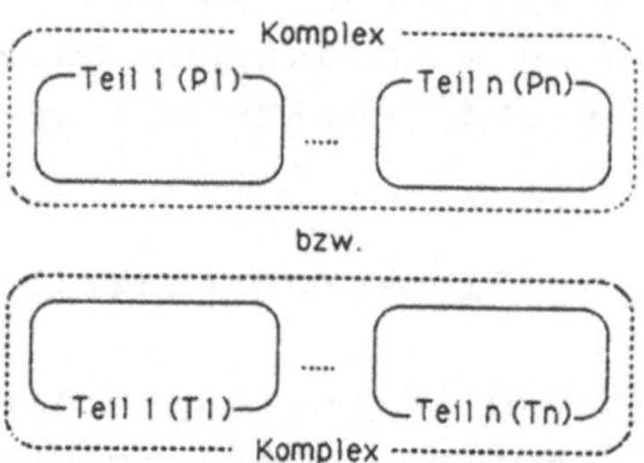

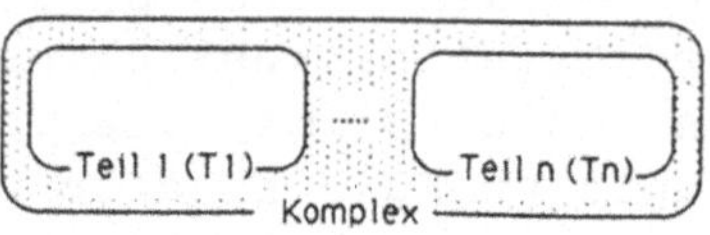

a) grobe Darstellung

b) gestrichelte Umrandung

c) gemusterte Fläche

Abb. 4/3: Rollen- und Funktionskomplexe

Die <u>hierarchische Anordnung</u> von Rollen und Funktionen wird durch Schachtelung der zugehörigen Kästen ausgedrückt.

Mit diesen einfachen Hilfsmitteln kann bereits eine erste Beschreibung der Umgebung und der Binnenstruktur jeder Rolle erfolgen.
Die Delegation von Funktionen einer Rolle an Personen, d.h. die Einrichtung von Unterrollen, führt zu einer <u>Rollenhierarchie</u>, die leicht aus der Binnenstruktur extrahiert werden kann. Die beschreibungstechnische Komplexbildung hat auf diese Hierarchie keinen Einfluß. Eine entsprechende Hierarchie bei den Funktionen gibt es nicht, da Funktionen keine Unterfunktionen enthalten.

Beispiel 4.1:

Die <u>Umgebung</u> der Rolle R3 für den Rollenträger X wird schrittweise verfeinernd aufgezeigt und integriert dargestellt.

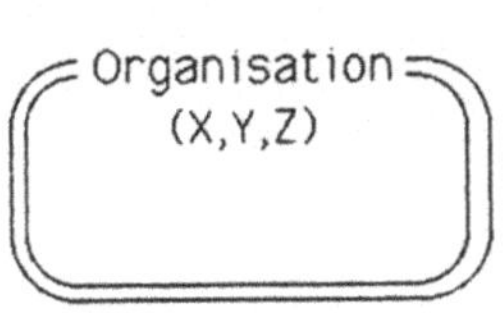
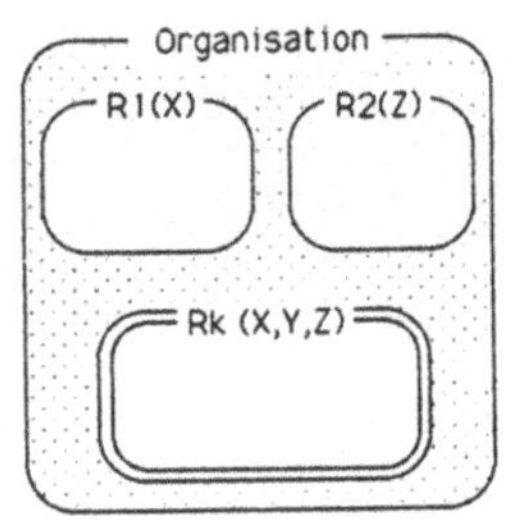

a) gröbster Rollenkomplex   b) 1.Verfeinerung mit
                                  Rollenkomplex Rk

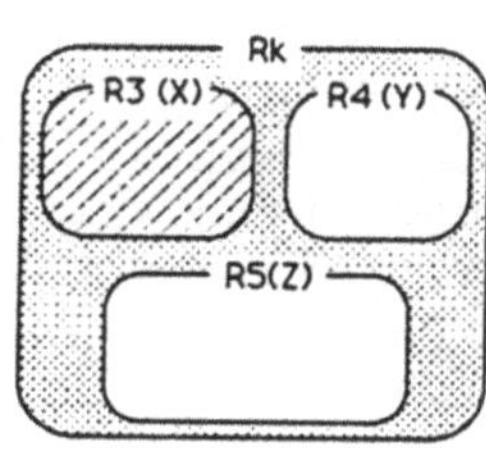
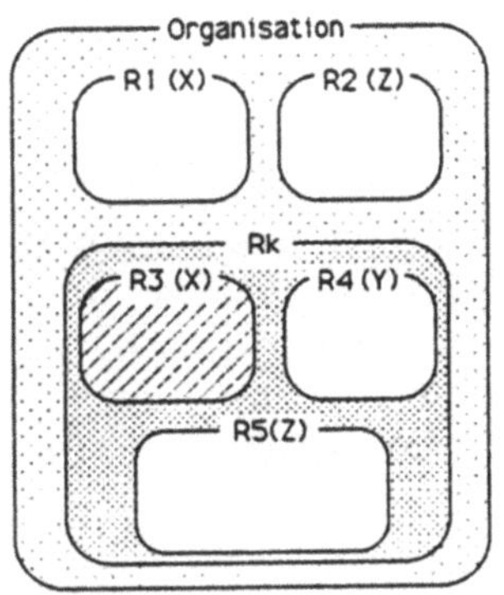

c) 2.Verfeinerung   d) integrierte Darstellung

Abb. 4/4: Beschreibung der Umgebung von Rolle R3

Die **Binnenstruktur** der Rolle R3 kann aus nur vom
Rollenträger ausgeführten 'eigenen' Funktionen bestehen oder
auch automatisierte Funktionen und Unterrollen enthalten.

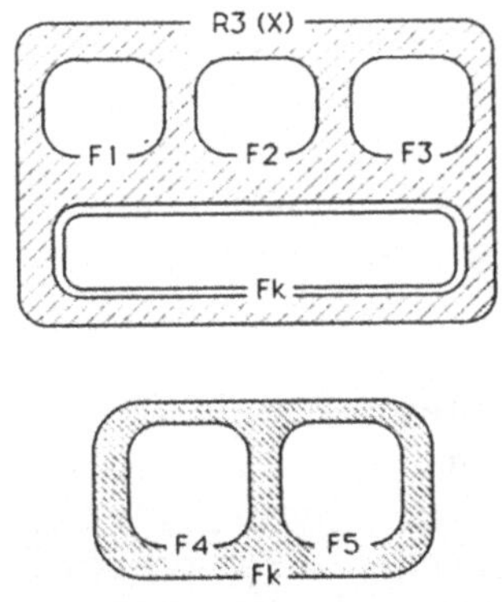
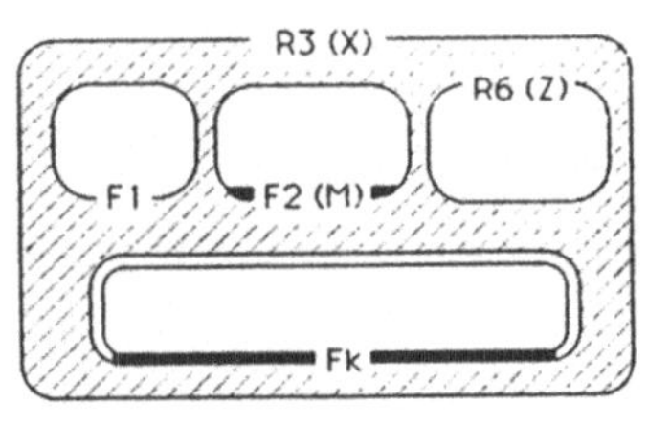
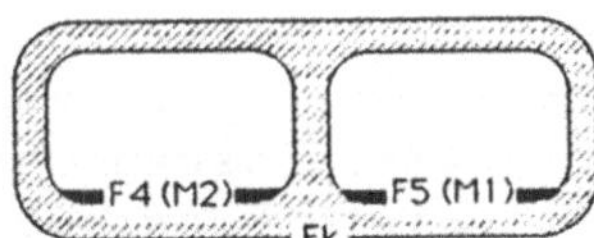

a) nur 'eigene' Funktionen   b) Rolle mit automatisierten
                                   Funktionen und Unterrolle

Abb. 4/5: Beschreibung der Binnenstruktur von Rolle R3

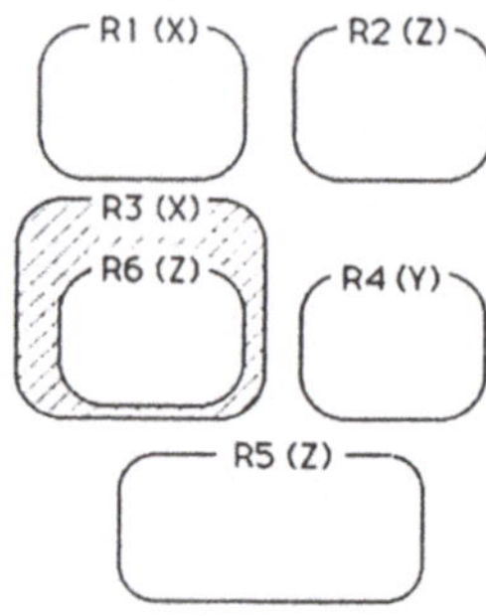

Abb. 4/6: Rollenhierarchie zu Rolle R3,
          Binnenstruktur wie in b)

Neben der hierarchischen Anordnung von Rollen und Funktionen
sind die Arten der __Kooperation__ bzw. __Interaktion__ von Bedeutung.
Sie werden auf der gröbsten Beschreibungsebene als Relationen
betrachtet und durch unterschiedliche graphische Symbole
dargestellt, die durch ungerichtete Kanten mit Rollen- oder
Funktionssymbolen verknüpft sind.

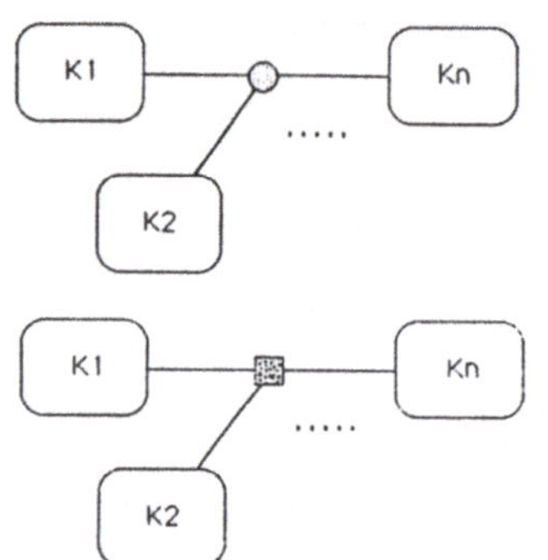

Die Komponenten K1,...,Kn besitzen
eine __gemeinsame__ __Schnittstelle__.
(kleiner, gefüllter Kreis als
  Relationssymbol)

Die Komponenten K1, ... ,Kn führen
__Handlungen__ __gemeinsam__ (gekoppelt) aus.
(kleines, gefülltes Quadrat als
  Relationssymbol)

Abb. 4/7: Kooperations- und Interaktionsbeziehungen

In den meisten Anwendungsfällen kommen gemeinsame Handlungen und
Schnittstellen nur zwischen je zwei Komponenten vor.

Die Relationssymbole können als spezielle S-Elemente von
ungerichteten RF-Netzen aufgefaßt werden.
Wie wir später sehen werden, können das __Schnittstellensymbol__
und ungerichtete Kanten als natürliche Netzvergröberungen
gleichartiger Schnittstellen mit verschiedenen Zugriffsmöglich-
keiten zwischen Komponenten interpretiert werden. Das

Schnittstellensymbol ist deshalb ein S-Element im Sinne der Netztheorie.

Das **Kopplungssymbol** hingegen ist ein Darstellungshilfsmittel, welches höchstens als Pseudo-S-Element bezeichnet werden kann. Es wird auf allen Betrachtungsebenen zur Verdeutlichung von Kopplungen durch gemeinsame Handlungen verwendet und stellt ausschließlich diese Beziehung dar. Diese Erweiterung der Konzepte der Netztheorie halten wir für sinnvoll und notwendig, da sie wesentlich zur Transparenz beiträgt.

Zusammen mit den Rollen- und Funktionssymbolen als T-Elementen, der hierarchischen Rollenstruktur und den Möglichkeiten der Komplexbildung entsteht ein reichhaltiges Repertoire an Beschreibungsmöglichkeiten für statische Zusammenhänge. Einige Möglichkeiten sollen exemplarisch unter Verwendung unserer speziellen Terminologie vorgestellt werden.

Beispiel 4.2.: Schrittweise Verfeinerung und Extrahieren eines Aspektes

(a) Die Rollen R1 und R2 kooperieren durch gemeinsame Handlungen und über Schnittstellen, die sie mit Rollen des Rollenkomplexes Rk gemeinsam verwenden. Zusätzlich kooperieren beide auch über weitere Schnittstellen mit Rk.

(b) Der Rollenkomplex Rk besteht aus zwei Rollen (R3, R4), die nur über gemeinsame Handlungen direkt kooperieren.

(c) Die Rolle R1 ist teilweise automatisiert. Der Rollenträger kooperiert selbst in der Funktion F11 mit der Rolle R2 und interagiert mit der automatisierten Funktion F12 über eine Schnittstelle.
Die Rolle R3 ist teilweise automatisiert und besitzt eine Unterrolle R33, die mit der automatisierten Funktion F32 interagiert und auch mit der Nachbarrolle R4 über gemeinsame Handlungen kooperiert.
Die Kooperation der Rollen R1 und R3 über die gemeinsamen Schnittstellen wird durch Interaktion der automatisierten Funktion F12 mit den Funktionen F32 und F31 realisiert.

(d) Das Wissen über das Rollengefüge unter Hervorhebung der Automatisierung kann extrahiert werden.

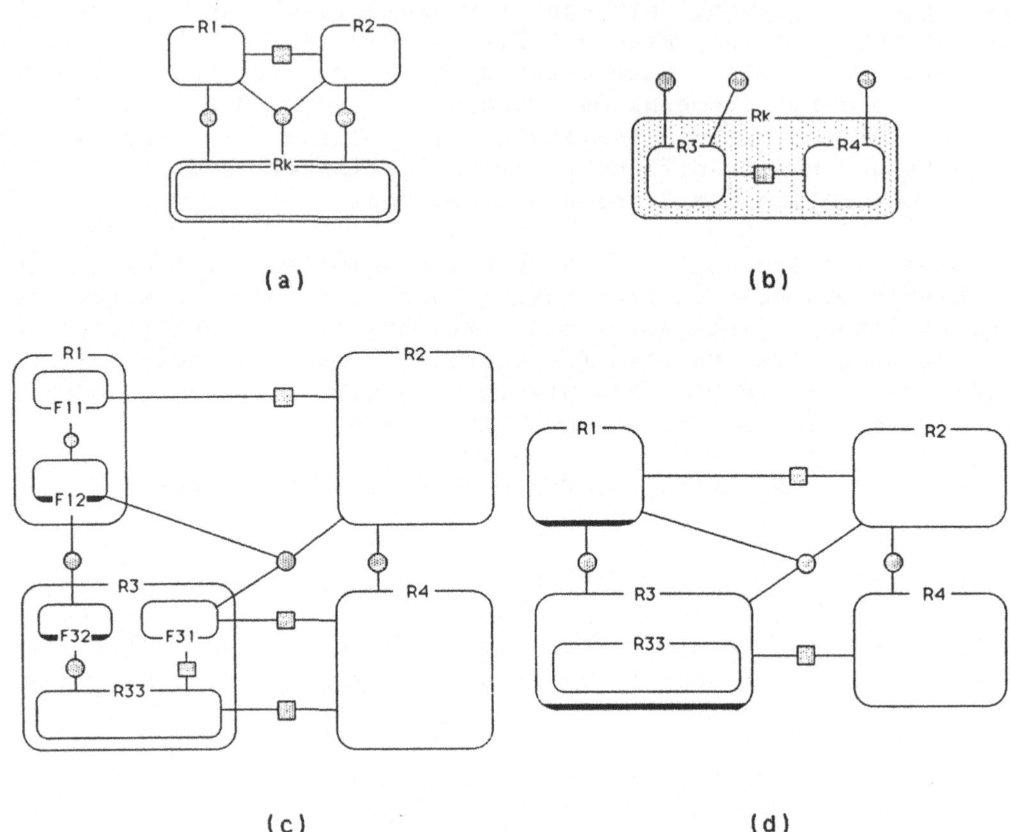

(a)   (b)

(c)   (d)

Abb. 4/8: Kooperierende Rollen und
interagierende Funktionen

Beispiel 4.3.: 'bottom up'-Vorgehen, Abstraktionen,
              Kooperationsformen

   (a) Die   Funktionen   F1   und   F2   interagieren   über
   Schnittstellen. Für ihre Einordnung fehlen noch Details.

   (b1) F1 ist eine 'eigene' Funktion der Rolle R1, F2 gehört
        zur Unterrolle R2.

   (b2) F1   und   F2 gehören zu unterschiedlichen, gleichbe-
        rechtigten Rollen R1 und R2.

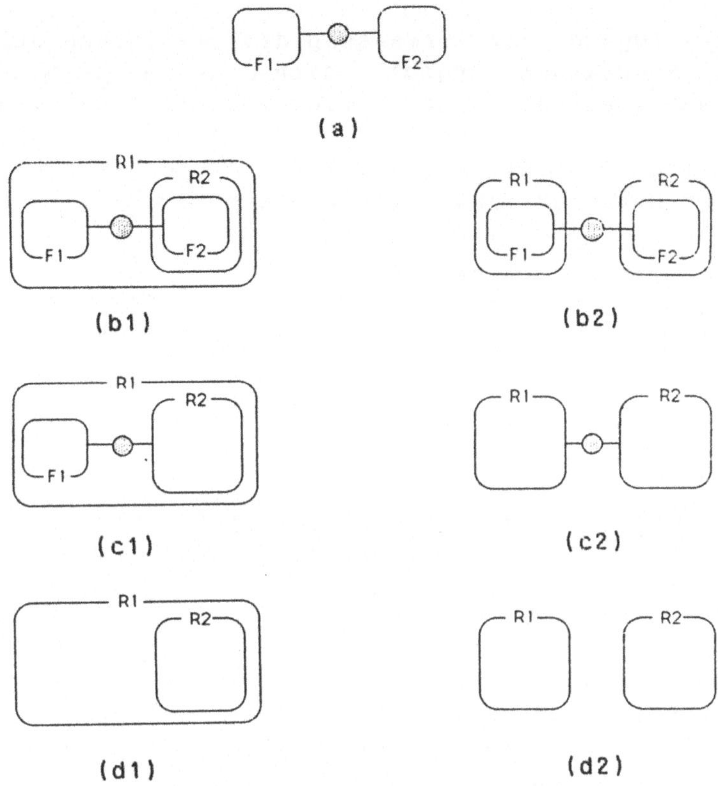

(a)

(b1)   (b2)

(c1)   (c2)

(d1)   (d2)

Abb. 4/9: Erweiterungen und Abstraktionen

(c1) Für die Darstellung der Kooperation zwischen Rolle (R1) und Unterrolle (R2) müssen die 'eigenen' Funktionen der Rolle (R1) herangezogen werden.

(c2) R1 und R2 als gleichberechtigte kooperierende Rollen.

(d1) Rollenhierarchie zu (b1).

(d2) Rollenhierarchie zu (b2).

Die Fälle (c) und (d) machen den pragmatischen Unterschied zwischen Unterordnung und Gleichberechtigung von kooperierenden Rollen sichtbar.

4.1.2. Organisatorischer Raum und Zugriffsrechte

Ein zweiter Zugang zur Erfassung der statischen Struktur von
Rollen und Funktionen ergibt sich, wenn man auf der
Funktionsebene beginnt, die Tätigkeiten (als Gesamtheiten der
Handlungen von Funktionen) von den (organisatorischen)
Positionen trennt (vgl. 2.2.1., 2.2.2.) und beide als Elemente
ungerichteter Netze auffaßt. Auch diese Netze sind RF-Netze.

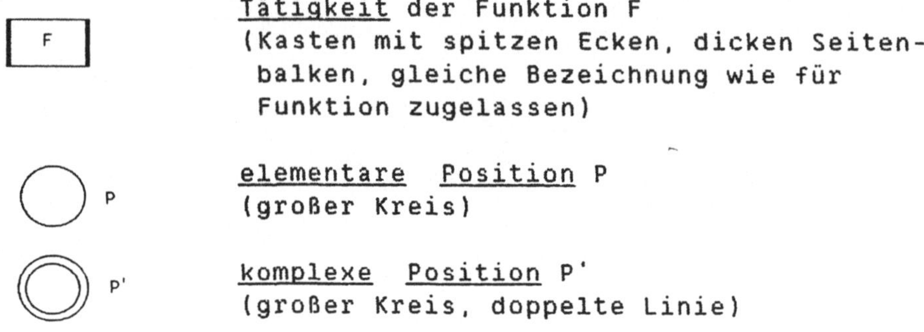

Tätigkeit der Funktion F
(Kasten mit spitzen Ecken, dicken Seiten-
     balken, gleiche Bezeichnung wie für
     Funktion zugelassen)

elementare Position P
(großer Kreis)

komplexe Position P'
(großer Kreis, doppelte Linie)

Abb. 4/10: Darstellung von Tätigkeiten und Positionen

Tätigkeiten können genauso wie die übergeordneten Funktionen
nicht ineinander geschachtelt werden.
Komplexe Positionen bedeuten immer nicht-leere Zusammenfassungen
von einfacheren Positionen.

Betrachtet man den gesamten organisatorischen Raum als eine
komplexe Position und zerlegt ihn gemäß der Zugriffsberechtigung
für einzelne Tätigkeiten disjunkt in private und gemeinsame
Positionen, so kann dieser Zusammenhang durch ein spezielles RF-
Netz dargestellt werden. Dabei heißt eine Position privat für
eine Tätigkeit (und ihre übergeordnete Funktion), wenn nur diese
Tätigkeit auf die Position zugreifen darf; sonst heißt sie eine
gemeinsame Position aller zugriffsberechtigten Tätigkeiten (und
ihrer Funktionen). Abb.4/11 zeigt dieses Vorgehen schematisch.

Anstelle der Positionskomplexe kann auch direkt eine weitere
disjunkte Zerlegung in Teilkomplexe oder elementare Positionen
eingesetzt werden.

Um die Unterscheidung von privaten und gemeinsamen Positionen
und die Zuordnung der Tätigkeiten zu Funktionen und Rollen zu
verdeutlichen, können die Funktionen und Rollen selbst
eingezeichnet werden. Sollen nur die gemeinsamen Positionen
betrachtet werden, so können anstelle der Tätigkeiten nur die
Funktionen oder Rollen stehen.

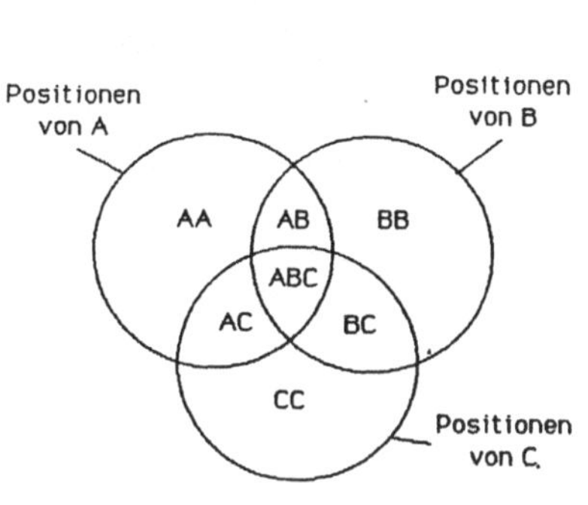

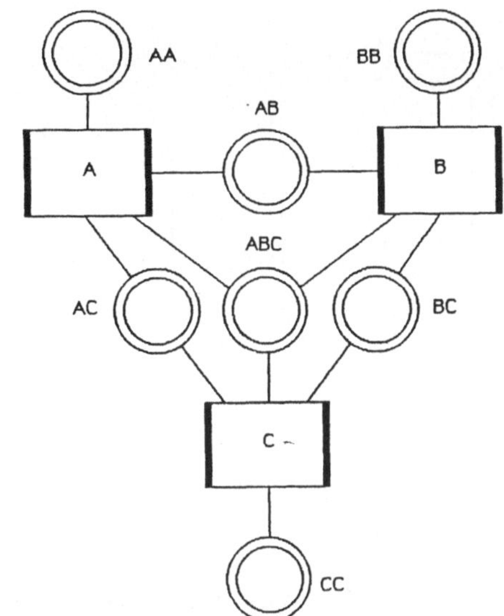

a) Venn-Diagramm des
   organisatorischen Raumes

b) Darstellung durch
   ein ungerichtetes Netz

Abb. 4/11: Private und gemeinsame Positionen der
Tätigkeiten A,B,C in gröbster Form

Das folgende Beispiel zeigt wiederum einige Darstellungsmöglichkeiten auf.

Beispiel 4.4: Zuordnung von privaten und gemeinsamen Positionen
zu Tätigkeiten, Funktionen und Rollen

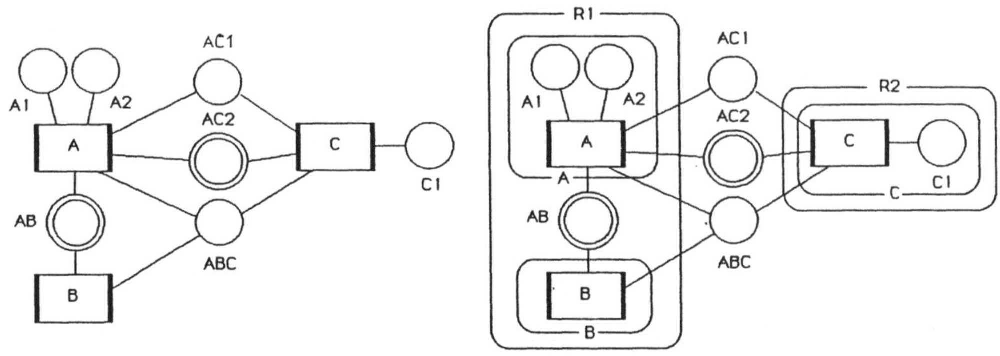

a) Positionen und Tätigkeiten

b) Zuordnung zu Funktionen
   und Rollen

Abb. 4/12: Positionen und Zugriffsrechte in RF-Netzen

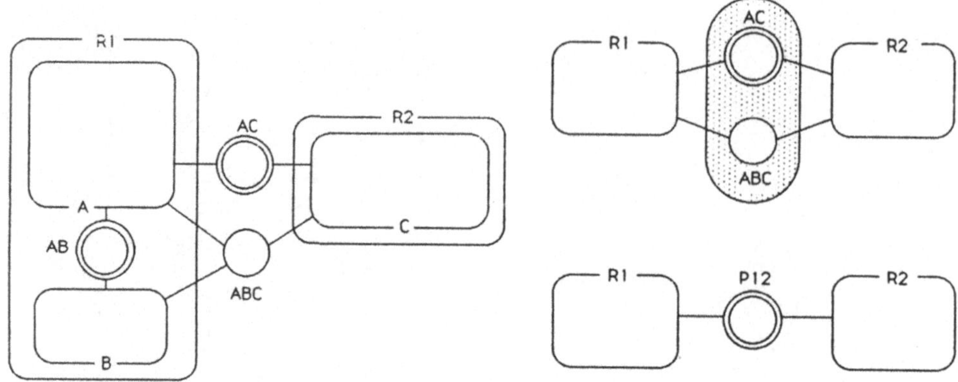

c) Rollen, Funktionen und
   gemeinsame Positionen

d) Rollen und gemeinsame
   Positionen

Abb. 4/12: Positionen und Zugriffsrechte in RF-Netzen
           (Fortsetzung)

Vergröbert man alle gemeinsamen Positionen mit jeweils gleichen zugriffsberechtigten Funktionen bzw. Rollen zu einem Positionskomplex und berücksichtigt allein die Existenz der verschiedenen Arten von gemeinsamen Positionen (Schnittstellen), so gelangt man von der expliziten Darstellung der Schnittstellen zur Darstellung der Schnittstellenrelation, wie die folgende Abbildung zeigt.

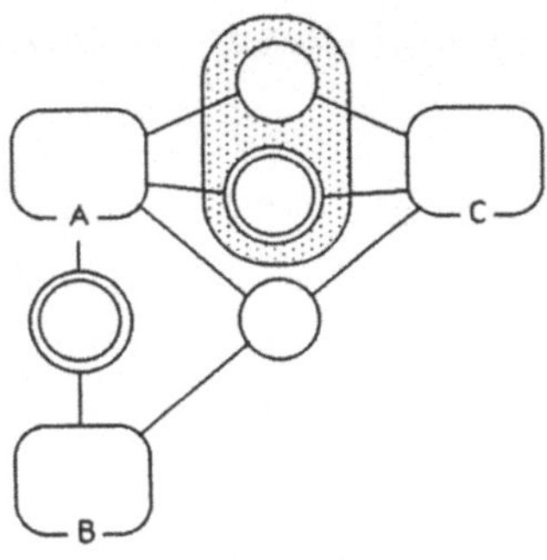

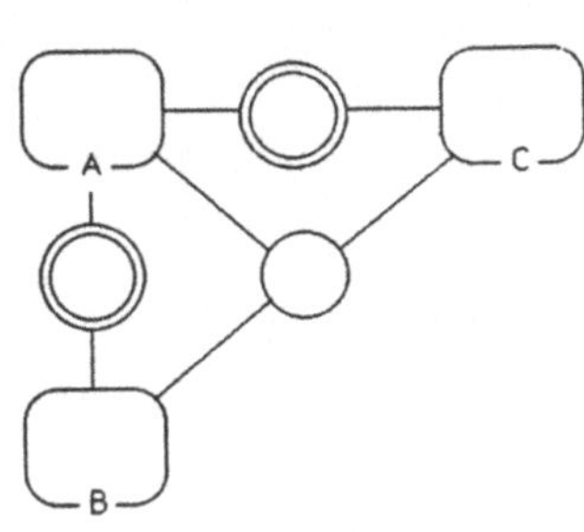

a) Funktionen und
   gemeinsame Positionen

b) Funktionen und maximal
   vergröberte Positionen

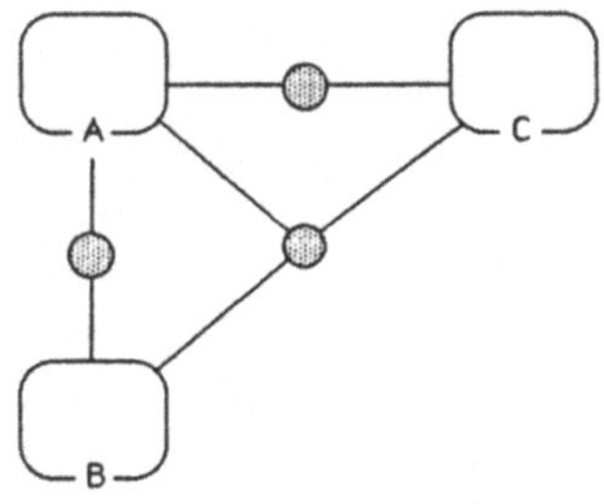

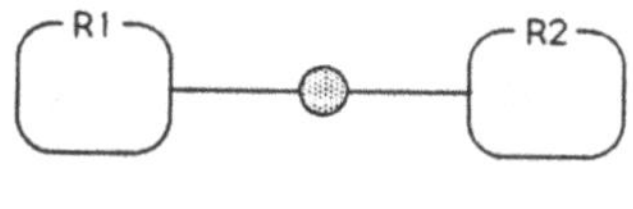

c) Funktionen und
   Schnittstellenrelation

d) Rollen und Schnittstellenrelation

Abb. 4/13: Zusammenhang zwischen gemeinsamen Positionen
           und der Schnittstellenrelation

Umgekehrt kann man von der Schnittstellenrelation ausgehend die
Einführung von gemeinsamen Positionen mit gleichartiger Verknüpfung als Verfeinerung des Netzes betrachten. Ähnlich verhält es
sich mit der differenzierteren Beschreibung von Funktionen durch
ihre privaten Positionen und die davon getrennten Tätigkeiten,
die einer Präzisierung des Netzes entspricht.

Eine noch genauere Darstellung des Zusammenhangs zwischen Positionen sowie Tätigkeiten, Funktionen und Rollen erhält man, wenn
man
- die Positionen weiter klassifiziert,
- den Typ der in Positionen erlaubten Objekte angibt und
- die durch ungerichtete Kanten ausgedrückte unspezifische Zu-

griffsberechtigung durch die spezielle Art des Zugriffs
ersetzt.
Auch diese Spezialisierungen gehören zu den RF-Netz-Konzepten.

Die Darstellungsmöglichkeiten für <u>Positionen</u> werden folgender -
maßen erweitert:

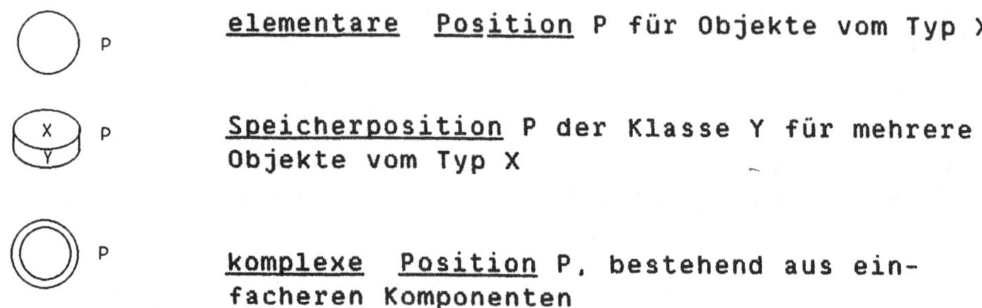

<u>elementare Position</u> P für Objekte vom Typ X

<u>Speicherposition</u> P der Klasse Y für mehrere
Objekte vom Typ X

<u>komplexe Position</u> P, bestehend aus ein-
facheren Komponenten

Speicherpositionen werden als Abstraktionen von
Positionskomplexen oder von Positionen mit zusammengesetztem
Speicherobjekt verwendet, deren innere Struktur oder spezielle
Bearbeitung für die Rollenbeschreibung auf der aktuellen
Beschreibungsebene nicht interessiert. Nähere Einzelheiten über
Speicherpositionen findet man in Abschnitt 4.3.2.

Bei den <u>Zugriffsarten</u> unterscheiden wir gerichtete Objektfluß-
und Datenflußbeziehungen. Sie werden stellvertretend an
unspezifischen Positionen und Tätigkeiten erläutert. Sie werden
analog, aber eventuell vergröbernd, zwischen speziellen Typen
von Positionen und Funktionen bzw. Rollen verwendet.

<u>Objektfluß:</u>   Pfeile mit 'schwarzer' Spitze

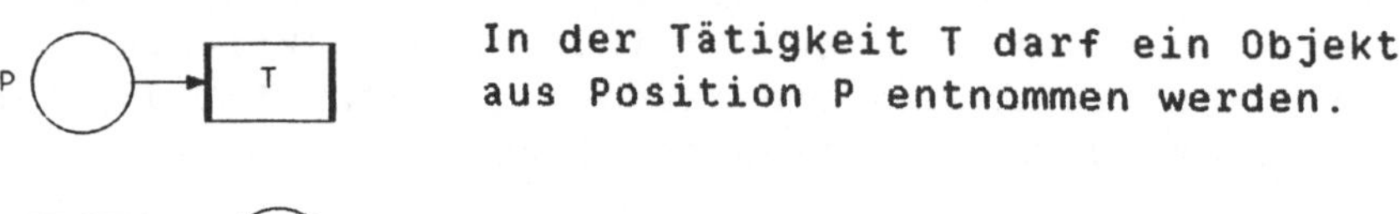

In der Tätigkeit T darf ein Objekt
aus Position P entnommen werden.

In der Tätigkeit T darf ein Objekt
in die Position P gebracht werden.

<u>Datenfluß</u>:   Pfeile mit 'weißer' Spitze

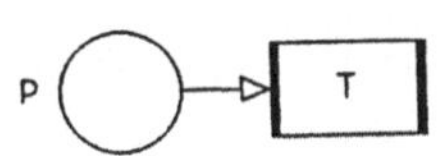

In der Tätigkeit T dürfen Attribute
von Objekten in P ausgewertet werden,
ohne das Objekt aus seiner Position
zu entfernen.

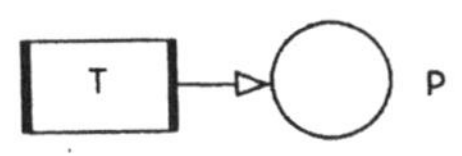

In der Tätigkeit T dürfen variable
Attribute von Objekten in P geändert
werden, ohne das Objekt aus seiner
Position zu entfernen.

Abb.4/14 zeigt ein Beispiel für die detaillierte Angabe von
Positionen, Objekttypen und Zugriffsarten.

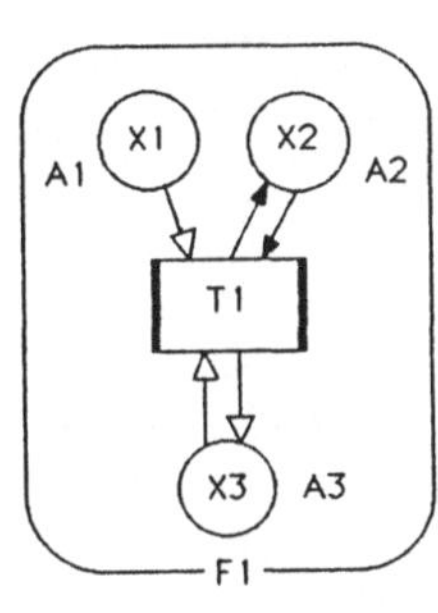
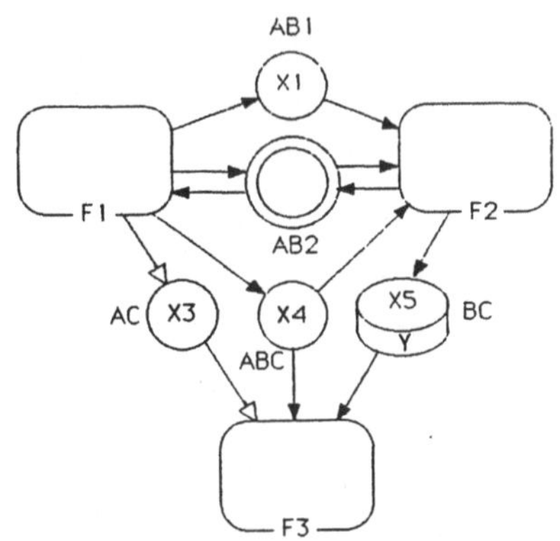

a) für private Positionen   b) für gemeinsame Positionen

Abb. 4/14: Präzisierung von Positionen und Zugriffsarten

4.1.3. Rollen- und Funktionsnetze

Die in den vorigen beiden Abschnitten eingeführten Sprachkonzepte von <u>Rollen- und Funktionsnetzen</u> (<u>RF-Netzen</u>) sollen in diesem Abschnitt zusammengefaßt und ergänzt werden.
Leitgedanke ist dabei, daß die verfügbaren Ausdrucksmöglichkeiten orthogonal kombiniert und - soweit irgend sinnvoll -
interpretiert werden sollen. Das Schema in Abb.4/15 legt die
maximalen Möglichkeiten von RF-Netzen fest.

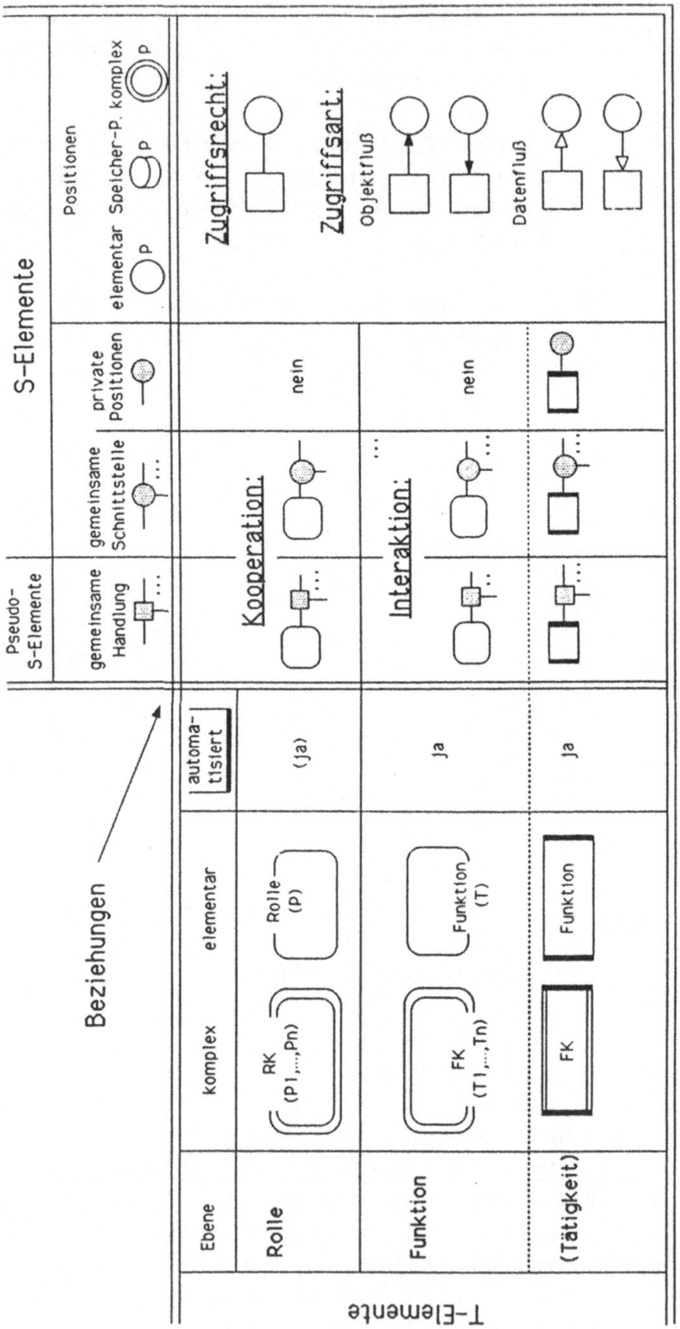

Abb. 4/15: Die Sprachkonzepte von RF-Netzen

Es enthält folgende <u>Ergänzungen</u>, auf die gesondert hingewiesen
werden soll:

(1) Die Interaktionsrelationen werden von Funktionen auf ihre
    Tätigkeiten vererbt und dürfen dort direkt verwendet werden.
(2) Das Schnittstellensymbol darf in Kombination mit Tätigkeiten
    einzeln verwendet werden, um die Existenz privater
    Positionen auszudrücken. Dies gilt nicht für Funktionen oder
    Rollen, da diese definitionsgemäß schon private Positionen
    einschließen.

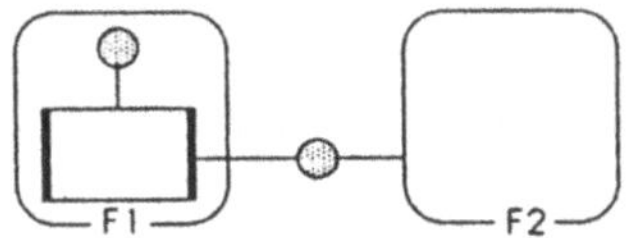

Abb. 4/16: Funktion mit privaten Positionen und
           mit Schnittstelle zur Funktion F2

(3) Das Automatisierungskennzeichen darf auch für Tätigkeiten
    verwendet werden.

Um RF-Netze inhaltlich konsistent zu machen und Redundanz zu
vermeiden, sind folgende <u>Einschränkungen</u> zu beachten:

(1) Die T-Elemente der Arten Rolle, Funktion und Tätigkeit
    dürfen nur in dieser Reihenfolge ineinandergeschachtelt
    werden.
(2) Elementare Rollen und Unterrollen dürfen direkt geschachtelt
    werden.
(3) Elementare Funktionen dürfen nicht geschachtelt werden.
(4) Elementare Tätigkeiten dürfen nicht geschachtelt werden.
(5) Bei Schachtelungen ist die Unterscheidung von privaten und
    gemeinsamen Positionen auf jeder Stufe zu beachten.
(6) Die Beziehungen zwischen zwei Netzelementen dürfen nur
    jeweils auf einer Detaillierungsstufe angegeben werden.

Abb. 4/17: Beispiele für verbotene Konstruktionen

(7) Bei   Netzen   mit   Schachtelung   von   T-Elementen
unterschiedlicher Detaillierungsstufe sind alle Beziehungen
nur auf der detailliertesten Ebene anzugeben;   gröbere
Beziehungen werden von diesen impliziert.

a) verboten   b) zulässig

Abb. 4/18: Erfassung von F-Beziehungen nur
auf der detailliertesten Ebene

(8) Rollen mit Automatisierungskennzeichen müssen mindestens
    eine   automatisierte   Funktion   enthalten. Automatisierte
    Funktionen von Unterrollen werden nicht   als   direkte Teile
    der Oberrolle betrachtet und führen deshalb nicht zu einer
    Kennzeichnung der Oberrolle als 'automatisiert'.

RF-Netze, die nur Rollen bzw. nur Funktionen und Tätigkeiten als
T-Elemente enthalten, sind die eingangs erwähnten <u>Rollennetze</u>
(<u>R-Netze</u>) bzw. <u>Funktionsnetze</u> (<u>F-Netze</u>).

Weitere Möglichkeiten der Verwendung von Rollen- und Funktions-
netzen in Kombination mit Beschreibungen der Rollendynamik durch
Aktionsnetze werden in den Abschnitten 4.3. und 4.4. erörtert.
Ausführlichere Anwendungsbeispiele folgen im 5. Kapitel.

4.2. Beschreibung von Objekten und Operationen

Objekte stellen eine wesentliche Verbindung zwischen der statischen und der dynamischen Rollensicht dar. Als mögliche Inhalte von Positionen bestimmen sie die Struktur des organisatorischen Raumes mit. Als Gegenstände und Produkte von Handlungen bewegen sie sich im organisatorischen Raum und werden selbst verändert.
Bevor wir darangehen können, Sprachkonzepte für die Erfassung von Objekten und Objekttypen vorzustellen, erscheint es uns nötig, den Objektbegriff noch präziser als in Abschnitt 2.2.2. zu fassen.
In einem weiteren Schritt werden verschiedene Arten von Operationen an Objekten charakterisiert und Darstellungsmöglichkeiten für sie angegeben.
Abschließend wird auf die Kombinierbarkeit der vorgestellten Beschreibungsmittel mit Netzen eingegangen.

4.2.1. Präzisierung des Objektbegriffs

Wegen der grundlegenden Unterschiede unseres Objektbegriffs zu anderen in der Informatik verwendeten Objektbegriffen erscheint eine weitere Präzisierung und Abgrenzung notwendig.

Wir fassen __Objekte__ als ein relativ zu einer festen Menge von Positionen definiertes Konzept auf und charakterisieren sie durch die folgenden Eigenschaften:

(1) Objekte sind __passive individuelle Einheiten__, die Gegenstand von Handlungen im Rahmen der betrachteten Rollen sind.

   Wir unterscheiden zwischen __realen Objekten__, die als physikalische Gegenstände von ihrer Umgebung abgrenzbar und direkt handhabbar sind (z.B. Karteikarten, Bücher, Handwerkzeuge), und __virtuellen Objekten__, die zwar auch eine physikalische (oft unbekannte) Repräsentation besitzen, aber nur unter Rechnereinsatz bearbeitet werden können (z.B. Dateien).

   Objekte bewahren ihre __Identität__ über Handlungen hinweg, solange sie nicht durch Handlungen explizit zerlegt werden oder zu Teilen von zusammengesetzten Objekten werden. Die Teile eines zusammengesetzten Objektes tragen zu dessen Identität bei. Genauso wie eine Karteikarte vor und nach dem Ausfüllen als dieselbe angesehen wird, betrachten wir eine

korrigierte Datei als mit der Ausgangsdatei identisch, wenn
sich nur der Inhalt geändert hat.

Objekte können <u>kopiert</u> werden. Ein Objekt und seine Kopie
sind zwei unterscheidbare Objekte.

Objekte können zu Klassen zusammengefaßt werden, die wir
<u>Objekttypen</u> nennen. Die Gesamtheit aller Objekte gehört zum
Typ OBJEKT.

(2) Objekte besitzen <u>Eigenschaften</u>. Die rollenrelevanten Eigen-
    schaften nennen wir <u>Attribute</u>. Sie werden durch eindeutige
    <u>Attributnamen</u> und <u>Attributwerte</u> erfaßt.
    Zum Beispiel kann eine Karteikarte das Attribut 'Farbe' mit
    den möglichen Werten 'rot', 'gelb', 'grün' besitzen.
    Ein spezielles Attribut jedes Objektes ist sein 'Typ', der
    angibt, welcher speziellsten Klasse von Objekten es
    angehört.

    <u>Attributwerte</u> werden als Werte im mathematischen Sinne
    betrachtet, d.h. als Äquivalenzklassen, die durch
    Repräsentanten dargestellt werden können. Der Begriff der
    'Kopie' macht für Werte keinen Sinn. Ein Objekt und seine
    Kopie haben dieselben Attributwerte.
    Attributwerte müssen nicht notwendig Zahlen oder Zeichen
    sein. Sie können beispielsweise auch Graphen oder Bilder
    sein.
    Attributwerte können ebenfalls zu Klassen zusammengefaßt
    werden, die wir <u>Wertetypen</u> nennen.

    Bei den Attributen eines Objektes unterscheiden wir zwischen
    konstanten Attributen und variablen Attributen.
    <u>Konstante Attribute</u> sind solche Attribute, die durch Hand-
    lungen der betrachteten Rollen nur ausgewertet, nicht aber
    verändert werden können, z.B. die Farbe einer Karteikarte.
    <u>Variable Attribute</u> sind solche Attribute, die durch Hand-
    lungen ausgewertet und gezielt verändert werden können, z.B.
    eine Eintragung auf einer Karteikarte oder der Inhalt einer
    Datei.

    Objekte, deren Attribute im Rahmen der Rollen Informationen
    repräsentieren, nennen wir <u>Datenobjekte</u>, wenn diese Eigen-
    schaft besonders hervorgehoben werden soll. Als Datenobjekte
    werden primär Objekte mit variablen Attributen verwendet.

Für __Attributwerte__ werden keine speziellen Beschränkungen angenommen, außer, daß sie endlich beschreibbar sein müssen. Attributwerte können also durchaus selbst strukturiert sein. Wie Attributwerte in Objekten realisiert sind, bleibt unbeachtet.

__Wertetypen__ sind selbst Werte, die Äquivalenzklassen von Attributwerten beschreiben. Wertetypen für Datenobjekte können wie Datentypen in Programmiersprachen definiert werden.

(3) Objekte können in atomare und zusammengesetzte Objekte unterteilt werden.

__Atomare__ __Objekte__ sind solche Objekte, die durch die betrachteten Rollen als unzerlegbare Individuen behandelt werden, z.B. einzelne Karteikarten oder eine ganze Datei. Wir nehmen an, daß allen atomaren Objekten unterschiedliche Identifikationskennzeichen (z.B. laufende Nummern) zugeordnet sind bzw. bei Bedarf zugeordnet werden können, über die sie als Individuen unterschieden werden können.

__Zusammengesetzte__ __Objekte__ bestehen aus Objekten, die gemäß einer bestimmten __Konstruktion__ verbunden sind. Jedes einzelne Objekt kann nur durch eine Konstruktion direkt in einem zusammengesetzten Objekt gebunden werden. Die Mehrfachanwendung von Konstruktionen führt zu einer __hierarchischen__ __Objektstruktur__ mit atomaren Objekten als kleinsten Bestandteilen.
Jede Konstruktion definiert eine Relation zwischen den Komponenten und legt die Art ihrer Identifizierung fest. Die Konstruktion ist kein Objekt, kann aber konstante Attribute haben, z.B. die 'Anzahl der Komponenten'. Beispiele für zusammengesetzte Objekte sind ein Stapel von Briefen, ein Karteikasten mit einer Folge von Karteikarten oder die Dateien eines Benutzers in einem Rechner.
Sämtliche Attribute eines zusammengesetzten Objektes ergeben sich aus den Attributen der atomaren Komponenten und der verwendeten Konstruktionen.

Jedes Objekt hat ein konstantes Attribut 'Struktur', welches exakt den Aufbau des Objektes aus den enthaltenen atomaren Objekttypen und aus Konstruktionen angibt. Für atomare Objekte liefern die Attribute 'Typ' und 'Struktur' denselben Wert.

Die folgenden praktisch relevanten <u>Klassen von zusammen-</u><u>gesetzten Objekten</u> werden unterschieden:

* <u>Kollektionen</u>, die mehrere gleichberechtigte Objekte als Einheit betrachten, ohne sie in irgendeiner speziellen Weise anzuordnen;

* <u>Reihen</u>, die mehrere gleichberechtigte Objekte in einer festen Reihenfolge anordnen;

* <u>Komplexe</u>, die alle anderen Anordnungen von gleichberechtigten Objekten einer Aggregationsstufe erfassen;

* <u>geschlossene Objekte</u>, in denen ein beliebiges Objekt mit einem speziellen Objekt kombiniert und über dieses manipuliert wird. Wir nennen das spezielle Objekt das <u>Hüllenobjekt</u> oder kurz die <u>Hülle</u>, das andere Objekt den <u>Inhalt</u>. Der Inhalt eines geschlossenen Objektes kann leer sein.

Kollektionen, Reihen und Komplexe als solche werden auch als <u>offene Objekte</u> bezeichnet, wenn betont werden soll, daß sie nicht nur als Inhalt eines geschlossenen Objektes fungieren. Offene Objekte mit Komponenten vom gleichen Typ werden <u>homogene Objekte</u> genannt.

Beispiel 4.5: Zusammengesetzte Objekte

    a) Die Zettel auf einem Schreibtisch können als offene Kollektion betrachtet werden.

    b) Ein Stapel von Briefen ist eine offene Reihe.

    c) Ein Bogen mit Briefmarken ist ein matrixförmiger Komplex.

    d) Durch Zeiger verkettete Datenobjekte im Speicher eines Rechners können als virtuelle Komplexe betrachtet werden, wenn die Verkettung eine komplexe Konstruktion in unserem Sinne realisiert.

    e) Eine Kartei mit einer (offenen) Reihe von Karteikarten als Inhalt und dem Kasten als Hülle ist eine geschlossene Reihe.

(4) <u>Objekttypen</u> sind Werte, die Äquivalenzklassen von Objekten charakterisieren.

Analog zur Situation bei Objekten unterscheiden wir zwischen atomaren und zusammengesetzten Objekttypen.

<u>Atomare Objekttypen</u> beschreiben Klassen von atomaren Objekten mit gleichen Attributen.
<u>Zusammengesetzte Objekttypen</u> beschreiben Klassen von zusammengesetzten Objekten mit gleicher Konstruktion über Objekten gleichen Typs.

Zusätzlich kommen <u>alternative Objekttypen</u> vor, die verschiedene Objekttypen zu größeren Klassen zusammenfassen.
Sie drücken eine Verallgemeinerung im Bereich der Typen aus, ohne die Struktur von Objekten zu berühren. Alternative Objekttypen führen zu einer Hierarchiebildung unter den Objekttypen mit dem Typ OBJEKT als allgemeinstem Typ. Beispielsweise können die Objekttypen BUCH, ZEITSCHRIFT und KATALOG zu dem allgemeineren Typ BAND zusammengefaßt werden.

Zusammengesetzte Objekttypen können unter Ausnutzung von Alternativen <u>rekursiv</u> erklärt werden.

Eine feinere Unterteilung von Objekttypen in <u>Untertypen</u> erhält man, wenn man Objektklassen durch Bedingungen über Attributen weiter einschränkt.

Zum Beispiel könnte der atomare Objekttyp KARTEIKARTE weiter verfeinert werden in

```
        ROTE-KARTE  = KARTEIKARTE mit Farbe = rot    und
        BUNTE-KARTE = KARTEIKARTE mit Farbe =/ weiß etc.
```

Der zusammengesetzte Objekttyp <u>reihe</u>(KARTEIKARTE) könnte z.B. gemäß der Länge in Unterklassen aufgeteilt werden.

Die Unterscheidung zwischen Objekten als individuellen Einheiten und Attributen als abstrakten Werten betrachten wir als fundamental: Objekte können keine Werte, Werte können keine Objekte sein. Sie entspricht der Unterscheidung von 'entity' und 'attribute' im ER-Ansatz (Chen, 1976) und wird in konzeptionellen Datenmodellen inzwischen auch als wesentlich hervorgehoben (Borgida, 1985). Darüber hinaus werden Rollen- und Funktionsträger als von Objekten getrennte Kategorien betrachtet, die zwar auch Individuen mit Eigenschaften sind, aber im Gegensatz zu Objekten aktiv sind.

Anders als in konzeptionellen Datenmodellen, die beliebige Beziehungen zwischen Objekten betrachten und durch Daten beschreiben, konzentrieren wir uns nur auf die Beziehungen, die sich durch die Konstruktion zusammengesetzter Objekte zwischen den Komponenten ergeben. Beziehungen, die indirekt durch Attributwerte von Datenobjekten ausgedrückt sind, werden nicht speziell betrachtet, da sie nicht direkt mit dem Zerlegen und Zusammensetzen von Objekten zu tun haben. Ein weiterer Unterschied zu Objektkonzepten aus dem Datenbankbereich besteht darin, daß nicht nur die durch Daten beschriebenen primären Objekte, sondern auch die Datenobjekte selbst als Individuen betrachtet werden und daß alle zusammengesetzten Objekte, also auch Datenobjekte, als aus Komponenten konstruierbar und in solche zerlegbar aufgefaßt werden.

Unser Konzept der Objekttypen ist den Abstraktionsmechanismen vergleichbar, die im Bereich der konzeptionellen Datenmodelle (vgl. Borgida, 1985) verwendet werden.

Die Einteilung der zusammengesetzten Objekte ist der des INTRAN-Entwurfs (Hülsen et al., 1984) sehr ähnlich, bezieht aber Komplexe als nicht notwendig linear geordnete Objekte mit ein.

Der im Zusammenhang mit 'objektorientierter Programmierung' verwendete Objektbegriff (z.B. in SMALLTALK80, Goldberg & Robson, 1983) ist mit unserer Konzeption nur entfernt verwandt. SMALLTALK-Objekte könnten in unserer Terminologie als automatisierte Funktionen beschrieben werden, die über private Datenobjekte in privaten Positionen verfügen und mit der Umgebung (d.h. anderen Funktionen) durch den Austausch von Nachrichten über eine allen Funktionen gemeinsame Schnittstelle interagieren.

Einige weitere Eigenschaften des Objektbegriffs ergeben sich erst aus dem Zusammenspiel mit Positionen und Handlungen, wie es im Abschnitt 4.3. beschrieben wird.

4.2.2. Darstellung von Objekttypen und Objekten

In Rollenbeschreibungen werden primär <u>Darstellungen für Objekttypen</u> benötigt, um angeben zu können, welche Arten von Objekten sich an bestimmten organisatorischen Positionen befinden können und wie sie durch wiederholbare Handlungen verarbeitet werden.

<u>Darstellungen von Objekten</u> werden immer dann benötigt, wenn bestimmte Zustände von Rollen, die teilweise durch die verfügbaren Objekte charakterisiert sind, beschrieben werden sollen oder das Rollenverhalten erläutert bzw. an Beispielen simuliert werden soll. Sie sind auch von Bedeutung, wenn virtuelle Objekte, die durch automatisierte - Funktionen bearbeitet werden, an Mensch-Maschine-Schnittstellen sichtbar gemacht werden sollen.

Das Grundproblem der <u>verständlichen Darstellung</u> von Objekttypen und Objekten sehen wir darin, ob es gelingt, die im vorigen Abschnitt präzisierten Vorstellungen möglichst direkt zum Ausdruck zu bringen, unterschiedliche Bestandteile von Objekttypen und Objekten sichtbar zu trennen und identifizierbar zu machen und dabei unnötige Komplexität und unnötigen Interpretationsaufwand zu vermeiden.

Eine allgemein beste Darstellungsweise ist nicht zu erwarten. Gute Darstellungen werden immer von den Eigenarten der Objekte und dem Zweck der Beschreibung abhängen. Deshalb sollen in diesem Abschnitt nur prinzipielle Darstellungsmöglichkeiten herausgearbeitet und verglichen werden. Wie schon früher erwähnt, können für diesen Zweck Texte ebenso wie schematische und bildliche Darstellungen eingesetzt werden.

(1) <u>Bezeichner</u>

In allen Arten von Darstellungen werden elementare Textkomponenten in Form von <u>Bezeichnern</u> verwendet, die selbst Objekte, Werte oder Beziehungen darstellen oder als Namen dienen.

Die sichtbare Klassifizierung und Strukturierung kann hier durch
- die Art der Wortwahl,
- die Variation der Zeichenkettendarstellung (Groß-/Klein-Schreibung, Schriftgröße, Schrifttyp, Unterstreichungen etc.) und
- die systematische Verwendung von Sonderzeichen
erreicht werden.

Die Differenzierung bei Bezeichnern sollte sich auf die wichtigsten, als unterschiedlich betrachteten Kategorien beschränken,
da sonst der Lern- und Gedächtnisaufwand zu groß wird.

Wir werden exemplarisch die folgenden <u>Bezeichnungskonventionen</u>
verwenden:

● Objekte und Objekttypen werden durch gegenständliche
  Substantive in Großschreibung bezeichnet. Für Objekte gleichen
  Typs können eindeutige Objektnamen durch Indizierung oder
  abgekürzte Typnamen (bis zu einbuchstabigen Bezeichnern)
  gebildet werden.

  Beispiele: BRIEF, DATEI, BRIEF1, BR, B, B1, B2

● Attribute und Wertetypen werden durch Substantive mit großem
  Anfangsbuchstaben (Länge > 1) bezeichnet.

  Beispiele: Alter, Farbe, Zahl

● Attributwerte werden, soweit sie durch Bezeichner ausgedrückt
  werden, nur in Kleinbuchstaben notiert.

  Beispiele: grün, ledig, ...

● Konstruktionen von zusammengesetzten Objekten werden durch
  (eventuell verkürzte) Substantive bezeichnet, die mit unter-
  strichenen Kleinbuchstaben notiert werden.

  Beispiele: <u>reihe</u>, <u>liste</u>, <u>ring</u>, <u>koll</u>

● Prädikate werden durch Adjektive in Kleinschreibung bezeichnet.

  Beispiele: vollständig, versandbereit, ...

(2) <u>Textdarstellungen</u>

Die für Informatiker geläufigste Form von Darstellungen sind
<u>Texte</u>. Sie bieten einige wichtige Vorteile im Vergleich zu
anderen Formen, beinhalten aber auch Einschränkungen.

Zu den <u>Vorteilen</u> zählen:
- die Variationsbreite zwischen informaler und vollständig
  formalisierter Beschreibung;
- die Einbettung in die natürliche Sprache;

- die Erfaßbarkeit beliebig komplexer Zusammenhänge;
- die leichte rechnergestützte Bearbeitung.

Die wesentlichen <u>Einschränkungen</u> bestehen in dem Zwang zur
Diskretisierung und zur Sequentialisierung, die für komplizierte
Zusammenhänge einen großen Umfang der Beschreibung und hohen
Interpretationsaufwand für den Leser bedeuten können. Graphische
oder bildliche Information kann durch Texte häufig nur sehr
unzureichend oder gar nicht erfaßt werden.

Wir illustrieren die Möglichkeiten der Textdarstellung anhand
von informalen und teilweise formalisierten Texten unter
Beachtung der eingeführten Bezeichnungskonvention an einigen
Beispielen aus dem Bibliotheksbereich, auf die wir auch später
öfter zurückgreifen werden.

Beispiel 4.5: Eine intuitiv leicht verständliche, informale
              Beschreibung von Objekttypen und Objekten

  a) <u>Objekttypen</u>

- BUCH mit den konstanten Attributen 'Autor', 'Titel',
  'Verlag', 'Ort' und 'Jahr' und dem variablen Attribut
  'Signatur';

- KARTE mit dem konstanten Attribut 'Farbe' (rot, gelb
  oder grün) und den variablen Attributen 'Leser', 'Werk'
  und 'Tag';

- rote KARTE;

- KASTEN mit dem festen Attribut 'Kapazität' zur Aufnahme
  von geordneten Reihen von KARTEN;

- BUCHPAAR aus zwei BÜCHERN;

- BUCH, welches eine KARTE enthält;

- KARTE, die aus einer Reihe von KARTEN in einem KASTEN
  besteht und nach Lesern sortiert ist;

- BÜCHERSENDUNG, die aus einer Kollektion von BÜCHERN
  besteht;

- BAND in der Bibliothek, der ein BUCH, eine ZEITSCHRIFT
  oder ein KATALOG ist;

- BESTAND der Bibliothek als Reihe von KATALOGEN (in beliebiger Reihenfolge), von BÜCHERN (sortiert nach Signatur) und von ZEITSCHRIFTEN (sortiert nach Titel).

b) <u>Objekte</u>

- Das BUCH der Autoren Kupka und Wilsing mit dem Titel 'Dialogsprachen', erschienen bei Teubner, Stuttgart, 1975, mit der Signatur 4711;

- eine rote KARTE des Lesers Oberquelle für das obige Buch vom 29.2.1980;

- eine grüne KARTE des Lesers Meier für das BUCH mit der Signatur 007 vom 1.1.1986;

- eine KARTEI, die diese beiden KARTEN als einzige enthält;

- das obige BUCH, in dem die erste rote KARTE steckt.

In den folgenden Beispielen werden dieselben Objekttypen und Objekte wie in Beispiel 4.5 in einer weitgehend formalisierten Form erfaßt. Die konstanten Attribute 'Typ' und 'Struktur' werden nicht explizit beschrieben, sondern ergeben sich implizit. Einige Ungenauigkeiten der informalen Darstellung werden präzisiert.

Neue Typnamen werden durch das Definitionssymbol '.=' von dem definierenden Ausdruck getrennt.

<u>Atomare Objekttypen</u> werden durch den Konstruktor <u>atom</u> gekennzeichnet.
Konstante Attribute und Wertetypen werden durch '=', variable Attribute und Wertetypen durch ':' getrennt und in eckigen Klammern mit Komma als Trennsymbol aufgelistet.
Zusammenfassungen von aufeinanderfolgenden konstanten bzw. variablen Attributen mit gleichem Wertetyp sind erlaubt.
Untertypen enthalten das einschränkende Prädikat hinter dem Schlüsselwort <u>mit</u>.

Beispiel 4.6: Eine teilweise formalisierte Darstellung der in
Beispiel 4.5 eingeführten atomaren Objekttypen

```
BUCH .=    atom [ Autor=  Namen, Titel= String,
                  Verlag= Namen, Ort= Namen,
                  Jahr=   Zahl,  Signatur: Zahl ]
oder

BUCH .=    atom [ Autor= Namen, Titel= String,
                  Verlag, Ort= Namen,
                  Jahr= Zahl, Signatur: Zahl ]

KARTE .=   atom [ Farbe= (rot|gelb|grün),
                  Leser: Name,
                  Werk: Zahl, Tag: Datum ]

ROTE-KARTE .= KARTE  mit Farbe = rot .

KASTEN .=   atom [ Kapazität = Zahl ].
```

Für die Darstellung zusammengesetzter Objekttypen gelten die
folgenden Regeln:

- Zusammengesetzte Objekttypen werden durch Angabe des
  Konstruktors und Auflistung der Komponententypen in runden
  Klammern definiert.
- Enthält ein Objekttyp auf einer Aggregationsstufe mehrere
  Komponenten von gleichem Typ, so können diese zwecks
  eindeutiger Identifizierung benannt werden.
- Zusammengesetzte Objekttypen müssen nicht unbedingt benannt
  werden.
- Für geschlossene Objekte wird der Konstruktor hülle verwendet
  oder der Hüllenobjekttyp abkürzend an der Konstruktorposition
  notiert.
- Zur Kennzeichnung homogener Objekte wird der Komponententyp im
  Plural verwendet oder mit einem '*' versehen.
- Für sortierte homogene Reihen können die Sortierkriterien
  hinter dem Schlüsselwort sortiert in spitzen Klammern
  angegeben werden.

Beispiel 4.7: Formalisierte Darstellung der zusammengesetzten
            Objekttypen aus Beispiel 4.5

        BUCHPAAR .= <u>paar</u> (B1, B2: BUCH)

        <u>enth</u> (BUCH, KARTE)

        KARTEI .= <u>hülle</u> (KASTEN, RE)

        oder

        KARTEI .= KASTEN (RE)

           mit

               RE .= <u>reihe</u> (KARTEN) <u>sortiert</u> < Leser >

               oder

               RE .= <u>reihe</u> (KARTE*) <u>sortiert</u> < Leser >

        BÜCHERSENDUNG .= <u>koll</u> (BÜCHER)

        BAND .= BUCH | ZEITSCHRIFT | KATALOG

        BESTAND .= <u>reihe</u> (<u>koll</u> (KATALOGE),
                              <u>reihe</u> (BÜCHER)
                                  <u>sortiert</u> <Signatur>,
                              <u>reihe</u> (ZEITSCHRIFTEN)
                                  <u>sortiert</u> <Titel, Jahr>)

Für die Darstellung von <u>Objekten</u> können ähnlich strukturierte
Texte benutzt werden, für die die folgenden Regeln gelten:

- Bei atomaren Objekten wird der Typname anstelle des
  Konstruktors <u>atom</u> verwendet und mit einem im Rahmen der
  Beschreibung eindeutigen laufenden Index als Identifizierungs-
  kennzeichen versehen.
- Objekte können innerhalb einer Objektdarstellung mit lokalen
  Namen bezeichnet werden, die über das Identitätssymbol (' $\equiv$ ')
  eingeführt werden.
- Zusammengesetzte Objekte können unter Verwendung von
  Konstruktoren und Hüllenobjekten vollständig oder unter
  zusätzlicher Verwendung von lokalen Namen für Komponenten
  schrittweise dargestellt werden.

Beispiel 4.8: Formalisierte Darstellung der Objekte aus
            Beispiel 4.5.

    BU ≡ BUCH1 [Kupka & Wilsing, 'Dialogsprachen',
                  Teubner, Stuttgart, 1975, 4711   ]

    K1 ≡ KARTE1 [rot, Oberquelle, 4711, 29.2.80]

    K2 ≡ KARTE2 [grün, Meier, 007, 1.1.86]

    KA ≡ KASTEN1 [50]

        KA (reihe (K2, K1))

enth (BU, K1)

Um zu einer vollständigen formalen Textdarstellung für
Objekttypen und Objekte zu gelangen, müßten viele weitere
Einzelheiten in Inhalt und Form fixiert werden:

- Basiswertetypen und ihre Darstellung,
- strukturierte Wertetypen und ihre Darstellung,
  die vollständigen Möglichkeiten, Individualität bei Objekten
  zu erfassen (etwa über Schlüssel),
- die vollständige Syntax für Objekttyp- und Objektdarstellungen,
- semantisch bedingte Einschränkungen, z.B. bei der rekursiven
  Objekttypdefinition.

Die obenstehenden Beispiele dürften hinreichend belegen, daß
einer vollen Formalisierung keine prinzipiellen Hindernisse im
Wege stehen. Wir gehen auf die volle Formalisierung hier nicht
weiter ein, da vollständige formale Beschreibungen aus den in
Abschnitt 2.3. diskutierten Gründen für primäre Rollenträger nur
von untergeordneter Bedeutung sind.

(3) <u>Schematische Darstellungen</u>

Bei den <u>schematischen Darstellungen</u> werden viele Möglichkeiten
der Graphik systematisch genutzt. Drei Grundkonstruktionen
kommen in Kombination untereinander und mit Texten vor:

Bei der <u>Darstellung durch Graphen</u> werden Elemente durch
Knoten und Beziehungen durch Kanten ausgedrückt. Kommen
unterschiedliche Klassen von Elementen vor, so können
unterschiedliche Knotensorten verwendet werden. Durch Variation
der Kantendarstellung können Klassen von Beziehungen ausgedrückt
werden.
Bei der <u>geschachtelten Darstellung</u> werden Beziehungen zwischen
Elementen durch die Enthaltenseinsrelation in der Fläche ausgedrückt.

In der <u>Nachbarschaftsdarstellung</u> werden binäre Relationen
zwischen Elementen durch gemeinsame Grenzen der Elementdar-
stellungen erfaßt.

Beispiele für diese Techniken sind bereits in Kapitel 3 in
großer Zahl gegeben worden, ohne daß die verwendeten Prinzipien
bewußt gemacht wurden. Anwendungsmöglichkeiten für die
Beschreibung von Objekttypen und Objekten werden im folgenden
wiederum exemplarisch vorgestellt.

Beispiel 4.9: Schematische Darstellungen für die atomaren
            Objekttypen und Objekte aus Beispiel 4.5.

Form 1:   <u>Graphendarstellung</u>

Atomare Objekte sind rechteckige Knoten, Wertetypen und Werte
sind runde Knoten mit Attributen als Kanten. Namen von
variablen Attributen enden mit einem Doppelpunkt.

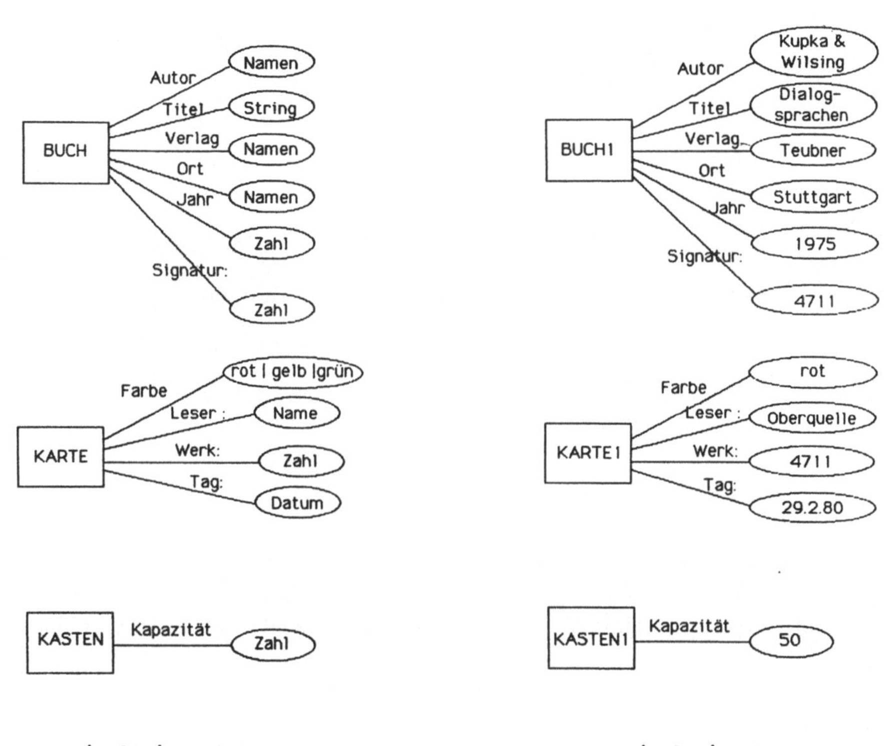

a) Objekttypen   b) Objekte

Abb. 4/19: Graphendarstellung auf der Ebene von Atomen

Form 2: <u>Nachbarschaft, Schachtelung und Tabellen</u>

Atomare Objekte sind Rechtecke, Wertetypen und Werte sind
benachbarte innere Felder, variable Attribute sind markiert.
Identifikatoren für Objekte werden hervorgehoben.

BUCH,	
Autor	Namen
Titel	String
Verlag	Namen
Ort	Namen
Jahr	Zahl
Signatur	● Zahl

BUCH	1
Autor	Kupka & Wilsing
Titel	Dialogsprachen
Verlag	Teubner
Ort	Stuttgart
Jahr	1975
Signatur	4711

KARTE	
Farbe	rot | gelb | grün
Leser	● Name
Werk	● Zahl
Tag	● Datum

KARTE	1
Farbe	rot
Leser	Oberquelle
Werk	4711
Tag	29.2.80

KASTEN	
Kapazität	Zahl

KASTEN	1
Kapazität	50

a) Objekttypen   b) Objekte

Abb. 4/20: Schachtelung und Nachbarschaft bei Atomen

Diese Darstellung kann leicht in eine normale <u>Tabelle</u>
umgeformt werden.

BUCH

Autor	Namen
Titel	String
Verlag	Namen
Ort	Namen
Jahr	Zahl
Signatur	● Zahl

BUCH 1

Autor	Kupka & Wilsing
Titel	Dialogsprachen
Verlag	Teubner
Ort	Stuttgart
Jahr	1975
Signatur	4711

Abb. 4/21: Tabellendarstellung für Atome

Beispiel 4.10: Schematische Darstellung von Zusammensetzungen in
             Beispiel 4.5.

Form 3:   <u>Graphen mit n-stelligen Konstruktorknoten</u>

In Anlehnung an die Relationsdarstellung in ER-Diagrammen
(Chen, 1976) wird für offene Konstruktionen ein Konstruktor-
knoten (Raute) eingeführt und mit den Komponententypen bzw.
Komponenten durch Kanten verbunden. Bezeichnungen für Kompo-
nenten können an die Kanten geschrieben werden.
Zusammengesetzte Komponenten werden eingerahmt.

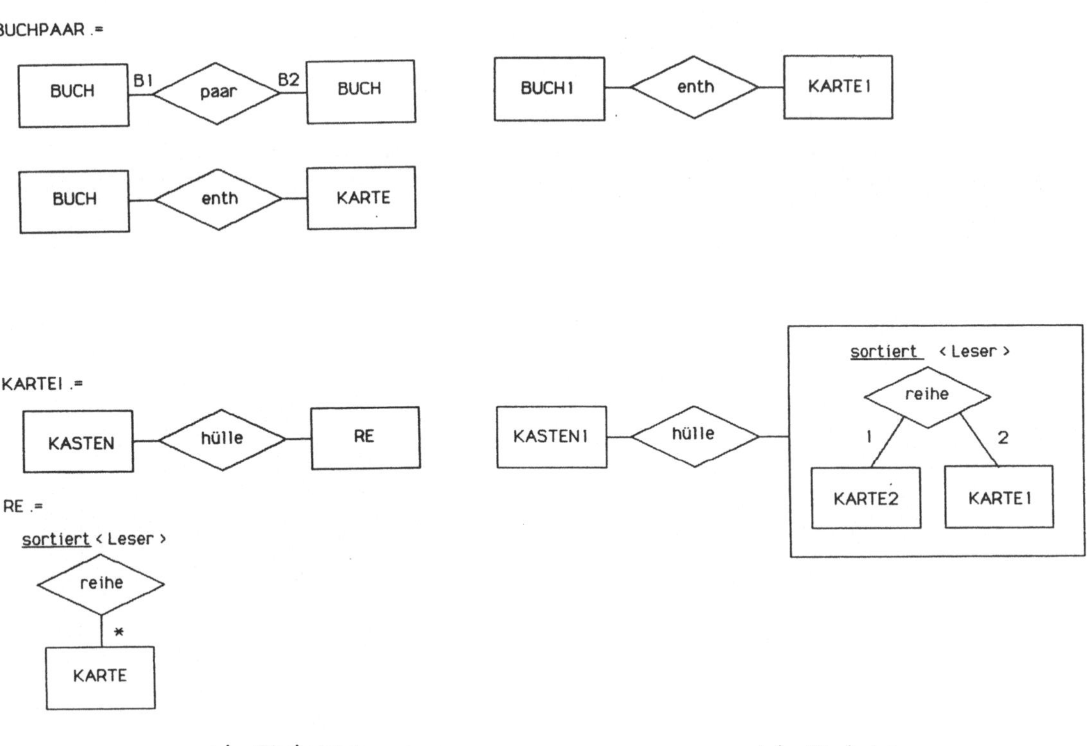

a) Objekttypen   b) Objekte

Abb. 4/22: Ungerichtete Graphendarstellung
          von Zusammensetzungen

Alternativ können die ungerichteten Kanten durch eindeutige
Pfeile ersetzt werden, die jeweils auf die Komponenten zeigen.

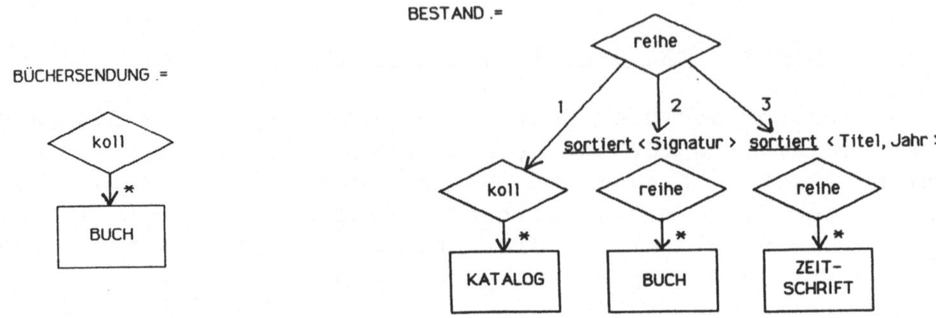

Abb. 4/23: Gerichtete Graphendarstellung
von Zusammensetzungen

Diese Darstellungen können direkt mit der Darstellung von atomaren Objekten und Typen nach Form 1 und Form 2 kombiniert werden.

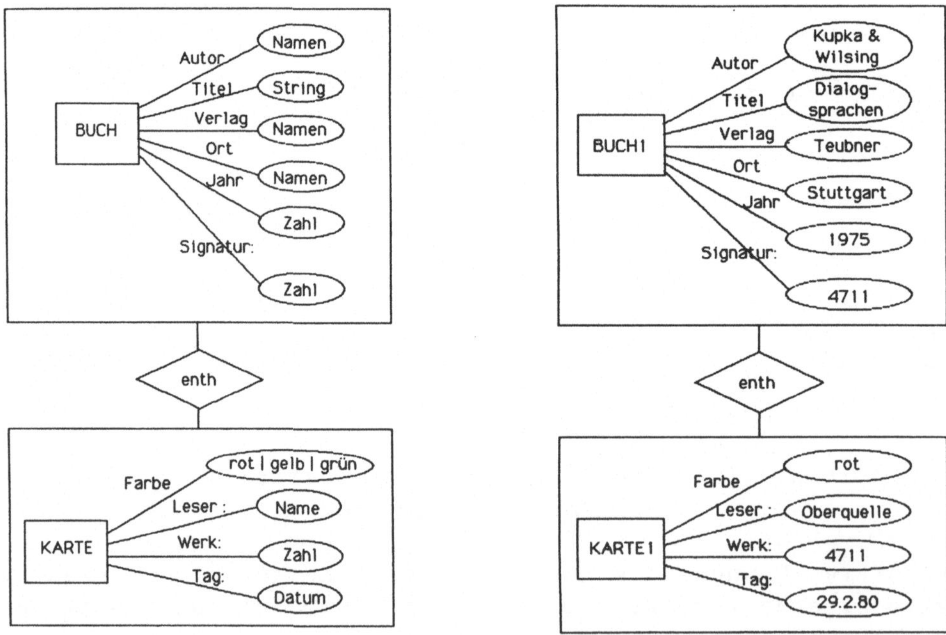

Abb. 4/24: Kombinierte Graphendarstellungen
auf der Basis von Form 1

Form 4: <u>Graphen mit binären Relationen</u>

Häufig können Zusammensetzungen besser durch eine Anzahl zweistelliger Relationen als durch einen n-stelligen Konstruktor erfaßt werden. Sie werden dann durch ungerichtete oder gerichtete Kanten direkt ausgedrückt.

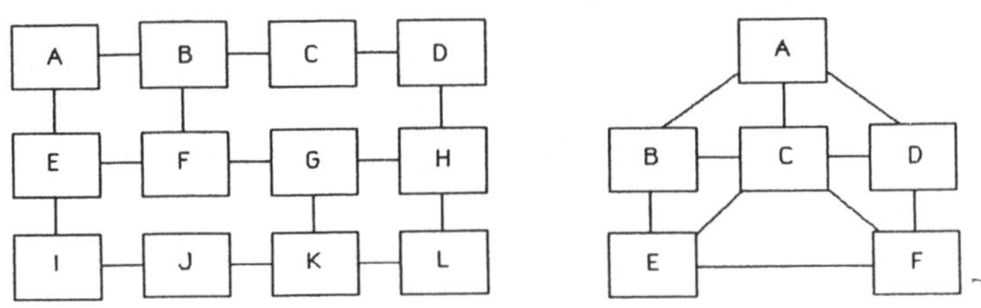

a) ungerichtet

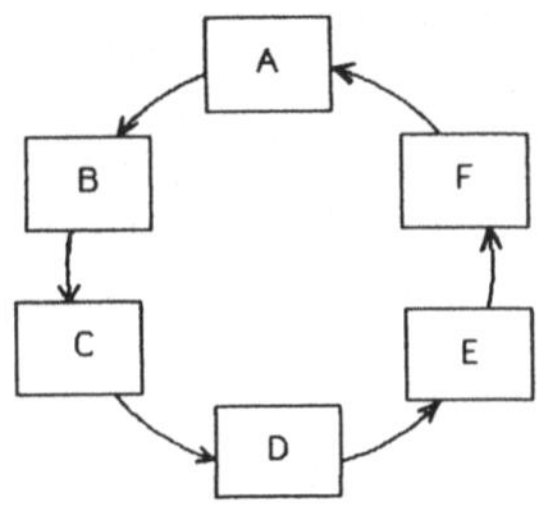

b) gerichtet

Abb. 4/25: Komplexe, dargestellt als Graphen
mit binärer Komponentenverknüpfung

Diese Form kann in natürlicher Weise auf Reihen angewandt werden.

a) ungerichtet   b) gerichtet

Abb. 4/26: Reihen mit binärer Verknüpfung

Form 5: <u>Nachbarschaftsdarstellung von Zusammensetzungen</u>

In vielen Fällen können zweistellige Relationen noch anschaulicher durch räumliche Nachbarschaft ausgedrückt werden. Oft sind sie gerade aus solchen durch Abstraktion entstanden.

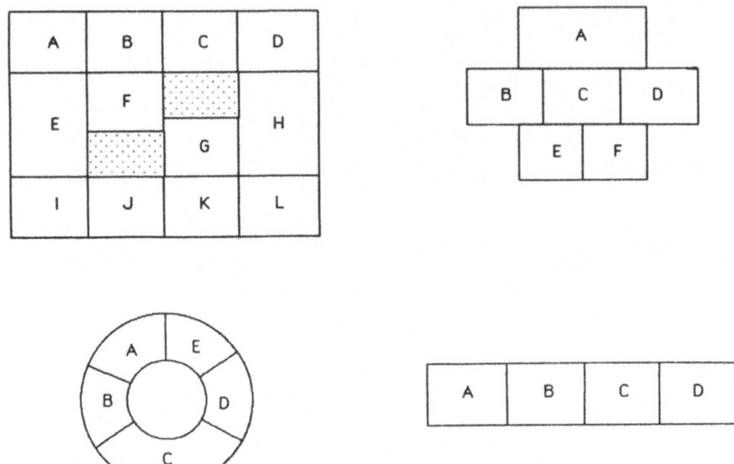

Abb. 4/27: Drei Komplexe und eine Reihe in
Nachbarschaftsdarstellung

Form 6: <u>Schachtelung und Nachbarschaft</u>

Kollektionen werden durch ungeordnete Knoten und Schachtelung
(gestrichelte Kästen), Reihen durch Nachbarschaften und
geschlossene Objekte durch Schachtelung (geschlossene Kästen)
dargestellt.

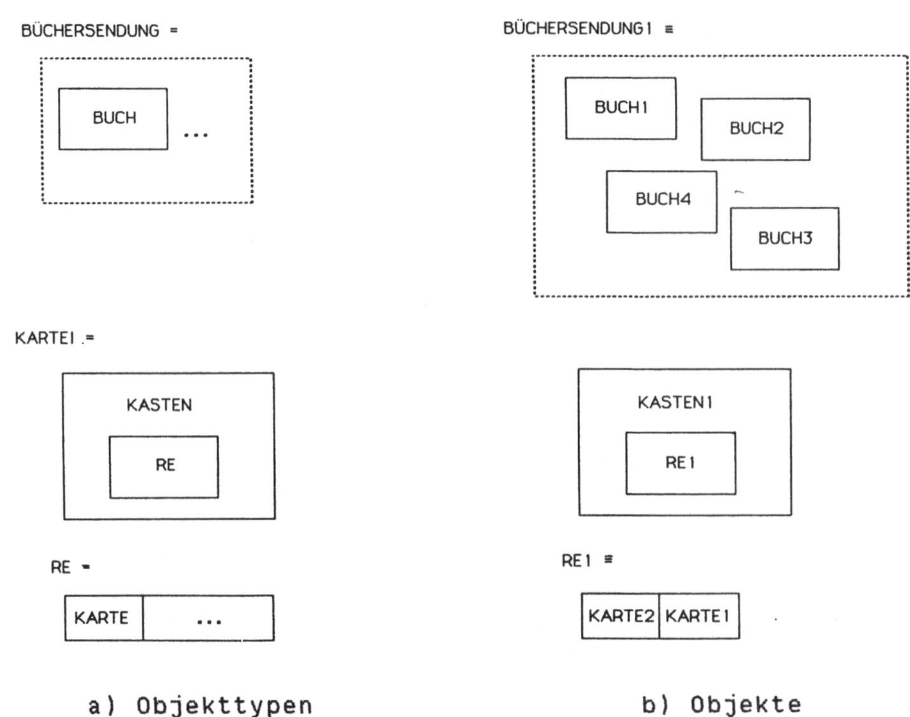

a) Objekttypen   b) Objekte

Abb. 4/28: Schachtelung und Nachbarschaft
bei Zusammensetzungen

Diese Darstellung legt es nahe, einelementige Reihen mit dem
Element selbst zu identifizieren.

Alternative Objekttypen können schlicht aufgereiht werden.

Abb. 4/29: Aufreihung von Alternativen

Form 7: **Baumdarstellungen**

Wenn die hierarchische Struktur hervorgehoben werden soll, können Zusammensetzungen durch Bäume beschrieben werden, wobei Hüllenobjekte als spezielle innere Knoten auftreten dürfen. Durch Beschriftung und Variation der Kanten können weitere Differenzierungen sichtbar gemacht werden.

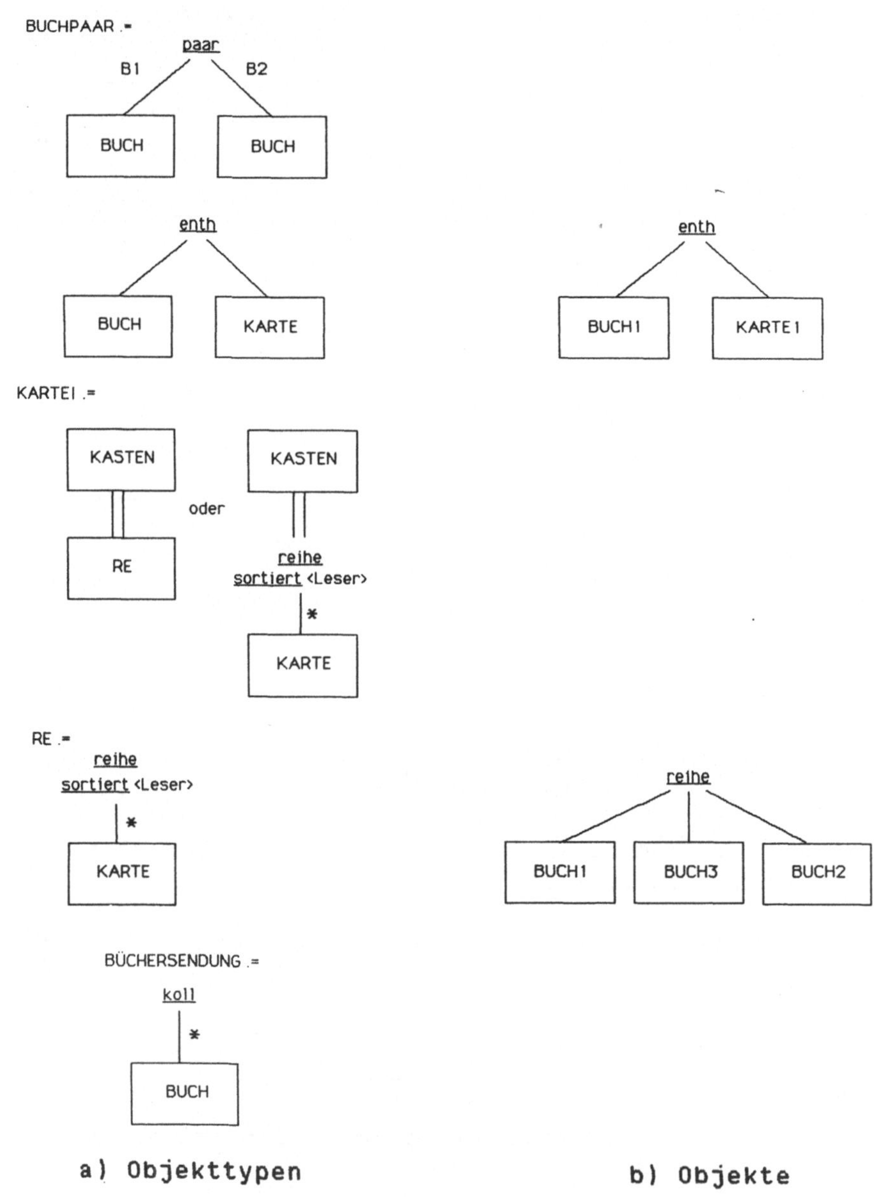

Abb. 4/30: Baumdarstellungen

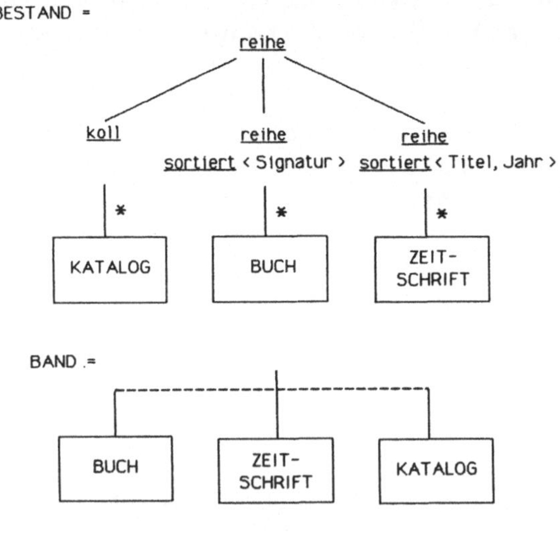

a) Objekttypen

b) Objekte

Abb. 4/30: Baumdarstellungen
(Fortsetzung)

Die sequentielle Anordnung der Äste eines Baumes erzeugt eine visuelle Ordnung der Komponenten, die z.B. bei Kollektionen inhaltlich nicht intendiert ist.

Die oben angegebenen Baumdarstellungen ähneln den Datenstrukturdiagrammen von M.Jackson (1975), die bei strukturierten Wertetypen heterogene und homogene Sequenzen, Alternativen und die Hierarchiebildung erlauben.

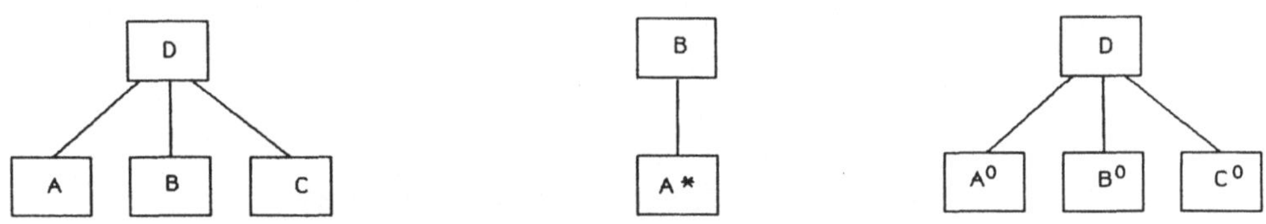

a) heterogene Sequenz   b) homogene Sequenz   c) Alternative

Abb. 4/31: Datenstrukturierung nach M.Jackson

(4) <u>Bildliche Darstellungen</u>

<u>Bildliche   Darstellungen</u> können für die informale Beschreibung
von Objekttypen und Objekten auf allen Ebenen eingesetzt werden.

Anstelle von Wortsymbolen als Bezeichnern können <u>Bildsymbole</u>
(<u>Ikonen</u>) verwendet werden. Bildsymbole für Objekte können mit
identifizierenden Merkmalen versehen sein oder spezielle
Eigenschaften ausdrücken.

Beispiel 4.11: Ikonische Bezeichner zu Beispiel 4.5

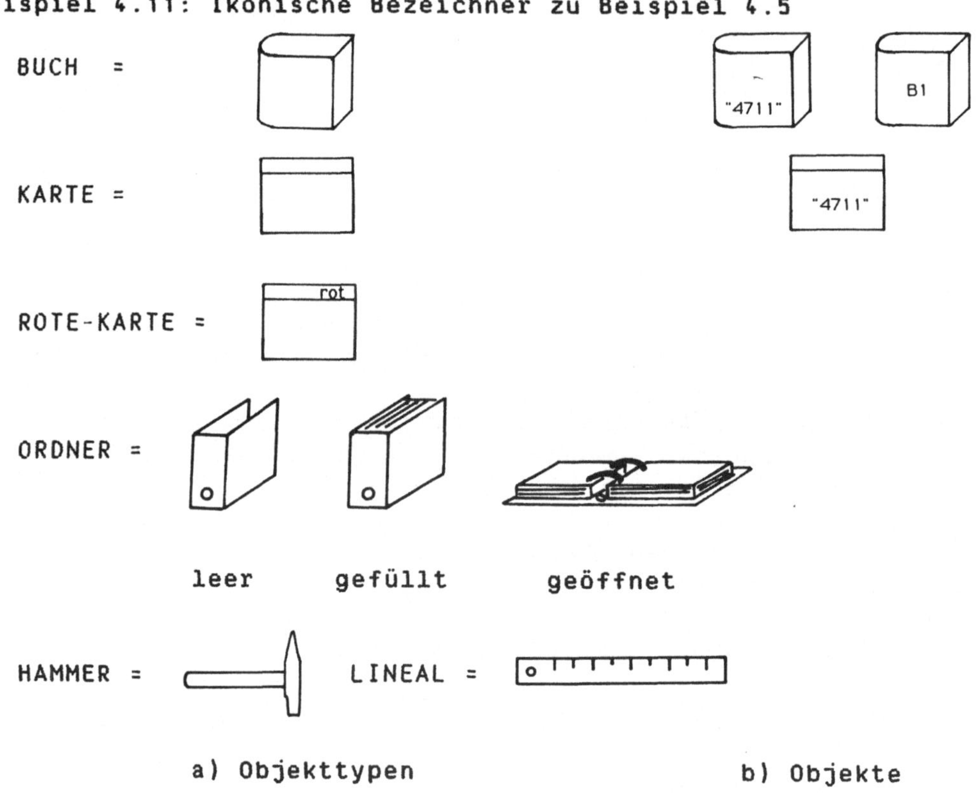

Abb. 4/32: Ikonen als Bezeichner

Atomare Objekte und ihre Attribute können ebenfalls bildlich-
topographisch dargestellt werden. Diese Darstellung bietet sich
insbesondere dann an, wenn es sich um reale Objekte oder
virtuelle Objekte mit einer signifikanten zweidimensionalen
Erscheinungsform handelt.

Beipiel 4.12: Bildliche Darstellung atomarer Objekte

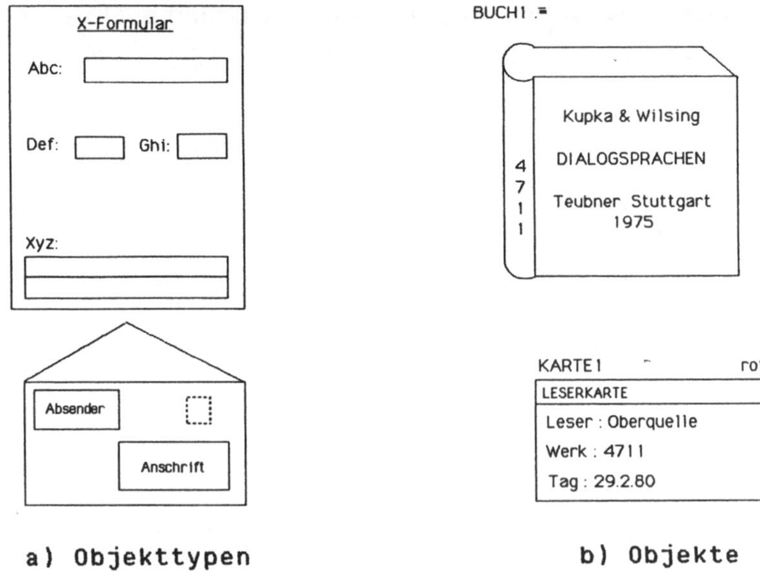

a) Objekttypen   b) Objekte

Abb. 4/33: Bildliche Darstellung realer Objekte

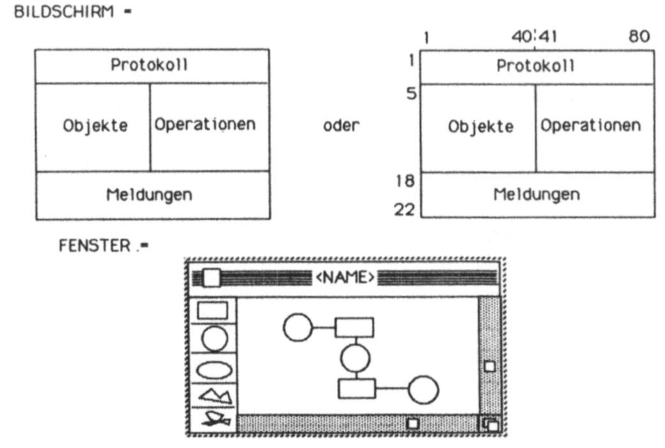

Abb. 4/34: Bildliche Darstellung virtueller Objekte

Die Darstellung der Objekte aus Abb.4/34 durch Texte wäre umständlich und intransparent.

Auch zusammengesetzte Objekte können in ihrer Struktur häufig bildhaft klarer dargestellt werden (vgl. auch Abb.3/44), wobei die Grenze zwischen Ikonen und Strukturbeschreibungen unscharf ist.

Beispiel 4.13: Bildliche Darstellung zusammengesetzter Objekte

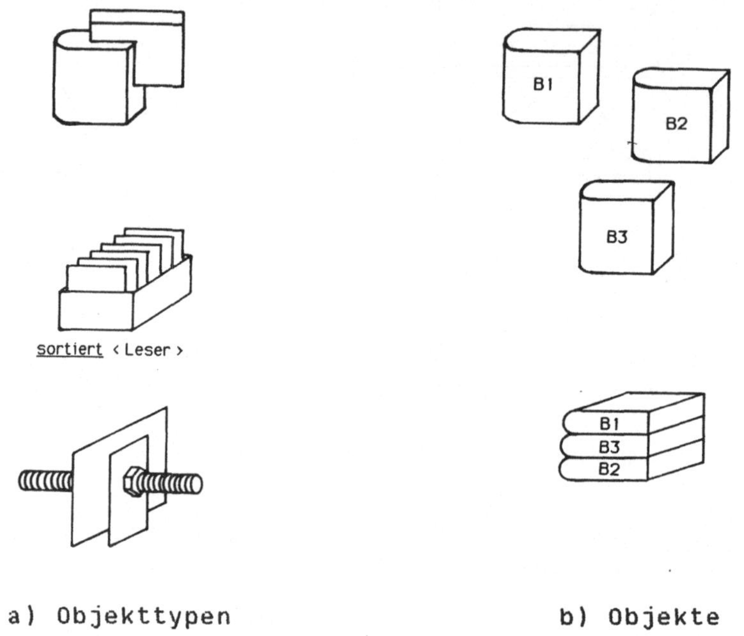

a) Objekttypen   b) Objekte

Abb. 4/35: Bildliche Darstellung von Zusammensetzungen

Zusammenfassend kann festgestellt werden, daß das Spektrum der Beschreibungsmöglichkeiten für Objekttypen und Objekte sehr groß ist. Es wird auch durch die vielen vorgestellten Beispiele nicht vollständig abgedeckt.

Die schematischen und bildlichen Beschreibungen bieten im Vergleich zu Textdarstellungen für den Leser Vorteile hinsichtlich der Erkennbarkeit von Strukturen und der Zuordnung von Beschreibung und Beschriebenem, vor allem bei realen Objekten.
Sie sind andererseits für den Autor einer Beschreibung in der Regel schwerer zu erstellen und zu ändern als Textbeschreibungen, jedenfalls solange adäquate Graphikeditoren

nicht verfügbar sind. Je größer die Anforderungen an die Präzision und Formalisiertheit sind, umso stärker werden Textbeschreibungen ergänzend zu graphischen Beschreibungen benötigt.

Eine klare Überlegenheit einer der Darstellungsformen besteht mit Sicherheit nicht. Vielmehr kommt es darauf an, den Suchraum für die Beschreibungshilfsmittel nicht von vornherein unnötig einzuschränken. Wir haben in diesem Abschnitt typische Möglichkeiten dafür aufgezeigt.

4.2.3. Operationen an Objekten

Bei den Operationen an Objekten unterscheiden wir zwei Klassen, Struktur-orientierte und Attribut-orientierte Operationen. Für beide Arten werden Möglichkeiten zur Identifizierung von Objekten, Komponenten und Attributen benötigt.

(1) <u>Identifizierung</u>

<u>Gesamtobjekte</u> können durch im jeweiligen Kontext eindeutige Namen identifiziert werden.

Für die <u>Identifizierung von Komponenten</u> zusammengesetzter Objekte stehen verschiedene Möglichkeiten zur Verfügung:

(1a) Identifizierung durch eine <u>eindeutige Benennung</u>

Jede Komponente kann durch einen in der Typdefinition eindeutig festgelegten Komponentennamen oder eventuell durch ihren Typnamen eindeutig identifiziert werden. In der Textdarstellung verwenden wir die aus der Programmierung bekannte Punktnotation.

Beispiel 4.14:

```
  a) Sei P  ≡  paar(BUCH1,BUCH2) ein Objekt vom Typ
        T .= paar(B1,B2:BUCH).
     Dann identifiziert  P.B1 das Objekt BUCH1
                     und  P.B2 das Objekt BUCH2
     (kurz: P.B1  ≡ BUCH1,  P.B2  ≡ BUCH2 ).

  b) Sei M ≡  enth(BUCH1,KARTE1) vom Typ  enth(BUCH,KARTE).
     Dann gilt:
                M.BUCH  ≡ BUCH1   und  M.KARTE  ≡ KARTE1 .
```

c) Sei KA ≡ KASTEN1(RE1) ein abgeschlossenes Objekt vom Typ
      KARTEI .= KASTEN(RE).
      Dann gilt:
                KA.KASTEN ≡ KASTEN1   und KA.RE ≡ RE1   .

(1b) Identifizierung durch Angabe der <u>Stelle</u> an der sich
      eine Komponente in einem geordneten Objekt befindet.

Diese Möglichkeit existiert insbesondere für Reihen und
abgeschlossene Objekte. Charakteristische Stellen können durch
<u>Standardnamen</u> bezeichnet werden.

Beispiel 4.15:

  a) Sei RE .= <u>reihe</u>(KARTEN), R ≡ <u>reihe</u>(KARTE1,KARTE2).
      Dann gilt:
                R.1   ≡ KARTE1
                R.2   ≡ KARTE2
                R.ENDE ≡ KARTE2 .
      ENDE ist der Standardname für die letzte Komponente
      einer homogenen Reihe.

  b) Sei KARTEI .= <u>hülle</u>(KASTEN, <u>reihe</u>(KARTEN)),
          KA   ≡ <u>hülle</u>(KASTENi, <u>reihe</u>(KARTE1,KARTE2)).
      Dann gilt:
                KA.HÜLLE   ≡ KASTENi
                KA.INHALT ≡ <u>reihe</u>(KARTE1,KARTE2) .
      Die Namen HÜLLE und INHALT sind Standardnamen für
      abgeschlossene Objekte.

(1c) Identifizierung durch eine <u>eindeutige Eigenschaft</u>

Bei dieser Form wird genau die Komponente mit einem eindeutigen
Namen versehen, die die charakteristische Eigenschaft besitzt.
Typnamen können günstig für diesen Zweck eingesetzt werden. Das
im Datenbankbereich verwendete Konzept der Identifizierung durch
Schlüssel ist ein Spezialfall.

Beispiel 4.16:

  Sei T .= <u>paar</u>(BUCH,BUCH),
      P ≡ <u>paar</u>(BUCH1[...,4711,...], BUCH2[...,0007,...]) .

  'P.BUCH <u>mit</u> Signatur = 0007' identifiziert eindeutig das 2.
  BUCH.

(1d) Identifizierung durch <u>nicht-deterministische Auswahl</u>

Ziel ist die Identifizierung einer beliebigen, dann aber festen
Komponente mit bestimmten Eigenschaften. Typbezeichner als nicht
eindeutige Komponentennamen können ebenso wie nicht eindeutig
identifizierende Eigenschaften verwendet werden.

Beispiel 4.17:

 a) Sei BS ein Objekt vom Typ BÜCHERSENDUNG .= <u>koll</u>(BÜCHER).
    Dann bezeichnet BS.BUCH ein beliebiges Buch aus BS.

 b) Sei RE .= <u>reihe</u>(KARTEN),
        R ≡ <u>reihe</u>(KARTE1[rot,...],KARTE2[rot,...]).
    'R.KARTE <u>mit</u> Farbe = rot' identifiziert jede der Komponen-
    ten von R.

Alle Identifizierungsverfahren für Komponenten können kombiniert
eingesetzt werden.

Beispiel 4.18:

    Sei   BE ≡ <u>reihe</u>(<u>koll</u>(KAT1,KAT2,KAT3),
                        <u>reihe</u>(BU1,...,BU100),
                        <u>reihe</u>(ZE1,...,ZE50))
    vom Typ BESTAND und sei BU7.Signatur = 0007 .

    Dann gilt:

       BE.1.KATALOG   ≡ KAT1   oder ≡ KAT2   oder ≡ KAT3
       BE.2.1   ≡ BU1
       BE.2.BUCH   ≡ BU1   oder ≡ BU1 ... oder ≡ BU100
       BE.2.(BUCH <u>mit</u> Signatur = 0007) ≡ BU7

Die bisher vorgestellten Identifizierungsverfahren reichen aus,
um alle Komponenten eines zusammengesetzten Objektes einzeln zu
identifizieren. Häufig ist es einfacher, die folgende globale
Methode zu verwenden.

(1e) Identifizierung durch <u>Vergleich mit einem Strukturmuster</u>

In einem <u>Strukturmuster</u> werden eindeutige Objektnamen anstelle von Objekten und strukturbildende Konstruktoren wie in Typdefinitionen verwendet. Bei gleichartigem Aufbau von Muster und Objekt werden die Objektnamen zur Identifizierung der korrespondierenden Komponenten eingesetzt. Typbeschreibungen können oft selbst als Muster verwendet oder leicht in solche transformiert werden.

Beispiel 4.19:

a) Sei P $\equiv$ <u>paar</u>(BUCH1,BUCH2) vom Typ <u>paar</u>(B1,B2:BUCH).
   <u>paar</u>(B1,B2) ist ein Muster, welches eindeutig die beiden Bücher zu identifizieren gestatten.

b) Sei Q $\equiv$ <u>rpaar</u>(BUCH1, <u>rpaar</u>(BUCH2,BUCH3)) vom Typ
      RPAR .= <u>rpaar</u>(BUCH,REST)   und
      REST .= BUCH | RPAR .
   Dann sind <u>rpaar</u>(B,R), <u>rpaar</u>(B1, <u>rpaar</u>(B2,B3)) anwendbare
   Muster und es gilt
      Q $\equiv$ <u>rpaar</u>(B,R)
           mit B $\equiv$ BUCH1 und R $\equiv$ <u>rpaar</u>(BUCH2,BUCH3)
   sowie
      Q $\equiv$ <u>rpaar</u>(B1, <u>rpaar</u>(B2,B3))
           mit B1 $\equiv$ BUCH1, B2 $\equiv$ BUCH2, B3 $\equiv$ BUCH3 .

Für die Identifizierung von einzelnen oder allen Komponenten eines Objektes muß nicht notwendig die Textform gewählt werden. Schematische oder bildliche Darstellungen mit eindeutigen Komponenten können denselben Zweck erfüllen. Die volle Skala der Ausdrucksmöglichkeiten kann hier aus Platzgründen nicht behandelt werden. Ein weiteres Beispiel möge als Hinweis genügen.

Beispiel 4.20:

   Graphische Darstellungen des Objekttyps <u>enth</u>(BUCH,KARTE) erlauben die Identifizierung der Komponenten einzeln und insgesamt.

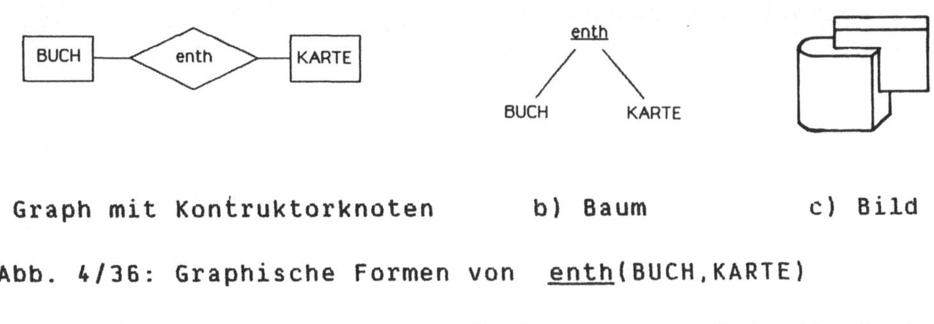

a) Graph mit Kontruktorknoten   b) Baum   c) Bild

Abb. 4/36: Graphische Formen von <u>enth</u>(BUCH,KARTE)

Im Fall c) kann man sogar ohne Texte auskommen, da die Symbole

und eindeutig sind.

Unter Verwendung von beliebigen Objektnamen können auch graphische Strukturmuster gebildet werden.

a) Graph mit Konstruktorknoten   b) Baum   c) Bild

Abb. 4/37: Graphische Strukturmuster

(2) <u>Struktur-orientierte Operationen</u>

<u>Struktur-orientierte Operationen</u> dienen der Veränderung der Zusammensetzung von Objekten.
Als Grundoperationen können das <u>Aufbauen</u> von zusammengesetzten Objekten aus einfacheren Komponenten und das <u>Zerlegen</u> in Komponenten betrachtet werden. Für beide Arten von Operationen werden Ausdrucksmöglichkeiten gebraucht, die es erlauben, alle beteiligten Komponenten zu identifizieren. Strukturmuster bieten sich für diese Aufgabe an.

Das Aufbauen zusammengesetzter Objekte aus ihren Komponenten
kann direkt durch das Strukturmuster des Resultates ausgedrückt
werden, welches umgekehrt auch als Zerlegungsvorschrift
interpretiert werden kann.

Beispiel 4.21:

   Seien B1, B2 BÜCHER. Dann kann der Ausdruck

         paar (B1, B2)

   dynamisch als Konstruktion eines zusammengesetzten Objektes
   interpretiert werden, welches statisch (als Resultat) durch
   denselben Ausdruck beschrieben wird.
   Umgekehrt kann der Ausdruck so gelesen werden, daß ein
   Objekt, welches diesem Muster genügt, in seine Komponenten B1
   und B2 zu zerlegen ist.

Komplexere Operationen an Objekten, wie z.B. das Vereinigen von
Kollektionen, das Verketten von Reihen variabler Länge, das
Vertauschen von Komponenten einer Reihe oder Rekombinations-
operationen, können sämtlich auf der Basis von Zerlegen und
Aufbauen erklärt werden und wie Funktionsaufrufe notiert werden.
Dasselbe Objekt kann dabei auf unterschiedliche Art und Weise
entstehen. Umgekehrt bedeutet dies, daß es auch unterschiedliche
Zerlegungsmöglichkeiten geben kann.

Beispiel 4.22:

  a) Seien RE1 ≡ reihe (KA1, ...,KAm) und
         RE2 ≡ reihe (KAm+1,...,KAn)
     zwei Objekte vom Typ
         RE .= reihe (KARTEN),
     dann kann die Verkettungsoperation (conc) leicht in
     ihrem Ergebnis beschrieben werden:
         conc (RE1, RE2) ≡ reihe (KA1,...,KAm,KAm+1,...,Kn) .
     Dies kann als Zerlegung der beiden Ausgangsobjekte in ihre
     elementaren Bestandteile und erneute Zusammensetzung
     aufgefaßt werden.

     In umgekehrter Richtung kann der Ausdruck
         conc (RE1, RE2)
     auch so interpretiert werden, daß eine Zerlegung einer Reihe
     in zwei beliebige, nicht-leere Reihen vorzunehmen ist.

b) In ähnlicher Weise können das Anfügen bzw. Entnehmen von
   Komponenten am Anfang (appendl) oder Ende (appendr) einer
   Reihe oder das Einfügen bzw. Entnehmen von Komponenten
   (insert) bei Kollektionen formuliert werden.

   Sei KAx eine KARTE, RE1 wie oben definiert.

$$appendl(RE1,KAx) \quad \equiv \quad \underline{reihe}(KAx,KA1,...,KAm) \ .$$

$$appendr(RE1,KAx) \quad \equiv \quad \underline{reihe}(KA1,...,KAm,KAx) \ .$$

   Seien BU1, BU2, BU3 BÜCHER. Dann ist

$$\underline{koll}(BU1,BU2)$$

   eine Kollektion von zwei Büchern, und

$$insert(\ \underline{koll}(BU1,BU2),BU3)$$

   beschreibt das Einfügen des 3.Buches in die Kollektion.
   Wegen der nicht vorhandenen Ordnung in Kollektionen gilt:

$$insert(\ \underline{koll}(BU1,BU2),BU3) \quad \equiv \underline{koll}(BU1,BU2,BU3)$$
$$\equiv \underline{koll}(BU1,BU3,BU2)$$
$$\equiv \underline{koll}(BU2,BU1,BU3)$$
$$etc.$$

Offensichtlich ist der Vergleich mit einem Strukturmuster als
inverse Operation zur Konstruktion des Ausgangsobjektes aus den
identifizierten Komponenten anzusehen. Dies legt es nahe, auch
verallgemeinerte Konstruktionsoperationen in umgekehrter
Richtung als Muster zur Identifizierung von Teilobjekten
einzusetzen.

Beispiel 4.23:

   Sei SE ein Objekt vom Typ $\underline{koll}(BUCH*)$. Dann kann der
   Ausdruck insert(R,B) als Muster aufgefaßt werden, welches
   über den Namen B eine beliebige Komponente und über den Namen
   R den Rest der Kollektion identifiziert, wenn SE mindestens
   zwei Komponenten hat.

Ob ein Muster oder Ausdruck die Konstruktion oder Zerlegung
eines Objektes bedeutet, ergibt sich erst aus dem zeitlichen

Verwendungszusammenhang, wie wir ihn in Abschnitt 4.3.3. für Handlungen erfassen können.

(3) <u>Attribut-orientierte Operationen</u>

<u>Attribut-orientierte Operationen</u> dienen der Auswertung von Attributen und der Veränderung von variablen Attributen.
Die Auswertung von Attributen findet im Bereich der Werte statt, für den die Informatik mit <u>Ausdrücken</u> in Textdarstellung umfassende und weitgehend bekannte Beschreibungshilfsmittel kennt. Die Veränderung von variablen Attributen wird durch das Konzept der <u>Zuweisung</u> abgedeckt, die wir in Textdarstellungen wie üblich in der Form <Ziel> := <Ausdruck> notieren.
Alle diese Operationen erfordern die Identifikation einzelner Attribute. Für diesen Zweck können wir Objektidentifikatoren und Attributnamen, verbunden in der <u>Punktnotation</u>, einsetzen.

Beispiel 4.24: Attribut-orientierte Operationen

    a) Sei K1 ≡ KARTE1 [rot, Oberquelle, 4711, 29.2.80] ein Objekt vom Typ KARTE.
       Dann bezeichnet K1.Leser in Ausdrücken den Wert 'Oberquelle'.

       Die Veränderung des Attributes 'Tag' in 27.1.86 kann durch die folgende Zuweisung ausgedrückt werden:
           K1.Tag := 27.1.86

    b) Sei BE wie in Beispiel 4.18 definiert.
       Dann bezeichnet
           BE.2.7.Signatur
       das Attribut 'Signatur' des Objektes BU7 bzw. dessen Wert '0007', je nach Verwendung des Ausdrucks links vom Zuweisungszeichen bzw. in Ausdrücken.

Das <u>Kopieren</u> von Objekten kann als Komplexoperation betrachtet werden, die ein Originalobjekt und ein Zielobjekt erfordert, welches mit dem Original strukturgleich und gleich in den konstanten Attributen ist. Die Kopieroperation kann als eine Menge von Zuweisungen für alle variablen Attributwerte des Originals an das Zielobjekt ausgedrückt werden. In Verallgemeinerung der Zuweisung notieren wir auch diese Operation mit dem Zuweisungssymbol unter Verwendung von Objektnamen für Original- und Zielobjekt.

Wie dem Leser bereits aufgefallen sein wird, zeigt der Umgang mit Objektdefinitionen, Objekten und Mustern in der teilweise formalisierten Textform viele Ähnlichkeiten mit Fallregelsprachen der Programmierung (vgl. Fitschen, 1984), etwa mit PROLOG. Der wesentliche Unterschied liegt in unserer differenzierteren Betrachtung von Objekten, Konstruktoren, Operationen und Prädikaten, d.h. im pragmatisch-semantischen Bereich. Bei einer vollen Formalisierung unseres Konzeptes von Objekten und Operationen können wie in PROLOG Terme und Umformungsregeln eine zentrale Rolle spielen. Mit dem formalen Konzept der Objektflußnetze (Oberquelle, 1984a) wurde ein erster Schritt zur differenzierten Nutzung von Termen für die präzise Beschreibung der Objektbearbeitung unternommen. Auch die Formalisierung der INTRAN-Konzepte (Hülsen et al., 1984) wird mit algebraischen Mitteln vorgenommen. Weitere Ausführungen zu dieser Thematik übersteigen aber den Rahmen dieser Vorstellung von grundsätzlichen Möglichkeiten.

4.2.4. Objektbeschreibungen und Netze

Nachdem wir ausführlich der Frage nachgegangen sind, welche Text-und Graphikformen zur Beschreibung von Objekten und Operationen geeignet sind, soll kurz diskutiert werden, inwieweit diese Darstellungen mit Netzdarstellungen kombinierbar erscheinen.

Für die Rollenbeschreibung in RF-Netzen sind Angaben über Objekttypen in Positionen erforderlich. Für die Beschreibung der Dynamik auf der Aktionsebene werden darüber hinaus Objekte als Markierungen von Positionen, Strukturmuster für die Zerlegungs- und Zusammensetzungsoperationen und detaillierte Beschreibungen von attribut-orientierten Operationen benötigt (vgl. Abschnitt 4.3.).

Es ist offensichtlich, daß graphische Beschreibungen von Objekttypen, Objekten und Strukturmustern in den meisten Fällen selbst komplexe graphische Gebilde sind. Auch Textdarstellungen können einen erheblichen Umfang annehmen.
Netze bieten hingegegen nur eingeschränkten Platz für Beschriftungen. Die Innenräume von S- und T-Elementen und ihre unmittelbare Umgebung haben eine begrenzte Kapazität. Ebenso können nur einfache Beschriftungen an den F-Elementen angebracht werden. Dies hat zur Folge, daß Darstellungen von Objekten, Objekttypen und Operationen nur dann in Netzen unmittelbar angegeben werden können, wenn sie selbst nicht zu komplex sind.

Bezeichner in Textform und Ikonen können immer in Netzen direkt verwendet werden und eventuell auf ausführlichere Beschreibungen außerhalb von Netzen verweisen.
Außerhalb der Netzdarstellung kann das volle Spektrum der erörterten Möglichkeiten je nach benötigtem Grad an Präzision und Anschaulichkeit genutzt werden. Allerdings ist es dabei von besonderem Vorteil, wenn zusammengehörige Teilbeschreibungen gleichzeitig sichtbar sind, etwa auf derselben Seite oder gegenüberliegenden Seiten einer Beschreibung, oder leicht durch die Art der Verweise verknüpft werden können.

Die unmittelbare Verwendung von zusammengesetzten Objekttypen, Objekten, Strukturmustern etc. in Text- oder Graphikform in Netzen ist jedoch anzustreben, soweit die Netze selbst nicht unlesbar werden. Hierdurch wird eine Stufe der Indirektheit (über Verweise) vermieden, und Zusammenhänge werden unmittelbarer erkennbar. Eine Grenze für dieses Vorgehen kann nicht allgemein angegeben werden. In den folgenden Abschnitten und Kapiteln werden viele Beispiele zeigen, daß auch komplizierte Inschriften in Netzen möglich sind.

4.3. Beschreibung der Rollendynamik

Die Rollendynamik beschäftigt sich mit dem Zusammenspiel von Funktionsträgern, Handlungen und Objekten in Zeit und Raum. Sie ist damit Gegenstand der Aktionsebene. Für ihre Beschreibung führen wir eine Klasse von markierbaren Netzen ein, die wir Aktionsnetze (A-Netze) nennen.

Wir behandeln zunächst zwei Aspekte von Aktionsnetzen getrennt: die Kontrolle von Handlungen durch Funktionsträger und die Bearbeitung von Objekten in Handlungen. Dies führt zu zwei Typen von Unternetzen, die über Handlungen bzw. Aktionen zusammenhängen und bei Überlagerung Aktionsnetze ergeben.
Es wird aufgezeigt, daß Aktionsnetze als natürliche Detaillierungen von Rollen- und Funktions-Netzen aufgefaßt werden können.
Alle Konzepte für Aktionsnetze werden abschließend zusammengefaßt.

4.3.1. Der Kontrollaspekt

Der Zusammenhang zwischen den (zeitlichen) Zuständen eines Funktionsträgers und den einzelnen Handlungen wird durch eine Teilklasse von Aktionsnetzen erfaßt, die wir Kontrollnetze nennen.

In einem Kontrollnetz werden Handlungen als T-Elemente, Zustände als S-Elemente und der Kontrollfluß als F-Relation dargestellt.

T-Elemente:

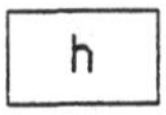

h   elementare Handlung
        (Kasten mit 'spitzen' Ecken)

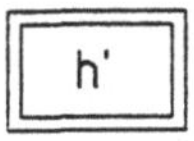

h'   komplexe Handlung

S-Elemente:

○   Zustand
        (kleiner Kreis)

Abb. 4/38: Bausteine von Kontrollnetzen

F-Elemente:

⟶   **Kontrollfluß**
(Pfeil mit 'einfacher' Spitze)

Die Handlung h ist für einen Funktionsträger
im Zustand z zulässig.

Die Ausführung der Handlung h versetzt einen
Funktionsträger in den Zustand z

**Abb. 4/38: Bausteine von Kontrollnetzen
(Fortsetzung)**

Kontrollnetze, die nur elementare Handlungen enthalten, werden
elementare Kontrollnetze genannt.

Wir beschäftigen uns zunächst mit den Eigenschaften und der
Darstellung elementarer Kontrollnetze.

(1) Elementare Kontrollnetze

Damit elementare Kontrollnetze das dynamische Verhalten von
Funktionsträgern im Rahmen bestimmter Funktionen korrekt
erfassen, müssen folgende weiteren Bedingungen erfüllt sein:

(k1) Jeder Zustand ist genau einer Funktion und über diese einem
     Funktionsträger in einem zugehörigen RF-Netz zugeordnet.
(k2) Jede elementare Handlung besitzt für jede Funktion, zu der
     sie gehört, genau einen Eingangs- und einen Ausgangszustand.

Handlungen, die nur mit Zuständen einer einzigen Funktion
verbunden sind, werden **private Handlungen** dieser Funktion
genannt; alle anderen Handlungen sind **gemeinsame Handlungen**
der beteiligten Funktionen.

Die vom aktuellen Zustand aus direkt erreichbaren Handlungen
eines Funktionsträgers stellen jeweils seinen **Handlungs-
spielraum** im Rahmen der Funktion dar.

Beispiel 4.25:

Die aus der sequentiellen Programmierung bekannten Kontrollstrukturen der Sequenzbildung, Alternative und Wiederholung
können für private Handlungen dargestellt werden. Wie bei
Alternativen entschieden wird, ist eine Frage der
inhaltlichen Beschreibung von Handlungen, auf die in
Abschnitt 4.3. eingegangen wird. Normalerweise müssen dazu
Attribute von Objekten ausgewertet werden.

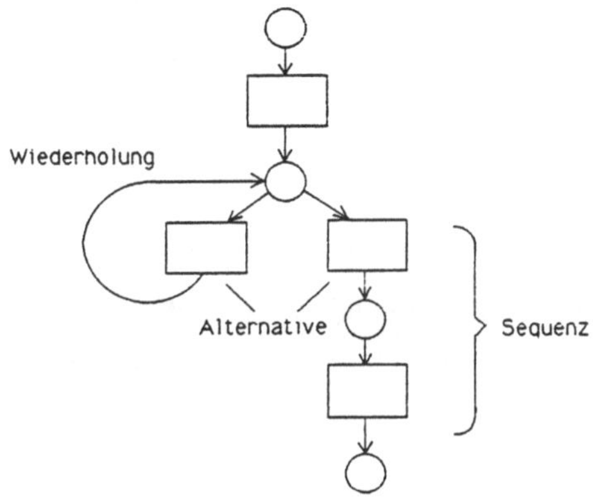

Abb. 4/39: Sequentielle Kontrollstrukturen für
private Handlungen

Bei Mehrfachalternativen können Normalfall und Ausnahmefälle
in Kontrollnetzen gut sichtbar gemacht werden.

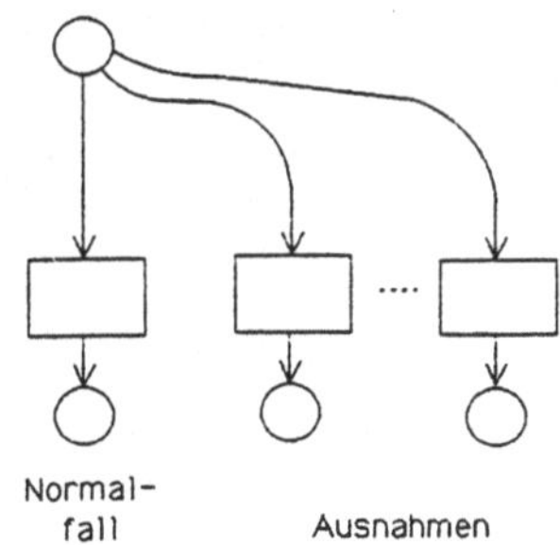

Abb. 4/40: Normalfall und Ausnahmefälle

Um die Lesbarkeit von Kontrollnetzen zu erhöhen, fordern wir,
daß die Zuordnung der Zustände zu Funktionen und der
Kontrollfluß möglichst direkt sichtbar sein sollen.

Liegen nur private Handlungen vor, so ist der Kontrollfluß durch den Eingangskontrollpfeil und den Ausgangskontrollpfeil eindeutig festgelegt.

Bei gemeinsamen Handlungen wird beim Fehlen näherer Angaben die Verfolgung 'natürlicher Fortsetzungen' angenommen. In Zweifelsfällen kann durch unterschiedliche Darstellung von Kontrollpfeilen, Bezeichnungskonventionen für Zustände oder durch gleichartige Beschriftung zusammengehöriger Pfeile die Eindeutigkeit erreicht werden.

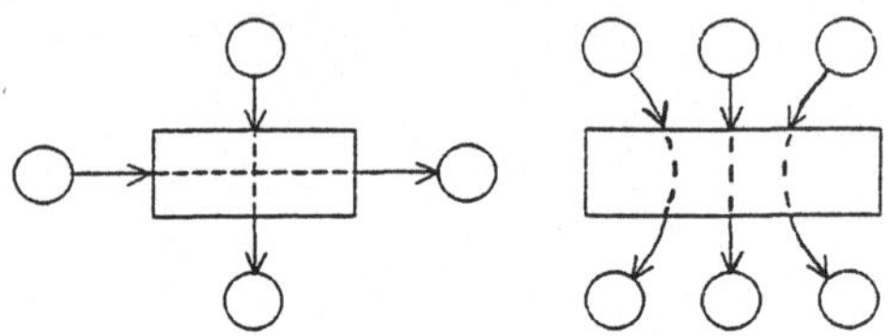

a) 'natürliche Fortsetzungen'

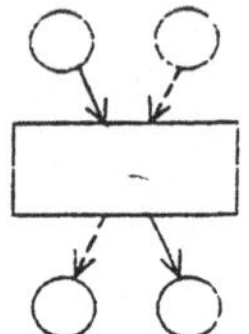
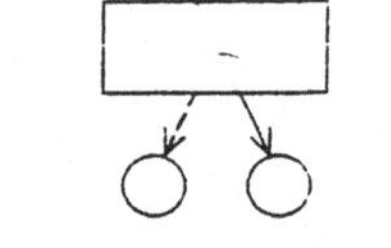

b) spezielle Kantenmuster

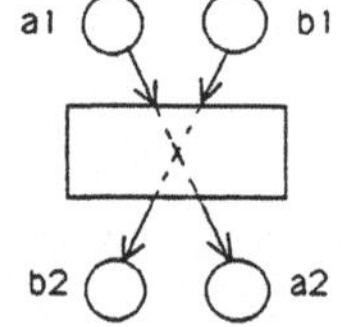

c) Beschriftung von Zuständen

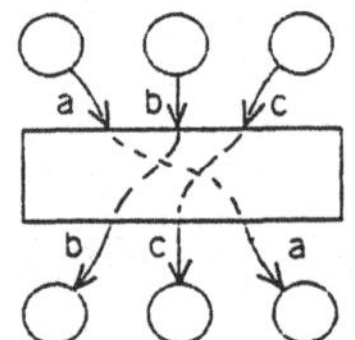

c) Kantenbeschriftung

Abb. 4/41: Kontrollflüsse bei gemeinsamen Handlungen

Alternativ zur geschlossenen Darstellung gemeinsamer Handlungen durch einen Handlungskasten kann die **gekoppelte Darstellung** verwendet werden, welche Kopplungsbeziehungen derselben Form wie in RF-Netzen zwischen Handlungen verwendet.

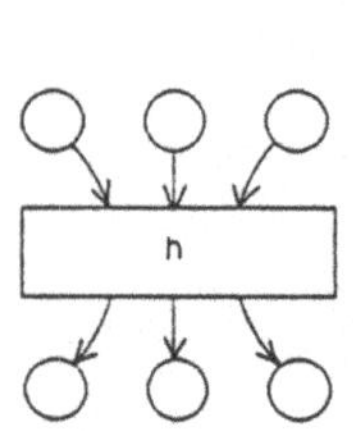

a) geschlossen

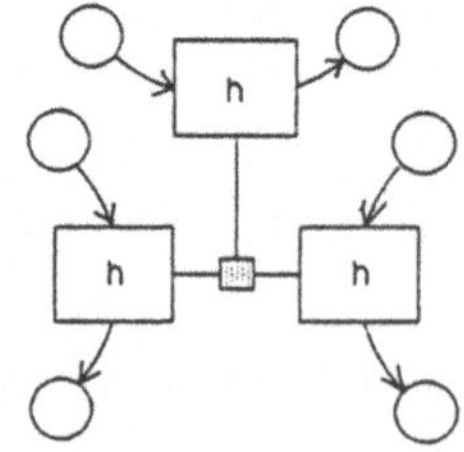

b) gekoppelt

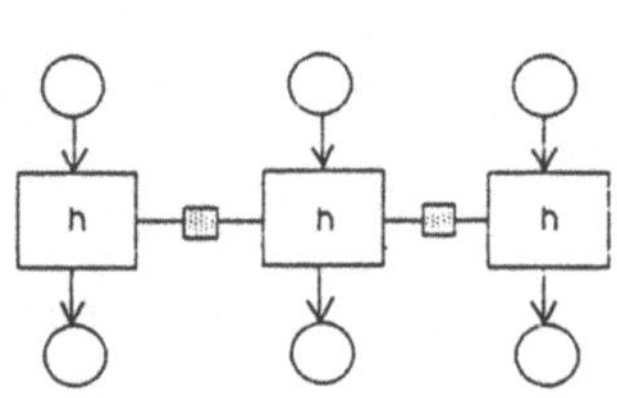

c) gekoppelt-binär

Abb. 4/42: Darstellungsformen für eine gemeinsame Handlung h

In der gekoppelten Darstellung ist der Kontrollfluß eindeutig ablesbar. Das kleine gefüllte Quadrat soll an die zeitliche Punktförmigkeit der gemeinsamen Handlung erinnern. Wegen der Transitivität der Gemeinsamkeit können gemeinsame elementare Handlungen von mehr als zwei Funktionsträgern (vgl. b)) äquivalent durch binäre Kopplung von je zwei Handlungsteilen (vgl. c)) erfaßt werden, was die zeichnerische Darstellung erleichtern kann. In den meisten praktischen Fällen kommen nur gemeinsame Handlungen von zwei Funktionsträgern vor.

Maximale Mengen von durch elementare Handlungen und Kontrollflüsse verbundenen Zuständen charakterisieren jeweils die gesamte Tätigkeit einer Funktion unter dem Kontrollaspekt. Die durch solche Mengen bestimmten Unternetze sind offensichtlich S-Graphen, die auch als endliche Automaten aufgefaßt werden können und das sequentielle Verhalten der Funktionsträger ausdrücken. In der gekoppelten Darstellung wird besonders deutlich, daß ein Kontrollnetz durch Identifizierung der T-Elemente für gemeinsame Handlungen aus dem Kontrollnetz der einzelnen Funktionen gewonnen werden kann.

Die Zuordnung der Zustände und Handlungen zu Funktionen kann auf unterschiedliche Weise visualisiert werden, z.B. durch spezielle Muster für alle Kontrollpfeile einer Funktion, durch graphische Klassifikation der Zustände oder durch Kombination beider Möglichkeiten. Bei der gekoppelten Darstellung bietet sich die Zuordnung durch Umrandung an, die die Beziehung zu den Funktionen am deutlichsten zeigt. Die kombinierte Darstellung ergibt ein <u>Funktions-/Aktionsnetz</u> (<u>FA-Netz</u>).

Beispiel 4.26:

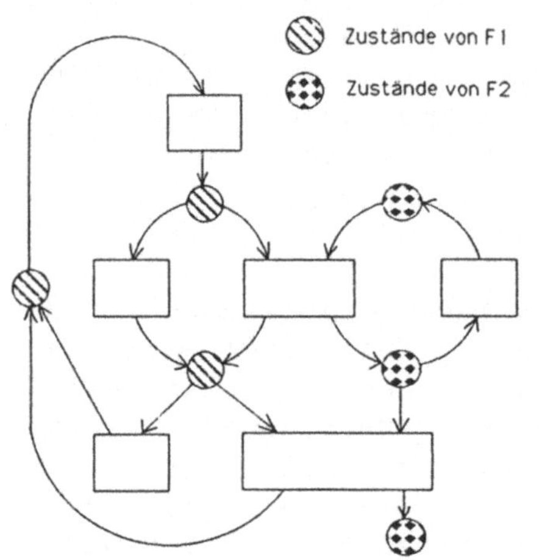

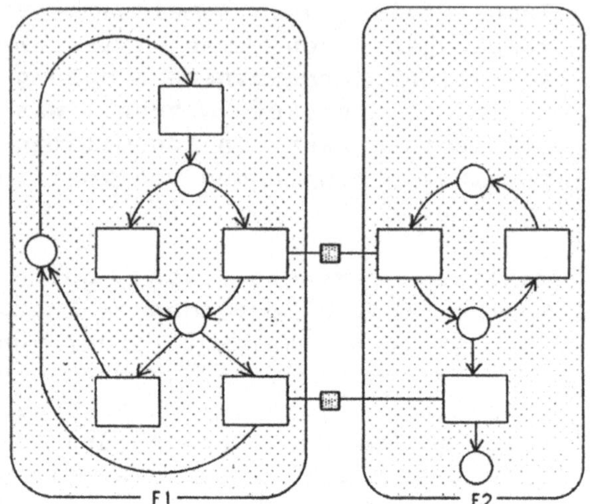

a) durch graphische Klassifikation
   der Zustände

b) durch Umrandung bei
   gekoppelter Darstellung
   (FA-Netz)

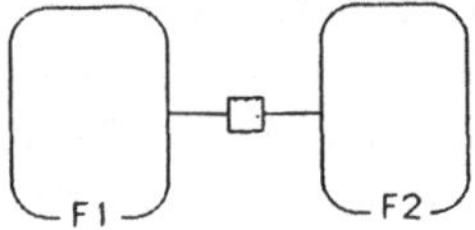

c) Kopplung der Funktionen im F-Netz

Abb. 4/43: Zuordnung von Zuständen und Handlungen
           eines Kontrollnetzes zu Funktionen in F-Netzen

Kopplungen in Kontrollnetzen können in natürlicher Weise als
Verfeinerungen für die Kopplungen in RF-Netzen aufgefaßt werden:
Beim Zusammenfassen aller Kopplungen gleicher Art und der
Abstraktion aller Handlungen und Zustände jeder Funktion zu
einem T-Element (Tätigkeit bzw. Funktion) kann ein Kontrollnetz
in ein korrespondierendes, durch die Kopplungselemente eindeutig
bestimmtes F-Netz überführt werden (vgl. Abb.4/43c). Die
Kopplungen im F-Netz implizieren entsprechend vergröberte
Kopplungen in den zugehörigen RF-Netzen.

Der aktuelle Zustand der Funktionsträger in bezug auf eine
einzelne Funktion kann durch __Markierung__ von je einem Zustand
jeder Funktion mit einer individuellen __Kontrollmarke__ angegeben
werden.

Die Kontrollmarke drückt das Recht des Funktionsträgers zur Ausführung von Handlungen einer Funktion aus: Eine Handlung kann nur dann ausgeführt weden, wenn alle ihre Eingangszustände markiert sind. Die Ausführung einer Handlung hat die Weitergabe der Kontrollmarken auf die eindeutig bestimmmten Ausgangsplätze zur Folge. Dies entspricht der üblichen Schaltregel für P/T-Netze, wenn man von der Individualität der Kontrollmarken absieht.

Der Zustand, in dem sich der Funktionsträger bei Einrichtung der Funktion befindet, wird der <u>Anfangszustand</u> der Funktion genannt. Eine Funktion kann einen oder mehrere <u>Endzustände</u> haben, d.h. Zustände, in denen keine weitere Handlung vorgesehen ist.
Sobald ein Endzustand erreicht ist, heißt eine Funktion <u>passiv</u>, sonst <u>aktiv</u>.

In den meisten praktischen Fällen sind keine Endzustände für Funktionen vorgesehen; vielmehr wird die Beendigung einer Funktion durch Reorganisationsmaßnahmen erzwungen.

Beispiel 4.27: Ein markiertes elementares Kontrollnetz mit Zuordnung zu Funktionen

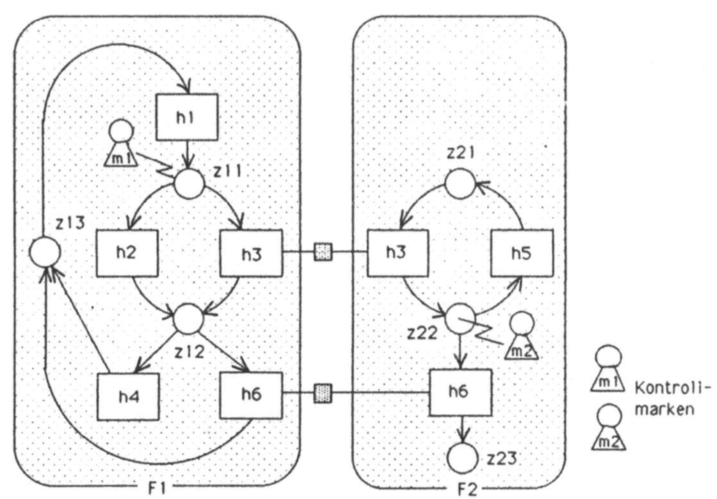

**Abb. 4/44: Markiertes Kontrollnetz
(FA-Netz)**

z11 und z21 seien die Anfangszustände, z23 ist ein Endzustand. Beide Funktionen, F1 und F2, sind aktiv, da

Handlungen möglich sind (h2 bzw. h5). Wenn der Funktionsträger von F2 die gemeinsame Handlung h6 ausführt, wird die Funktion F2 passiv, da die Kontrollmarke m2 einen Endzustand (z23) erreicht.

(2) Allgemeine Kontrollnetze

Die Beschreibung der Dynamik auf der Ebene der elementaren Handlungen ist nicht immer sinnvoll. Deshalb erlauben wir in Kontrollnetzen die Verwendung von **komplexen Handlungen**, die Abstraktionen von Handlungen und Zuständen einer Funktion sind.

Für sie gelten die folgenden zusätzlichen Bedingungen:

(k3) Der Anfangszustand darf nicht in einer komplexen Handlung liegen.
(k4) Jede komplexe Handlung muß mindestens einen Eingangs- und einen Ausgangszustand für jede der an ihr beteiligten Funktionen besitzen.
(k5) Alle Endzustände müssen außerhalb von komplexen Handlungen liegen.
(k6) Handlungen mehrerer Funktionen dürfen nur dann zu einer komplexen gemeinsamen Handlung zusammengefaßt werden, wenn sie mindestens eine elementare gemeinsame Handlung für die beteiligten Funktionen enthalten.

Beim Zusammenfassen von Handlungen können **alternative Eingänge** und **Ausgänge** einer Funktion für eine komplexe Handlung entstehen. Um diese besser sichtbar zu machen, können die Eingangs- und Ausgangspfeile 'gebündelt' werden.

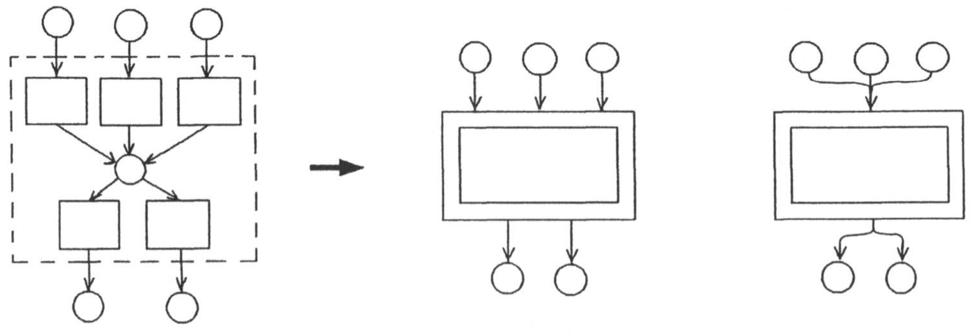

Abb.4/45: Alternative Ein- und Ausgänge
beim Zusammenfassen von Handlungen

Beim Zusammenfassen unter Einschluß gemeinsamer Handlungen können wir sowohl von der geschlossenen wie von der gekoppelten Darstellung ausgehen und geschlossene oder gekoppelte Darstellungen mit komplexen Handlungen erhalten. Kopplungsrelationen zwischen komplexen Handlungen haben dann nur noch die Bedeutung von 'besitzen gemeinsame elementare Handlungen'.

Beispiel 4.28: Die Handlungen von zwei interagierenden Funktionen

Die Anfangszustände seien $z11$ und $z21$.

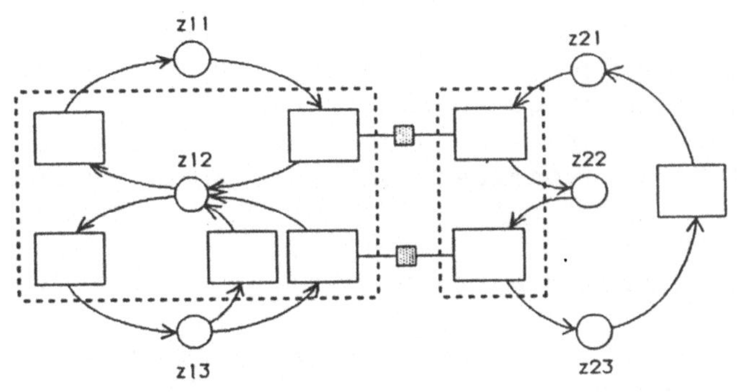

a) elementares Handlungsnetz
(gekoppelte Darstellung)

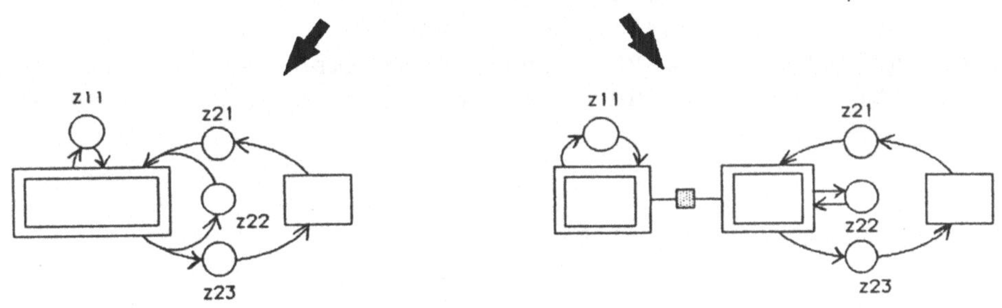

b) vergröbertes Handlungsnetz   c) vergröbertes Handlungsnetz
(geschlossene Darstellung)   (gekoppelte Darstellung)

Abb. 4/46: Konstruktion gemeinsamer komplexer Handlungen

Die Darstellung gemeinsamer komplexer Handlungen in der geschlossenen Form sollte immer mit der gebündelten Darstellung der alternativen Ein- und Ausgänge für jede beteiligte Funktion kombiniert werden (vgl. Abb.4/46b). Wegen der besseren

Verträglichkeit mit der Funktions- und Rollenbeschreibung bevorzugen wir die gekoppelte Darstellung (c).

Die Möglichkeit, daß ein- und derselbe Funktionsträger gleichzeitig als Funktionsträger zweier Funktionen mit gemeinsamen Handlungen aktiv sein kann und die gemeinsame Handlung somit von diesem Funktionsträger allein ausgeführt wird, wird für Kontrollnetze nicht (!) ausgeschlossen.
Es ist vielmehr eine Frage des zu erfassenden Sachverhaltes, wes-halb eine gemeinsame Handlung gewählt wurde.
Wenn es zum Beispiel lediglich um die Synchronisation von Handlungen oder um die Kopplung von Berechtigungen der Funktionsträger geht, erscheint die oben erwähnte Möglichkeit sinnvoll. Wird hingegen mehr als die Kraft, Berechtigung o.ä. eines Akteurs für eine gemeinsame Handlung benötigt, dann ist die Zuordnung an denselben Funktionsträger unsinnig.

4.3.2. Die Bearbeitung von Objekten

Um die Bearbeitung von Objekten durch Handlungen zu erfassen, führen wir eine zweite Unterklasse von Aktions-Netzen ein, die wir _Objektnetze_ nennen.
Wie in den Kontrollnetzen werden _Handlungen_ als T-Elemente betrachtet. _Positionen_ für die Aufnahme von Objekten, wie sie in RF-Netzen bereits eingeführt wurden, bilden die S-Elemente. Handlungen und Positionen werden durch beschriftete _Zugriffspfeile_ (Fluß-Relation) derselben Form wie in RF-Netzen verknüpft, die auf der Aktionsebene aber etwas spezieller interpretiert werden.

(1) _Elementare Objektnetze_

Die detaillierteste Beschreibung des Umgangs mit Objekten erfolgt in _elementaren Objektnetzen_, die nur elementare Handlungen und elementare Positionen enthalten. Abb.4/47 zeigt ihre graphischen Bausteine.

T-Elemente:

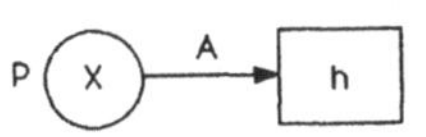

elementare <u>Handlung</u>

S-Elemente:

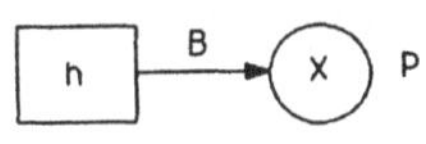

elementare <u>Position</u> für ein
Objekt vom Typ X

F-Elemente:

a) <u>Objektfluß</u>:   Pfeile mit 'schwarzer' Spitze

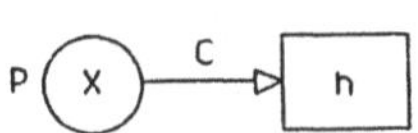

Die Handlung h entnimmt aus Position P ein
Objekt vom Typ X, welches durch den lokalen
Namen A identifiziert wird.

Die Handlung h liefert in Position P ein
Objekt vom Typ X ab, welches den lokalen
Namen B trägt.

b) <u>Datenfluß</u>:   Pfeile mit 'weißer' Spitze

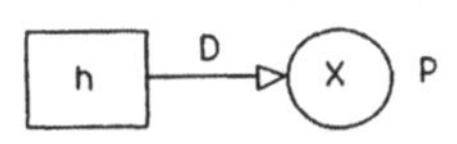

Die Handlung h verwendet Attributwerte eines
Objektes mit Namen C vom Typ X, ohne es aus
seiner Position P zu entfernen.

Die Handlung h ändert variable Attribute
eines Objektes mit Namen D vom Typ X, ohne
es aus seiner Position P zu entfernen.

Abb. 4/47: Bausteine von elementaren Objektnetzen

Die Unterscheidung zwischen Objekt- und Datenfluß gestattet es,
zwei verwandte, aber unterschiedliche Fälle auch visuell zu
unterscheiden.

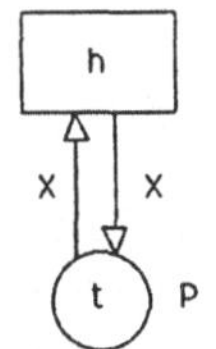

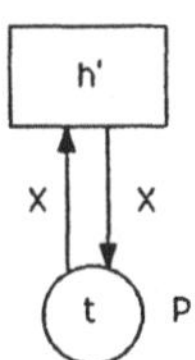

a) Auswerten und Ändern   b) Entnehmen und Zurücklegen
   desselben stationären   des (evtl. geänderten)
   Objektes   Objektes

Abb. 4/48: Daten- und Objektfluß

Ein typisches Beispiel für Fall a) ist die Erhöhung einer Zählervariablen, ein typisches Beispiel für b) ist die Eintragung in einem Notizbuch.

Um den Umgang mit Objekten korrekt zu erfassen, müssen elementare Objektnetze einige leicht zu prüfende <u>Konsistenz-bedingungen</u> erfüllen. Diese Bedingungen sind notwendig, aber bei weitem nicht hinreichend.

(o1) Positionen, auf die ein Wertänderungspfeil irgendeiner Handlung zeigt, müssen einen Objekttyp mit variablen Attributen haben.
(o2) Zwischen einer elementaren Position und einer elementaren Handlung können nicht gleichzeitig Objektfluß- und Datenflußpfeile existieren, da ein Objekt nicht zur selben Zeit beweglich und stationär sein kann.
(o3) Die Annahme von gewinn- und verlustfreiem Objektfluß erfordert, daß keine Handlung nur eingehende oder nur ausgehende Objektflußpfeile hat. Da jedoch Zerlegungen und Zusammensetzungen von Objekten möglich sind, kann die Anzahl der eingehenden und ausgehenden Objektflußpfeile unterschiedlich sein.
(o4) Die Namen der eingehenden und ausgehenden Objekte müssen für jede Handlung eindeutig sein, damit ihre individuelle Bearbeitung beschrieben werden kann.

Der Inhalt jeder einzelnen Handlung wird durch Beschriftung der Handlungskästen präzisiert, wobei das folgende Schema zugrunde gelegt wird.

<u>< Name > :</u>

< Bedingung >

< Wirkung >

Abb. 4/49: Gliederungsschema für elementare Handlungen

<Name> ist eine Bezeichnung der Handlung, möglichst ein Verb. <Bedingung> ist eine Beschreibung der Ausführungsbedingung, die die Eingangsobjekte der Handlung erfüllen müssen. <Wirkung> ist eine Beschreibung des Effektes, den die Handlung auf die Ausgangsobjekte hat.

Um gewinn- und verlustfreien Fluß von Objekten (einschließlich Zerlegung und Konstruktion) zu erfassen, müssen die Beschreibungen der Handlungsinhalte weitere Anforderungen erfüllen, die wir anhand des in Abb.4/50 dargestellten allgemeinen Falles unter Verwendung der in 4.2.2. eingeführten Textform für Objekte und Operationen diskutieren wollen.

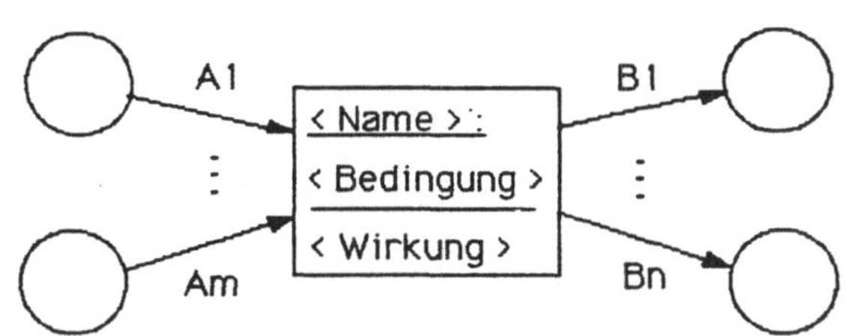

Abb. 4/50: Objektfluß durch elementare Handlungen

Die Zerlegbarkeit von zusammengesetzten Objekten in bestimmte Komponenten kann als Teilbedingung aufgefaßt und unter Verwendung von Strukturmustern mit sämtlich unterschiedlichen neuen Bezeichnern für die einzelnen Komponenten erfaßt werden.
Für jedes Eingangsobjekt soll in jeder elementaren Handlung genau eine Zerlegung erlaubt sein. Weitere Attribut-abhängige Bedingungen können unter Verwendung sämtlicher definierter Objektbezeichner für Eingangsobjekte und ihre Komponenten und unter Ausnutzung der Identifizierungstechniken für Komponenten und Attribute formuliert werden. Der Bedingungsteil erhält hierdurch folgende Struktur:

<Bedingung>

(i) Zerlegungsausdrücke: maximal 1 Ausdruck pro
                                  Eingangsobjekt

    ....   fi Konstruktor oder
                                      Konstruktionsoperation
    Ai = fi(Xi1, ... ,Xik)   Xij Komponentennamen,
                                      sämtlich untereinander
    ....   und von A1,...,Am
                                      und von B1,...,Bn
                                      verschieden

(ii) Attribut-abhängige Bedingungen:

    b1(...,Ai.Attrj,...)   Logische Ausdrücke über
                                  Attributen, die darin beliebig
    b2(...,Xrs.Attrt,...)   oft verwendet werden dürfen
       ....

Alle Teilbedingungen werden als durch <u>und</u> verknüpft betrachtet.

Entsprechend können wir im <u>Wirkungsteil</u> die Attribut-bezogenen Wirkungen von den Angaben über Fluß und Neukonstruktion von Objekten trennen.

<Wirkung>

(i) Attributänderungen: maximal eine Zuweisung für
    ....   jedes variable Attribut der
                                   Eingangsobjekte
    $X_{ij}\dots Attr := $ <Ausdruck>   Ausdrücke können alle
                                   Attribute der Eingangs-
    ....   objekte auswerten

 (ii) Fluß und Konstruktion: genau eine Angabe für
    ....   jedes Ausgangsobjekt

    $B_j \equiv A_r$

    ....

    $B_k \equiv f(\dots,A_s,\dots,X_{tv},\dots)$

Der gewinn- und verlustfreie Fluß von Objekten kann lokal an jeder Handlungsbeschreibung überprüft werden. Er ist genau dann gegeben, wenn alle fließenden unzerlegten Eingangsobjekte und alle Komponenten der zerlegten Eingangsobjekte zu fließenden Ausgangsobjekten oder Komponenten von Ausgangsobjekten werden und die fließenden Ausgangsobjekte auch nur aus diesen konstruiert werden. In der Beschreibung bedeutet dies, daß in den Fluß- und Konstruktionsausdrücken die eindeutigen Namen der unzerlegten Eingangsobjekte bzw. der bei Zerlegung entstehenden Komponenten sämtlich und genau einmal auf der rechten Seite vorkommen müssen. Außerdem müssen die Ausgangsobjekte vom Typ her auf den Ausgangspositionen erlaubt sein.

Beispiel 4.29:

Folgende Objekttypen seien gegeben:

```
UMSCHLAG  .=   atom [ Abs, Adr: Anschrift ]
MARKE     .=   atom [ Wert= Zahl          ]
BLATT     .=   atom [ Abs, Adr: Anschrift, Inhalt: Text ]
BRIEF     .=   hülle ( frei (UMSCHLAG,MARKE), BLATT )    bzw.
          .=   frei (UMSCHLAG,MARKE) (BLATT)
```

Die Handlung 'versandfertig machen' kann dann präzise beschrieben werden.

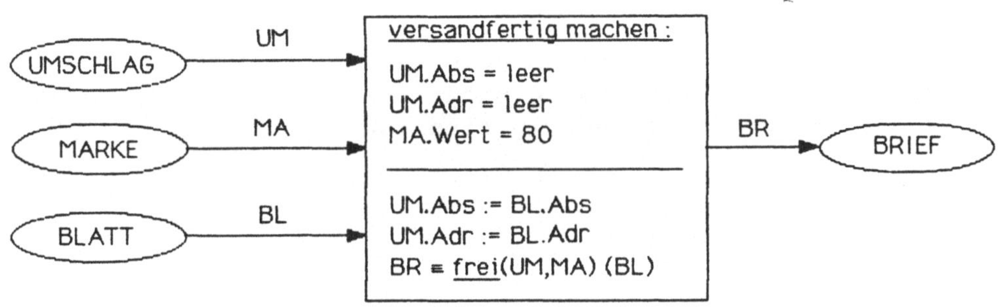

Abb. 4/51: Ausführliche Handlungsbeschreibung

Mit diesen Sprachkonzepten formulierte Handlungsbeschreibungen erlauben maximale Präzision, sind aber nicht unbedingt transparent. Zum Beispiel werden Objekte mehrfach benannt, wenn sie nur durch die Handlung transportiert werden, oder nicht alle Objektnamen werden überhaupt verwendet. Auch die Trennung zwischen Fluß, Zerlegen und Zusammensetzen auf der einen und Attributänderungen auf der anderen Seite kann verdeutlicht werden.

Zur Erhöhung der Transparenz werden deshalb mehrere Vereinfachungs- und Abkürzungsmöglichkeiten eingeführt.

(1) Typnamen der angrenzenden Positionen können als Objektbezeichner verwendet werden, soweit dies eine eindeutige Bezeichnung der Objekte ergibt. Sie können dann an den Pfeilen weggelassen werden.

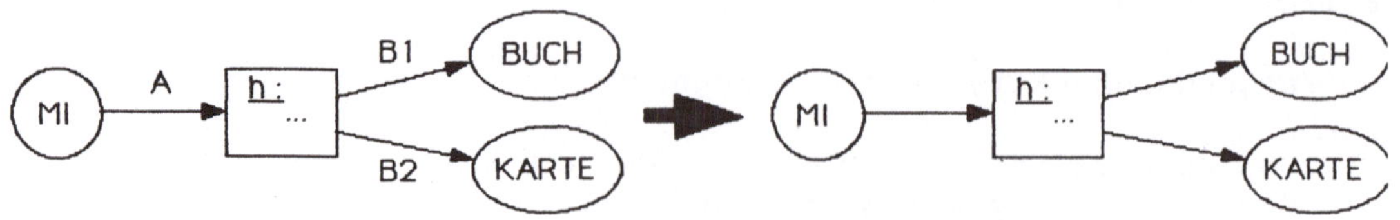

a) mit eindeutigen Objektnamen an den Kanten

b) vereinfacht mit
   eindeutigen Typnamen

Abb. 4/52: Eindeutige Typnamen als Objektbezeichner

(2) Anstelle der Namen von Eingangsobjekten, die zerlegt werden
    sollen, können Zerlegungsausdrücke direkt an die Eingangs-
    pfeile geschrieben werden.
    Die Namen für Gesamtobjekte dürfen entfallen, wenn sie in
    der Handlungsbeschreibung nicht benötigt werden oder als
    Typnamen bereits eindeutig sind (vgl. (1)).

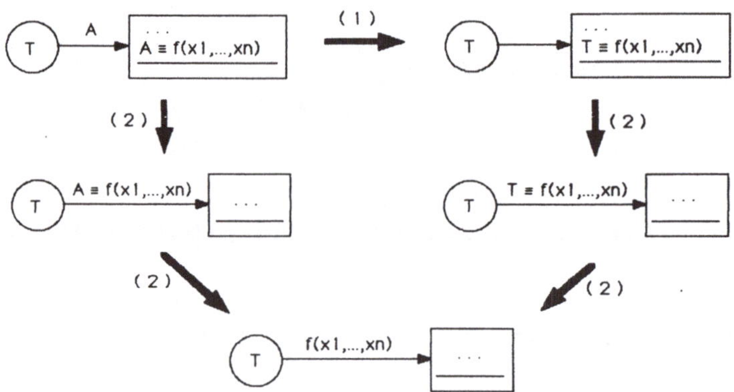

Abb. 4/53: Herausziehen und Vereinfachen
           von Zerlegungsausdrücken

(3) Die Namen von Ausgangsobjekten können durch ihre
    definierenden Ausdrücke ersetzt werden. Dabei nach außen
    verlagerte Typbezeichner können weggelassen werden, wenn sie
    mit dem Typ der zugehörigen Ausgangsposition übereinstimmen.

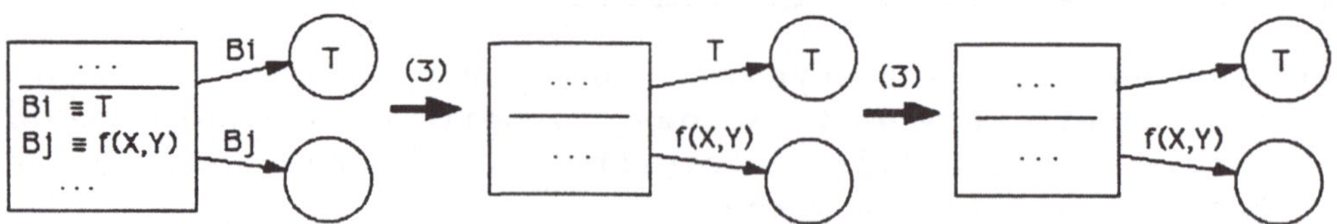

Abb. 4/54: Herausziehen und Vereinfachen von
           Fluß- und Konstruktionsausdrücken

(4) Zerlegungs- und Konstruktionsausdrücke, die der Typdefinition entsprechen, können bis zur Positionsinschrift herausgezogen werden, soweit dies weiterhin eine eindeutige Benennung für alle angrenzenden Handlungen garantiert.

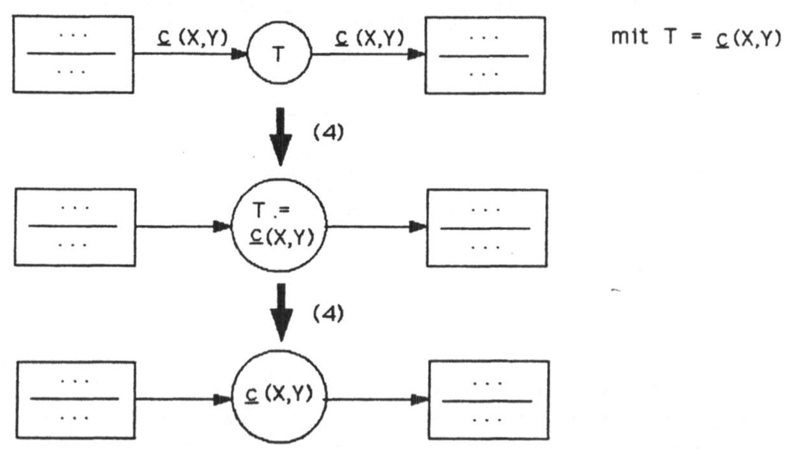

Abb. 4/55: Verlagerung bis in die Position

(5) Eindeutige Präfixe von Typnamen dürfen als abgekürzte Objektnamen in Handlungsbeschreibungen verwendet werden.

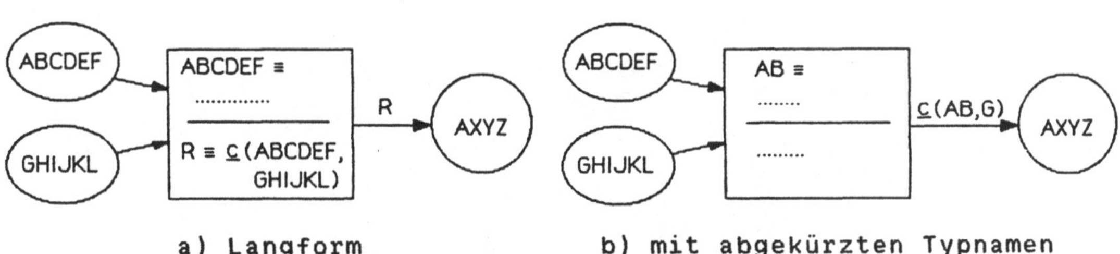

a) Langform   b) mit abgekürzten Typnamen

Abb. 4/56: Abkürzung von Typnamen

(6) Handlungsbeschreibungen dürfen verkürzt werden durch
   - Weglassen des Namens,
   - Weglassen des Bedingungsteils einschließlich des Trenn-
     strichs, wenn die Bedingung konstant den Wert **wahr** hat,
   - Weglassen des Wirkungsteils, wenn keine spezifischen
     Wirkungen außer den durch Pfeil- und Positionsinschriften
     angegebenen Strukturoperationen und Flüssen eintreten.

(7) Alternativ zur vollen inhaltlichen Beschreibung in den
   Kästen können der Bedingungs- und Wirkungsteil auch getrennt
   vom Netz notiert und durch Benennung referiert werden.
   Mehrfach benutzte Teile müssen dann nur noch einmal
   ausführlich erläutert werden.

Beispiel 4.30: Vereinfachte Darstellung zu Beispiel 4.29

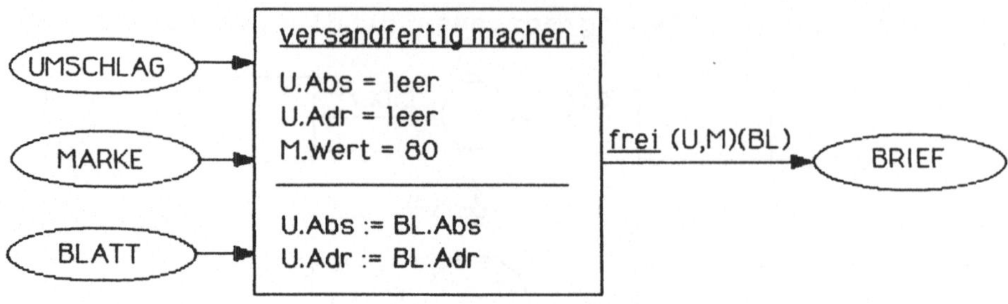

Abb. 4/57: Vereinfachte Textdarstellung

Ohne wesentlichen Verlust an Präzision könnte die Handlung 'versandfertig machen' auch ohne die Angabe der Konstruktion des BRIEFes beschrieben werden, da die Typdefinitionen nur eine Konstruktion erlauben. Sie könnte alternativ auch weitgehend bildlich erfaßt werden, wie aus Abb.4/58 ersichtlich.

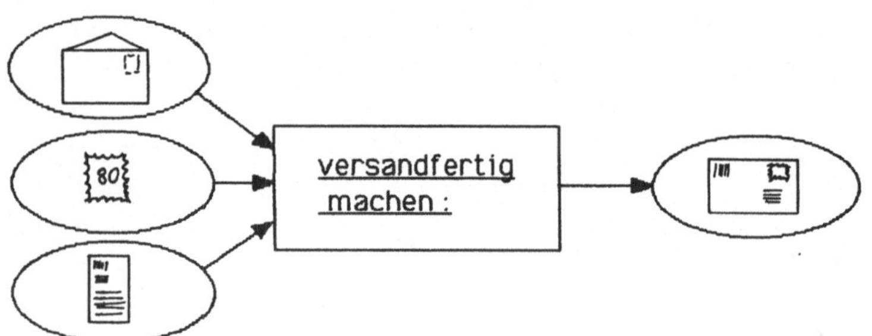

Abb. 4/58: Ikonische Darstellung

Beispiel 4.31:

    Seien
        ORDNER   .= DECKEL (reihe(DOKUMENT*) sortiert <Name>),
        DECKEL   .= atom [Name: String, Bereich= AZeichen],
        DOKUMENT .= atom [..., Akz: AZeichen, Name: String, ...]
    vorgegebene Objekttypen.
    ord(O,D) sei eine Operation auf Objekten, die das Einordnen eines DOKUMENTs D in einen ORDNER O erfaßt.
    Dann kann dieselbe Handlung 'ablegen' mehr oder weniger formal in einem elementaren Objektnetz angegeben werden (vgl. Abb.4/59).

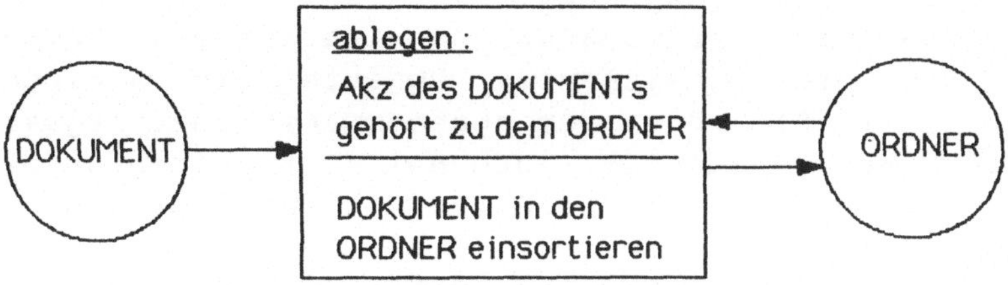

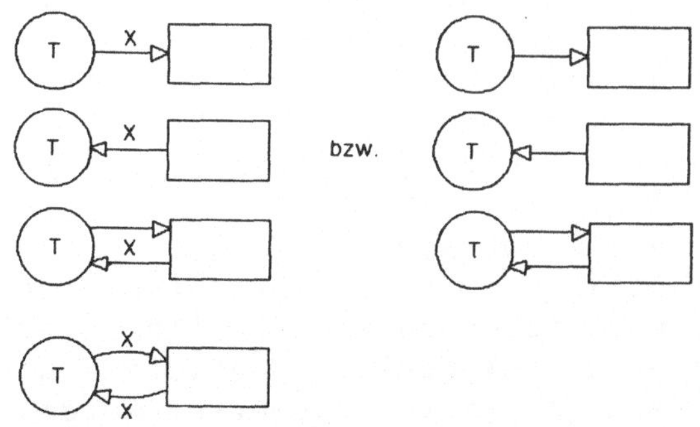

a) verbale Beschreibung

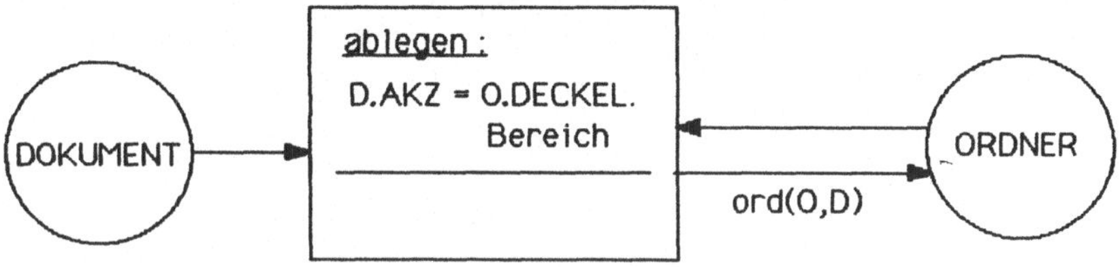

b) formale Beschreibung

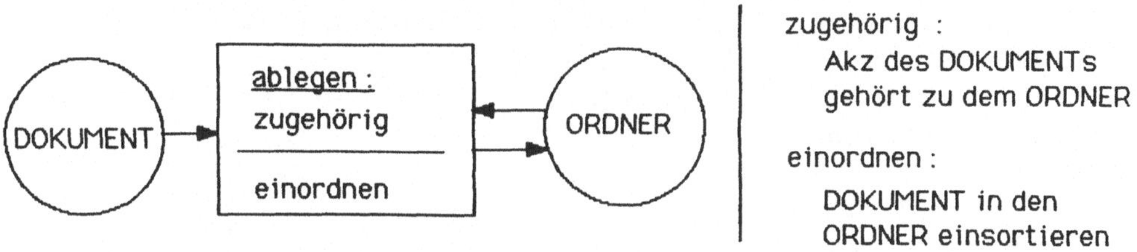

c) aufgeteilte verbale Beschreibung

Abb. 4/59: Drei Beschreibungen derselben Handlung

Die **Verwendung von stationären Objekten** in Handlungen kann
kompatibel mit fließenden Objekten behandelt werden.
Da es sich bei stationären Objekten um dieselben, höchstens in
Attributen veränderten Objekte handelt, sollten sie nur durch
genau je einen Namen bezeichnet werden. Hierfür können sowohl
lokal eindeutige Namen an den Datenflußpfeilen wie eindeutige
Typnamen in den Positionen der stationären Objekte dienen.

Abb. 4/60: Benennung stationärer Objekte

Die Auswertung von Attributen in Bedingungen und wertfähigen
Ausdrücken und die Attributänderung wird für stationäre Objekte
genauso wie für fließende Objekte im Bedingungs- und
Wirkungsteil erfaßt. Wegen der angenommenen Unzerlegbarkeit von
elementaren Handlungen darf auch bei stationären Objekten jedes
variable Attribut durch höchstens eine Zuweisung geändert
werden.
Für zusammengesetzte stationäre Datenobjekte können Zerlegungsausdrücke im Bedingungs- oder Wirkungsteil verwendet werden, um
Komponentennamen einzuführen. Diese können bei der Attributauswertung oder -änderung benutzt werden. Zerlegungsausdrücke
können wie für fließende Objekte nach außen verlagert werden.

Beispiel 4.32: Auswertung und Änderung stationärer Objekte

    Seien ZAHL .= atom [Wert: Integer] und
          ERG .= atom [Wert: Boolean]
    als Objekttypen gegeben und BRIEF und BLATT wie in Beispiel
    4.29 erklärt.
    Dann lassen sich typische Operationen an Daten wie
    folgt erfassen:

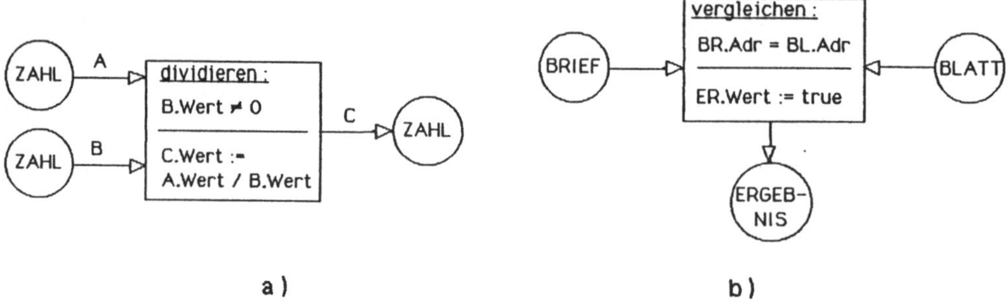

Abb. 4/61: Handlungen an stationären Objekten

Um die Verbindung zu gewohnten Denk- und Schreibweisen der
Programmierung herzustellen und die Beschreibung des Umgangs
mit stationären Datenobjekten zu vereinfachen, führen wir
ergänzend eine spezielle Konvention ein.
Wir verstehen unter einer Werteposition vom Wertetyp t eine
elementare Position P mit Objekttyp T .= atom[Wert:t], auf die
nur Datenzugriffe erlaubt sind.
Eine solche Position muß bei Einrichtung mit einem Objekt vom
Typ T belegt sein, welches danach stationär ist und über die
Positionsbezeichnung P eindeutig identifizierbar ist.
Eine Werteposition, die nur ausgewertet werden darf, entspricht

genau dem Konzept der Konstanten; darf das Attribut 'Wert'
geändert werden, so stellt die Werteposition eine traditionelle
Variable dar.

Konvention für Wertepositionen:

Wertepositionen P können in elementaren Objektnetzen durch
Angabe des Wertetyps t an Stelle des Objekttyps T in P
dargestellt werden. Für jeden Wertetyp t wird der zugehörige
Objekttyp

$$T := atom[Wert: t]$$

als vordefiniert angenommen. In Handlungsbeschreibungen
bezeichnet dann der Positionsname P eindeutig den aktuellen Wert
(in Ausdrücken) bzw. das Attribut 'Wert' (linke Seite von
Zuweisungen) des stationären Objektes.

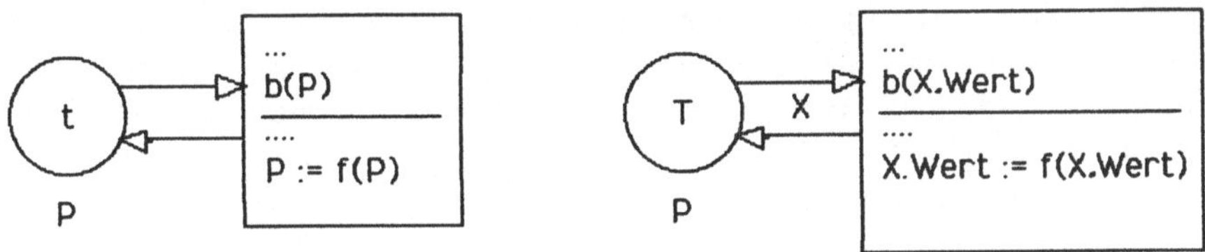

a) mit Wertepositionen   b) ausführliche Form

Abb. 4/62: Einführung von Wertepositionen

Beispiel 4.33: Umformulierung von Beispiel 4.32 a)

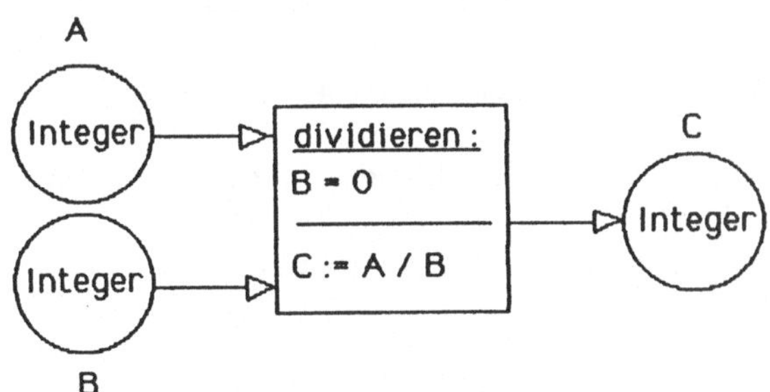

Abb. 4/63: Handlung mit Wertepositionen

Diese Konvention ist mit der Darstellung des Kopierens von
Objekten durch einfache Zuweisungen der Form

$$KOPIE := ORIGINAL$$

kompatibel (vgl. 4.2.3.).

(2) Markierung und Schaltregel

Um den aktuellen Zustand einer Objektbearbeitung und das dynamische Verhalten zu erfassen, können elementare Positionen mit Objektdarstellungen markiert und diese gemäß einer Schaltregel modifiziert und im organisatorischen Raum bewegt werden.

Eine Markierung eines elementaren Objektnetzes ist eine Zuordnung sämtlicher für die beschriebenen Rollen verfügbaren Objekte zu Positionen, wobei jede Position maximal ein Objekt ihres vorgeschriebenen Typs aufnehmen kann.

In der graphischen Darstellung kann die Markierung immer durch Einfügen von eindeutigen Objektbezeichnern (Namen, Ikonen) in oder nahe den Positionen und vollständige Beschreibung der Objekte außerhalb des Objektnetzes vermerkt werden.
Nur bei sehr einfach strukturierten Objekten ist es möglich, diese an Stelle von Bezeichnern selbst vollständig im Objektnetz anzugeben. Bei einfachen Wertepositionen kann der aktuelle Wert direkt in der Position notiert werden, da das Datenobjekt als solches stationär und nicht weiter von Interesse ist.

Die Schaltregel für elementare Objektnetze beschreibt, wann und wie Handlungen an Objekten ausgeführt werden. Sie besteht aus zwei Teilen, einer Zulässigkeitsbedingung und einer Wirkungsbeschreibung.

Eine elementare Handlung heißt zulässig, wenn

- alle Positionen für fließende Eingangsobjekte mit einem Objekt markiert sind,
- alle Positionen für fließende Ausgangsobjekte höchstens mit einem Eingangsobjekt belegt sind,
- alle Positionen, zu denen Datenflußbeziehungen bestehen, mit einem Objekt markiert sind,
- die fließenden Eingangsobjekte gemäß den Zerlegungsausdrücken zerlegbar sind,
- alle Ausdrücke auswertbar sind und
- die attributabhängigen Bedingungen erfüllt sind.

Die Wirkung einer elementaren Handlung besteht in

- der Entnahme der fließenden Eingangsobjekte aus ihren Positionen und ihrer eventuellen Zerlegung gemäß den Zerlegungsausdrücken,

- der Veränderung von variablen Attributen bei fließenden und stationären Objekten entsprechend den Zuweisungen und
- dem Zusammensetzen von Ausgangsobjekten gemäß den Konstruktionsausdrücken und der Ablage der fließenden Ausgangsobjekte in den Ausgangspositionen.

Die Wirkung kann in elementaren Handlungsnetzen durch eine Änderung der Markierung ausgedrückt werden. Markierungen und die Schaltregel spiegeln in der Beschreibung genau den tatsächlichen Umgang mit individuellen Objekten wider. Der gewinn- und verlustfreie Fluß von Objekten wird dadurch garantiert, daß genau alle Komponenten der fließenden Eingangsobjekte zu Ausgangsobjekten oder deren Komponenten werden und stationäre Objekte in ihrer Position verbleiben.

Beispiel 4.34: Markierungen und Schaltregel

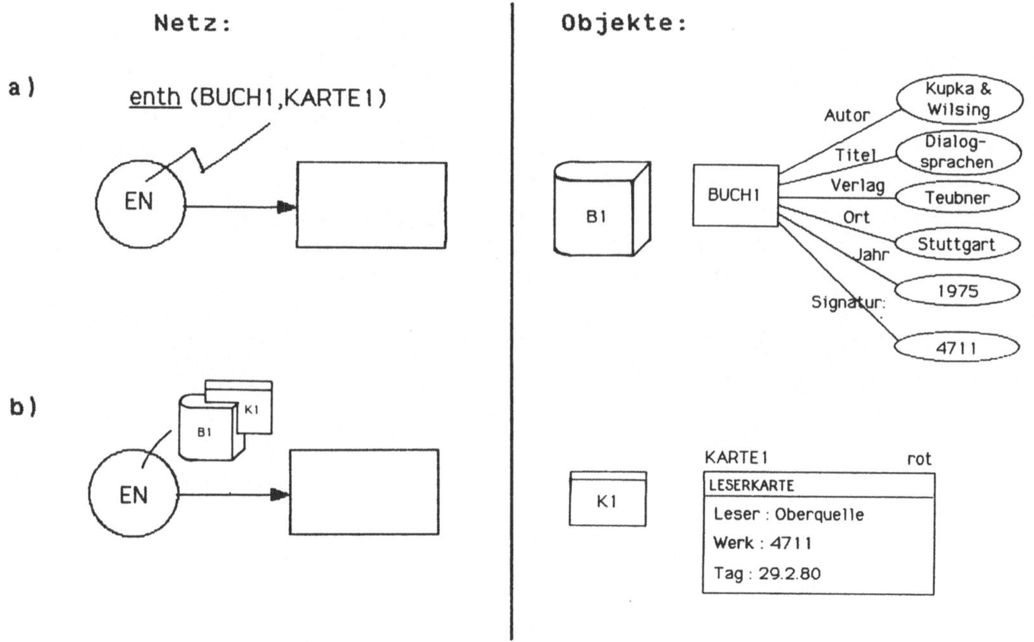

Abb. 4/64: Aufgeteilte Darstellung der Markierung

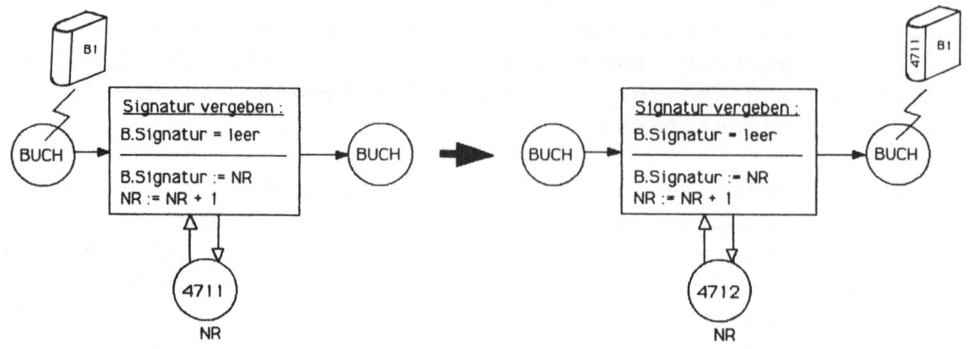

a) zulässige Handlung   b) Markierung nach Ausführung

Abb. 4/65: Verhalten beim Schalten

(3) Allgemeine Objektnetze

Die Beschreibung der Objektbearbeitung auf der Ebene von elementaren Objektnetzen ist häufig unnötig oder auch zu aufwendig, um Rollenverhalten transparent zu machen.
Wir lassen deshalb in __allgemeinen Objektnetzen__ einige Abstraktionen und Modifikationen zu, die in ihren graphischen Ausprägungen in Abb.4/66 zusammengestellt sind und anschließend erläutert werden. Einige der Erweiterungen wurden bereits in RF-Netzen und Kontrollnetzen in einer entsprechenden Interpretation verwendet.

S-Elemente:

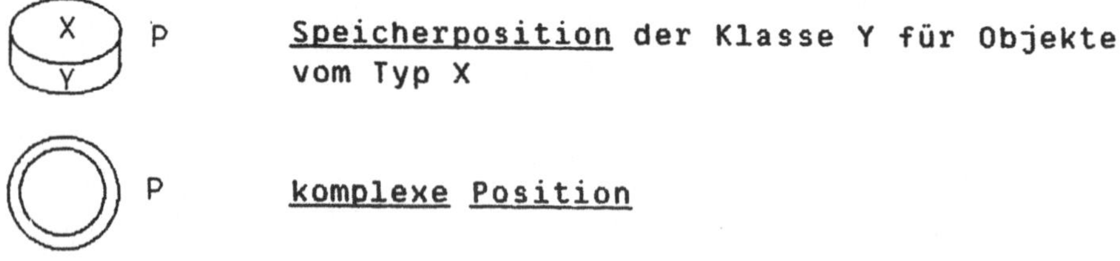

__Speicherposition__ der Klasse Y für Objekte vom Typ X

__komplexe Position__

Abb. 4/66: Erweiterung der Sprachelemente in
          allgemeinen Objektnetzen

T-Elemente:

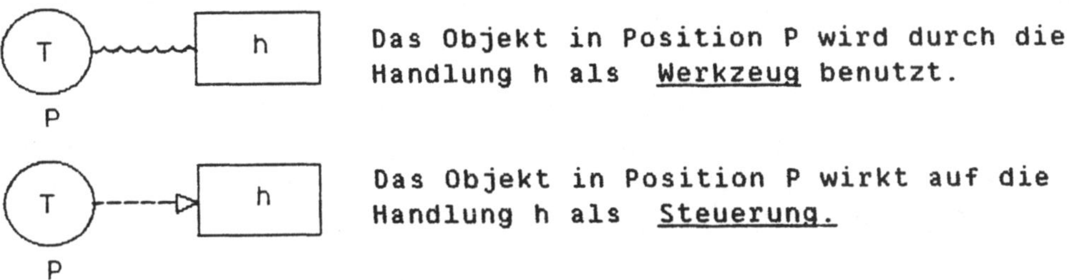

komplexe <u>Handlung</u>

elementare <u>Aktion</u>
(Kasten mit runden Ecken)

komplexe <u>Aktion</u>

F-Elemente:

Das Objekt in Position P wird durch die
Handlung h als <u>Werkzeug</u> benutzt.

Das Objekt in Position P wirkt auf die
Handlung h als <u>Steuerung.</u>

Abb. 4/66: Erweiterung der Sprachelemente in
allgemeinen Objektnetzen (Fortsetzung)

Die Bedeutung der einzelnen Sprachelemente läßt sich durch ihre
Zurückführung auf elementare Konstruktionen wie folgt erklären.

* <u>Speicherpositionen</u> sind Abstraktionen, die eine oder mehrere
  elementare Positionen zusammenfassen, in denen mehrere Objekte
  eines festen Typs X einzeln oder in zusammengesetzten Objekten
  als Komponenten gespeichert werden können. Für den Zugriff
  sind nur vordefinierte Typen von Handlungen erlaubt, die
  lediglich durch ihren Namen beschrieben werden. Bei den
  Zugriffspfeilen sind Vereinfachungen ('par-pro-toto'-
  Abstraktionen) erlaubt, die die interne Organisation des
  Speichers verbergen, aber seine Wirkung nach außen erkennbar
  lassen. Für jede Speicherklasse muß eine Realisierung durch
  elementare Komponenten angebbar sein.

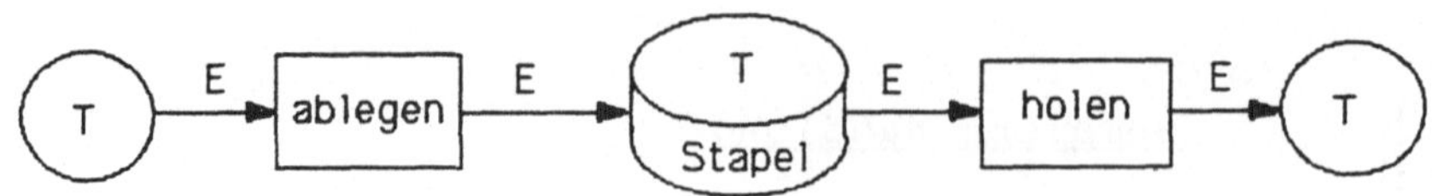

a) Verwendung

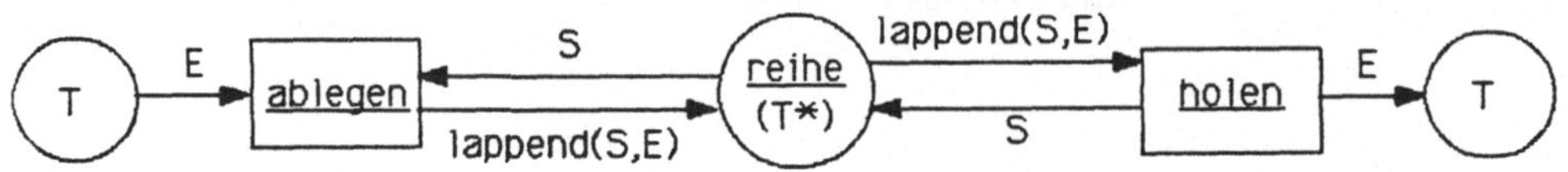

b) Realisierung

Abb. 4/67: Speicherposition der Klasse 'Stapel'

Abb.4/67 zeigt eine Speicherposition der Klasse 'Stapel' von
T-Objekten (a) und ihre Realisierung durch eine Reihe mit den
in Beispiel 4.22 angegebenen Operationen. Weitere Beispiele
werden im nächsten Kapitel angegeben.

● Beliebige Positionen können zu __komplexen Positionen__
vergröbert werden; bei der Verfeinerung von komplexen
Positionen können nur Positionen entstehen.

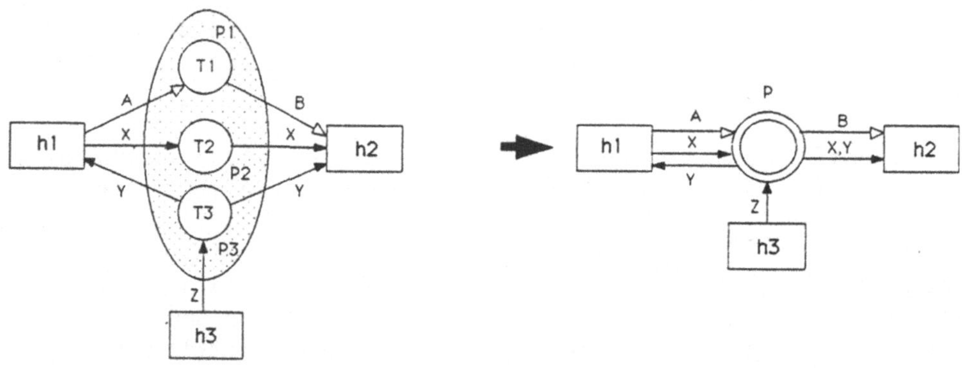

Abb. 4/68: Vergröberung zu einer komplexen Position

Zugriffspfeile gleicher Art können zusammengefaßt, ihre
Inschriften an einem Pfeil gesammelt werden oder ganz
entfallen. Eine Typangabe ist im allgemeinen nicht sinnvoll.
Die zugriffsberechtigten Handlungen können in der Regel auch
nur vergröbert und informal beschrieben werden.

● Mit derselben Begründung wie in Kontrollnetzen können auch in Objektnetzen <u>komplexe Handlungen</u> eingeführt werden. Dabei müssen folgende Regeln beachtet werden:

(1) Komplexe Handlungen sind in Objektnetzen Vergröberungen, d.h. sie enthalten nur Handlungen, aber keine Positionen.

(2) Gleichartige Zugriffspfeile können beim Vergröbern zusammengefaßt, ihre Inschriften dürfen gesammelt oder ganz weggelassen werden.

(3) Komplexe Handlungen werden inhaltlich nur durch ihre Bezeichnung und eventuell einen erläuternden Text beschrieben.

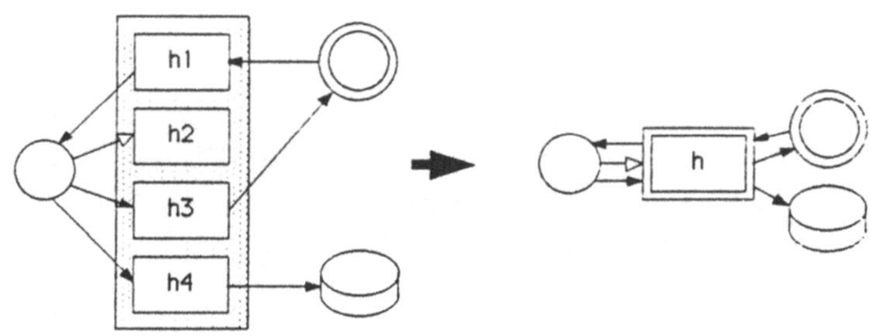

Abb. 4/69: Komplexe Handlung und Positionen

● Handlungen und private Positionen einer Funktion können zu <u>Aktionen</u> abstrahiert werden, die ähnlich wie die höheren Konzepte Funktion und Rolle durch Kästen mit abgerundeten Ecken dargestellt werden. Handlung und Aktion können (analog zu Tätigkeit und Funktion) gleich benannt werden.

<u>Elementare Aktionen</u> werden aus elementaren Handlungen und deren privaten Positionen gewonnen, <u>komplexe Aktionen</u> entsprechend aus komplexen Handlungen.

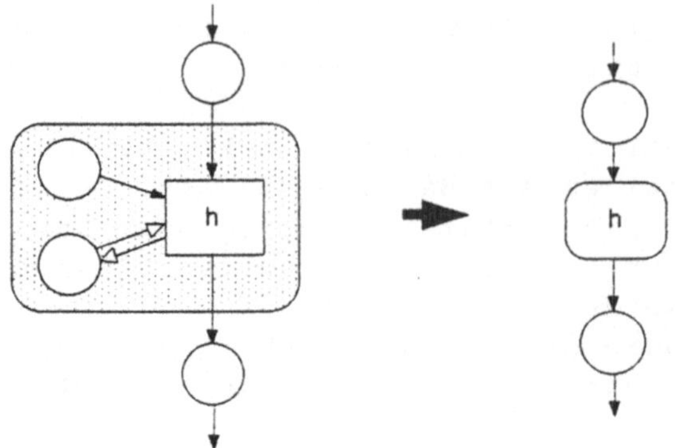

a) Einführung einer elementaren Aktion

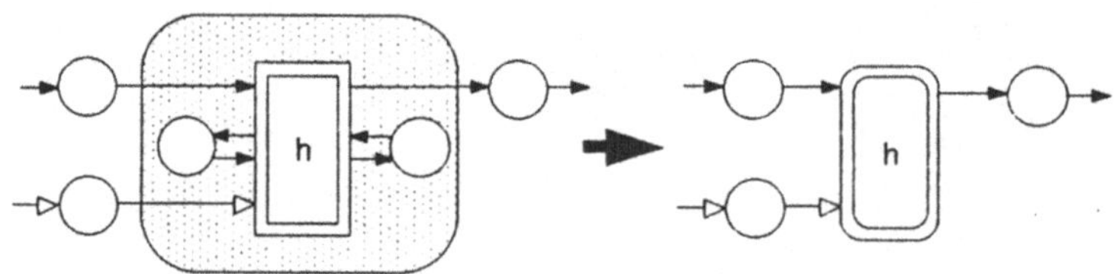

b) Einführung einer komplexen Aktion

Abb. 4/70: Elementare und komplexe Aktionen

Beispiel 4.35: Aktion mit Werkzeug

Ein typisches Beispiel für die Aktionsbildung ist die Zusammenfassung einer Handlung mit der Position für ein Werkzeug, das nur für diese Handlung benötigt wird.

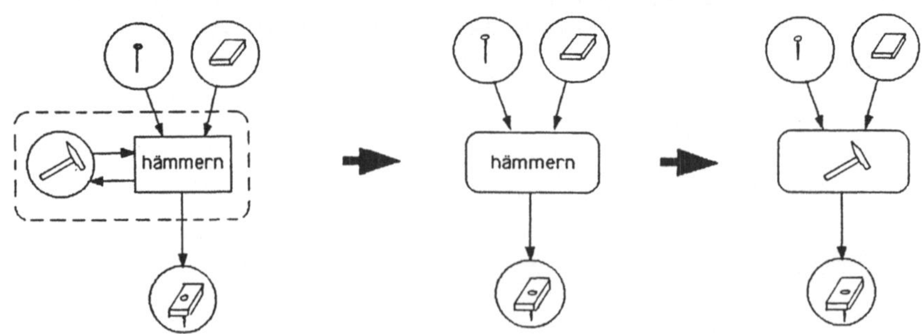

a) elementare Form   b) Aktionsform   c) bildliche Aktion

Abb. 4/71: Die Aktion 'hämmern'

Hier kann die Aktion sogar durch das lokale Objekt bezeichnet werden (vgl. c).

● Um die Klassifikation von Objekten in Materialien, Werkzeuge und Steuerungen hervorzuheben, können <u>Werkzeug-</u> und <u>Steuerungskanten</u> verwendet werden. Werkzeugbenutzung entspricht dem unveränderten Hindurchfließen des Werkzeugs durch die Handlung, Steuerung entspricht einer Attributauswertung.

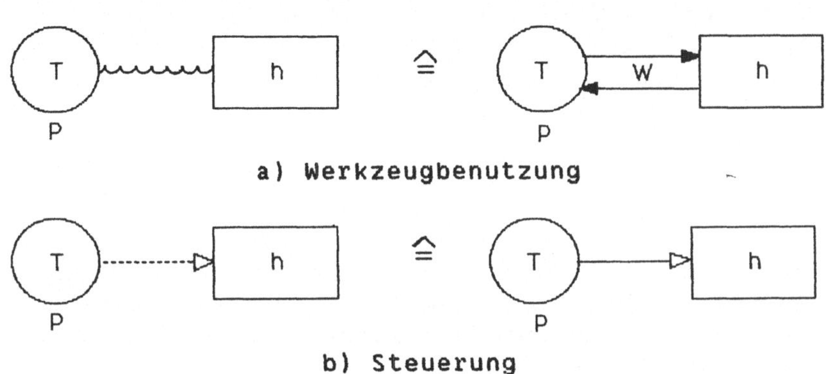

a) Werkzeugbenutzung

b) Steuerung

Abb. 4/72: Werkzeug- und Steuerungskanten

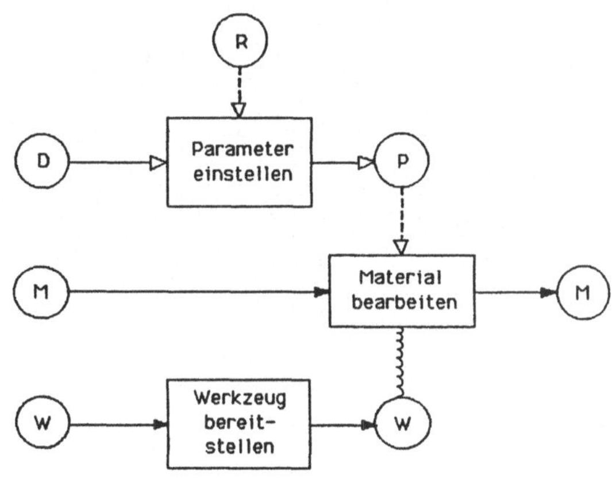

Abb. 4/73: Objektnetz mit differenzierten Flüssen

<u>Markierungen</u> und das <u>Schalten</u> werden für allgemeine Objektnetze nicht direkt erklärt, sondern können aus dem zugrunde liegenden elementaren Objektnetz abgeleitet werden.

Der aktuelle Verarbeitungszustand kann durch die Markierung von elementaren Positionen mit einzelnen Objekten und die Markierung von Speicherpositionen und komplexen Positionen mit offenen

Kollektionen der in ihnen befindlichen Objekte vergröbernd
angegeben werden.
Eine einheitliche Schaltregel für komplexe Handlungen und
Aktionen gibt es nicht.
In Objektnetzen mit Aktionen ist an zwei aufeinanderfolgenden
Zuständen bei zwischenzeitlicher Ausführung einer Aktion der
gewinn- und verlustfreie Fluß von Objekten nicht mehr unbedingt
beobachtbar, da Objekte in den privaten Positionen der Aktion
verschwinden oder aus diesen nach außen fließen können.
Markierte allgemeine Objektnetze werden für die
Rollenbeschreibung nur gelegentlich benötigt.

(4) <u>Zusammenhang mit der Funktions- und Rollenebene</u>

Die Zuordnung von Handlungen, Aktionen und Positionen eines
Objektnetzes zu Funktionen und Rollen kann ähnlich wie für
Kontrollnetze deutlich gemacht werden. Die gekoppelte
Darstellung von gemeinsamen Handlungen und die Umrandung führen
zu FA-, RA- oder RFA-Netzen.

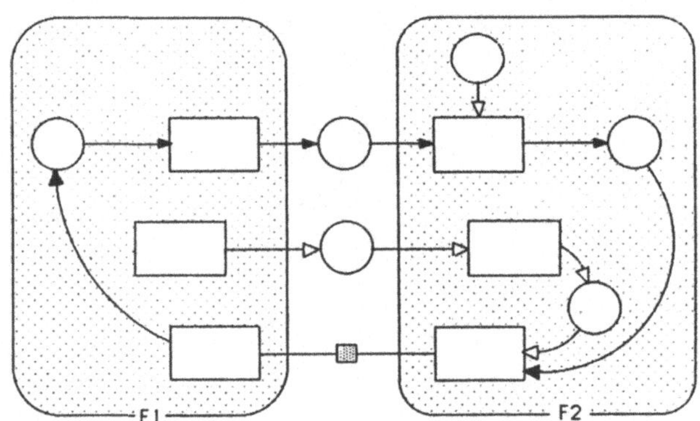

Abb. 4/74: Objektnetz und Funktionen
(FA-Netz)

Einige spezielle Probleme ergeben sich für die Darstellung des
Zugriffs gemeinsamer Handlungen und Aktionen auf Positionen.

Problem 1: Sind Positionen, auf die nur eine gemeinsame Handlung
zugreift, als private Positionen einer der
beteiligten Funktionen anzusehen oder als
Schnittstellen ?

Diese Frage kann nicht allgemein beantwortet werden, sondern muß
vom Autor jeder Beschreibung anhand des Anwendungsfalles
entschieden werden.

Problem 2: Wie wird der Zugriff von gemeinsamen Handlungen auf
           Schnittstellen bei gekoppelter Darstellung gezeichnet ?

Eine allgemein befriedigende Lösung existiert nicht. Es kann nur
empfohlen werden, die Zugriffspfeile zwischen Schnittstellen und
den verschiedenen Kästen für die Handlungsteile so zu verteilen,
daß sich sinnvolle, 'sichtbare' Flüsse ergeben bzw. die
gleichberechtigte Nutzung sichtbar wird.

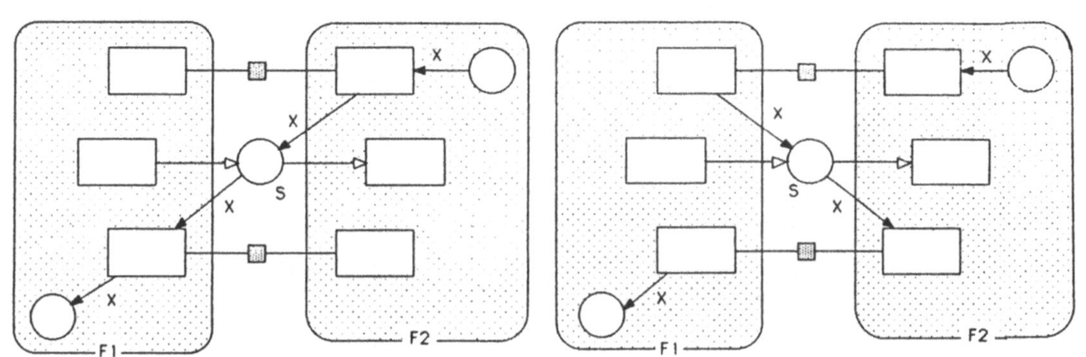

a) 'sichtbarer' Fluß   b) 'versteckter' Fluß

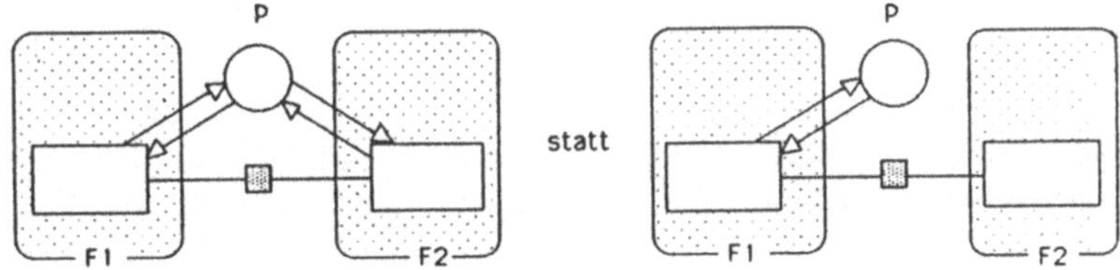

c) 'sichtbare' Symmetrie   d) 'versteckte' Symmetrie

Abb. 4/75: Gemeinsame Handlungen und Schnittstellen
                      (FA-Netz)

Problem 3: Wie wird mit Schnittstellen bei der Abstraktion von
            Handlungen zu Aktionen umgegangen?

Hier legen wir fest, daß bei der Bildung von Aktionen aus
gemeinsamen Handlungen alle Positionen, die Schnittstellen sind,
erhalten bleiben, damit die Art der Kooperation bzw. Interaktion
auch in der vergröberten Beschreibung sichtbar bleibt (vgl. Abb.
4/76).

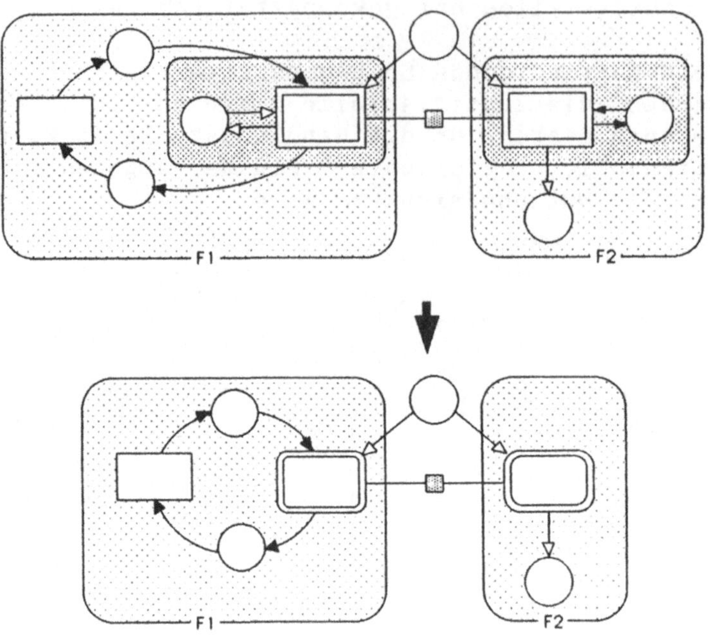

Abb. 4/76: Aktionen und Schnittstellen
(FA-Netz)

Die Zusammenfassung aller Handlungen einer Funktion ergibt eine komplexe Handlung, die der Tätigkeit der Funktion entspricht. Die Zusammenfassung aller Handlungen und privaten Positionen einer Funktion führt zu einer komplexen Aktion, die die gesamte Funktion bezüglich des in Objektnetzen betrachteten Aspektes ausfüllt. Beide Abstraktionen stellen den direkten Übergang von der Aktions- zur Funktionsebene dar.

4.3.3. Aktionsnetze

Um das Verhalten von Funktionen auf der Aktionsebene vollständig zu erfassen, müssen Kontrollaspekt und Objektbearbeitung gemeinsam betrachtet werden. Dies führt zu den Aktionsnetzen als allgemeinstem Beschreibungshilfsmittel auf dieser Betrachtungsebene.

Wir nennen ein Netz genau dann ein __Aktionsnetz__ (__A-Netz__), wenn es ein um Zustände und Kontrollpfeile erweitertes Objektnetz ist, welches in ein Kontrollnetz und ein Objektnetz mit

identischen Handlungen und Aktionen aufgespalten werden kann
bzw. durch Überlagerung aus diesen entstanden ist.

Wegen der unterschiedlichen Darstellung von Kontrollfluß und
Objekt- bzw. Datenfluß ist die Aufspaltung eindeutig definiert.
In das Kontrollnetz werden nur die Namen von Handlungen
übernommen.

In der umgekehrten Richtung werden Handlungen und Aktionen in
Kontrollnetzen und Objektnetzen als identisch angesehen, wenn
sie gleich benannt sind. Die inhaltliche Beschreibung der
Handlungen oder Aktionen wird aus dem Objektnetz in das
Aktionsnetz übernommen. Der Zusammenhang zur Rollen- und
Funktionsebene ergibt sich wie im Objektnetz. Abb. 4/77 zeigt
den Zusammenhang exemplarisch.

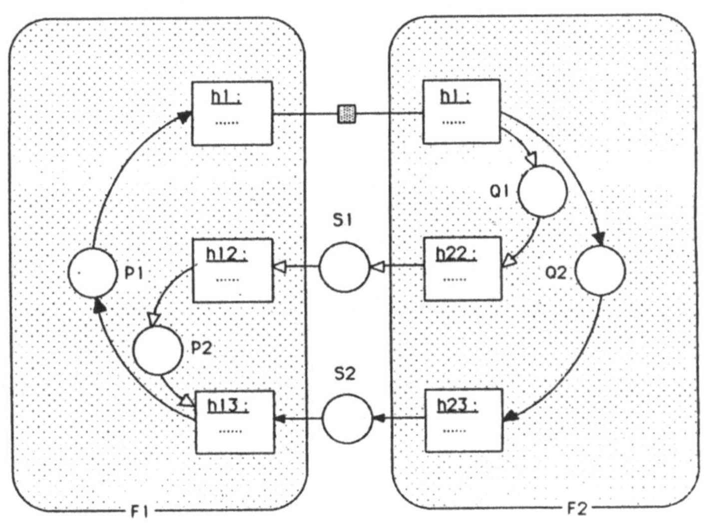

a) Objektnetz mit Funktionszuordnung

Abb. 4/77: Aktionsnetz als Überlagerung von
Objektnetz und Kontrollnetz

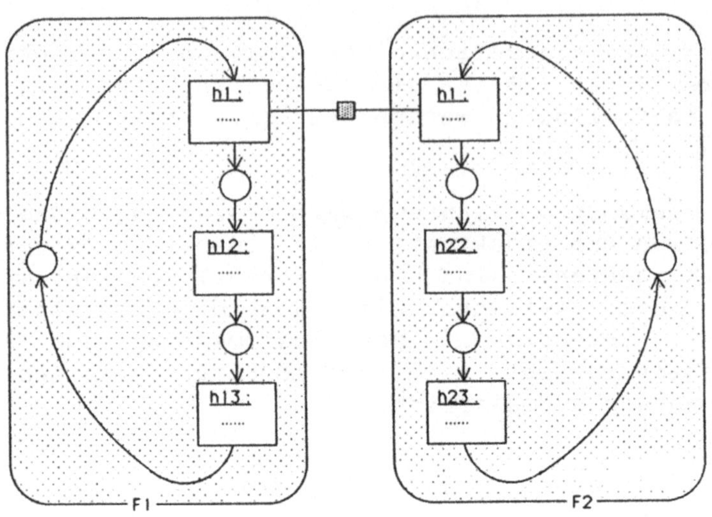

b) Kontrollnetz mit Funktionszuordnung

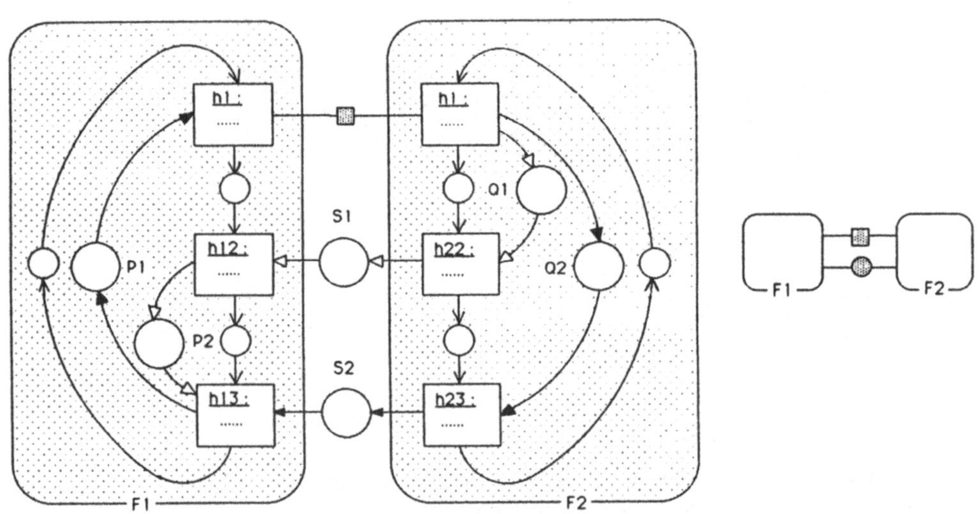

c) Aktionsnetz
   mit Funktionszuordnung

d) ein zugehöriges
   Funktionsnetz

Abb. 4/77: Aktionsnetz als Überlagerung von
              Objektnetz und Kontrollnetz (Fortsetzung)

Damit Aufspaltung und Überlagerung in der angegeben Weise immer

möglich ist, muß noch geklärt werden, wie Aktionen in Kontrollnetzen zu interpretieren sind.

Da Aktionen definitionsgemäß immer genau eine elementare oder
komplexe Handlung enthalten, können sie bezüglich des Kontrollaspektes als äquivalent zu diesen Handlungen betrachtet werden
und auch in Kontrollnetzen anstelle dieser Handlungen verwendet
werden. Abb.4/78 macht diesen Zusammenhang deutlich.

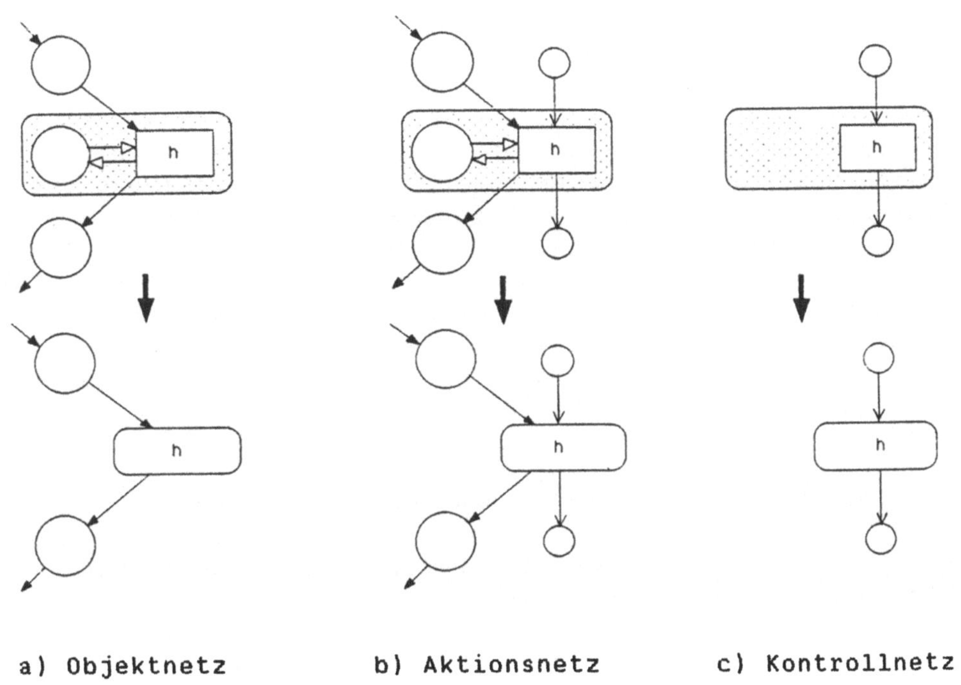

a) Objektnetz   b) Aktionsnetz   c) Kontrollnetz

Abb. 4/78: Übergang von Handlungen zu Aktionen

Die Möglichkeiten der präzisen Beschreibung der Dynamik durch
Markierungen und Schaltregeln für Handlungen lassen sich von
Kontroll- und Objektnetzen einfach auf Aktionsnetze übertragen.
Die vollständige Beschreibung ist analog nur in _elementaren_
Aktionsnetzen möglich, die genau die Möglichkeiten von elemen-
taren Kontroll- und Objektnetzen kombinieren.

Markierungen werden mit Objekten für Positionen und
Kontrollmarken für Zustände vorgenommen.

Die Schaltregel ergibt sich ebenfalls durch Kombination:
Eine elementare Handlung h ist zulässig, wenn sich alle ihre
Funktionsträger in Zuständen befinden, zu deren Handlungs-
spielraum die Handlung h gehört, und wenn alle benötigten
Objekte verfügbar sind, d.h. wenn die Handlung sowohl im
zugehörigen Kontrollnetz wie im Objektnetz zulässig ist.
Die Wirkung ergibt sich aus der kombinierten Wirkung bezüglich
des Kontroll- und Objektaspektes.

Zum Abschluß dieses Abschnitts sollen noch einige spezielle
Möglichkeiten und Fälle erörtert werden, die das volle Konzept
der Aktionsnetze voraussetzen.

Häufig werden 'entscheiden' und 'ausführen' als elementare
Handlungen betrachtet, so z.B. bei der organisations-
wissenschaftlichen Arbeitsanalyse. Wir gehen hingegen davon aus,
daß mit jeder ausgeführten Handlung die Entscheidung für die
Ausführung durch den Funktionsträger so eng verbunden ist, daß
'auswählen einer Alternative' und 'ausführen' als zwei zeitlich
nicht durch Zustände voneinander trennbare Bestandteile in allen
elementaren Handlungen enthalten sind. In Aktionsnetzen kommen
die Unterschiede zwischen verschiedenen Konzepten von 'entscheiden' deutlich zum Ausdruck, wie das folgende Beispiel
zeigt.

Beispiel 4.36: Verschiedene Formen von 'entscheiden'

   Entscheidungen zwischen alternativen Handlungen können auf
   unterschiedliche Weise fallen.
   a) Entscheidungen, die eine Person als Funktionsträger im
      Rollenkontext fällen kann, erscheinen in der
      Funktionsbeschreibung als 'freie', nicht-deterministische
      Entscheidungen zwischen gleichberechtigten Alternativen.
   b) Die Funktionsbeschreibung kann die Entscheidung
      vollständig vom Inhalt oder Vorhandensein privater Objekte
      abhängig machen.
   c) Die Entscheidung kann in einer Funktion getroffen werden
      und muß in einer anderen Funktion nachvollzogen werden.
      Der Inhalt der Entscheidung wird z.B. über ein Datenobjekt
      in einer Schnittstelle übergeben.

   Abb.4/79 zeigt die drei Fälle unter Verwendung von FA-Netzen.

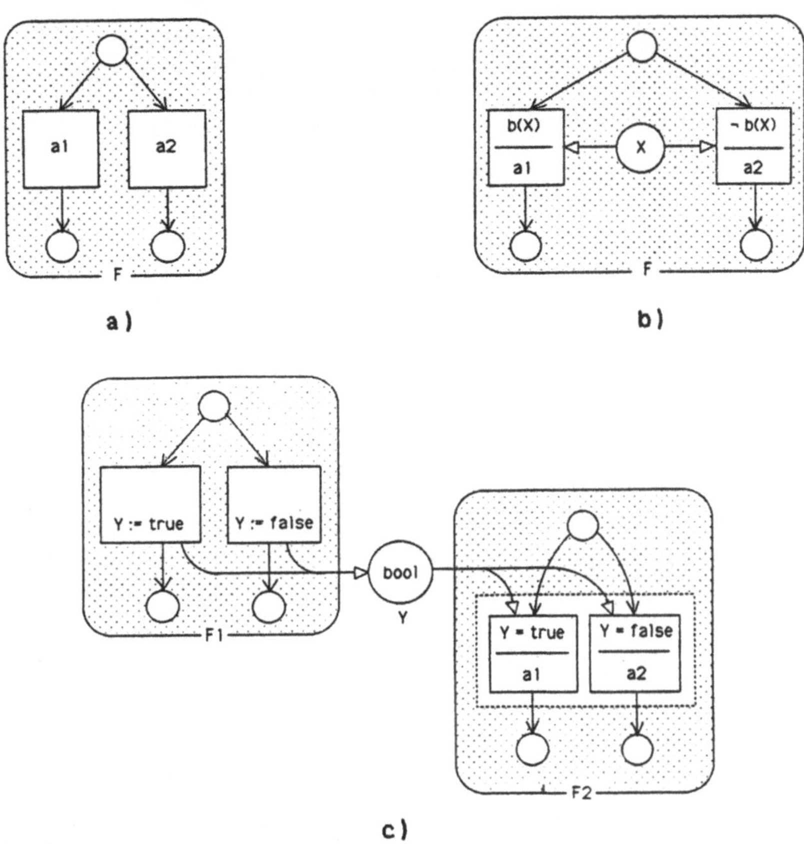

Abb. 4/79: Drei Formen von 'entscheiden'
(FA-Netze)

Für Tätigkeiten oder komplexe Handlungen, die ausschließlich der
Datenverarbeitung auf Wertepositionen dienen, kann die Beschreibung durch ein Aktionsnetz sehr aufwendig und teilweise
intransparent sein, da Wertepositionen nur einmal dargestellt
werden und mögliche Zugriffe von einzelnen Handlungen aus zu
einer Vielzahl von Zugriffspfeilen führen. Für dieses Problem
bietet sich die folgende Lösung an:

Der Zusammenhang zwischen Positionen und Handlungen wird
entweder nur auf der Funktionsebene durch die Zugriffsarten der
Tätigkeit auf die Positionen oder auf der Ebene von komplexen
Handlungen und Positionen sichtbar dargestellt. Tätigkeiten und
komplexe Handlungen können unter Weglassen aller Datenflußpfeile, aber unter Verwendung der Positionsbezeichner bis
hin zu elementaren Handlungen präzisiert werden. Abb.4/80 zeigt
dieses Vorgehen schematisch.

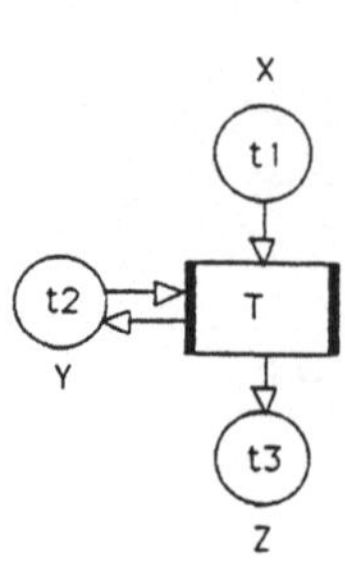

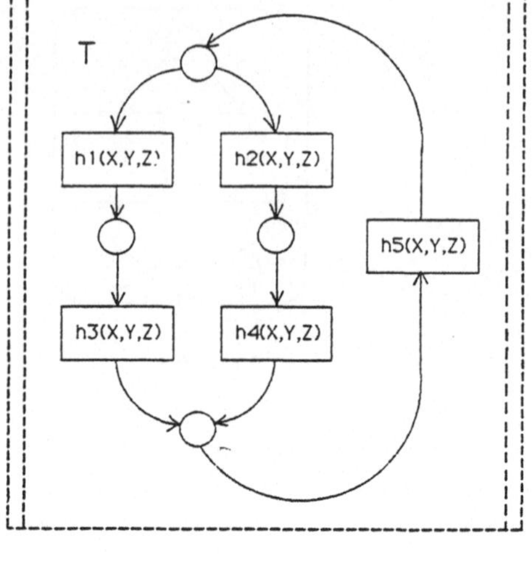

Tätigkeit mit
Wertepositionen

Verfeinerung der Tätigkeit
durch ein Aktionsnetz ohne
explizite Darstellung der
Wertepositionen

a)

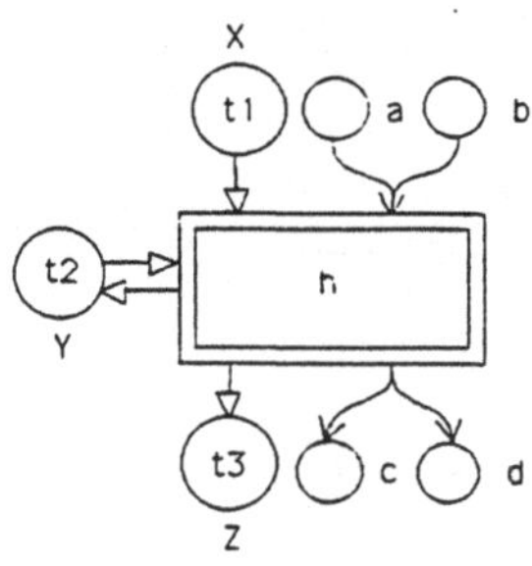

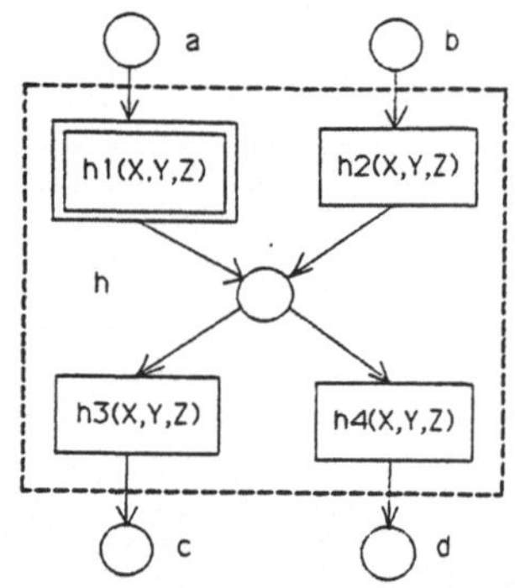

komplexe Handlung mit
Wertepositionen

Verfeinerung der Handlung
durch ein Aktionsnetz ohne
explizite Darstellung der
Wertepositionen

b)

Abb. 4/80: Datenverarbeitende Tätigkeiten und
Handlungen

Bei Anwendung dieses Beschreibungsverfahrens wird es sogar
möglich, komplexe Handlungen durch programmiersprachliche
Formulierungen präzise zu beschreiben. Die Ausdrucksmittel der
strukturierten Programmierung können so für die Rollen- und
Funktionsbeschreibung nutzbar gemacht werden.

Beispiel 4.37: Strukturierte Datenverarbeitung in Aktionsnetzen

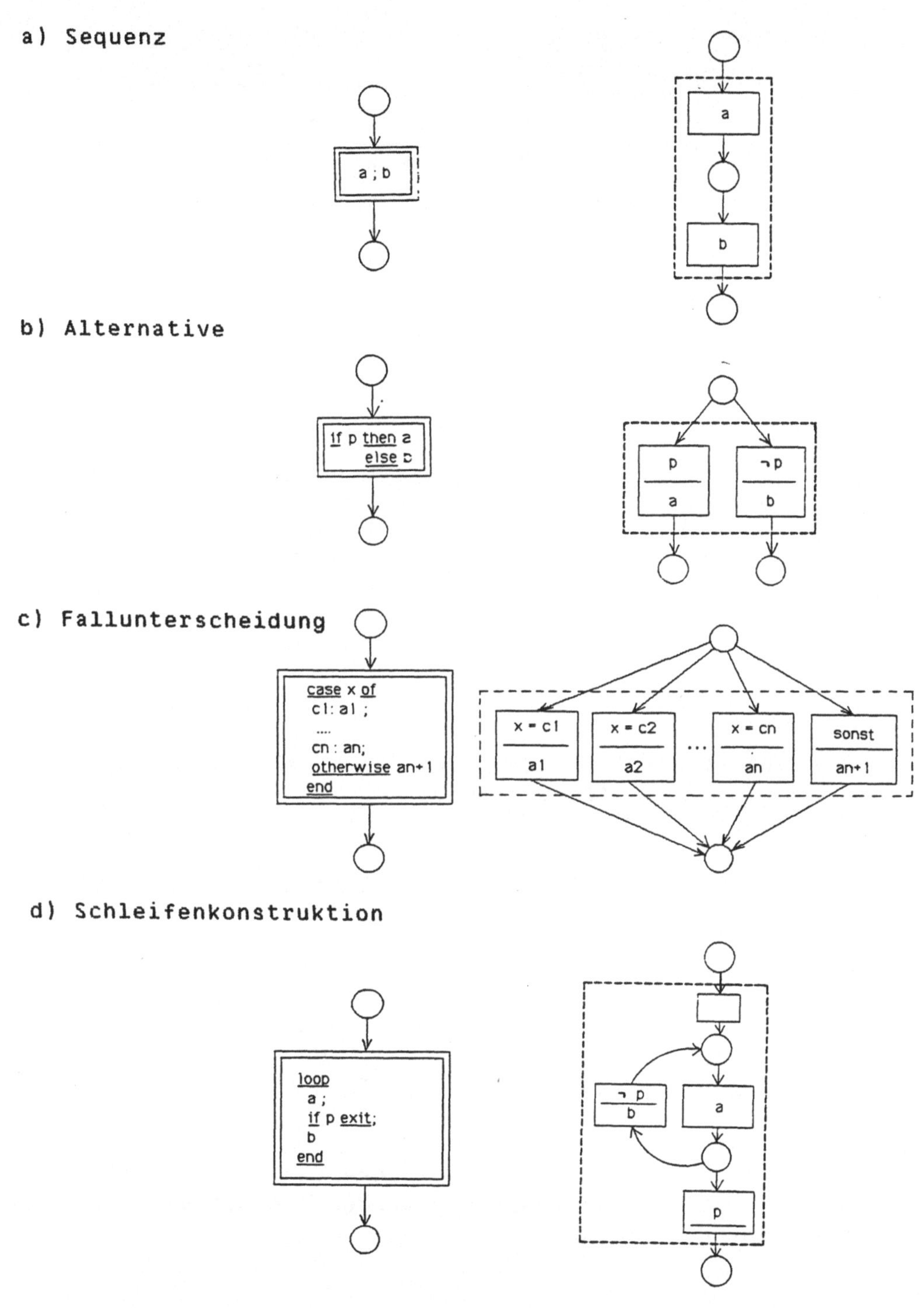

Abb. 4/81: 'Strukturierte' komplexe Handlungen

e) 'guarded if'

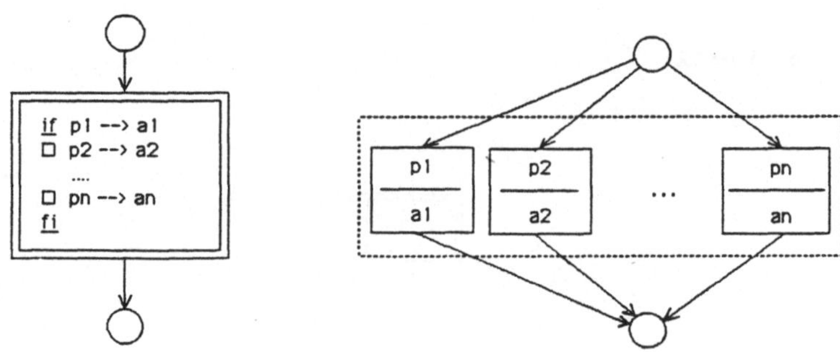

f) 'guarded-do'

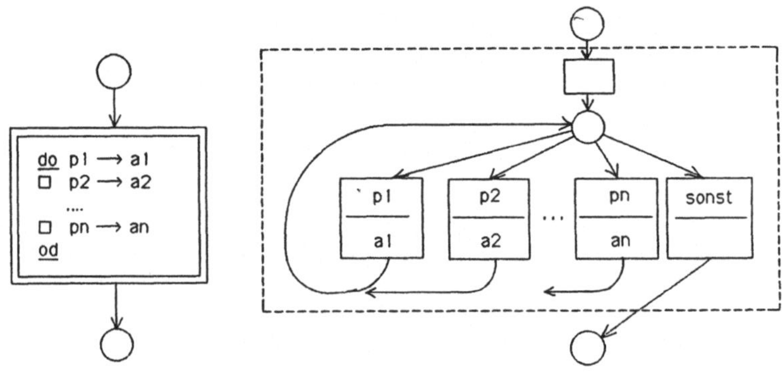

Abb. 4/81: 'Strukturierte' komplexe Handlungen
(Fortsetzung)

Einen anderen Spezialfall stellen _Funktionen_ _mit_ _nur_ _einem_
Zustand dar, in denen alle Handlungen unter dem Kontrollaspekt
gleichberechtigt sind und in denen die Ausführbarkeit von
Handlungen deshalb allein durch die Ausführbarkeit im
zugehörigen Objektnetz bestimmt wird. Für diesen Fall bietet es
sich an, die Dynamik der Funktion insgesamt nur durch das
Objektnetz zu beschreiben, was zu einer erheblichen
Vereinfachung der graphischen Darstellung führt.

Damit sind die Ausdrucksmöglichkeiten in Aktionsnetzen
ausreichend erklärt und begründet worden. Abb.4/82 gibt einen
zusammenfassenden Überblick.

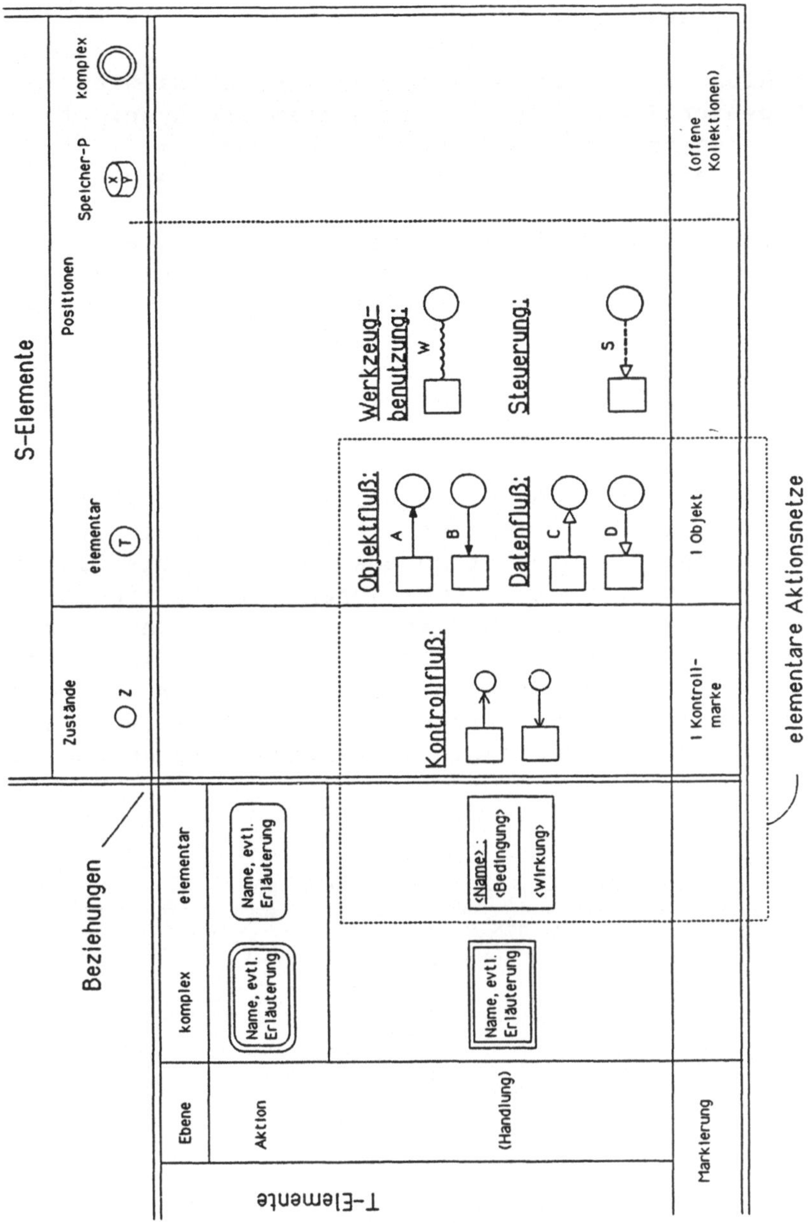

Abb. 4/82: Die Bausteine von Aktionsnetzen

Durch die Abgrenzung und Umrandung von Handlungen und privaten
Positionen, die einer Funktion bzw. Rolle zugeordnet sind,
können Aktionsnetze mit gekoppelter Darstellung gemeinsamer
Handlungen in natürlicher Weise zu FA-, RA- und RFA-Netzen
erweitert werden.

4.4. Zusammenfassung der Konzepte

Zum Abschluß dieses Kapitels sollen einige uns wichtig erscheinende Eigenschaften der vorgestellten Grundkonzepte zusammenfassend hervorgehoben und Beziehungen zu im 3.Kapitel behandelten Beschreibungshilfsmitteln hergestellt werden.

Die vorgeschlagenen Netze erlauben eine klare Beschreibung von Rollen auf den drei wesentlichen Betrachtungsebenen. Auf jeder Ebene kann der Grad der Detaillierung durch Komplexbildung, Abgrenzung oder 'pars-pro-toto'-Abstraktion variiert werden. Beschreibungen desselben Ausschnitts eines Rollengefüges auf den drei Betrachtungsebenen können kombiniert werden und zeigen Zusammenhänge zwischen den Ebenen deutlich auf.

Die Interpretationen der Netze beinhalten eine klare Hierarchie von Konzepten, die es möglich macht, Teilbeschreibungen auf unterschiedlichen Betrachtungsebenen und mit variierender Detaillierung direkt zu kombinieren. Alle sinnvollen Kombinationen von R-, F- und A-Netzen sind erlaubt und werden unter dem Sammelbegriff RFA-Netze zusammengefaßt. Abb.4/83 zeigt an einem schematischen Beispiel die Hierarchie der Interpretationen von T-Elementen und verschiedene Detaillierungsstufen für Positionen in RFA-Netzen sowie verschiedene Typen von Zuständen.

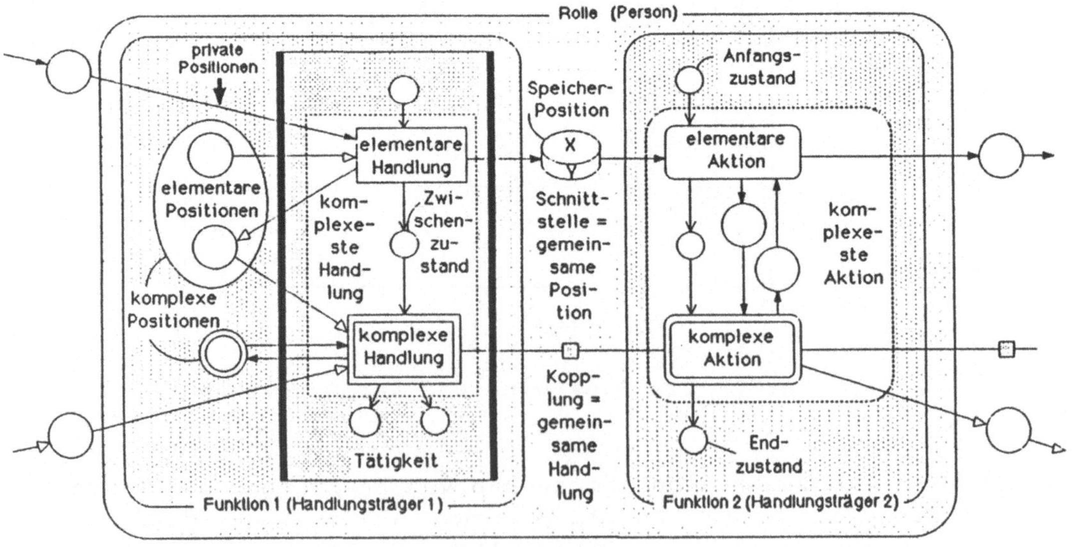

Abb. 4/83: Wesentliche RFA-Konzepte und ihre Beziehungen

Dem Autor von Rollenbeschreibungen steht damit ein sehr flexibel einsetzbares, kohärentes Instrumentarium zur Verfügung.

Für die Erfassung des Objektaspektes sind vielfältige Möglichkeiten vorgestellt worden, die eine flexible Wahl zwischen eher informal-anschaulichen und präziseren, teilweise formalisierten Darstellungen erlauben.

Auf der Ebene von elementaren Aktionsnetzen ist die vollständige Beschreibung von gewinn- und verlustfreier Objektbearbeitung möglich. Für eine Formalisierung scheinen keine prinzipiellen Schwierigkeiten zu bestehen.

Die hier vorgeschlagenen Netzinterpretationen decken viele der im 3.Kapitel vorgestellten partiell einsetzbaren Möglichkeiten in nicht formalisierten Netzinterpretationen ab oder präzisieren sie.

Die Netzbeschreibungen aus dem Bereich der Arbeitsorganisation lassen sich als Objektnetze, teilweise kombiniert mit RF-Netz-Bestandteilen, einordnen.

Im Vergleich zu Kanal-/Instanz-Netzen bieten RFA-Netze eine wesentlich größere inhaltliche Differenzierung, die die meisten Interpretationsschwierigkeiten bei K/I-Netzen überwindet. Kanal-artige Abstraktionen werden in RFA-Netzen nicht benötigt.

Die durch Mittel-/Aktivitäten-Netze ausgedrückten Zusammenhänge werden durch Objektnetze vollständig abgedeckt und präziser beschreibbar.

Rollen/Aktivitäten-Netze nach Holt (1979a) entsprechen im wesentlichen Kontrollnetzen.
Koordinationssysteme nach Holt (1985, 1986) können als Unter-klasse von Systemen eingeordnet werden, in denen die Kooperation/ Interaktion mit Nachbarn ausschließlich in Form von gemeinsamen Handlungen stattfindet und die Gesamtheit der privaten Positionen jeder Funktion als 'Zentrum' aufgefaßt wird. Der Rollenbegriff bei Holt stimmt weitgehend mit unserem Rollenbegriff überein.

Die Aufgaben- und Soll-Netze von Keil-Slawik (1985a) lassen sich als FA-Netze ohne Kontrollaspekt charakterisieren.

Zustands-/Aktivitätsnetze zur Beschreibung von Dialogsystemen (Oberquelle, 1984c, 1985) sind eine besondere Variante von Aktionsnetzen.

Genauere Zusammenhänge zu den beiden zuletzt erwähnten Interpretationen werden im nächsten Kapitel deutlich, wo Einsatzmöglichkeiten unserer Beschreibungshilfsmittel an ausgewählten größeren Beispielen, u.a. aus dem Bereich der Softwaretechnik und der Modellierung von Dialogsystemen, demonstriert werden.

5. ANWENDUNGEN

Anliegen dieses Kapitels ist es, an ausgewählten Anwendungs-
beispielen das Spektrum der Ausdrucksmöglichkeiten von RFA-
Netzen zu verdeutlichen.
Im ersten Teil werden prototypische Anwendungssituationen mit
Hilfe unserer Sprachkonzepte behandelt. Im zweiten Teil werden
komplexe Beispiele aus verschiedenen Phasen der Rollenentwicklung vorgestellt, für die bereits Darstellungen mit den
im 3.Kapitel analysierten und teilweise kritisierten Beschreibungshilfsmitteln vorlagen.

5.1. Allgemeine Kooperations- und Interaktionsformen

Ziel dieses Abschnitts ist es, die Vielfalt der Ausdrucksmöglichkeiten für Kooperations- und Interaktionsformen an
kleineren, prototypischen Beispielen zu demonstrieren und einige
prinzipielle Beschränkungen zu erörtern.

5.1.1. Kooperation ohne Computereinsatz

Als erstes sollen Kooperationsformen zwischen Rollen ohne
Computereinsatz behandelt werden. Dabei unterscheiden wir zwi-
schen <u>direkter Kooperation</u> von Nachbarrollen und <u>indirekter
Kooperation</u> unter Zwischenschaltung vermittelnder Rollen.

Als typisches Beispiel für die <u>Kooperation zwecks Austausch
von realen Objekten</u> wählen wir das Feuerwehrbeispiel von
C.A.Petri.

Beispiel 5.1: Feuerwehrbeispiel (in Anlehnung an Petri, 1980)

> Um Wasser von einem Brunnen an eine Brandstelle zu transpor-
> tieren, wird es von einer Person in Eimer gefüllt, von einer
> Menschenkette transportiert und vom letzten Glied der Kette
> entleert. Leere Eimer werden durch die Kette zurückgebracht.
> Jede Person trägt einen Eimer ein Stück weit, bevor der
> Nachbar den weiteren Transport des Wassers übernimmt.
> Die Tätigkeit jeder Person in der Kette kann als eine Rolle
> aufgefaßt werden. Nachfolgend werden einige Varianten für die
> direkte Kooperation von Nachbarrollen mit Aktionsnetzen
> beschrieben.

(1) Die Kooperation kann durch <u>gemeinsame Handlungen</u> unter-
schiedlicher Komplexität geschehen, z.B. durch gleichzeitigen
Austausch beider Wassereimer (Abb.5/1a) oder sequentiellen
Austausch der einzelnen Eimer in beliebiger Reihenfolge (b).
Bei vergröberter Betrachtung verschwinden diese Unterschiede
(c,d).

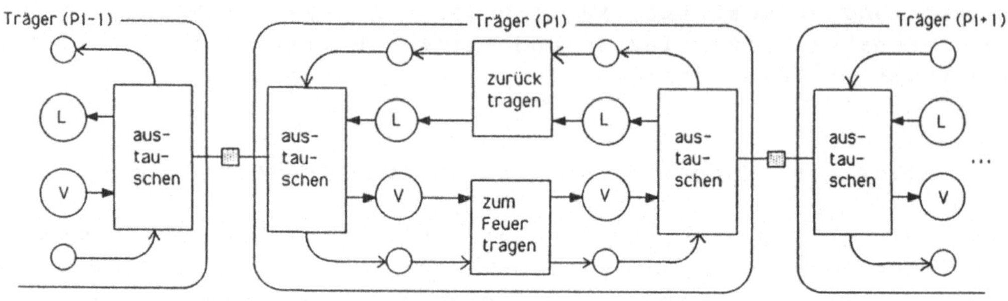

a) gleichzeitiges 'austauschen' als komplexe gemeinsame
   Handlung (RA-Netz)

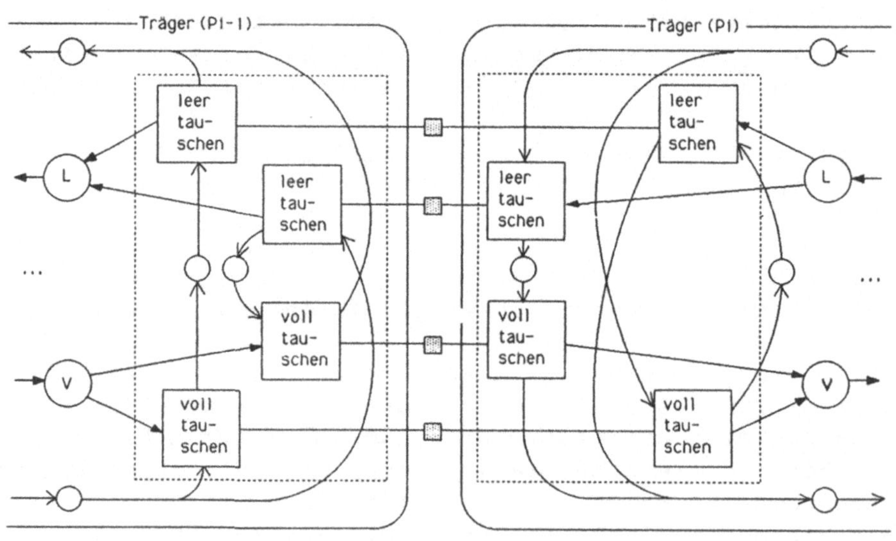

b) sequentialisiertes 'austauschen' (RA-Netz)

Abb. 5/1: Austausch durch gemeinsame Handlungen

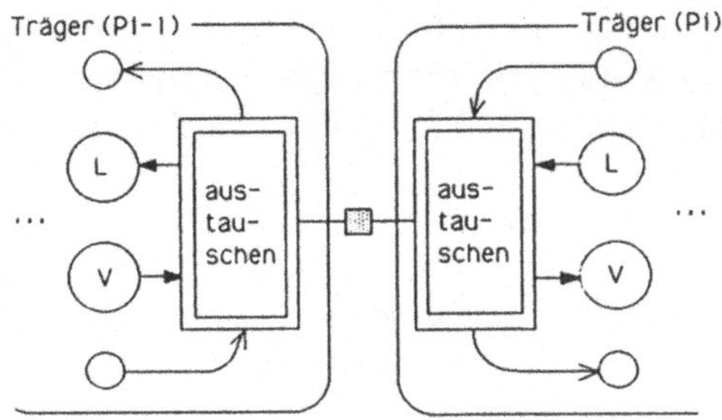

c) vergröbertes 'austauschen' (RA-Netz)

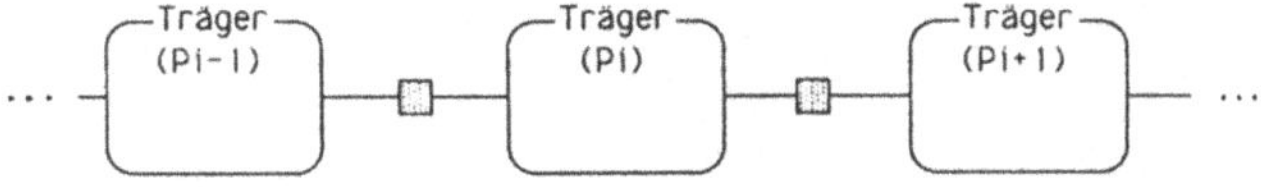

d) Kooperation mit Nachbarrollen (R-Netz)

**Abb. 5/1: Austausch durch gemeinsame Handlungen
(Fortsetzung)**

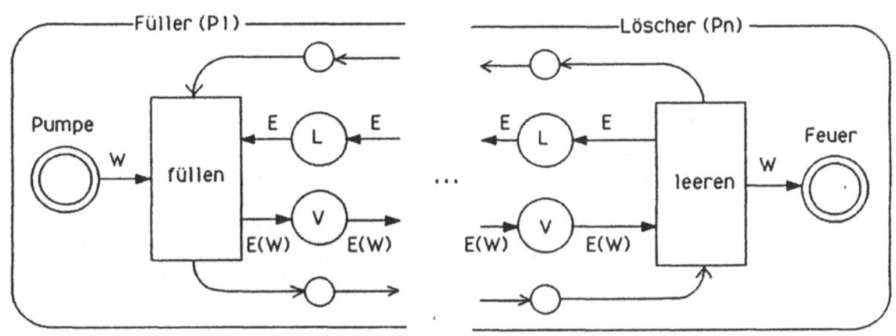

a) 'füllen'/'leeren' als Objektkonstruktion/-zerlegung

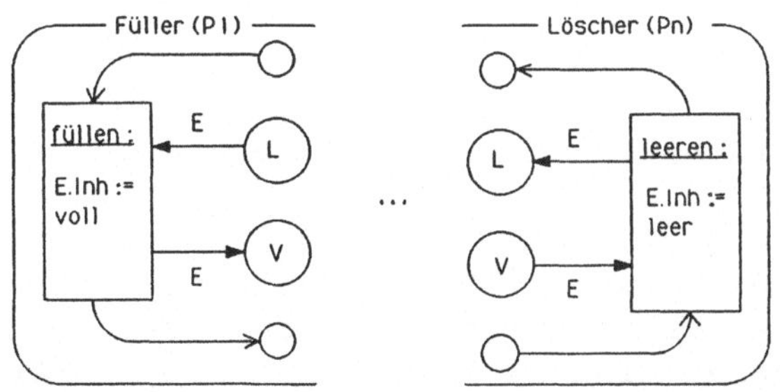

b) 'füllen'/'leeren' als Attributänderung

Abb. 5/2: Objekt- oder Attributänderung

In den Rollen an den Enden der Kette muß das Füllen bzw.
Entleeren der Eimer erfaßt werden. Je nach Zweck der
Beschreibung können diese Vorgänge unterschiedlich modelliert
werden. Wir zeigen in Abb.5/2 zwei Varianten.

Im Fall a) werden Eimer (E) und Wasserportionen (W) als
atomare Objekte betrachtet, wobei volle Eimer (V) als
geschlossene Objekte vom Typ V .= E(W) und
leere Eimer (L) als Objekte vom Typ E zu definieren wären.

Interessieren nur die Eimer als Objekte, so kann ihre
Beschaffenheit bezüglich des Wassertransportes durch
Attribute erfaßt werden. Mit
    E .= <u>atom</u> [Inh: (voll | leer)]
    L .= E <u>mit</u> Inh = leer
    V .= E <u>mit</u> Inh = voll
ergibt sich die Darstellung b).

Die Herstellung eines vollen Eimers aus einer Wasserportion
und einem leeren Eimer kann auch zur Weitergabe des Wassers
zwischen den Rollen verwendet werden. Dies kann in einer
gemeinsamen Handlung geschehen (vgl. Abb.5/3). Die Eimer
bleiben offensichtlich innerhalb der Rollen, nur das Wasser
wandert weiter.

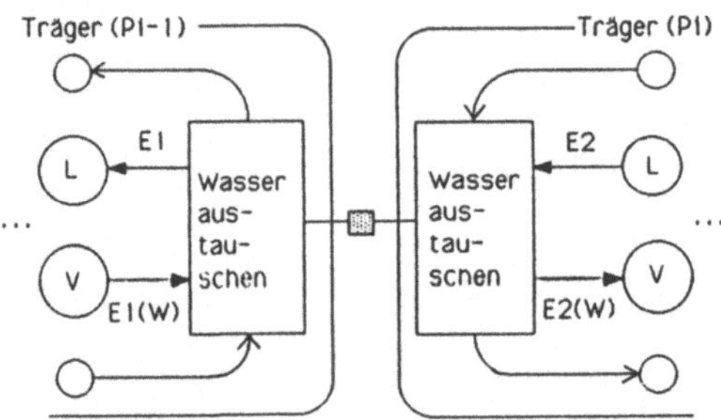

Abb. 5/3: Weitergabe des Inhalts von geschlossenen Objekten

Die Kooperation zwischen den Rollen gelingt nur dann, wenn
keine Verklemmungssituationen ('deadlocks') entstehen. Wenn
alle Rollenträger mit einem leeren Eimer in dem zugehörigen
Zustand beginnen, sind Verklemmungen ausgeschlossen.

(2) Der Austausch von Objekten zwischen Nachbarrollen kann auch asynchron unter _Einschaltung_ _von_ _Schnittstellen_ erfolgen, an denen die auszutauschenden Objekte deponiert werden, bevor sie weitertransportiert werden (vgl. Abb.5/4).

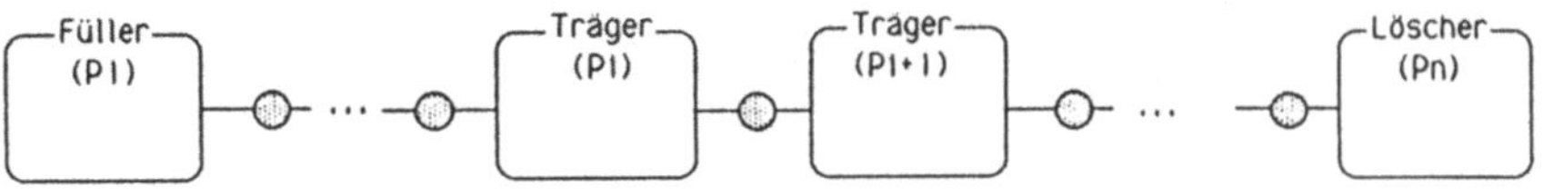

a) R-Netz

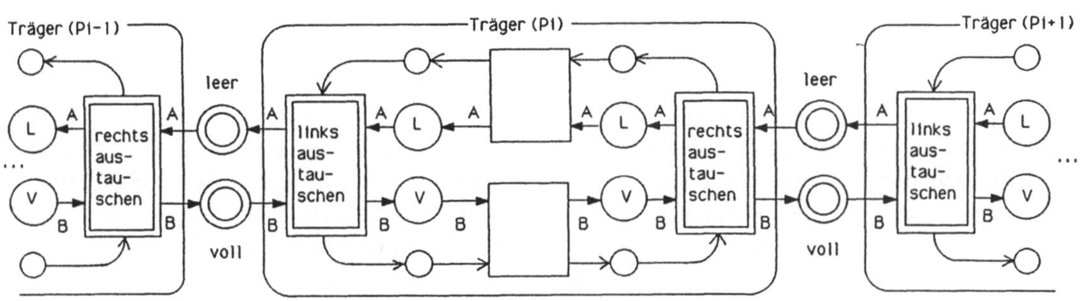

b) RA-Netz mit komplexen Handlungen

Abb. 5/4: Objektaustausch über Schnittstellen

Je nach Realisierung der komplexen Austauschhandlungen, der Schnittstellen, der Zahl der verfügbaren Eimer und der Anfangssituation kann es zu Parallelarbeit der Rollen, aber auch zu Verklemmungen kommen. Um die Verklemmungsfreiheit zu untersuchen, kann es nützlich sein, zu formalen Netzen überzugehen, etwa zu P/T-Netzen. Auf diese Problematik soll hier aber nicht weiter eingegangen werden.

(3) Betrachtet man die indirekte Kooperation von 'Füller' und 'Löscher', so ist es weitgehend unerheblich, wie lang die Kette der Träger ist. Sie kann als Rollenkomplex zusammengefaßt werden (Abb.5/5).

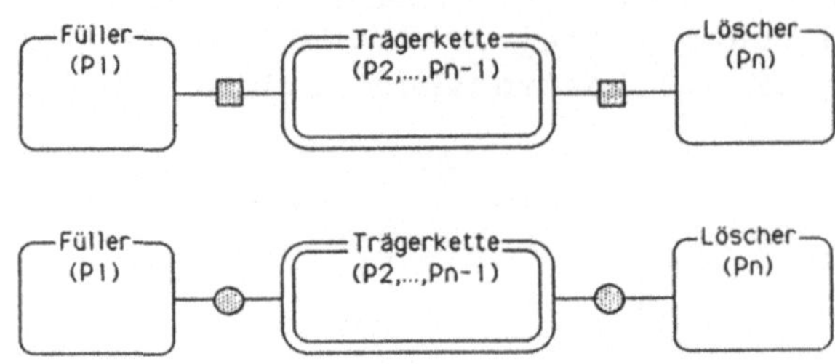

Abb. 5/5: Trägerkette als Rollenkomplex

Im Unterschied zu Kanal-/Instanz-Netzen, in denen Instanzen
mit den sie umgebenden Kanälen zu Kanälen zusammengefaßt
werden können und damit unsichtbar werden, gibt es in unseren
Netzdarstellungen keine Möglichkeit, Rollen- oder Rollenkomplexe beim Vergröbern in Schnittstellen verschwinden zu
lassen. Dies entspricht der Forderung, daß die Verantwortlichkeit für Handlungen erkennbar sein soll.

Die **Kooperation zwecks Informationsaustausch** zwischen Nachbarrollen kann ebenfalls auf ganz unterschiedliche Weise
organisiert sein.

● Zum einen kann sie durch den **Austausch von Datenobjekten**
erfolgen, wobei ähnlich wie im Beispiel 5.1 sowohl gemeinsame
Handlungen als auch Schnittstellen verwendet werden können.
Das folgende Beispiel zeigt zwei Anwendungen aus dem Bereich
der Post. Ähnliche Formen der Kooperation findet man im
Bürobereich, wo Dokumente zwischen Rollen direkt oder indirekt
ausgetauscht werden.

Beispiel 5.2.: Kommunikation über Briefe

Der normale Austausch von Briefen geschieht über Schnittstellen (a), die durch Briefkästen realisiert sind.
In Fällen von besonderer Wichtigkeit werden jedoch die verantwortlichen Rollenträger durch gemeinsame Handlungen
gekoppelt (b), z.B. beim Einliefern und Ausliefern einge-
schriebener Sendungen.
Die Post stellt einen vermittelnden Rollenkomplex zwischen
Absender und Empfänger dar.

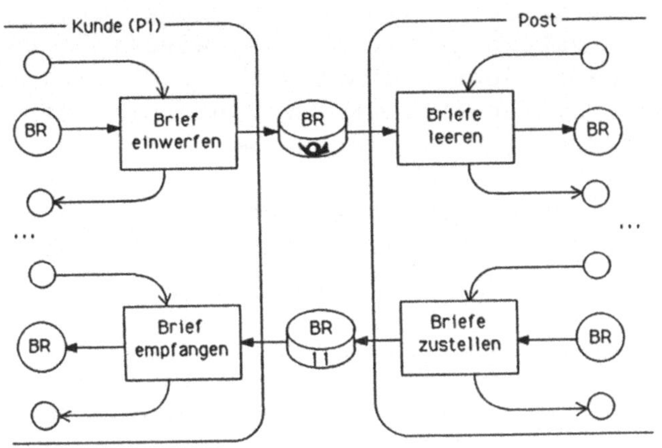

a) über Schnittstellen

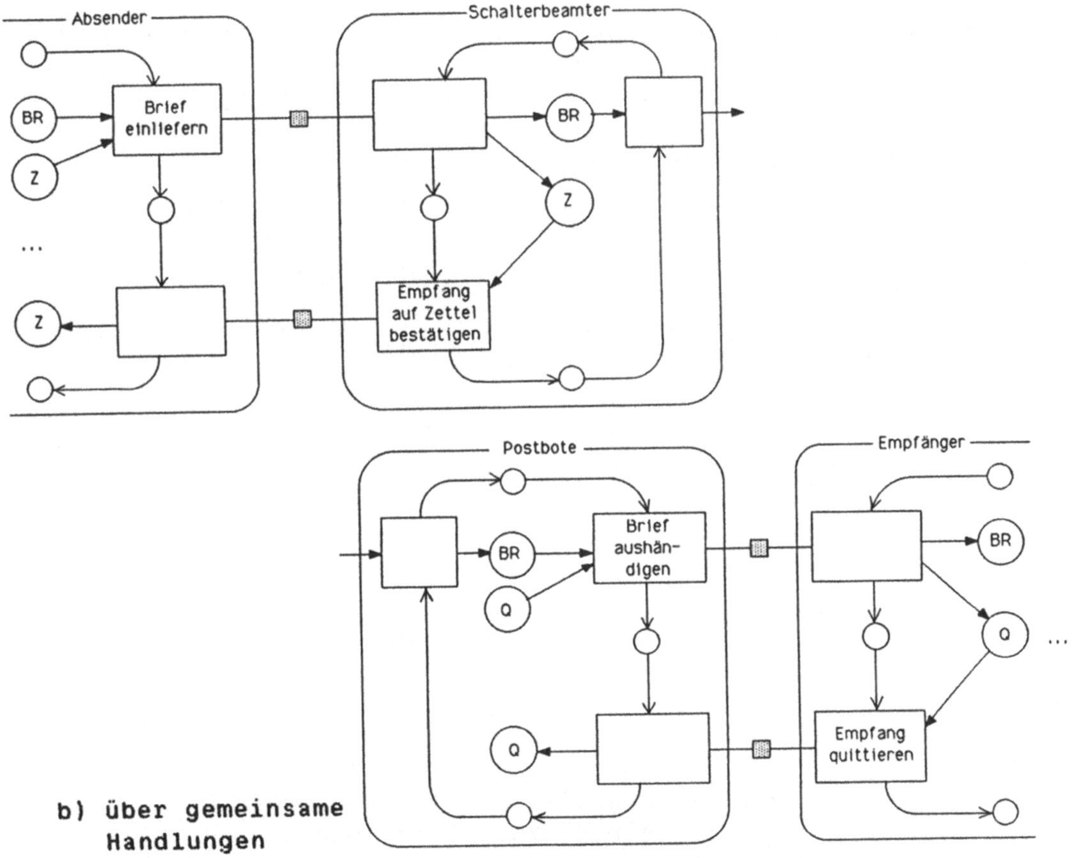

b) über gemeinsame
   Handlungen

Abb. 5/6: Fluß von Briefen

• Die zweite Möglichkeit des Informationsaustausches zwischen Rollen besteht in der <u>Datenübermittlung unter Nutzung von stationären Datenobjekten</u>, die wiederum durch gemeinsame Handlungen oder über Schnittstellen erfolgen kann. Im Unterschied zum Objektfluß werden nur Attributwerte durch Kopieren und Ersetzen weitergegeben.

Beim Austausch durch gemeinsame Handlungen können Daten direkt zwischen privaten stationären Datenobjekten der kooperierenden Rollen übertragen werden.

Bei der Verwendung von umfangreichen stationären Datenobjekten in Schnittstellen, die in mehreren Schritten geändert oder gelesen werden, stellt sich das Problem der <u>Zugriffsko-ordination</u>, welches üblicherweise nur im Zusammenhang mit Computer-einsatz behandelt wird. Wir wollen es hier als allgemeines Organisationsproblem auffassen und Aktionsnetze verwenden, um mögliche Lösungen zu beschreiben.

Die einfachste Möglichkeit besteht in der Einführung einer elementaren <u>Koordinationsschnittstelle</u> (vgl. Abb.5/7), die ein beliebiges bewegliches <u>Koordinationsobjekt</u> aufnehmen kann. Anwesenheit des Objektes bedeutet Verfügbarkeit der Datenschnittstelle, Abwesenheit die Sperrung.

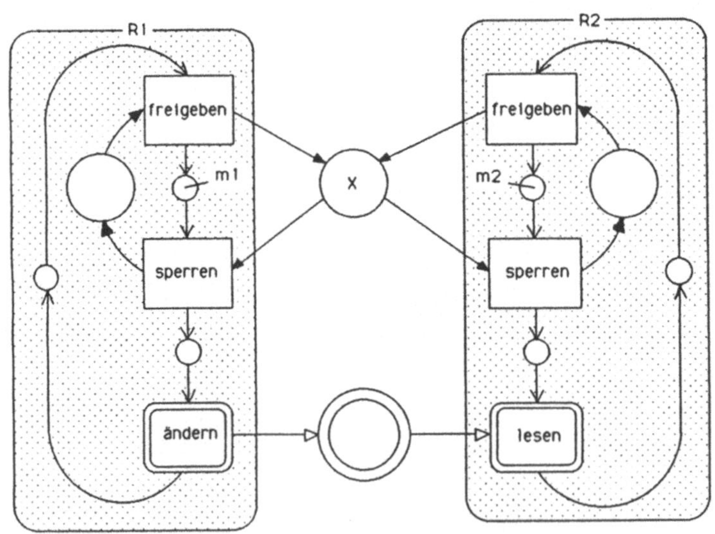

Abb. 5/7: Zugriffskoordination durch
ein Koordinationsobjekt

Alternativ zur Verwendung eines Koordinationsobjektes kann
auch eine __Koordinationsfunktion__ eingesetzt werden, die durch
gemeinsame Handlungen mit den Daten austauschenden Rollen
verbunden ist (Abb.5/8).

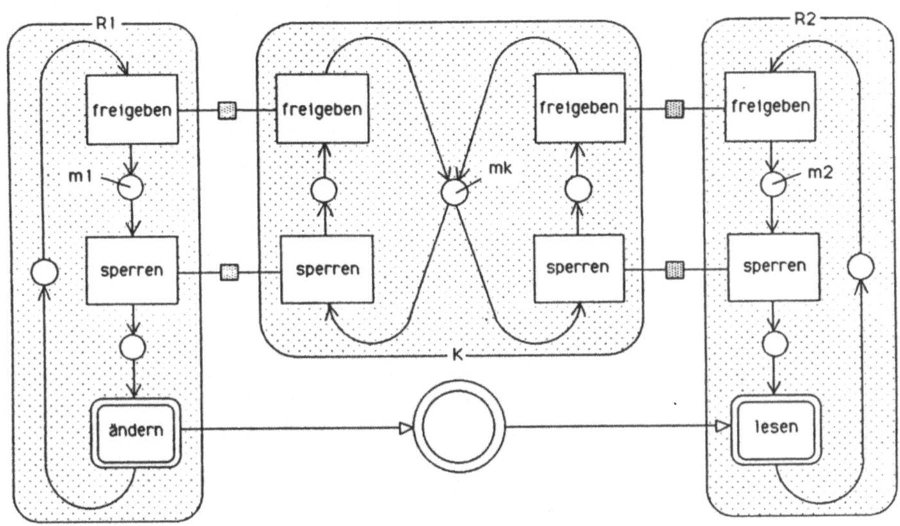

Abb. 5/8: Zugriffskoordination durch
eine Koordinationsfunktion

Der Unterschied beider Koordinationsformen ergibt sich allein
aus der Unterscheidung zwischen Objekten und Funktionsträgern.
Abstrahiert man davon, so wird deutlich, daß für den gegenseitigen Ausschluß nur ein Individuum nötig ist, welches bei
der üblichen Darstellung desselben Problems mit PT-Netzen als
eigenschaftslose Marke modelliert wird.

Bei der Beschreibung des gegenseitigen Ausschlusses im Bereich
der Programmierung wird meistens das Konzept der __binären__
__Semaphor-Variable__ verwendet, für die die Sperroperation (auf
'1' setzen, sobald die Variable den Wert '0' hat) oder die
Freigabeoperation (auf '0' setzen) nur jeweils von einem
Prozessor zur Zeit ausgeführt werden kann.
Eine Semaphorvariable S kann offensichtlich durch ein beweg-
liches Datenobjekt in einer Schnittstelle realisiert werden
(Abb.5/9a), welches die Anwesenheit bzw. Abwesenheit eines
Koordinationsobjektes (wie in Abb.5/7) simuliert.
Sie kann auch als privates stationäres Datenobjekt einer
Koordinationsfunktion angesehen werden (b), welches die Aus-
wahl gemeinsamer Handlungen in gleicher Weise steuert wie es
die Zustände der oben beschriebenen Koordinationsfunktion tun
(vgl. Abb.5/8).

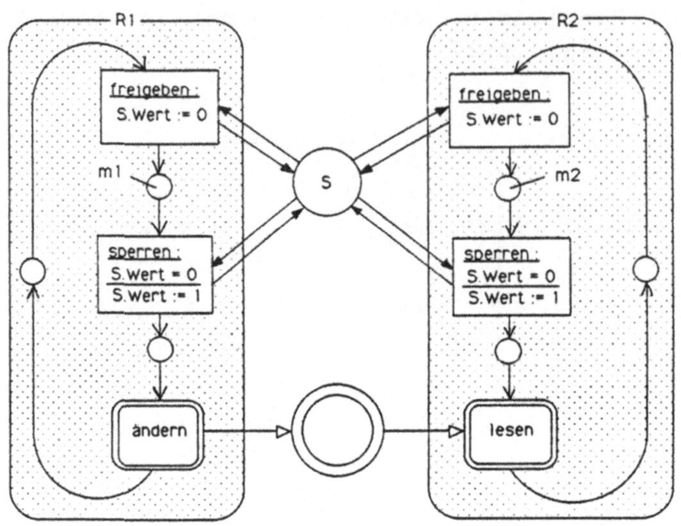

a) bewegliches Datenobjekt

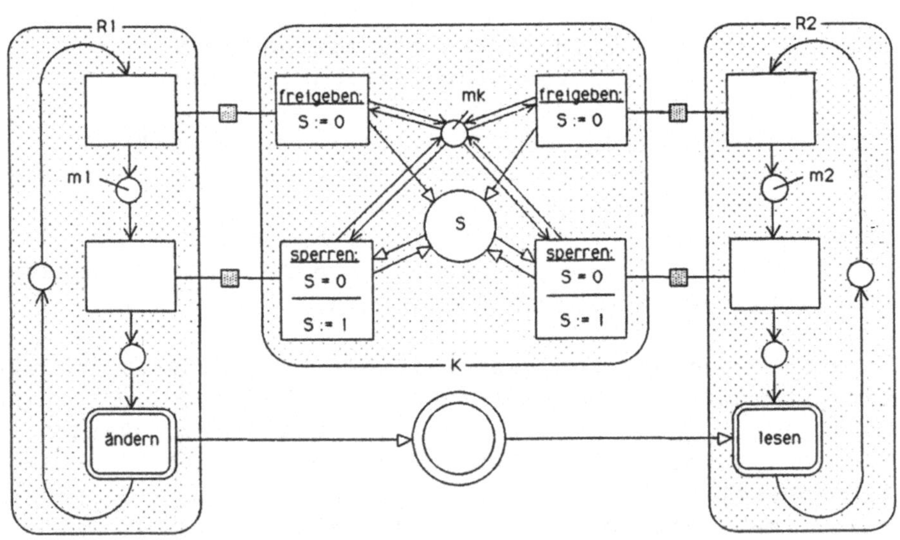

b) stationäres privates Datenobjekt

Abb. 5/9: Koordination über Semaphorvariable

Eine dritte Möglichkeit des Informationsaustausches ist durch
gemeinsame Handlungen mit dem Ziel der Zustandsänderung der
beteiligten Rollenträger gegeben. Es werden dabei keine
Datenobjekte für die Informationsdarstellung benötigt. Die
übermittelte Information drückt sich vielmehr in den
Entscheidungen aus, die zu den Zustandsänderungen führen.

Drei unterschiedliche Arten der Auswahl zwischen alternativ
möglichen Handlungen eines Rollenträgers können vorkommen:
- die autonome Auswahl (lokale Indeterminiertheit),
- die gemeinsame Auswahl durch kooperierende Rollenträger
  (globale Indeterminiertheit) und
- die von außen festgelegte Auswahl.

Sie entsprechen unterschiedlichen Graden von Autonomie und
speziellen Formen der Informationsausbreitung. Im ersten Fall
wird eventuell Information aus dem Rollenkontext des
Rollenträgers herangezogen. In den beiden anderen Fällen
findet ein Informationsaustausch zwischen den Rollen statt.

Zum Beispiel können Verhandlungen im direkten Gespräch
zwischen Nachbarrollen als komplexe gemeinsame Handlungen
betrachtet werden, die aus einzelnen Sprechakten im Sinne der
Sprechakttheorie von Searle (1969) als elementaren gemeinsamen
Handlungen aufgebaut sind und zur Entscheidungsfindung dienen.
Auf die Möglichkeit, derartige 'Sprachspiele' mit Hilfe von
Netzen darzustellen, haben bereits de Cindio et al. (1985)
hingewiesen. Sie benutzen dafür spezielle (1-sichere) SA-
Netze, die genau unseren elementaren Kontrollnetzen
entsprechen. Die von ihnen verwendete graphische
Darstellungsform kann mit Kontrollnetzen unter Ausnutzung der
gekoppelten Darstellung und Kennzeichnung der einzelnen Rollen
wesentlich verbessert werden. Unter Verwendung der in Abb.5/10
angegebenen Darstellungskonvention wird das nachfolgende
Beispiel formuliert.

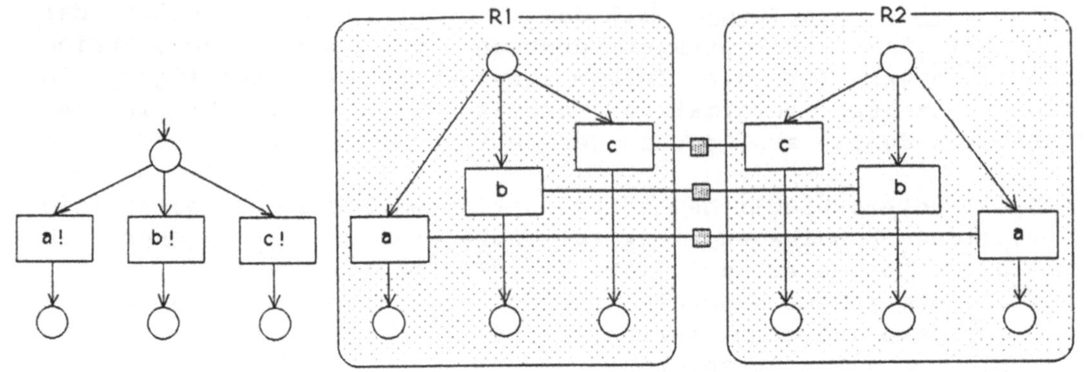

a) autonome Auswahl
   (gerade Verzweigungspfeile,
   private Handlungen)

b) gemeinsame Auswahl
   (gerade Verzweigungspfeile,
   gemeinsame Handlungen)

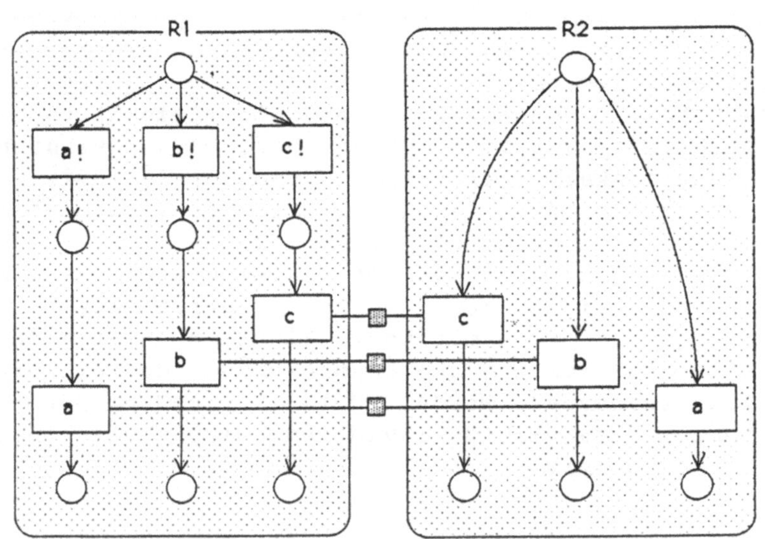

c) von außen festgelegte Auswahl in R2
   (gebogene Pfeile, gemeinsame Handlungen)
   nach autonomer Auswahl in R1

Abb. 5/10: Formen der Handlungsauswahl

Beispiel 5.3: Kooperation durch Sprechakte (in Anlehnung an
           De Cindio et al., 1985)

In den Rollen A und B verhandeln zwei verschiedene
Rollenträger durch direkte Sprechakte. A versucht, von B eine
Unterstützung bei der Erledigung seiner Aufgabe zu erhalten,
will B aber nur eine begrenzte Bedenkzeit für die
Entscheidung lassen.

Abb.5/11 zeigt die in De Cindio et al. (1985) angegebene Ver-
sion. In Abb.5/12 wird dieselbe Situation durch ein
Kontrollnetz mit Rollenzuordnung (RA-Netz) beschrieben, in
dem ebenfalls zwischen autonomen Entscheidungshandlungen (mit
Ausrufezeichen) und der Übermittlung des Ergebnisses (ohne
Ausrufezeichen) unterschieden wird. Die Interaktion mit der
Uhr ist in beiden Fällen nicht explizit dargestellt.

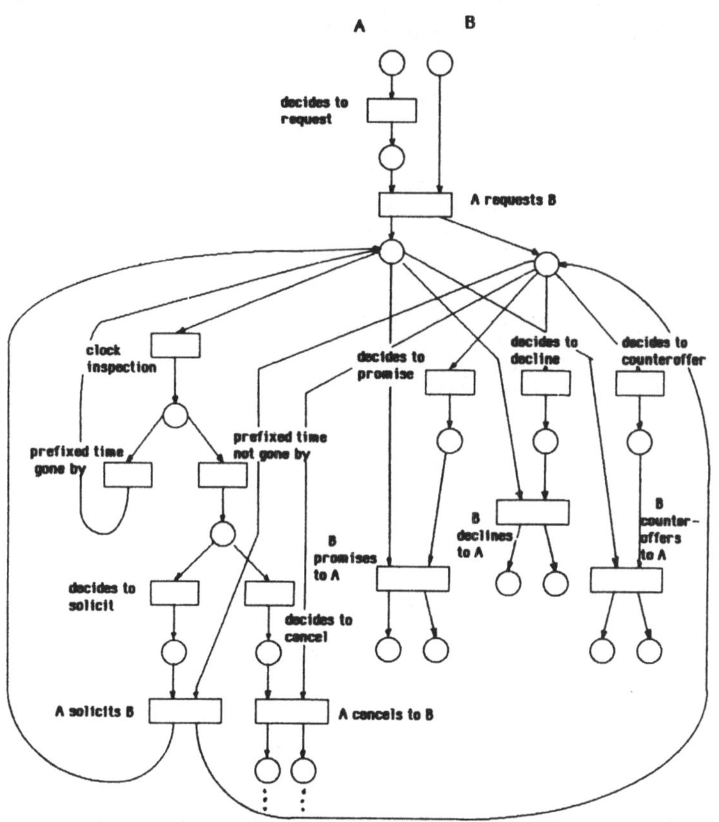

Abb. 5/11: Sprechakte in einem SA-Netz
         (De Cindio et al., 1985, S. 163)

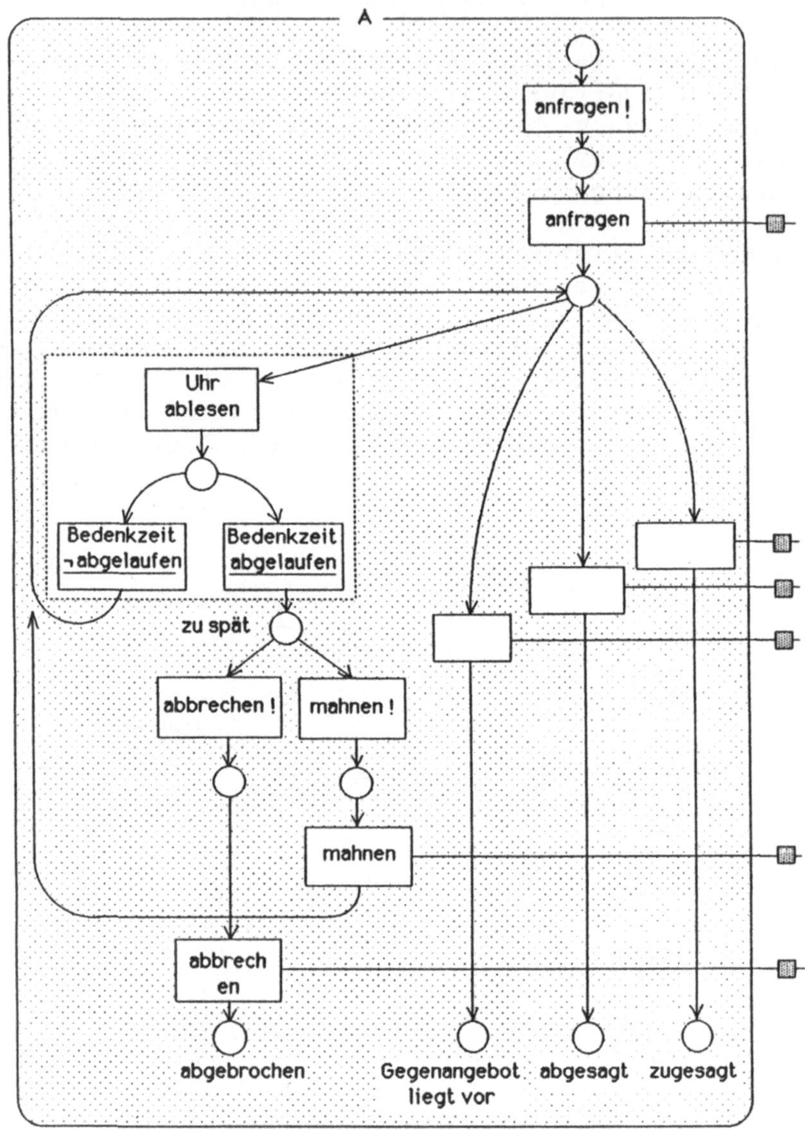

Abb. 5/12: Sprechakte in einem Kontrollnetz (RA-Netz)
(Fortsetzung nächste Seite)

In dieser Darstellung ist leicht zu erkennen, daß
Verklemmungen in der Kooperation eintreten können, zum
Beispiel, wenn unmittelbar nachdem sich B entschieden hat,
aber vor der Übermittlung der Entscheidung an A die Bedenkzeit abläuft und A deshalb autonom in den Zustand 'zu spät'
übergeht. Keine der nachfolgenden gemeinsamen Handlungen ist
dann mehr möglich. Zur Feststellung dieser Verklemmungsmög-

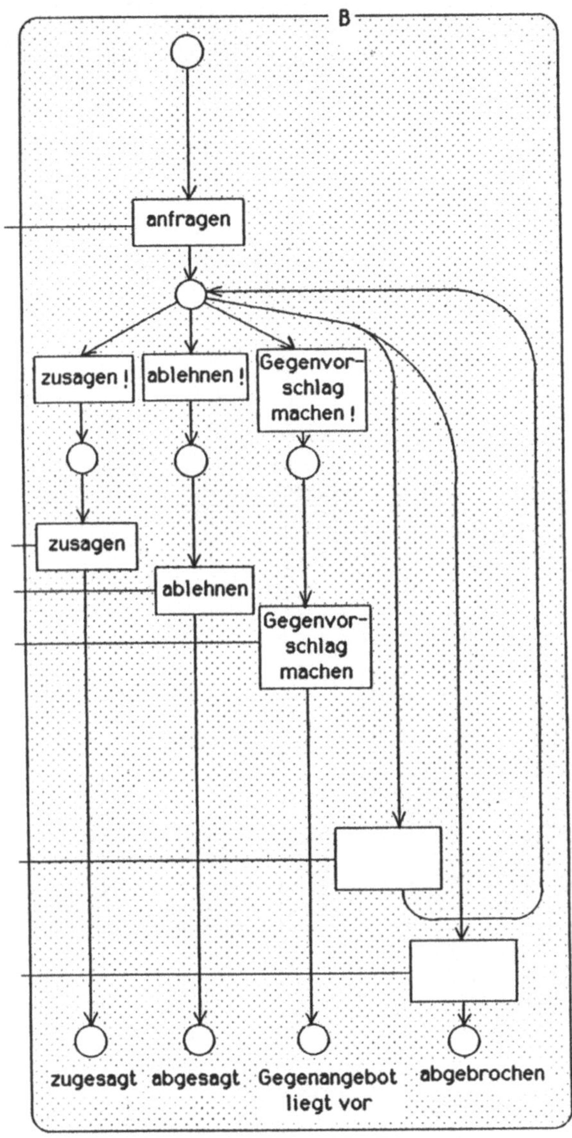

lichkeit ist nicht unbedingt eine formale Analyse des Netzes
nötig.
Die Abbildungen 5/13 und 5/14 zeigen Kontrollnetze, die
dieses Problem lösen, indem bei Übermittlung der Mahnung bzw.
des Abbruchs die Entscheidung von B noch berücksichtigt bzw.
nicht mehr berücksichtigt wird.

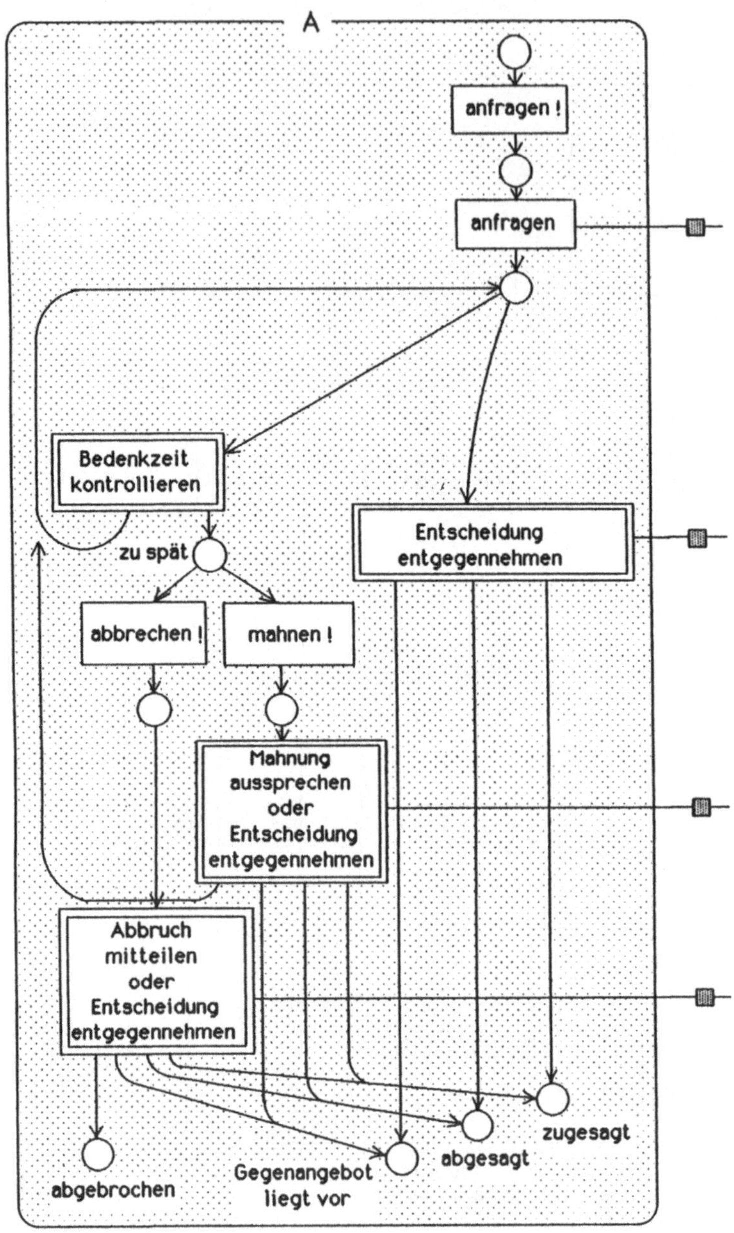

a) mit komplexen gemeinsamen Handlungen

Abb. 5/13: Berücksichtigung der Entscheidung von B
nach Ablauf der Bedenkzeit
(Fortsetzung nächste Seite)

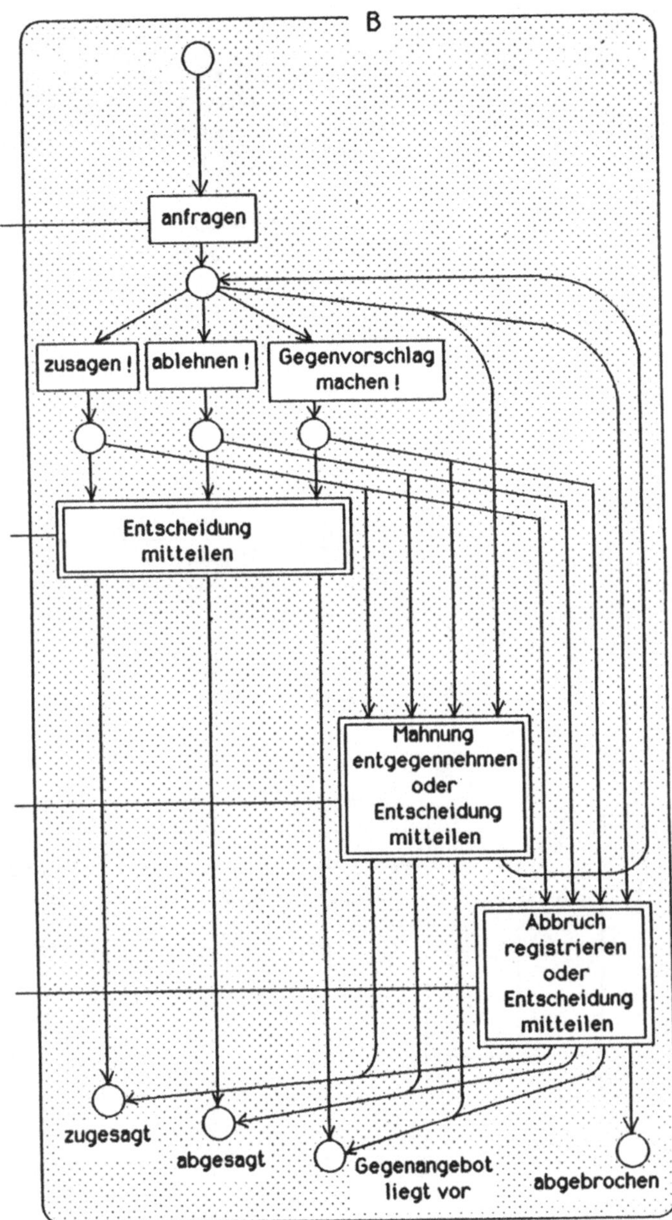

B
anfragen
zusagen !
ablehnen !
Gegenvorschlag machen !
Entscheidung mitteilen
Mahnung entgegennehmen oder Entscheidung mitteilen
Abbruch registrieren oder Entscheidung mitteilen
zugesagt
abgesagt
Gegenangebot liegt vor
abgebrochen

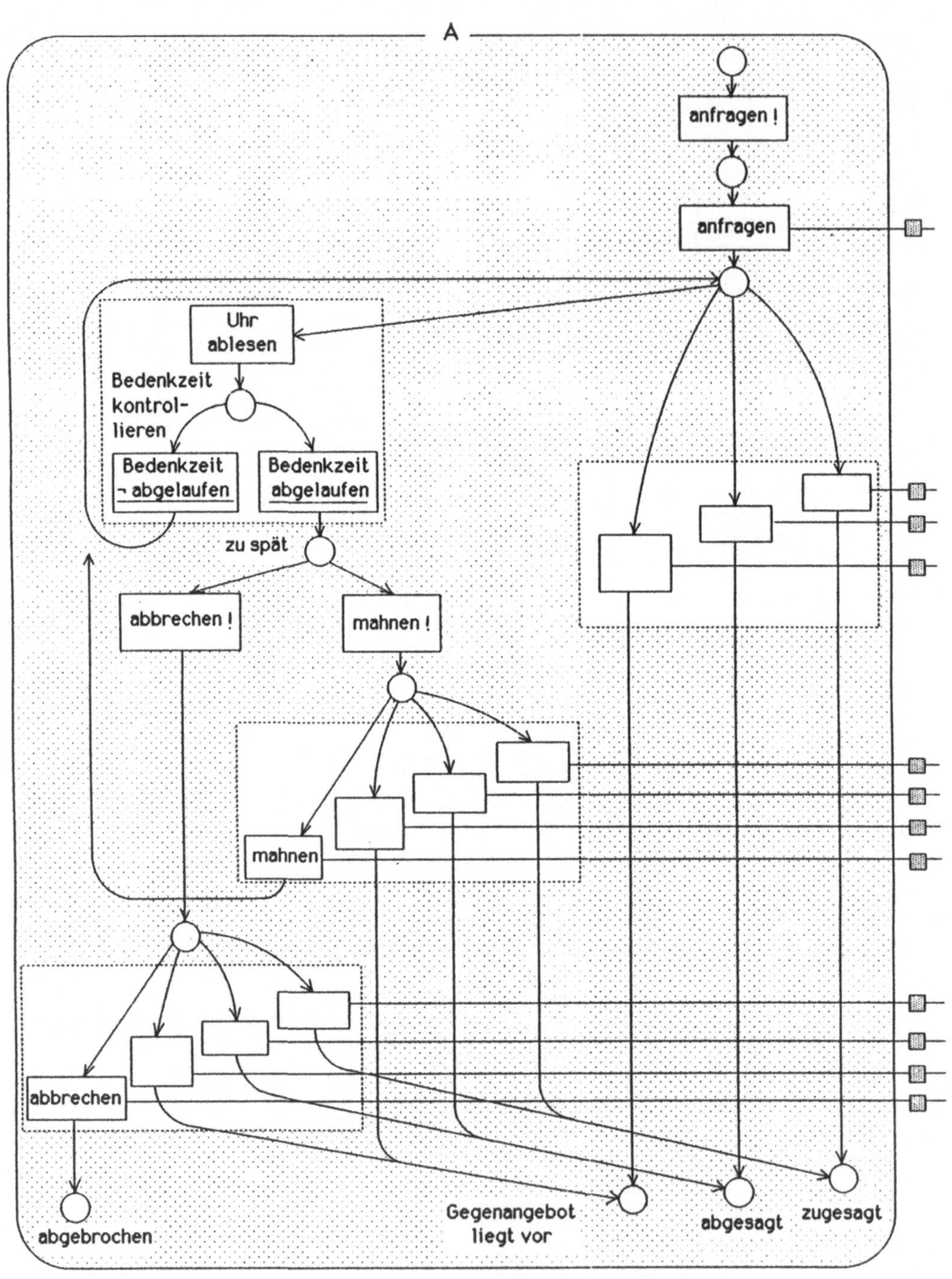

b) mit elementaren gemeinsamen Handlungen

Abb. 5/13: Berücksichtigung der Entscheidung von B
nach Ablauf der Bedenkzeit
(Fortsetzung nächste Seite)

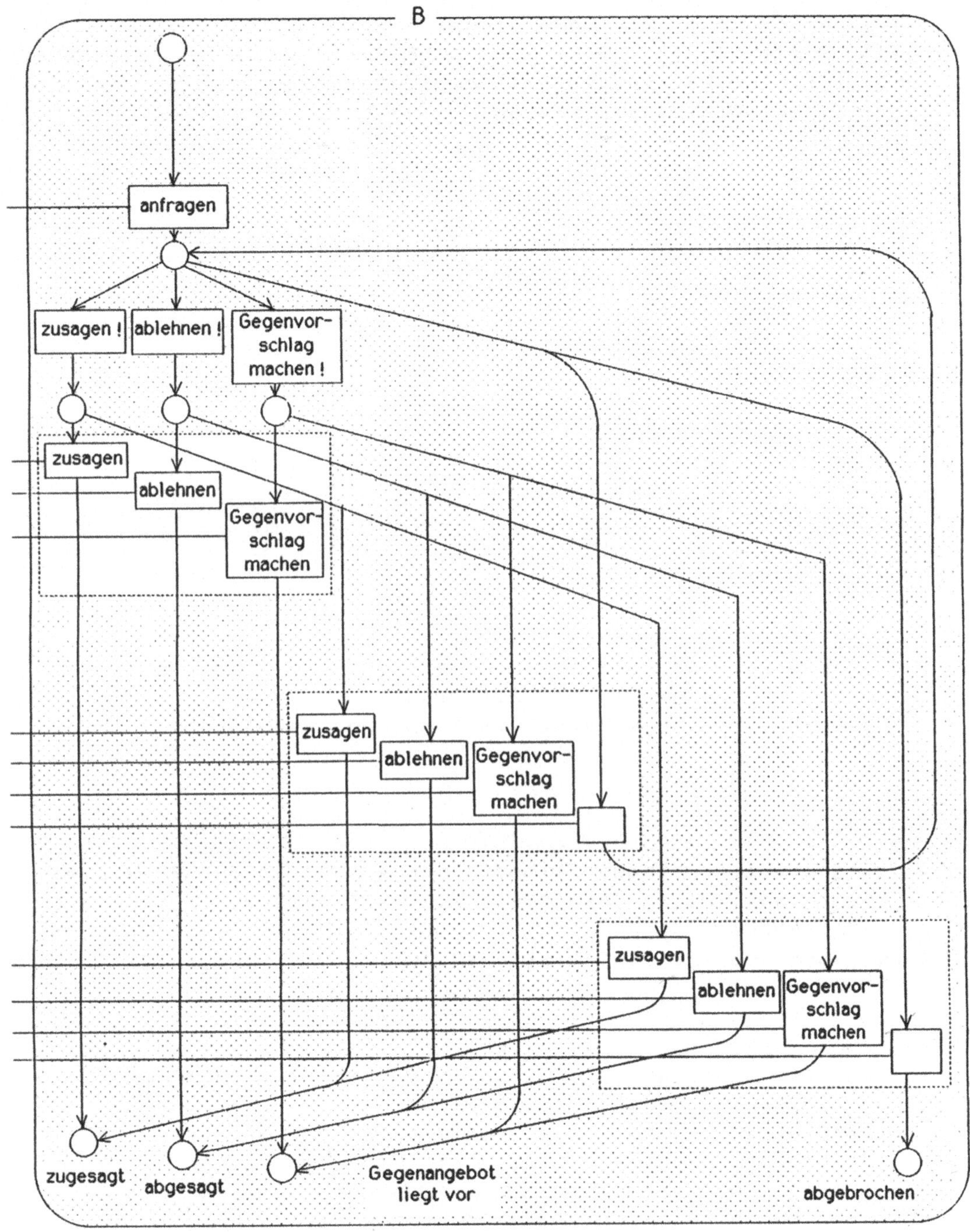

B
anfragen
zusagen !
ablehnen !
Gegenvor-
schlag
machen !
zusagen
ablehnen
Gegenvor-
schlag
machen
zusagen
ablehnen
Gegenvor-
schlag
machen
zusagen
ablehnen
Gegenvor-
schlag
machen
zugesagt
abgesagt
Gegenangebot
liegt vor
abgebrochen

Zum Verständnis der Verhaltensregeln der Rollen A und B ist die Verfeinerung wie in Abb.5/13b nicht unbedingt erforderlich. Der in Abb.5/14 gezeigte Ausschnitt reicht aus, um den Unterschied zur Lösung in Abb.5/13 klarzustellen.

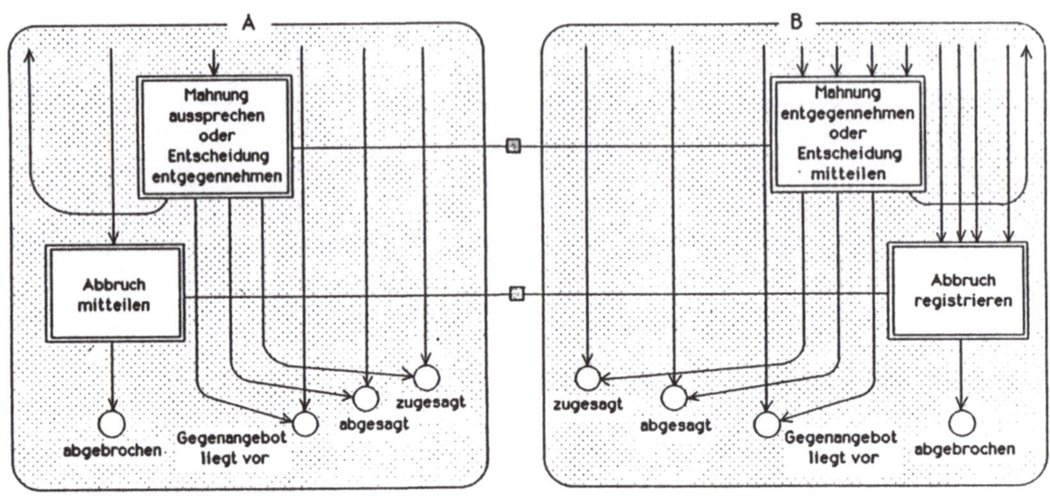

Abb. 5/14: Vernachlässigung der Entscheidung von B nach Ablauf der Bedenkzeit (Ausschnitt mit komplexen Handlungen)

Die vorgestellten Kooperationsformen kommen in der Praxis kaum in Reinform vor. Wegen des gemeinsamen allgemeinen Grundgerüstes der Aktionsnetze können auch komplizierte Mischformen mit unseren Ausdrucksmitteln erfaßt werden.

Die Intentionen, Konventionen oder übergeordneten Regeln, die zum Beispiel festlegen, wann welche Interaktionsform gewählt wird und wie ausgetauschte Daten zu interpretieren sind, lassen sich nur teilweise durch Beschreibungen erfassen.
In Einzelfällen können etwa schriftlich fixierte Vorschriften als gemeinsame steuernde Datenobjekte modelliert werden. Konventionen, über die in einem Anwendungsbereich unter allen Rollenträgern Einigkeit besteht, lassen sich auch als gleichartige Inhalte von privaten Datenpositionen angeben. Ein großer Teil der angesprochenen Information entzieht sich der vollständigen Beschreibung und kann nur als Teil der jeweiligen Rollenkontexte eingeordnet werden. Unter dem Gesichtspunkt der Kommunikationsökonomie ist dies sogar als Vorteil zu werten, da die Rollenbeschreibungen von unnötigen Einzelheiten entlastet werden.

5.1.2. Delegation und Automatisierung

Veränderungen der Arbeitsorganisation bei Delegation von Teilaufgaben an andere Rollenträger bzw. bei der Übertragung an Maschinen können auf allen drei Betrachtungsebenen beobachtet und mit unseren Netzbeschreibungen deutlich gemacht werden.

Ziel dieses Abschnitts ist es, verschiedene Ausprägungen veränderter Arbeitsorganisation zu charakterisieren. Dabei geht es uns primär um die veränderten Aufgaben und um die Frage, welche Arten von Funktionen neue Rollenträger oder Maschinen im Verhältnis zum alten Rollenträger und seiner veränderten Rolle übernehmen. Die Form der Interaktion (über Schnittstellen oder durch gemeinsame Handlungen) zwischen altem Rollenträger und neuen Funktionen ist zunächst von untergeordneter Bedeutung. Wir betrachten deshalb jeweils nur eine Form.

Tätigkeiten, die verändert werden, können ihrem Inhalt nach in drei Hauptklassen unterteilt werden:

(1) Tätigkeiten, die primär der <u>Objektbearbeitung</u> dienen. Hierzu zählen wir sowohl die Bearbeitung realer und virtueller Objekte als auch die Speicherung, Veränderung und Auswertung von Daten.
(2) Tätigkeiten, die primär der <u>Objekt-</u> bzw. <u>Datenübermittlung</u> dienen.
(3) <u>Koordinationstätigkeiten</u>, die die Kooperation/Interaktion von mehreren Rollen- oder Funktionsträgern durch gemeinsame Handlungen steuern und dabei zum Informationsaustausch ohne explizite Informationsdarstellung beitragen.

Als erstes betrachten wir eine Rolle, die der <u>Objektbearbeitung</u> dient, und eine typische Aufteilung der Bearbeitungsfunktion in eine Kontroll- und eine Ausführungsfunktion.

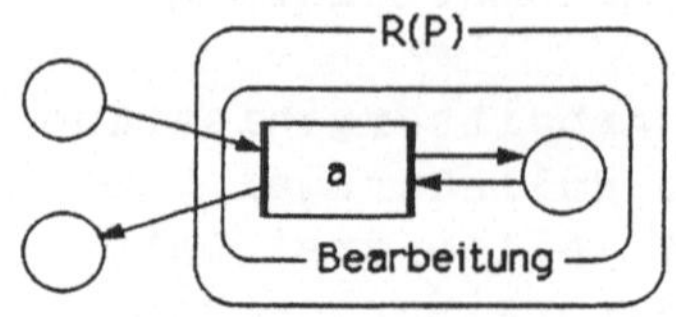

a) alte Rolle mit Bearbeitungsfunktion

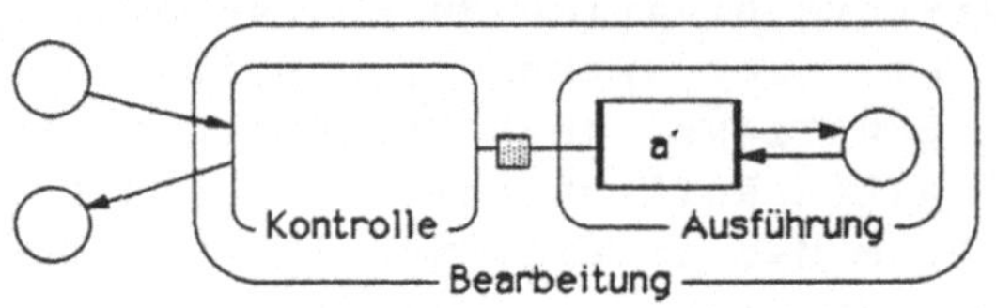

b) Funktionsteilung, Interaktion durch gemeinsame Handlungen

Abb. 5/15: Veränderung durch Funktionsteilung

Je nach Feinheit der Aufteilung von Kontrolle und Ausführung auf
der Aktionsebene ergeben sich Formen der Arbeitsorganisation,
die von weitgehender Autonomie in der Ausführungsfunktion
(Abb.5/16a) über komplexe Interaktion zwecks Ausübung häufiger
Kontrolle (b) bis zur Kontrolle jeder einzelnen Ausführungs-
handlung (c) reichen.

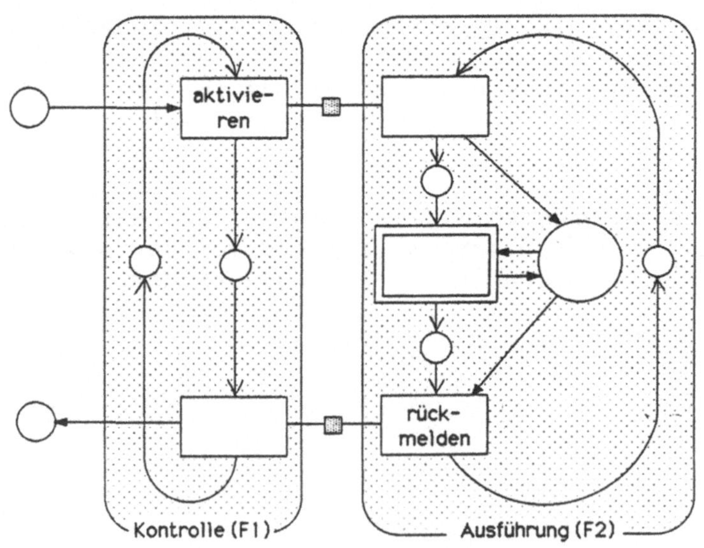

a) weitgehend autonome Ausführung

Abb.5/16: Realisierungsformen der Funktionsteilung
auf der Aktionsebene

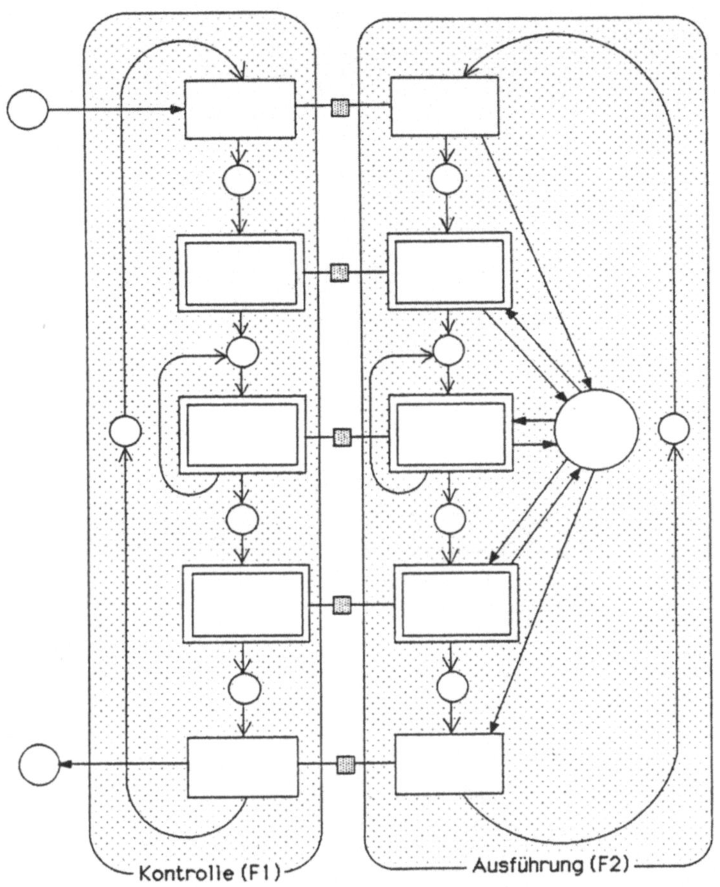

b) komplexe Interaktionen

Abb. 5/16: Realisierungsformen der Funktionsteilung auf der Aktionsebene (Fortsetzung)

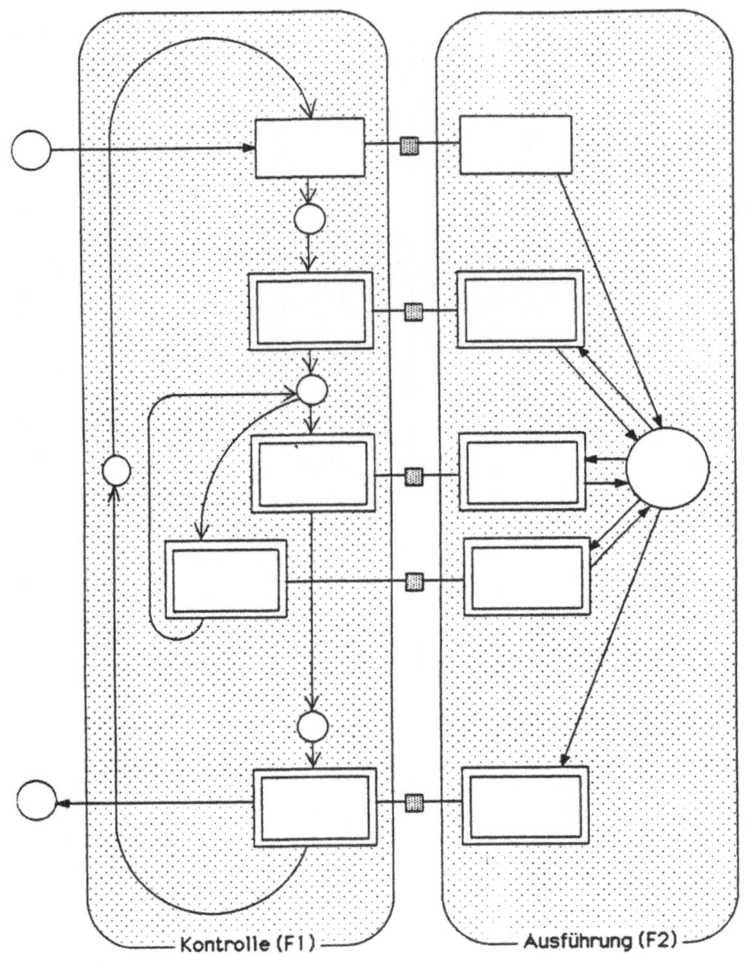

c) volle Kontrolle über Ausführungshandlungen

Abb. 5/16: Realisierungsformen der Funktionsteilung
auf der Aktionsebene (Fortsetzung)

In Abb.5/16c fehlen die Kontrollzustände und Kontrollpfeile der
Ausführungsfunktion, was andeuten soll, daß die gemeinsamen
Handlungen keiner speziellen Kontrollrestriktion unterliegen.
Dies ist zum Beispiel der Fall, wenn die Ausführungsfunktion nur
einen Kontrollzustand besitzt, aus dem heraus alle Handlungen
aktivierbar sind und der nach Beendigung jeder Handlung wieder
eingenommen wird.

Aus der Sicht der Kontrollfunktion ergibt sich dasselbe Verhalten, wenn für jede gemeinsame Bearbeitungshandlung eine getrennte Ausführungsfunktion mit nur einem Kontrollzustand gebildet wird.

Eine Beurteilung neuer Funktionsteilungen aus der Sicht primärer Rollenträger ist erst dann möglich, wenn die Funktionsträger festgelegt werden und die Funktionen einzelnen Rollen zugeordnet werden. Abb.5/17 zeigt vier prinzipielle Möglichkeiten auf, wenn die Kontrollfunktion beim alten Rollenträger verbleibt.

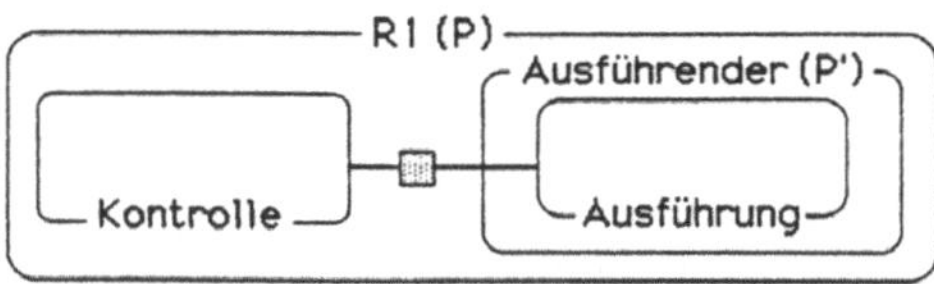

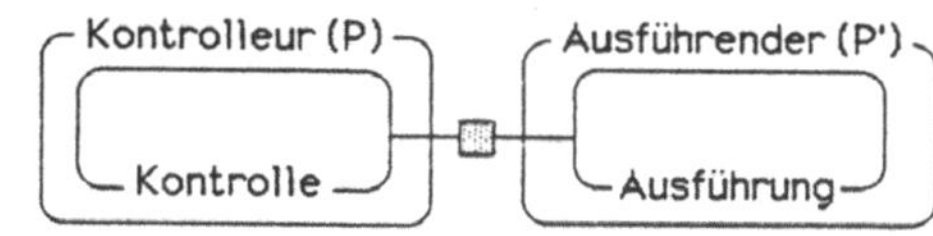

a) Rolle/Unterrolle

b) gleichberechtigte Rollen

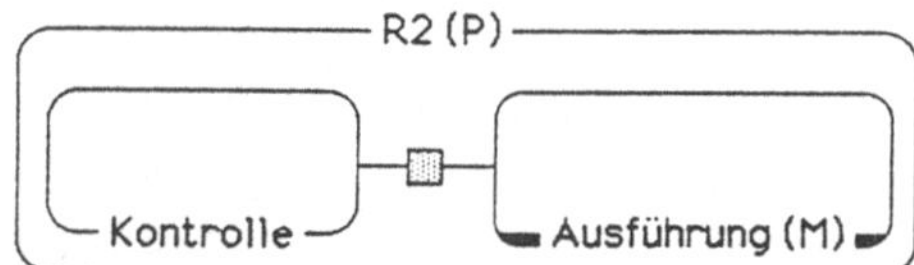

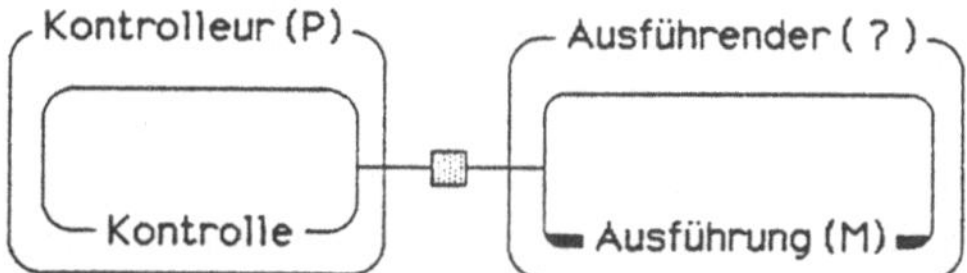

c) Maschine als lokaler
   Funktionsträger

d) ausgelagerte automatisierte
   Funktion

Abb. 5/17: Zuordnung zu Funktions- und Rollenträgern

Bei Delegation entstehen typischerweise Unterrollen oder gleichberechtigte Rollen (a,b). Bei Übertragung der Ausführungsfunktion an eine Maschine ist zu klären, ob diese zur kontrollierenden Rolle gehört oder als ausgelagerte Funktion zu betrachten ist. Im zweiten Fall ist festzulegen, welche Rolle verantwortlich ist. Unterbleibt dies, kommt es zum (scheinbaren) 'Verschwinden von Verantwortung' (d).

Je nach Umfang der Interaktion und dem Grad der Festlegung von Entscheidungen in automatisierten Ausführungsfunktionen können diese aus der Sicht der kontrollierenden Rolle
- als komplexe Automaten (Abb.5/16a),
- als teilweise autonome Systeme (Abb.5/16b) mit ausgeprägtem Interaktionsverhalten, die bei Unklarheit über die Rollen- zuordnung (wie in Abb.5/17d) angedeutet) leicht mit einem Kooperationspartner gleichgesetzt werden können, oder

- als Sammlung von Werkzeugen zur Objektbearbeitung (Abb.5/16c)
  verstanden werden.

Im letzten Fall und bei Zuordnung der Funktion wie in Abb.5/17c)
macht es sogar einen Sinn, die einzelnen Handlungen des
Kontrolleurs als automationsgestützte Handlungen zu
kennzeichnen, wie es in Abb.5/18 angedeutet wird.

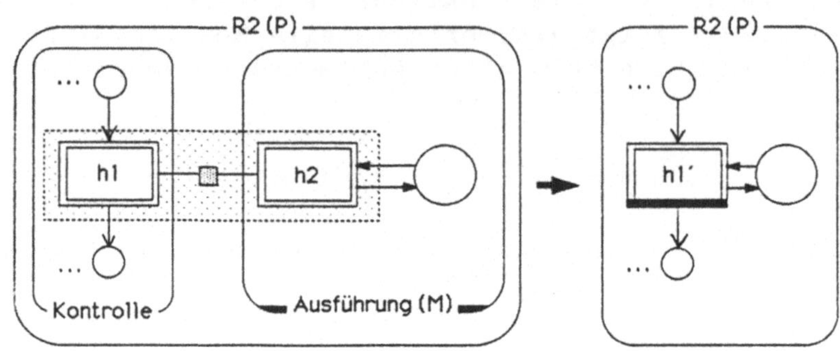

Abb. 5/18: Automationsgestützte Handlung

Eine ähnliche Vorstellung scheint auch Ansätzen zugrunde zu
liegen, die automatisierte Anwendungsfunktionen als 'Werkzeuge'
behandeln (vgl. Dzida, 1983a, 1983b). Die Eigenständigkeit des
Funktionsträgers Computer wird wegen der starken Einschränkung
dabei vernachlässigt.

Mit der Automatisierung von Bearbeitungsfunktionen an
beweglichen Datenobjekten ist häufig der Übergang auf stationäre
Datenobjekte verbunden, die aber virtuell wie bewegliche Objekte
behandelt werden können.

Für Rollen, die ursprünglich der Bearbeitung von stationären
Datenobjekten (z.B. Speicherung, Auswertung) dienten, ergeben
sich analoge Organisationsformen.

Im Falle von Rollen mit Übermittlungsaufgaben kann es zu
einer ähnlichen Aufteilung in eine Kontroll- und eine Ausführungsfunktion kommen (vgl. Abb.5/19). Ähnlich wie in Abb.5/16
kann der Grad der Autonomie in der Ausführungsfunktion
variieren.

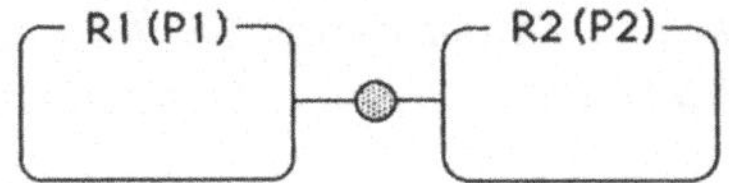

a) ursprüngliche Rollen mit Übermittlungsaufgaben

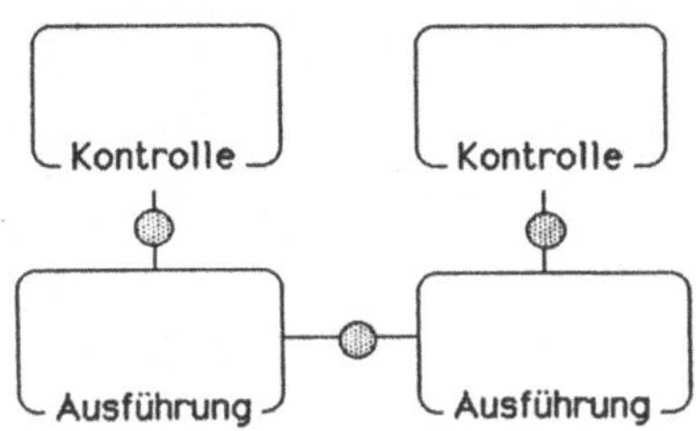

b) Funktionsteilung

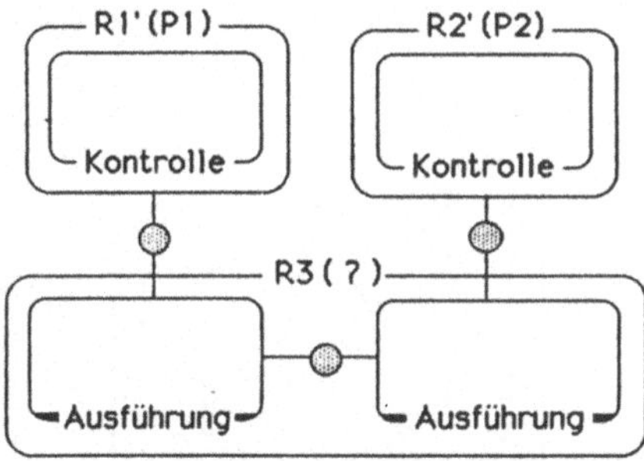

c) Automatisierung und Auslagerung der Ausführung

Abb. 5/19: Reorganisation von Rollen mit
Übermittlungsaufgaben

Bei Automatisierung der Ausführungsfunktionen und Auslagerung
(c) ergibt sich für die alten Rollenträger eine veränderte
Situation: Je nach Umfang und Gestaltung von automatisierten
Entscheidungen in den Ausführungsfunktionen können sie die
Wirkung eines aktiven, die Übermittlung steuernden Systems oder
eines vollständig von außen gesteuerten Übermittlungsmediums
haben. Die Zuordnung zu einer oder mehreren verantwortlichen
Rollen ist auch hier ein Problem.

Bei der Delegation bzw. Automatisierung von <u>Koordinations-
aufgaben</u> geht es meistens um eine Verringerung der Zahl

gemeinsamer Handlungen für einen ursprünglichen Rollenträger,
die Übertragung von Routineentscheidungen oder um eine zeitliche
Entkopplung. Eine typische funktionelle Änderung ist in Abb.5/20
dargestellt. Sie entspricht der Einrichtung einer neuen
Managementfunktion.

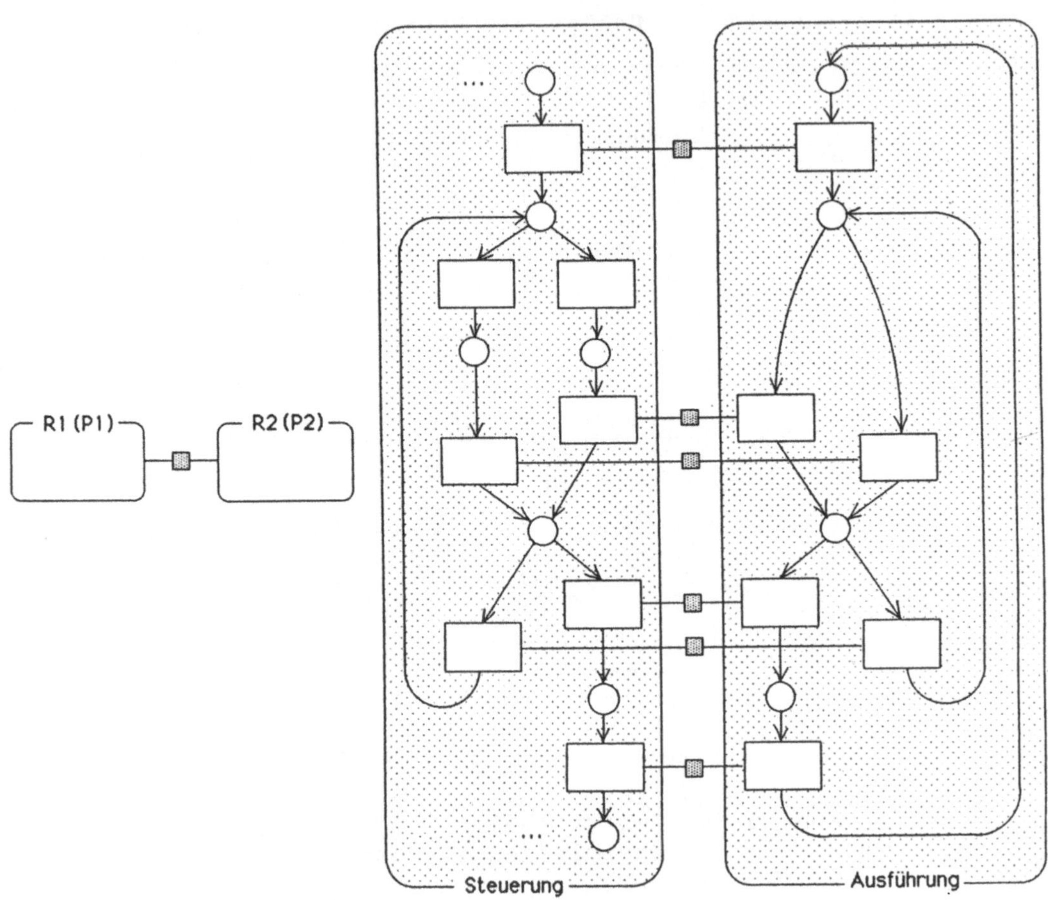

a) ursprüngliche Funktionsteilung

Abb. 5/20: Veränderung von Koordinationsfunktionen

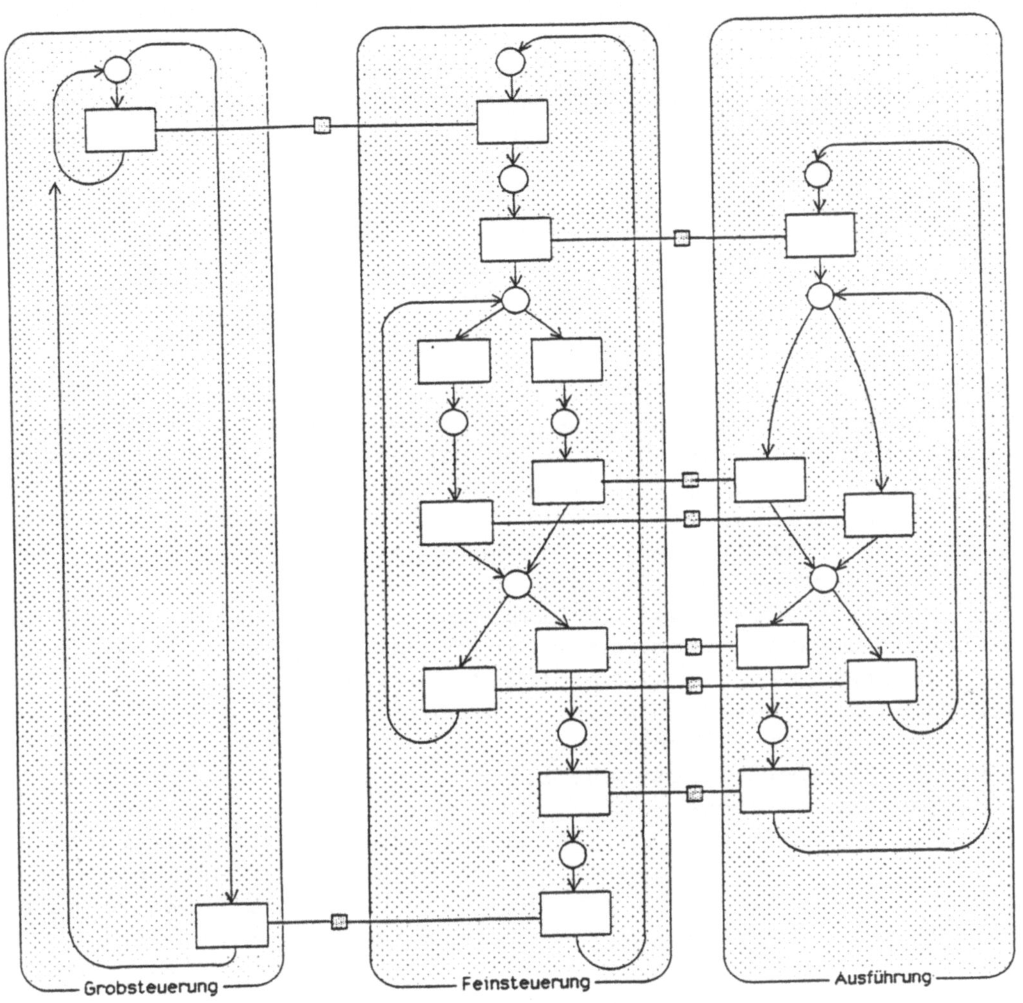

b) veränderte Funktionsteilung

Abb. 5/20: Veränderung von Koordinationsfunktionen
(Fortsetzung)

Bei der Automatisierung von Koordinationsfunktionen stellt sich
wiederum die Frage nach der Zuordnung zu Rollen und dem Grad der
Automatisierung von Entscheidungen.

Die Koordinationssysteme nach Holt (1985, 1986) lassen sich hier
noch genauer als in Kapitel 3 charakterisieren. Sie scheinen auf
eine Arbeitsorganisation abzuzielen, in der einzelne
Rollenträger für automatisierte Koordinationsfunktionen selbst
verantwortlich sind und ein zwischengeschaltetes Computersystem
lediglich eine vollständig von außen gesteuerte, neutrale Ver-
mittlungsfunktion übernimmt. Darüber hinaus sollen die primären
Rollenträger gleichzeitig als sekundäre Rollenträger in der Lage
sein, ihre Koordinationsfunktionen teilweise zu automatisieren
und die automatisierten Funktionen zu modifizieren oder
aufzuheben. Selbst die Delegation an andere Rollenträger unter
Nutzung des Computers als Kommunikationsmedium ist vorgesehen.

5.1.3. Ebenen und Formen der Mensch-Maschine-Interaktion

Unabhängig vom Inhalt einer automatisierten Funktion
(Bearbeitung, Vermittlung, Koordination) treten unterschiedliche
Formen der Interaktion zwischen personalen und automatisierten
Funktionen auf. Bei der Realisierung automatisierter Funktionen
werden üblicherweise mehrere Funktionen, mit denen ein
Rollenträger interagiert, zusammengefaßt und durch eine
spezielle Form des Dialogs gesteuert.
Die Interaktion des Rollenträgers mit einer speziellen
Anwendungsfunktion kann unter Zugrundelegung des IFIP-Modells
für Benutzerschnittstellen (Dzida, 1983a; vgl. Abb.2/1) auf
verschiedenen Ebenen betrachtet werden:
- der Ein-/Ausgabe-Ebene,
- der Dialogabwicklungsebene und
- der Anwendungsebene.
Das IFIP-Modell kann als grobes RF-Netz aufgefaßt werden, das
diesen Ebenen spezielle automatisierte Funktionskomplexe
zuordnet und einen allgemeinen Rahmen für die Entwicklung und
Bewertung interaktiver Systeme darstellen soll (vgl. Abb.5/21).

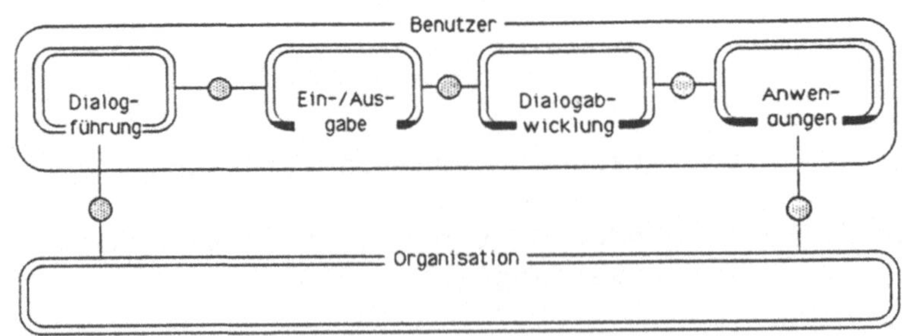

Abb. 5/21: Das IFIP-Modell als RF-Netz

Für die Interaktion zwischen allen Funktionen nimmt das IFIP-
Modell die Existenz von Schnittstellen an. Um den allgemeinsten
Fall zu erfassen, müßten zusätzlich auch Interaktionen über
gemeinsame Handlungen berücksichtigt werden. RF- und
Aktionsnetze können eingesetzt werden, um Spezialisierungen des
so erweiterten IFIP-Modells transparent zu machen.

Das primäre Interesse der Rollenträger gilt den Handlungen der
__Anwendungsfunktion(en)__, da sie direkt zur Aufgabenerledigung
beitragen. Abb.5/22 zeigt einen möglichen ersten Speziali-
sierungsschritt mit verschiedenen Interaktionsbeziehungen.

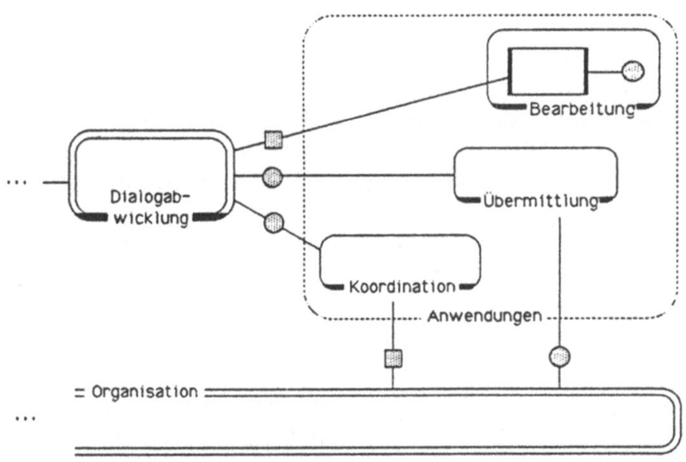

Abb. 5/22: Steuerung von mehreren Anwendungsfunktionen
im Dialog (RA-Netz)

Jede Anwendungsfunktion kann als Menge von ständig möglichen,
alternativen Handlungen betrachtet werden, deren Reihenfolge
vollständig durch die Dialogabwicklung gesteuert wird. In vielen
existierenden Systemen sind Dialogabwicklung und Anwendungsfunktionen stark miteinander verzahnt und durch ein
integrierendes Programm realisiert. Die Anwendungshandlungen
können dann eher als elementare Handlungen innerhalb der
Dialogabwicklung betrachtet werden.

Die __Dialogabwicklung__ wird durch Eingaben des Dialogführers
beeinflußt und liefert ihm Informationen über das Resultat von
Anwendungsoperationen und über die aktuelle Dialogsituation.
Soweit die Dialogabwicklung über mehrere Zustände und eigene
Positionen verfügt, die den Dialogablauf beeinflussen, benötigt

der Dialogführer ein transparentes Modell dieser Funktion, um
Dialoge zielgerichtet und effektiv führen zu können (vgl.
2.3.1).

Die Operationen auf der <u>Ein-/Ausgabe-Ebene</u> werden vom geübten
Dialogführer weitgehend mechanisch und unbewußt ausgeführt, etwa
das Drücken bestimmter Funktionstasten, die spezielle Kommandos
an die Dialogabwicklung repräsentieren. Bei unerwartetem
Verhalten des Gesamtsystems (einem 'breakdown' in der
unbewußten Routinebenutzung, vgl. Winograd & Flores, 1986)
benötigt der Dialogführer jedoch auch ein Modell der Ein-
/Ausgabe-Funktionen.

Die <u>Tastatureingabe</u> hat beispielsweise eine für die
Modellierung interessante Eigenschaft. Sie ist eine Funktion,
die Folgen von Handlungen in der Zeit (Tastenanschläge) in
Folgen von Zeichen im Raum (Zeichenketten) umwandelt. Ihr
Verhalten kann auf der Aktionsebene mit einer für den
Dialogführer hinreichenden Genauigkeit beschrieben werden, ohne
technische Details zu behandeln. Das folgende Beispiel zeigt,
wie RF- und Aktionsnetze dabei eingesetzt werden können.

Beispiel 5.4: Simples Terminal mit Tastatursperre

   Die Ein-/Ausgabe-Funktion wird durch ein Terminal realisiert,
   welches eine Tastatur, einen Bildschirm und zwei interne
   Funktionen besitzt. Abb.5/23 zeigt ein RF-Netz mit den
   wesentlichen Datenflußbeziehungen.

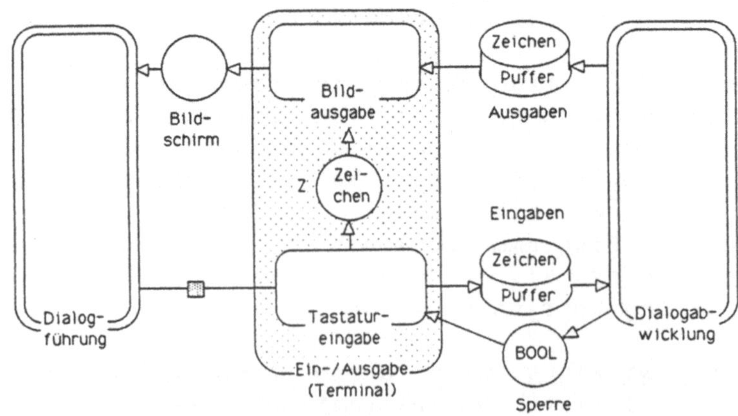

Abb. 5/23: Ein-/Ausgabefunktionen und ihre Einbettung
           (F-Netz)

Die Tastatureingabe sammelt eingegebene Zeichen in einem
Zeichenpuffer für Eingaben, gibt sie einzeln zur Proto-
kollierung an die Bildausgabe und sorgt bei Betätigung der
Taste ENTER für die Übergabe der eingegebenen Zeichenkette an
die Dialogabwicklung. Diese kann bei Bedarf die Tastatureingabe sperren oder freigeben. Die Bildausgabe zeigt die
eingegebenen Zeichen und die Ausgaben der Dialogabwicklung
auf dem Bildschirm an.

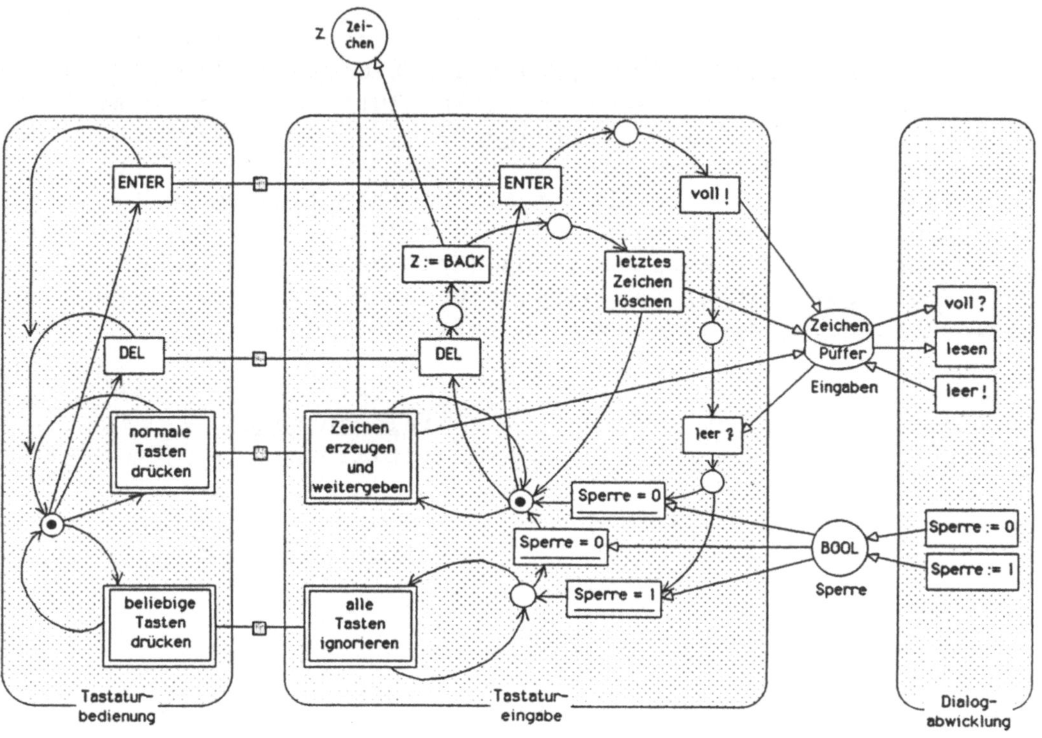

Abb. 5/24: Arbeitsweise der Tastatureingabe
          (FA-Netz)

Das FA-Netz für die Tastatureingabe (Abb.5/24) macht deutlich, daß neben dem in Abb.5/23 dargestellten primären Fluß von Zeichen über die Eingabeschnittstelle auch ein Datenfluß in die umgekehrte Richtung stattfindet, der sich aus der Koordination der Schnittstellenbenutzung ergibt.
Das Verhalten der Nachbarfunktionen ist nur partiell dargestellt.
Die Tastaturbedienung unterliegt keiner speziellen Einschränkung. Prozesse, die zur Auswahl einer bestimmten Handlungssequenz (d.h. zu bestimmten Tastenanschlägen) führen, sind nicht modelliert.
Für die Dialogabwicklung wird lediglich die Existenz bestimmter Handlungsmöglichkeiten angedeutet.

Für das Verständnis der **Dialogabwicklung** ist es vor allem wichtig, die Zustände zu kennen, in denen Information vom Dialogführer erwartet wird, und die Bedeutung aller Arten von möglichen Eingaben in jedem solchen Zustand. Wir bezeichnen solche Zustände als **Dialogzustände**. Sie entsprechen den Zuständen in Zustandsdiagrammen (vgl. 3.4.1.). Für das Verständnis der Dynamik der Dialogabwicklung kann es darüberhinaus nützlich sein, auch Zustände zu erfassen, in denen keine unmittelbare Beeinflussung durch den Dialogführer möglich ist. Sie werden **interne Zustände** genannt. Zur Hervorhebung von Dialogzuständen verwenden wir in Aktionsnetzen Ellipsen.

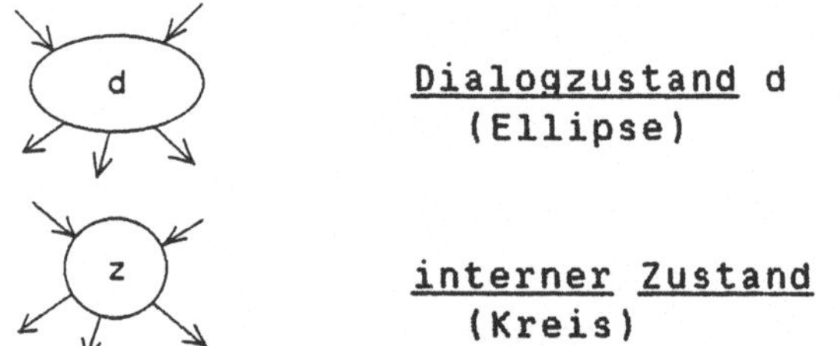

Dialogzustand d
(Ellipse)

interner Zustand z
(Kreis)

Abb. 5/25: Zustände der Dialogabwicklung

Ein weiterer Gesichtspunkt ist die **Dialogform**. Sie charakterisiert die Art und Weise, in der die Dialogabwicklung mit dem Dialogführer interagiert, z.B. durch
- Frage-/Antwort-Dialog,
- Kommando-/Ergebnis-Dialog,
- Menükonversation oder
- Maskendialog.

Die Dialogformen abstrahieren teilweise von speziellen Ein-/Ausgabe-Medien und -Techniken der Ein-/Ausgabe-Funktion. Sie

stellen andererseits bestimmte Anforderungen an diese.
Die Dialogform drückt sich primär in der Organisation der
Interaktion der Dialogabwicklung mit der Ein-/Ausgabe aus. Sie
muß aus der Perspektive der Dialogabwicklung für den
Dialogführer als Leser beschrieben werden. Für sprachorientierte
Dialogformen werden etwa Übergabepositionen für Zeichenketten
benötigt, für Maskendialoge hingegen eine gemeinsame interne
Maskendarstellung. In dem folgenden Beispiel wird deutlich, wie
die Dynamik von Frage-/Antwort-Dialogen durch Aktionsnetze
transparent beschrieben werden kann.

Beispiel 5.5: Ein einfaches, interaktives Adressenverwaltungs-
system

Eine Adressenliste wird im Rechner gespeichert und kann
interaktiv bearbeitet werden. Bei Bedarf kann sie ausgedruckt
werden.
Dialogabwicklung und Anwendungsfunktion sind integriert. Der
Dialog ist als Frage/Antwort-Dialog organisiert. Abb.5/26
zeigt die Aufbaustruktur der Funktion. Die Dynamik wird in
einer Hierarchie von Aktionsnetzen angegeben, in denen nur
der Kontrollfluß (ähnlich wie in Flußdiagrammen) explizit
dargestellt wird. Der Datenfluß wird durch Texte hinreichend
präzise erfaßt. Abb.5/27 zeigt die 1.Stufe und eine komplexe
Handlung der 2.Stufe.

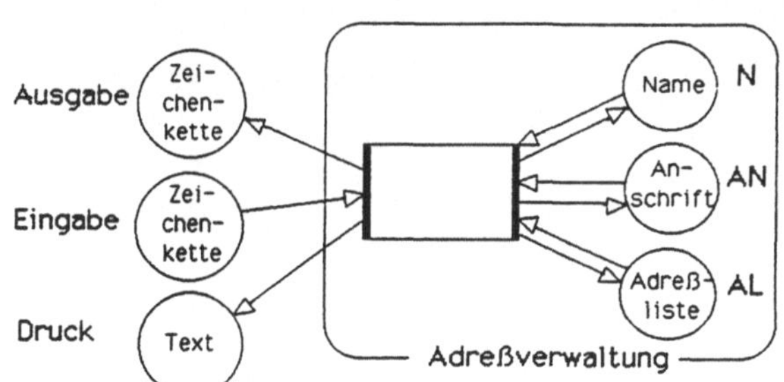

Abb. 5/26: Aufbau der Adressenverwaltung
(F-Netz)

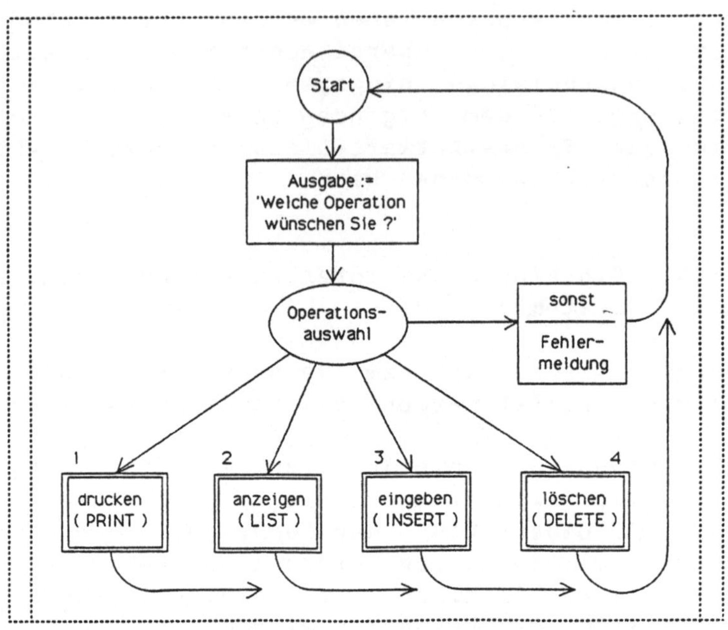

a) 1.Stufe: Überblick (FA-Netz)

Abb. 5/27: Frage-/Antwort-Dialog

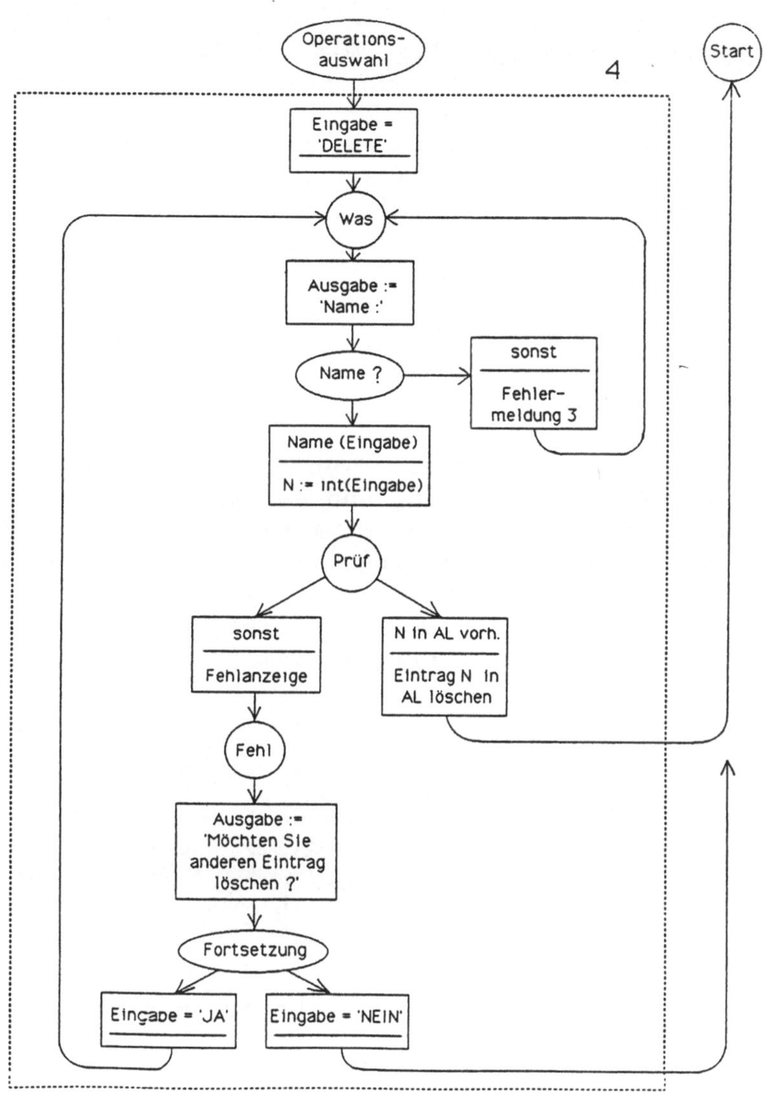

b) Die komplexe Handlung 4 (Stufe 2, A-Netz)

Abb. 5/27: Frage-/Antwort-Dialog
(Fortsetzung)

Dieselbe Art der Beschreibung kann auch für andere Dialogformen verwendet werden.

In Abschnitt 5.2.3 wird ein ausführliches Beispiel mit <u>komplexer Kommandosprache</u> behandelt.

<u>Hierarchische Menüauswahlen</u> mit stufenweiser Rückkehr zu früheren Dialogzuständen oder zum Ausgangszustand lassen sich leicht erfassen. Vor Erreichen eines Dialogzustandes ist nur jeweils die vollständige Liste der Wahlmöglichkeiten auszugeben, und die Eingabefunktion muß eine entsprechende Eingabe liefern. Ob die Auswahl zum Beispiel durch Eingabe der Alternativenbezeichnung oder einer Abkürzung, Eingabe der laufenden Nummer der Alternative oder Selektion mit einem Zeigeinstrument erfolgt, ist für die transparente Beschreibung der Dialogabwicklung unerheblich und kann in der Ein-/Ausgabe-Funktion erfaßt werden.

Der <u>Maskendialog</u> geht von einer andersartigen Interaktion der automatisierten Funktionen aus. Typischerweise wird die gesamte Ausgabe der Dialogabwicklung und der Anwendungsfunktion ebenso wie die Eingaben von Daten und Kommandos über fest formatierte Datenpositionen in Masken abgewickelt, die permanent auf dem Bildschirm angezeigt werden. Abb.5/28 zeigt ein statisches Modell der Funktionen, Abb.5/29 einen typischen Aufbau einer Klasse von Masken (in Anlehnung an Kämper & Schneider, 1984).

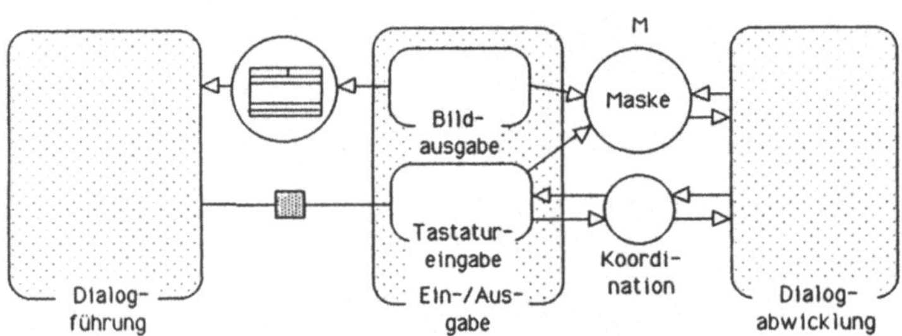

Abb. 5/28: Funktionsstruktur für Maskendialoge

Titel	Kommando
Hinweise für die Anwendung	
Anwendungsfeld	
Dialogmeldungen	
Liste zulässiger Kommandos	

Abb. 5/29: Typischer Maskenaufbau

In jedem Dialogzustand hat der Dialogführer die Möglichkeit,
Hinweise und Daten im Anwendungsfeld zu lesen, neue Daten
einzugeben, Dialogmeldungen zu registrieren und ein neues
Kommando einzutragen. Durch Betätigung einer Spezialtaste (etwa
ENTER) wird die Beendigung der Eingabe signalisiert. Dies kann
über die Koordinationsposition an die Dialogabwicklung
mitgeteilt werden.
Jeder Dialogzustand kann durch eine spezielle Maske mit
teilweise fixierten Inhalten charakterisiert werden. Vor dem
Erreichen von Dialogzuständen können Handlungen einzelne
Maskenfelder füllen.
Der Kontrollfluß und die Anwendungshandlungen werden durch den
aktuellen Maskeninhalt gesteuert.
Komplexe Ausgabehandlungen und Konstellationen von
Maskeneingaben können schematisch und bildlich durch das
Aussehen der Maske symbolisiert werden. In Kämper &
Schneider (1984) werden vielfältige Beispiele angegeben, die
unmittelbar in Aktionsnetze übertragen werden können.

In ähnlicher Weise können Benutzungsmodelle für die
verschiedensten Architekturen von interaktiven Systemen
angegeben werden - bis hin zu Personal-Computern mit 'direkter
Manipulation'. Abb.5/30 zeigt ein solches grobes
Benutzungsmodell, aus dem hervorgeht, wie die Illusion der
'direkten Manipulation' von Anwendungsobjekten erzeugt wird.

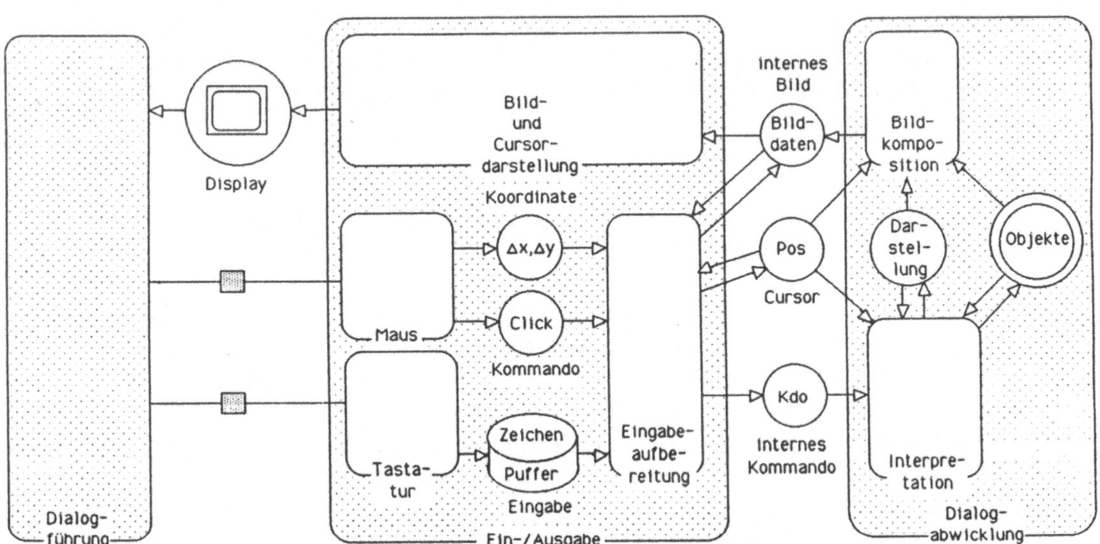

Abb. 5/30: Benutzungsmodell 'direkte Manipulation'
          (F-Netz)

Durch 'permanente Beobachtung' der Anwendungsobjekte und der Cursor-Position ist die Funktion Bildkomposition in der Lage, unter Beachtung der Darstellungsvorgaben ein zutreffendes internes Bild der aktuellen Situation zu erzeugen, welches permanent auf dem Bildschirm dargestellt wird. Die Eingabeoperationen des Dialogführers über Maus oder Tastatur haben unmittelbar sichtbare Wirkungen. Bei Konzentration der Aufmerksamkeit auf die Anwendungsobjekte und -operationen kann der Dialogführer die Illusion haben, die Anwendungsobjekte direkt zu manipulieren. Bei einer Störung in den nicht beachteten Funktionen, zum Beispiel beim Prellen einer Taste, bricht diese Illusion zeitweise zusammen und Modelle aller Funktionen werden benötigt. Für die Erfassung der Handlungsdynamik in objektorientierten Systemen mit direkter Manipulation durch Aktionsnetze stehen Untersuchungen noch aus.

5.1.4. Verwendung von Speicherpositionen

Speicherpositionen sind im 4.Kapitel als ein Ausdrucksmittel eingeführt worden, welches es erlaubt, von bestimmten Einzelheiten einer Speicherorganisation zu abstrahieren.
Die Abstraktion kann sowohl in der Komplexbildung bezüglich einer Menge von elementaren Positionen wie in einer 'pars-pro-toto'- Abstraktion hinsichtlich der Objekttypen, Zugriffe und bearbeitenden Handlungen bestehen. Es wurde lediglich gefordert, daß eine Realisierung durch elementare Komponenten (Handlungen, Kontrollzustände, Positionen) angebbar sein muß. Im folgenden werden typische Anwendungen von Speicherpositionen diskutiert, ohne daß das vielfältige Spektrum der Möglichkeeiten vollständig abgedeckt werden kann.

Die durch Speicherpositionen möglichen Abstraktionen können für unterschiedliche Zwecke eingesetzt werden, die sich teilweise überlagern:
(1) Entlastung einer Beschreibung von unnötigen Details, die Autor und Lesern ohnehin bekannt sind;
(2) Modularisierung von Beschreibungen: Details über Speicherpositionen werden getrennt von ihrer Verwendung behandelt. Eventuell brauchen ganze Klassen von Speicherpositionen nur einmal detailliert beschrieben zu werden;
(3) Zurückstellung von Entscheidungen über die Realisierung;
(4) Verbergen von Realisierungsdetails, etwa bei Speicherpositionen in und zwischen automatisierten Funktionen.

Für die ersten beiden Fälle werden nachfolgend Beispiele angegeben. Für den dritten Fall sind weitere Beispiele von der Natur der Sache her kaum von Interesse.

Als Beispiel für den ersten Fall betrachten wir den Umgang mit einer Ausleihkartei von Karten, die nach dem Attribut 'Werk' sortiert sind. Im Kontext einer Bibliotheksorganisation ist für alle Beteiligten in der Regel klar, welche Objektstruktur eineß solche Kartei besitzt und wie die Handlungen 'einsortieren', 'Entleiher eines Wunsch-Buches feststellen' oder 'entnehmen der Wunsch-Karte' zu verstehen sind.

Beispiel 5.6: Umgang mit einer Ausleihkartei

    a) Die informale Beschreibung der Zugriffsmöglichkeiten durch ein Objektnetz wie in Abb. 5/31 ist normalerweise ausreichend, um das Konzept der Ausleihkartei zu erfassen.

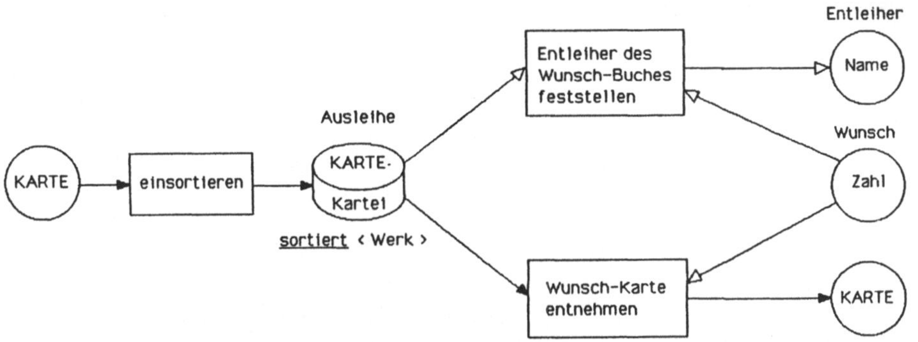

Abb. 5/31: Die Speicherposition 'Ausleihe' mit informal beschriebenen Zugriffshandlungen (A-Netz)

    b) Die in Abb.5/32 angegebene formalere Beschreibung enthält praktisch keine zusätzliche Information.

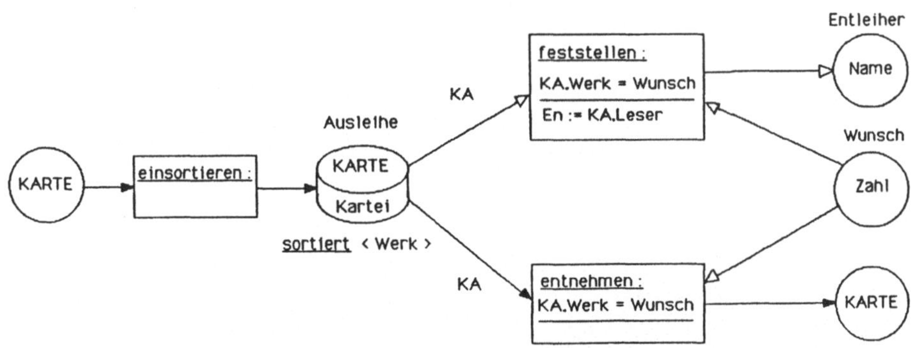

Abb. 5/32: Präzisierung der Zugriffshandlungen

c) Die im folgenden vorgestellte weitere Präzisierung des
   Umgangs mit der Ausleihe unter Angabe der Realisierung ist
   mit Aktionsnetzen möglich. Sie wird aber im Normalfall
   nicht benötigt.

   Seien

         KK   .= KT | KT(RE)
         KT   .= <u>atom</u>()
         RE   .= <u>reihe</u>(KARTEN) <u>sortiert</u> < Werk >
         KARTE   .= <u>atom</u>(..., Leser: Name, Werk: Zahl, ...)

   und sei 'sort' eine Operation, die eine KARTE an der richtigen Stelle in ein RE-Objekt einfügt und ein RE-Objekt
   erzeugt.
   Dann kann die Speicherposition 'Ausleihe' durch eine Position
   vom Typ KK und die zugehörigen Zugriffshandlungen wie folgt
   realisiert werden.

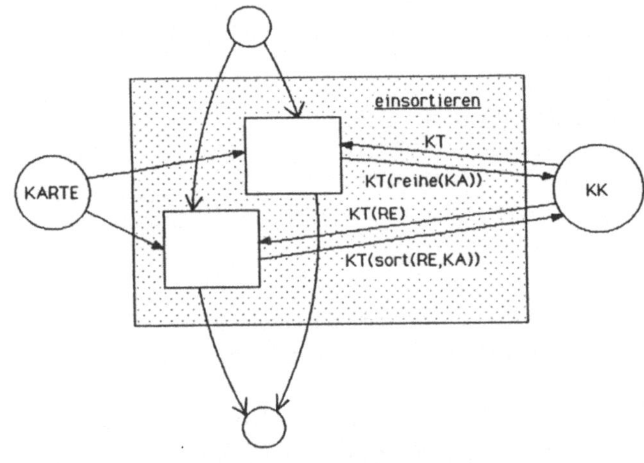

a) 'einsortieren'

Abb. 5/33: Realisierung der Speicherposition
           und der Zugriffshandlungen
           (elementares Aktionsnetz)

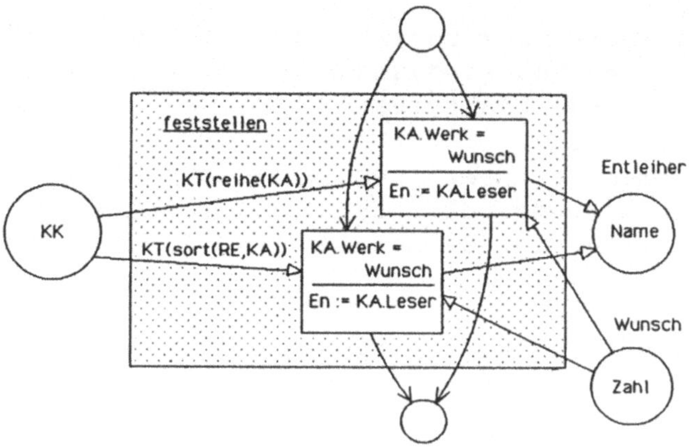

b) 'feststellen'

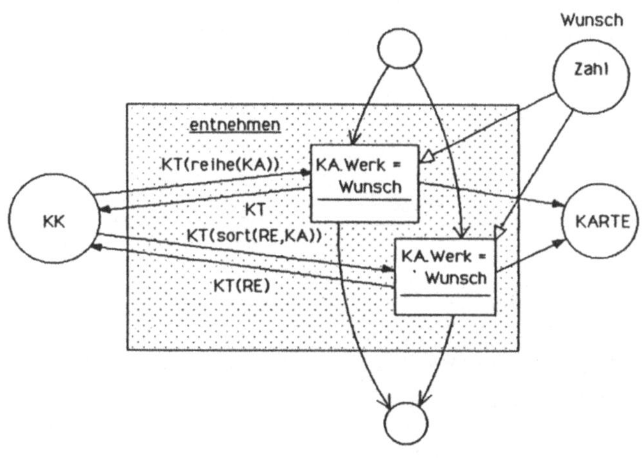

c) 'entnehmen'

Abb. 5/33: Realisierung der Speicherposition
und der Zugriffshandlungen
(Fortsetzung)

Als Beispiel für eine Modularisierung von Beschreibungen
betrachten wir eine Speicherposition der Klasse 'Stapel der
Kapazität k ' für Objekte eines beliebigen Typs X.

Beispiel 5.7: Stapel der Kapazität k für X-Objekte

Der Stapel soll bis zu k Objekte vom Typ X aufnehmen können und durch drei Arten von Handlungen bearbeitet werden:
    (i)   ablegen eines Objektes
            (Voraussetzung: der Stapel ist noch nicht voll);
    (ii)   entnehmen des jeweils zuletzt abgelegten Objektes
            (Voraussetzung: der Stapel ist nicht leer);
    (iii) prüfen, ob der Stapel leer, teilweise gefüllt oder
            voll ist.

Auf einer groben Beschreibungsebene können wir die wesentlichen Informationen folgendermaßen durch ein Aktionsnetz erfassen:

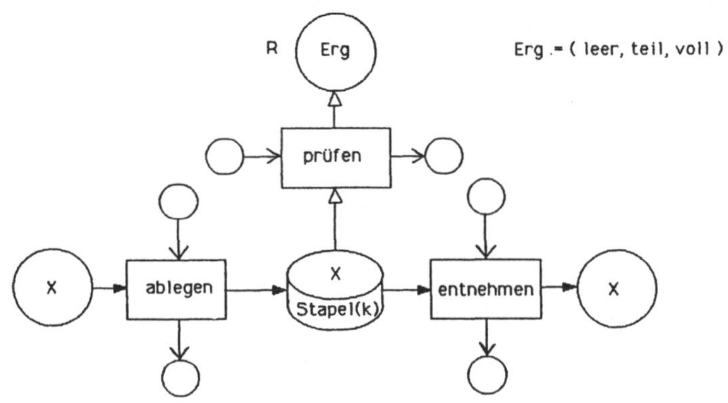

Abb. 5/34: Schematische Darstellung eines Stapels
            der Kapazität k mit Zugriffshandlungen

Wir können diese Form der schematischen Beschreibung wie in Oberquelle (1982) als sogenannte Schnittstellenbeschreibung für die Speicherposition auffassen, die alle zulässigen Klassen von Handlungen und ihre Wirkung vergröbert angibt. Alle angewandten Vorkommen von Stapeln dürfen höchstens die angegebenen Arten von Zugriffshandlungen nutzen.
Die Realisierung der einzelnen Komponenten kann in einer getrennten Beschreibung angegeben werden. Abb.5/35 zeigt eine mögliche Realisierung, in der die Anzahl der gespeicherten X-Objekte getrennt vom Inhalt des Speichers in einer Wertepositon Z gezählt wird. Die gespeicherten Objekte bilden ein zusammengesetztes Objekt vom Typ reihe(X*), welches über eine Operation 'append1' (analog zu der in Beispiel 4.22 eingeführten Operation) aufgebaut und zerlegt wird.

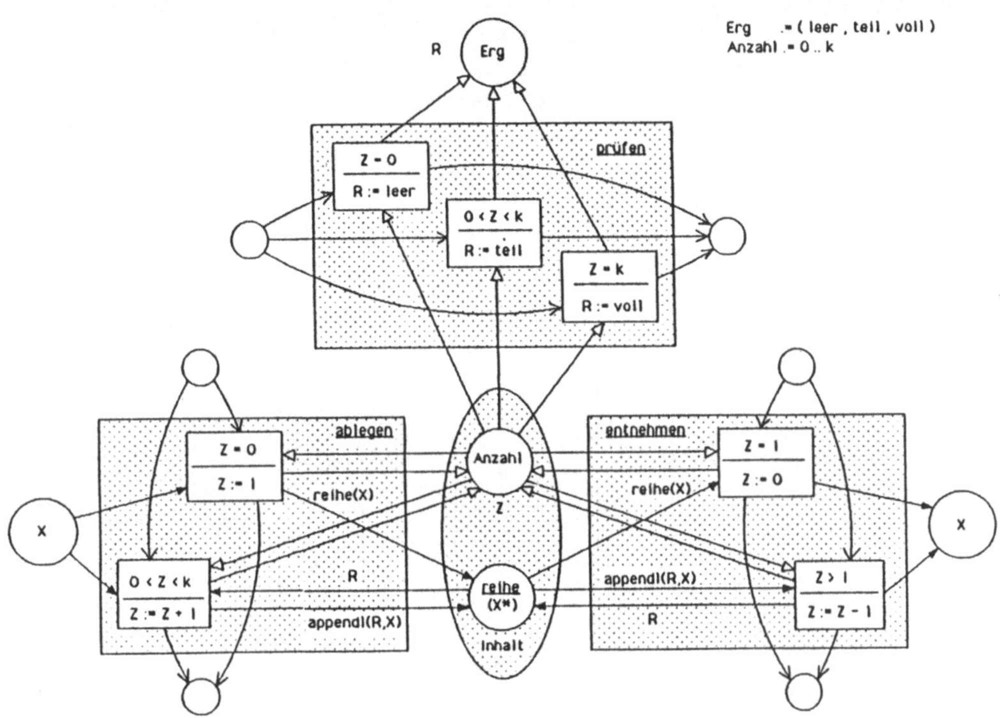

Abb. 5/35: Realisierung eines Stapels der Kapazität k

Andere Realisierungen von Stapeln der Kapazität k sind
denkbar, die alle mit der Grobbeschreibung in Abb.5/34
kompatibel sind. Beispielsweise könnten die X-Objekte in
einem geschlossenen Objekt gespeichert werden, in dessen
Hüllenobjekt über die Anzahl der enthaltenen X-Komponenten
Buch geführt wird, oder es könnten k elementare Positionen
für X-Objekte vorgesehen werden, die zyklisch genutzt werden.

Die Ausführbarkeit der Handlungen 'ablegen' und 'entnehmen'
ist von der Füllung des Stapels abhängig.
Der Versuch, diese Handlungen auszuführen, wenn die
notwendige Vorbedingung (Z < k bzw. Z > 0) nicht erfüllt
ist, hat zur Folge, daß die umgebende Funktion warten muß,
wenn in dem Eingangszustand der Handlungen keine anderen
Handlungen möglich sind.
Ist der Stapel eine private Speicherposition der Funktion, so
erreicht die Funktion damit einen Endzustand und wird passiv.

Dies dürfte in der Regel ein Fehler in der Funktions-
festlegung sein, der eine Ergänzung der Funktionsbeschreibung
erfordert. Abb.5/36 zeigt eine Erweiterung der Handlung
'ablegen' um eine Fehlerbehandlung, die auf einen Fehler-
zustand führt. Im Unterschied zur ursprünglichen Handlung
kann die erweiterte Handlung inA Abstraktionen nur als
komplexe Handlung betrachtet werden, da nicht in jedem Fall
ein X-Objekt abgelegt wird.

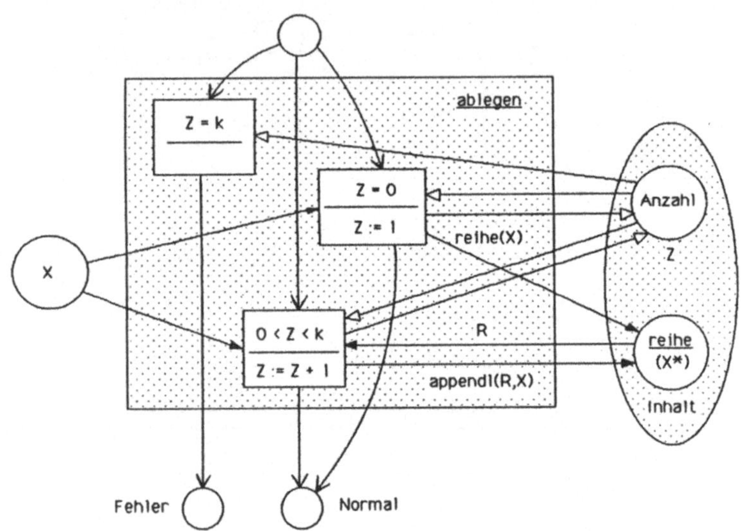

Abb. 5/36: Erweiterung der Handlung 'ablegen'

Ist der Stapel eine Schnittstelle zwischen verschiedenen
Funktionen, so kann das Warten zur Steuerung der Interaktion
eingesetzt werden.

Zum Verbergen von Realisierungsdetails (4) können alle Beschreibungsformen beitragen, die den Umgang mit gespeicherten Objekten
und Daten ohne Angabe der Realisierung hinreichend genau
erfassen. Sie müssen zumindest die Wirkungen der Zugriffshandlungen auf die Umgebung der Speicherposition angeben.
Für die ausschließliche Speicherung und Entnahme von Daten
in/aus statischen Datenobjekten scheinen die vielfältigen
Hilfsmittel aus dem Bereich der abstrakten Datentypen
integrierbar zu sein. Eine nähere Untersuchung über diesen
Fragenkomplex steht noch aus und setzt sicher eine vollständige
Formalisierung unserer Netzbeschreibungen voraus.
Ein allgemeines Konzept zur realisierungsunabhängigen Behandlung
abstrakter Speicherstrukturen für fließende Objekte fehlt noch
gänzlich.

Da die Zweckmäßigkeit der vollständigen Formalisierung für die Rollen- und Funktionsbeschreibung generell in Frage gestellt wurde (vgl. 2.3.4.), können bereits informale Beschreibungen, wie sie in den vorangegangenen Beispielen vorgestellt wurden, zum Verbergen von Realisierungsdetails verwendet werden.

Abschließend sei noch auf die Möglichkeit verwiesen, die Speicherung von Objekten oder Daten durch eine getrennte Funktion zu erfassen. Eine solche <u>Speicherfunktion</u> könnte über spezielle Handlungen für den Objekt- bzw. Datenaustausch mit der Umgebung verfügen und interne Positionen für die Speicherung besitzen. Die Gesamtheit der internen Positionen kann aus der Sicht benachbarter Funktionen als Speicherposition mit nicht bekannter Realisierung beschrieben werden.

5.2. Beispiele zur Rollen- und Funktionsentwicklung

In diesem Abschnitt soll an drei ausgewählten Beispielen demonstriert werden, wie RF-Netze und Aktionsnetze in unterschiedlichen Phasen der Rollenentwicklung eingesetzt werden können.
Die Beispiele behandeln alternative Formen der Arbeitsorganisation ohne Rechnereinsatz, den Entwurf für eine computergestützte Kooperation von Rollen auf der Basis einer Ist-Beschreibung und ein Benutzungsmodell für existierende automatisierte Textverarbeitungsfunktionen.

5.2.1. Arbeitsorganisation einer Weinhandlung

Als erstes komplexes Anwendungsbeispiel betrachten wir Formen der Arbeitsorganisation für eine Weinhandlung in Anlehnung an eine Beschreibung mit Hilfe von SADT in Balzert (1982).
Es werden zwei alternative Organisationsformen angegeben, die als Diskussions- und Entscheidungsgrundlage für die Reorganisation dienen können.

Beide Modelle gehen davon aus, daß
- Entscheidungen jeweils allein von einem Rollenträger getroffen werden,
- Rollen ausschließlich durch den Austausch von Objekten und Daten über Schnittstellen kooperieren und
- die Handlungsabfolgen der einzelnen Rollen ausschließlich durch den Objekt- und Datenfluß bestimmt werden.
Sie werden jeweils in drei Detaillierungsstufen beschrieben. Wegen der letzten Annahme ist eine explizite Darstellung des Kontrollaspektes überflüssig: Objektnetze sind auf der Aktionsebene ausreichend.

Modell 1:

    Es werden drei Rollen vorgesehen:
    1) Der <u>Verkäufer</u>, der für den gesamten Schriftverkehr mit
       den Kunden zuständig ist und dafür über die Kundendaten
       verfügt.
    2) Der <u>Einkäufer</u>, der für die Kooperation mit den
       Lieferanten verantwortlich ist, über die Lieferantendaten
       verfügt und über Bestellungen entscheidet.
    3) Der <u>Lagerarbeiter</u>, der auf Anweisung Wein einlagert,
       auslagert und verschickt.

Die Verwaltung der Lagerbestände wird von Verkäufer und Einkäufer gemeinsam vorgenommen. Sie verwenden die Artikeldatei als Schnittstelle, um die Warenbestellungen, -eingänge und -ausgänge zu verbuchen.
Die Arbeit des Lagerarbeiters wird durch Vorgaben des Einkäufers und des Verkäufers gesteuert.

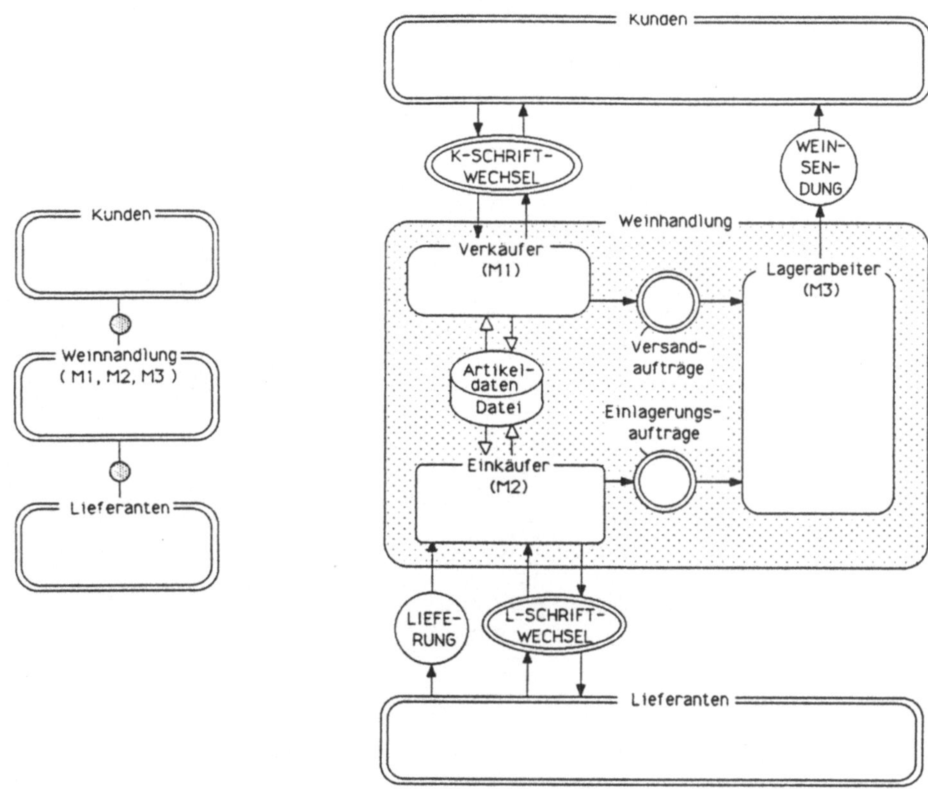

a) gröbste Form mit Einbettung in die Umgebung (R-Netz)

b) Rollen und Schnittstellen (R-Netz)

Abb. 5/37: Modell 1 der Weinhandlung

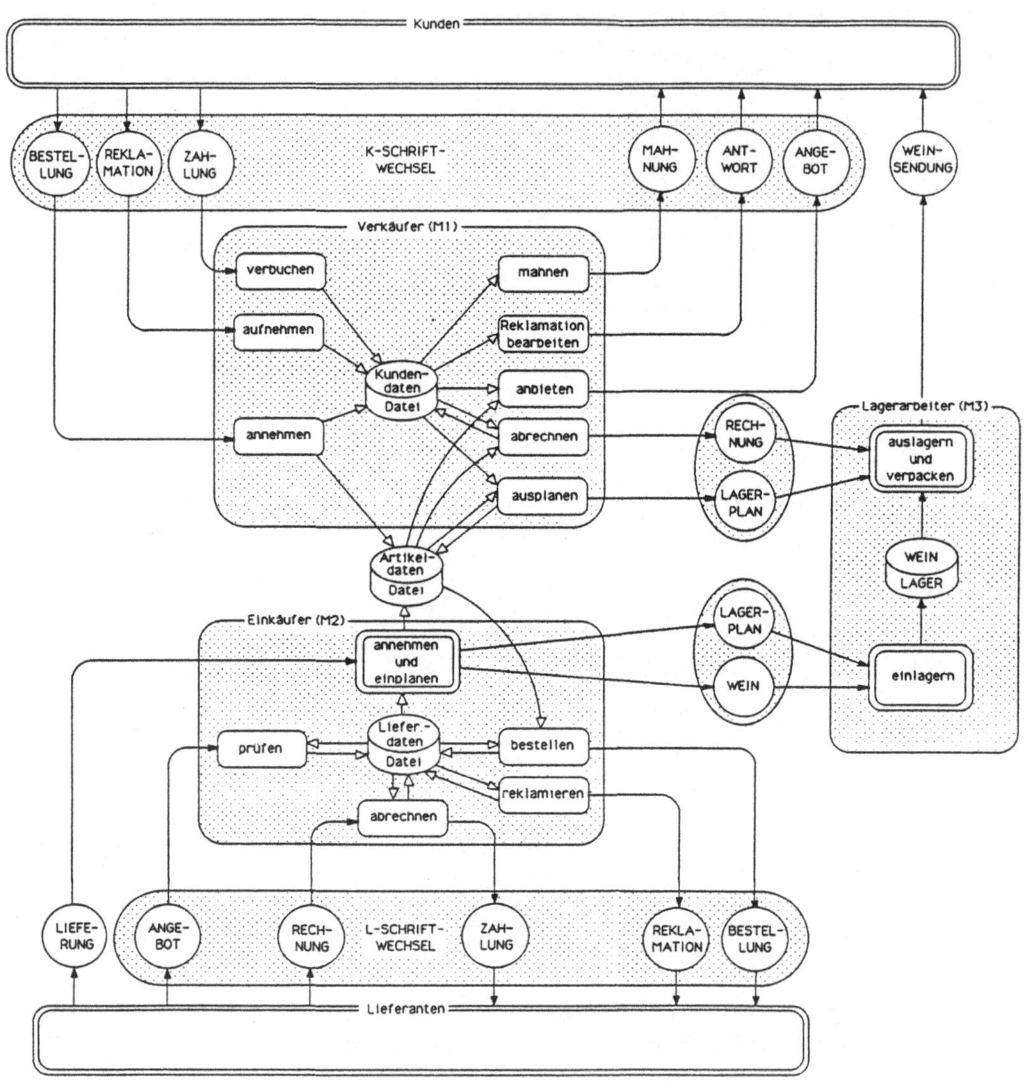

c) Detailbeschreibung auf der Aktionsebene
(RA-Netz, nur Objektaspekt)

Abb. 5/37: Modell 1 der Weinhandlung (Fortsetzung)

Modell 2:

In einem alternativen Entwurf werden vier Rollen vorgesehen:
1) Der <u>Verkäufer</u>, der nur für die Korrespondenz mit den Kunden verantwortlich ist.
2) Der <u>Einkäufer</u>, der nur für die Korrespondenz mit den Lieferanten zuständig ist.
3) Der <u>Kellerverwalter</u>, der für die Lagerung des Weins und die Bestandsführung in der Artikeldatei verantwortlich ist und Nachbestellungen veranlaßt.
4) Der <u>Lagerhelfer</u>, der dem Lagerverwalter unterstellt ist und gemäß dessen Vorgaben ein- und ausgehende Weine behandelt und das Weinlager betreut.

Der Verkäufer hat auf die Artikeldaten lediglich Zugriff, um Angebote oder Rechnungen zu erstellen. Er darf sie nicht ändern. Nur eine Rolle geht unmittelbar mit dem Wein um.

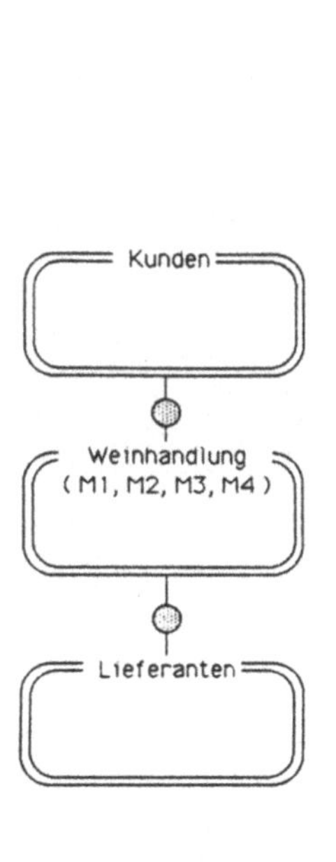

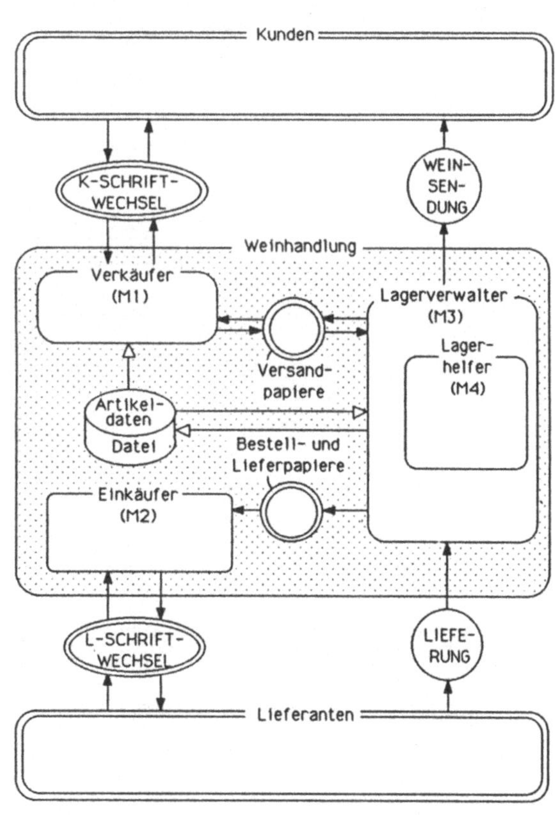

a) gröbste Form mit Einbettung in die Umgebung (R-Netz)

b) Rollen und Schnittstellen (R-Netz)

Abb. 5/38: Modell 2 der Weinhandlung

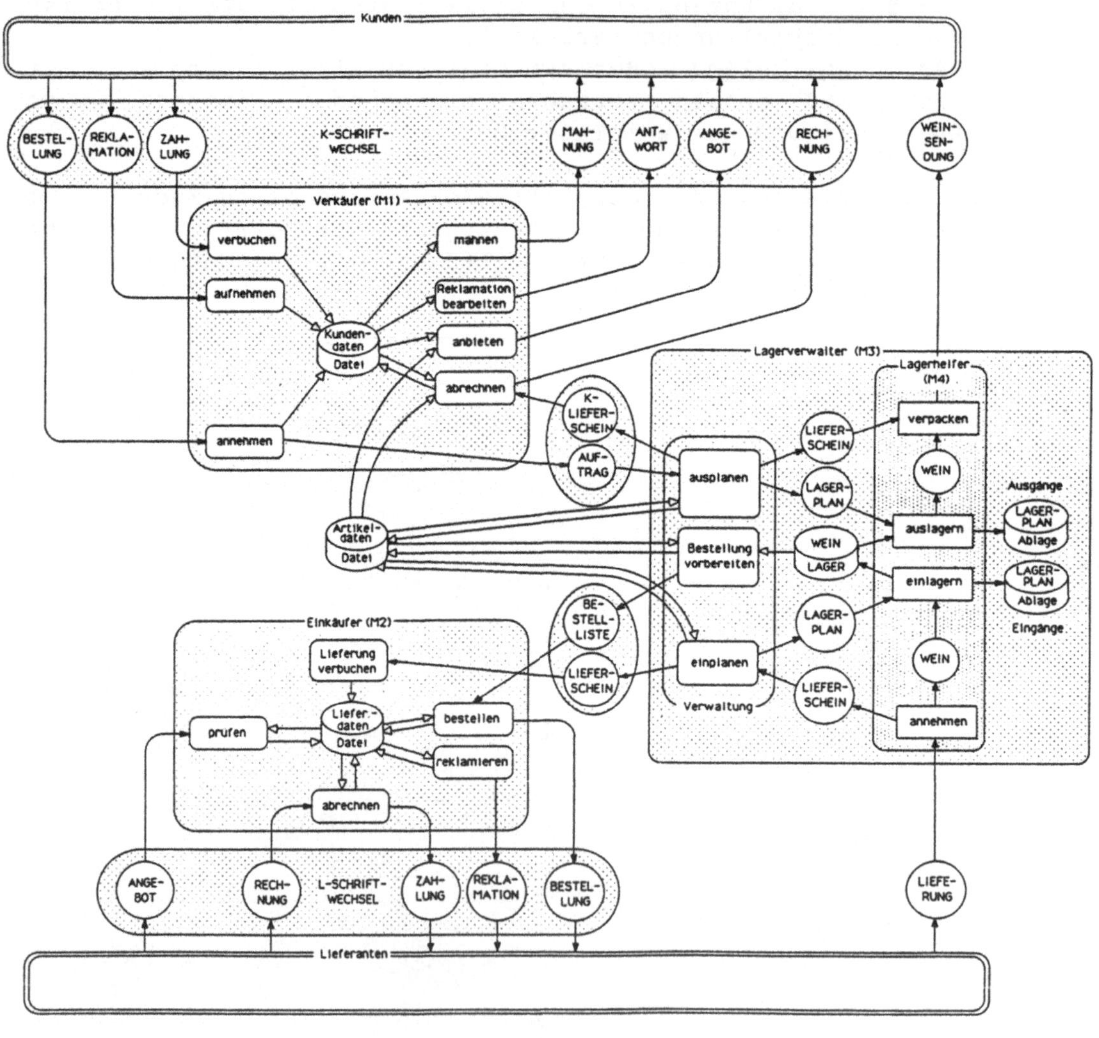

c) Detailbeschreibung auf der Aktionsebene
(RA-Netz, nur Objektaspekt)

Abb. 5/38: Modell 2 der Weinhandlung (Fortsetzung)

Auf der gröbsten Betrachtungsebene ergibt sich dieselbe Einbettung der Weinhandlung. Die Schnittstellen weisen jedoch schon Unterschiede auf.

Die beiden Entwürfe sind in der Netzdarstellung wesentlich transparenter als in der SADT-Version von Balzert (1982). Die integrierte Darstellung von Aktivitäten und Objekt-/Datenfluß, die Klassifikation von Positionen sowie die Kennzeichnung von Zuständigkeiten auf der Rollenebene tragen wesentlich dazu bei. Die Entwürfe sind wegen der gleichartigen Anordnung korrespondierender Komponenten leicht miteinander zu vergleichen.

Die Beschreibungen sind gleichwohl unvollständig.
Sie erfassen nur einen Teil der Beziehungen zwischen den beteiligten Rollenträgern. Die direkte Kooperation im Gespräch scheint nicht vorgesehen zu sein, kommt aber in der Praxis mit Sicherheit vor.
Auch der erfaßte Teil ist nur patiell beschrieben. So fehlen zum Beispiel die Angaben über die Inhalte (Attribute) von Datenobjekten, über Konstruktionen von zusammengesetzten Objekten (Z.B. sollte eine WEINSENDUNG aus einer Kollektion von WEINFLASCHEN und einem LIEFERSCHEIN bestehen.) und genauere Angaben über den Verbleib von Dokumenten (Z.B. 'verschwinden' BESTELLUNGEN in der Aktion 'annehmen'.).
Teilweise kann davon ausgegangen werden, daß sich die notwendigen Ergänzungen im Kontext der Anwendung aus den verwendeten Bezeichnungen für Autor und Leser der Beschreibung in gleicher Weise eindeutig ergeben. Die Beschreibungen enthalten dann keine unnötigen Details. Andererseits können Unvollständigkeiten Anlässe für die Kommunikation der Beteiligten im Rahmen von kooperativer Rollenentwicklung sein und zur Aufdeckung von unterschiedlichen Interpretationsmöglichkeiten beitragen.

Über die Automatisierung sind in den Entwürfen ebenfalls keine Angaben enthalten. Geht man davon aus, daß die Dateien durch Computerdateien realisiert werden sollen, so ist sofort sichtbar, welche Aktionen betroffen sind und wie sie zusammenhängen. Über den Grad und die Art und Weise der Automatisierung kann auf der Basis von weiteren Verfeinerungen für die Aktionen verhandelt werden.

5.2.2. Computergestützte Bibliotheksorganisation

Unser zweites komplexes Beispiel behandelt eine Ist-Beschreibung und eine Soll-Beschreibung für eine teilweise zu automatisierende Bibliothek. Es ist der Dissertation von R.Keil-

Slawik (1985a) entnommen, aber korrigiert, wesentlich ergänzt
und revidiert worden, um die in Abschnitt 3.3.3. genannten
Mängel zu beseitigen.

Ist-Beschreibung

Die Bibliothek ist Bestandteil einer Firma und kann von allen
Mitarbeitern in der Rolle 'Benutzer' aufgesucht werden. An
der Beschaffung von Büchern und der Erweiterung des Bestandes
sind mehrere Rollen beteiligt, die von speziellen
Mitarbeitern neben anderen Rollen wahrgenommen werden.
Computer werden bisher nicht für die Bibliotheksorganisation
eingesetzt.
Auf der obersten Betrachtungsebene ergibt sich das in
Abb.5/39 dargestellte Rollennetz. Die eingezeichneten
Positionen repräsentieren globales Wissen, das die
Kooperation der betrachteten Rollen der Fachbibliothek
steuert, durch diese aber nicht verändert wird. Es wird in
den nachfolgenden Verfeinerungen nicht weiter explizit
dargestellt, da es auch zum Rollenkontext gezählt werden
kann.

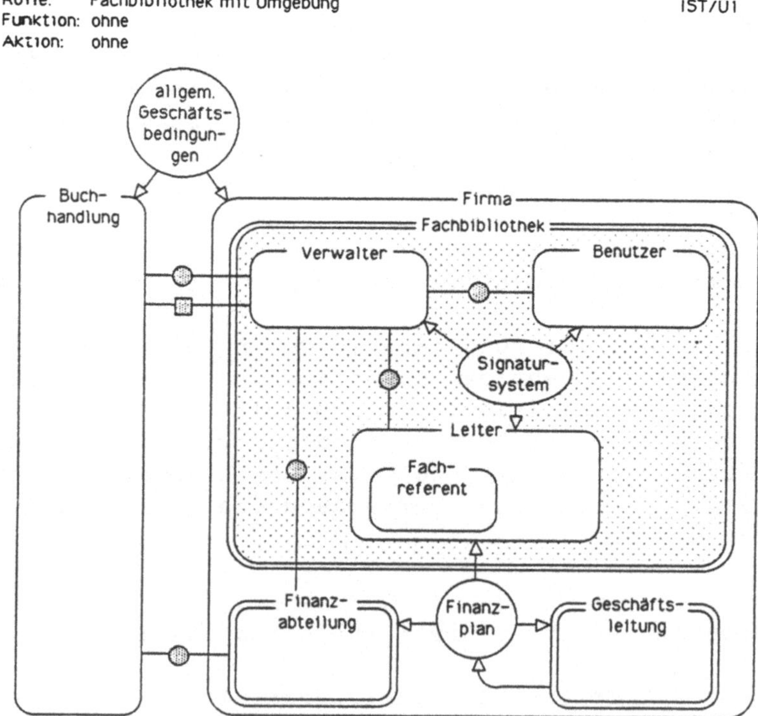

Abb. 5/39: Rollenstruktur und Einbettung in die Umgebung
(Rollen-Netz)

Die Aufgaben der für den Bibliotheksbetrieb relevanten Rollen
können in einzelne Funktionen aufgeteilt werden, wie es Abb.
5/40 zeigt.

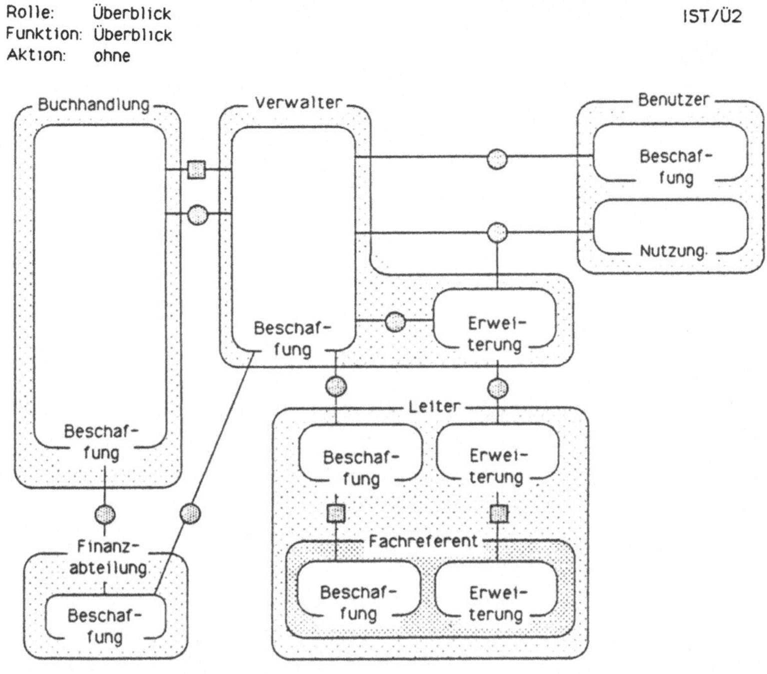

Abb. 5/40: Rollen und Funktionen (IST, RF-Netz)

Die inhaltlich zusammengehörigen Funktionen verschiedener Rollen
können auch zu Funktionskomplexen zusammengefaßt werden, die die
Bibliotheksaufgaben auf einem rollenübergreifenden Niveau darstellen (Abb.5/41).

Der Detailliertheitsgrad dieser Übersichtsnetze auf der Rollen-
und Funktionsebene kann durch die Ausführlichkeit der
Schnittstellenbeschreibungen variiert werden. Wir geben
Detaillierungen erst in den nachfolgenden Einzelbeschreibungen
aus der Sicht jeder Rolle auf der Aktionsebene an. Da keine
speziellen Restriktionen des Kontrollflusses für die Funktionen
vorgesehen sind, werden wiederum nur Objektnetze verwendet.

In den Einzelbeschreibungen werden Handlungen bzw. Aktionen
ebenso wie Objekttypen informal in Textform angegeben, was für
das Verständnis der Änderungen von der Ist- zur Soll-
Beschreibung ausreichend erscheint. Auf die Angabe weiterer

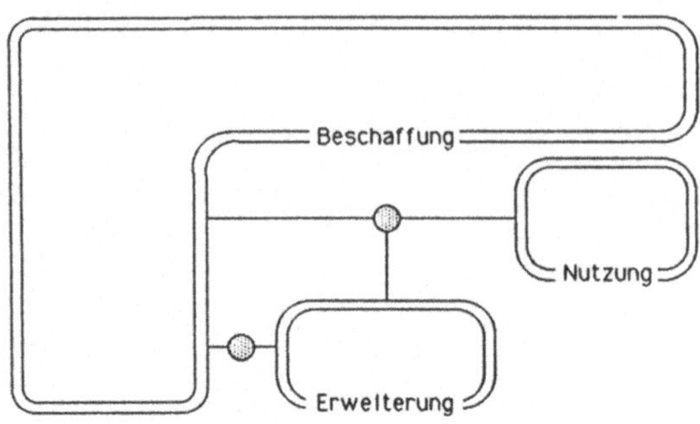

Abb. 5/41: Rollenübergreifende Aufgaben (IST, Funktionsnetz)

Einzelheiten zu den Objekttypen, z.B. zu den Attributen oder
speziellen Eigenschaften, wird hier aus Platzgründen verzichtet.
Die in Keil-Slawik (1985) verwendete Form der tabellarischen
Erfassung aller Objekte wäre hier ebenso einsetzbar wie andere
Formen der Darstellung von Objekttypen.
Bei den Nachbarrollen sind jeweils nur Aktionen angegeben, wie
sie sich aus der Sicht der betrachteten Rolle ergeben. Die über
Nachbarrollen vermittelte Kooperation mit anderen Rollen, z.B.
mit der Unterrolle 'Fachreferent' des 'Leiters', wird nur bei
der Beschreibung der vermittelnden Rolle erfaßt.

Als erstes betrachten wir die Rolle des <u>Verwalters</u>. Sie wird in
einem Übersichtsnetz, das die Verbindungen zu allen Nachbarrollen enthält, und Verfeinerungen für komplexe Aktionen
beschrieben.

Rolle.   Verwalter und Nachbarschaft
Funktion: Überblick
Aktion: Überblick

IST/VO

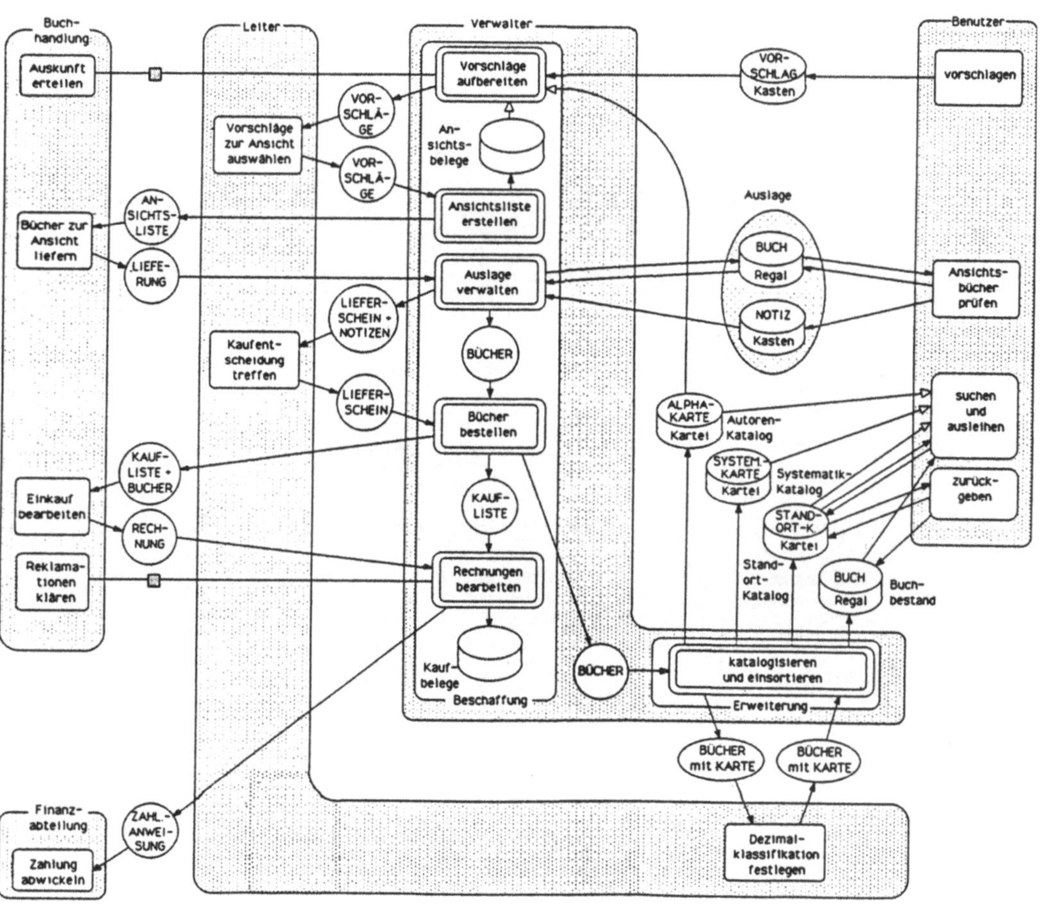

Abb. 5/42: Die Rolle 'Verwalter'
(IST, Übersicht, RFA-Netz)

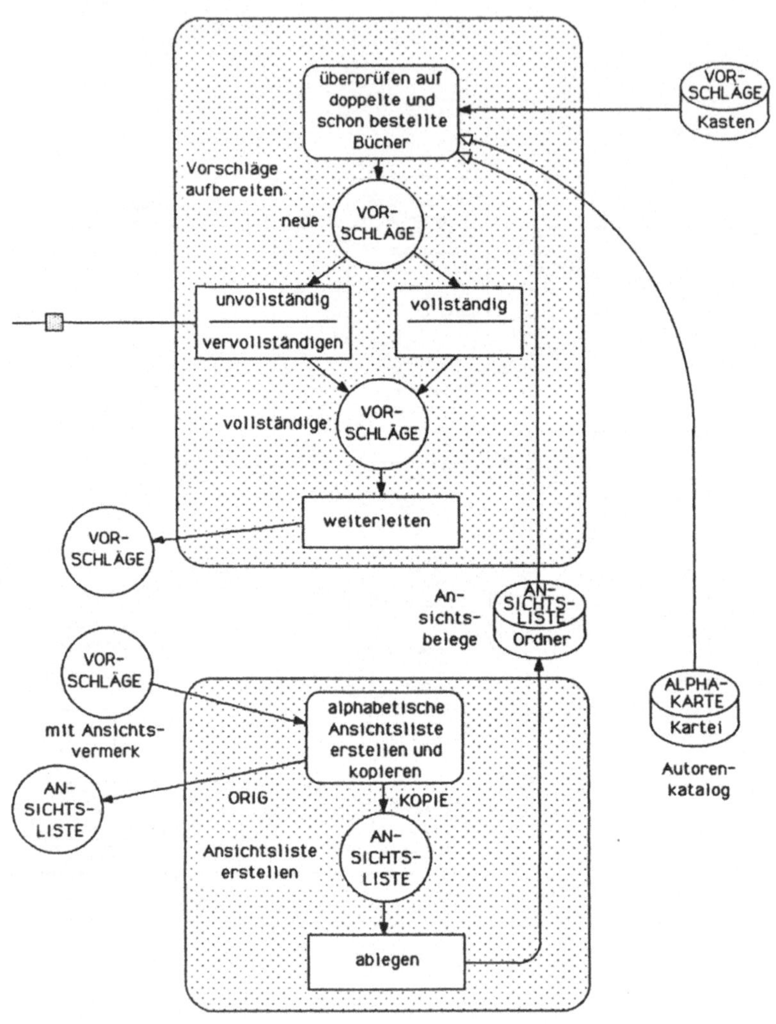

Abb. 5/43: Die Rolle 'Verwalter'
(IST, Aktionen, Teil 1, A-Netz)

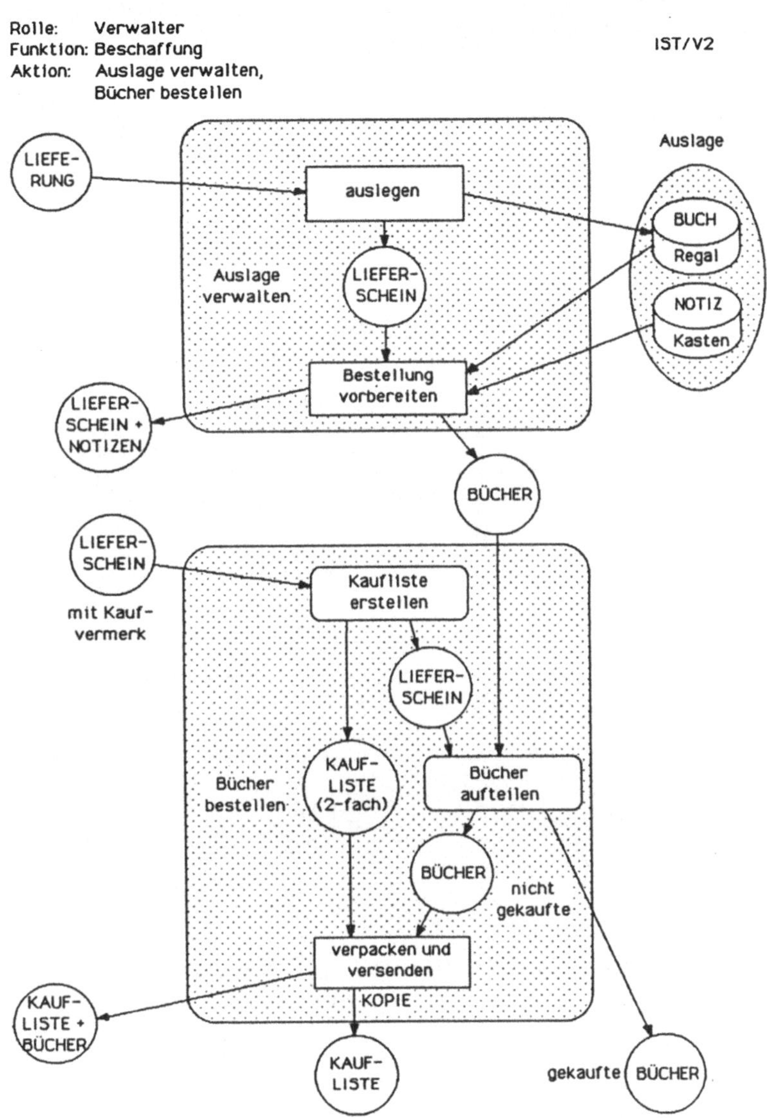

Abb. 5/44: Die Rolle 'Verwalter'
(IST, Aktionen, Teil 2)

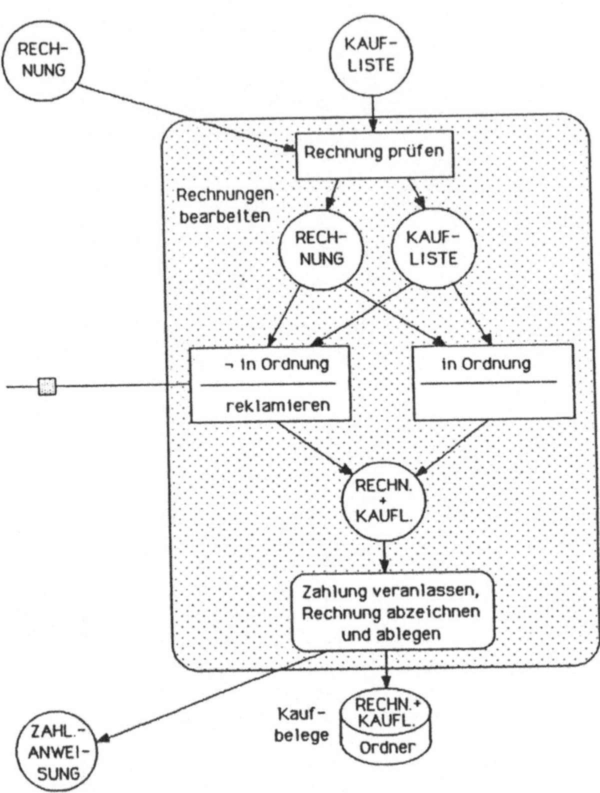

Abb. 5/45: Die Rolle 'Verwalter'
(IST, Aktionen, Teil 3)

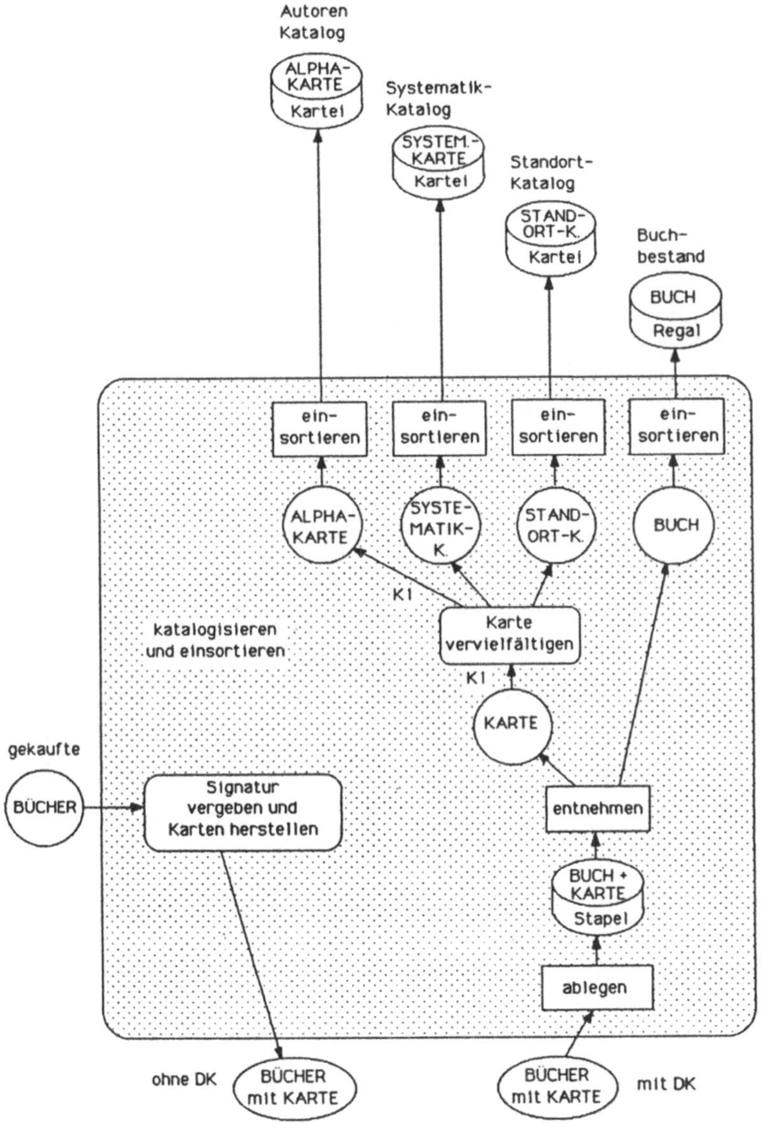

**Abb. 5/46: Die Rolle 'Verwalter'
(IST, Aktionen, Teil 4)**

Aus der Sicht des <u>Leiters</u> hat die Bibliotheksorganisation eine wesentlich einfachere Struktur. Die gesamte Rolle läßt sich in einem Übersichtsnetz und zwei Verfeinerungen erfassen.

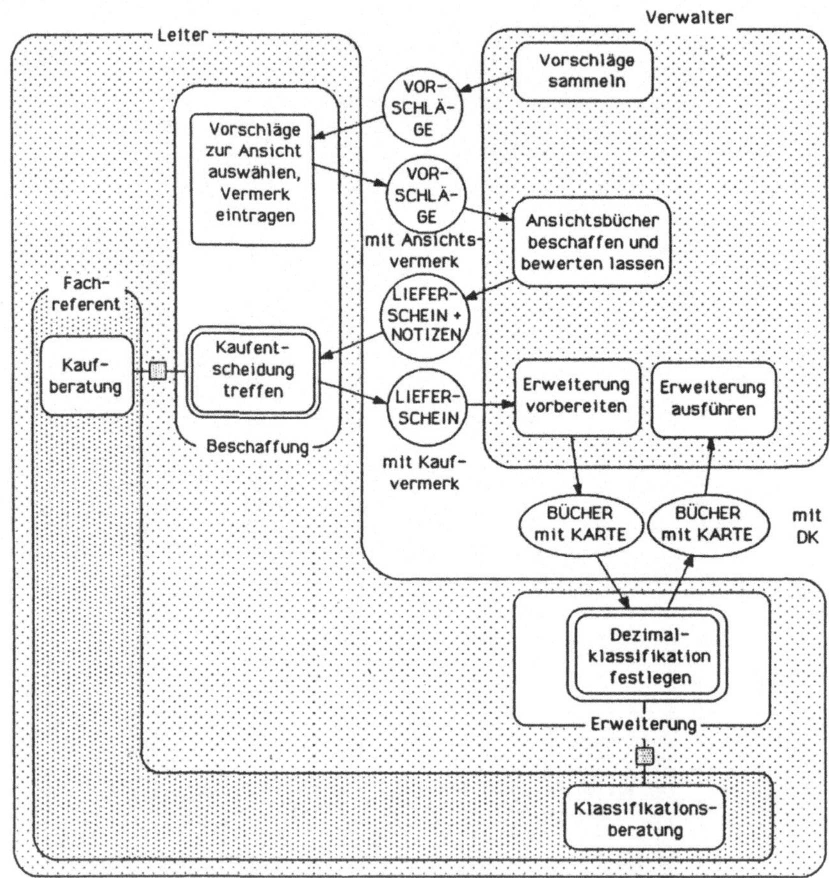

Abb. 5/47: Die Rolle 'Leiter'
(IST, Übersicht)

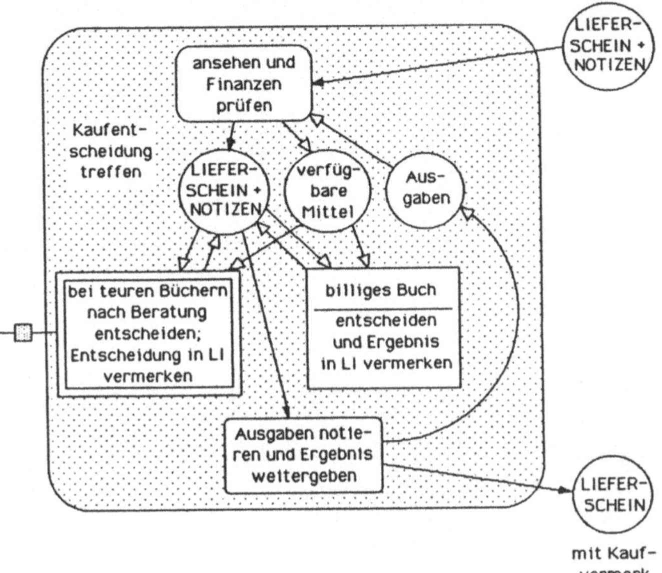

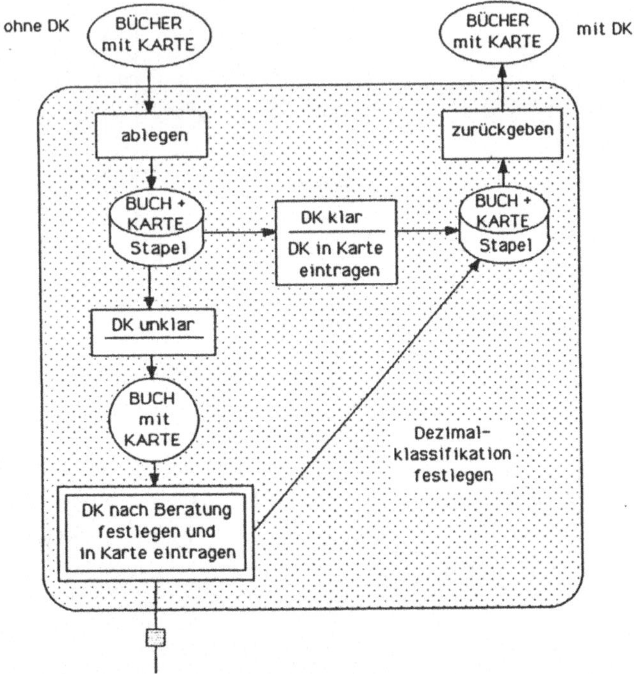

Abb. 5/48: Die Rolle 'Leiter' (IST, komplexe Aktionen)

Auch die Rolle des <u>Benutzers</u> ist weniger komplex und erfordert nur ein Diagramm.

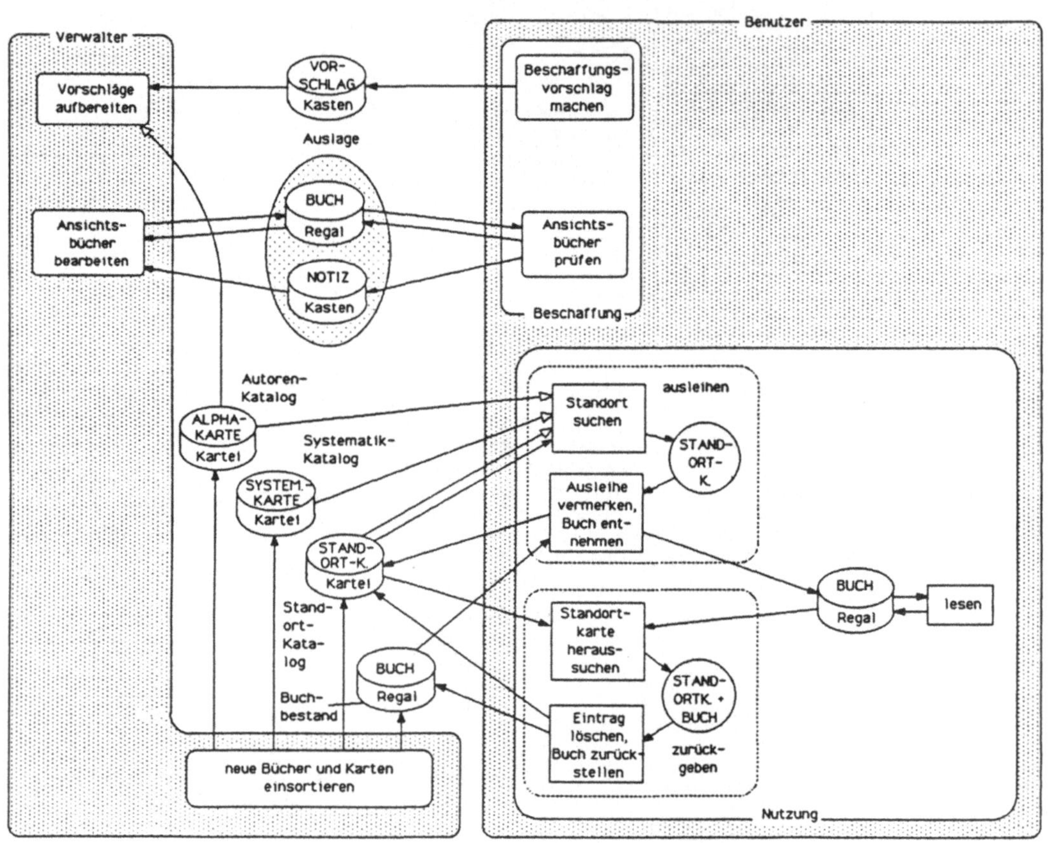

Abb. 5/49: Die Rolle 'Benutzer'
(IST, Gesamtbeschreibung)

Soll-Beschreibung:

Bei der Entwicklung des Soll-Konzeptes wird davon
ausgegangen, daß die Aufgabenverteilung unter den Rollen
erhalten bleiben soll.
Der Schreibaufwand für Routinearbeiten soll reduziert, der
Verwaltungs- und Zeitaufwand bei der Beschaffung soll
verringert werden. Die Benutzer sollen bessere und schnellere
Informationsmöglichkeiten erhalten. Die Benutzbarkeit der
Bibliothek soll auch bei Rechnerausfall weitgehend aufrecht
erhalten werden. Zusätzlich soll es möglich sein, eine
Ausleihstatistik für Zwecke der Bestandspflege automatisch zu
erstellen.

Es wird an die Installation eines Ein-Platz-Systems mit
Terminal und Drucker in der Fachbibliothek gedacht, an das
alle automatisierten Funktionen übetragen werden sollen.

Die wesentlichen Ideen des Soll-Konzeptes lassen sich
folgendermaßen zusammenfassen:
- Vorschläge werden im Rechner gesammelt und rechnergestützt
  aufbereitet.
- Die für die Beschaffung wesentlichen Daten werden nur je
  einmal erfaßt und mehrfach genutzt, z.B. um Vorschlags- und
  Bestellisten zu erzeugen.
- Die Kataloge werden rechnergestützt bearbeitet. Gedruckte
  Bandkataloge und Neuaufnahmelisten stehen zusätzlich zur
  Verfügung.
- Leihvorgänge werden im Standortkatalog des Rechners
  registriert.
- Für die Pflege des Bestandes können Benutzer mit Rechner-
  unterstützung den Leihstand feststellen. Der Verwalter kann
  statistische Angaben erhalten.
- Die Revision des Bestandes wird rechnergestützt durch-
  geführt.

Die Übersicht in Abb.5/50 gibt die automatisierten Funktionen
und rechnerinterne Positionen vergröbert an. Die automatisierten
Funktionen dienen der Objektbearbeitung und der Daten-
übermittlung.

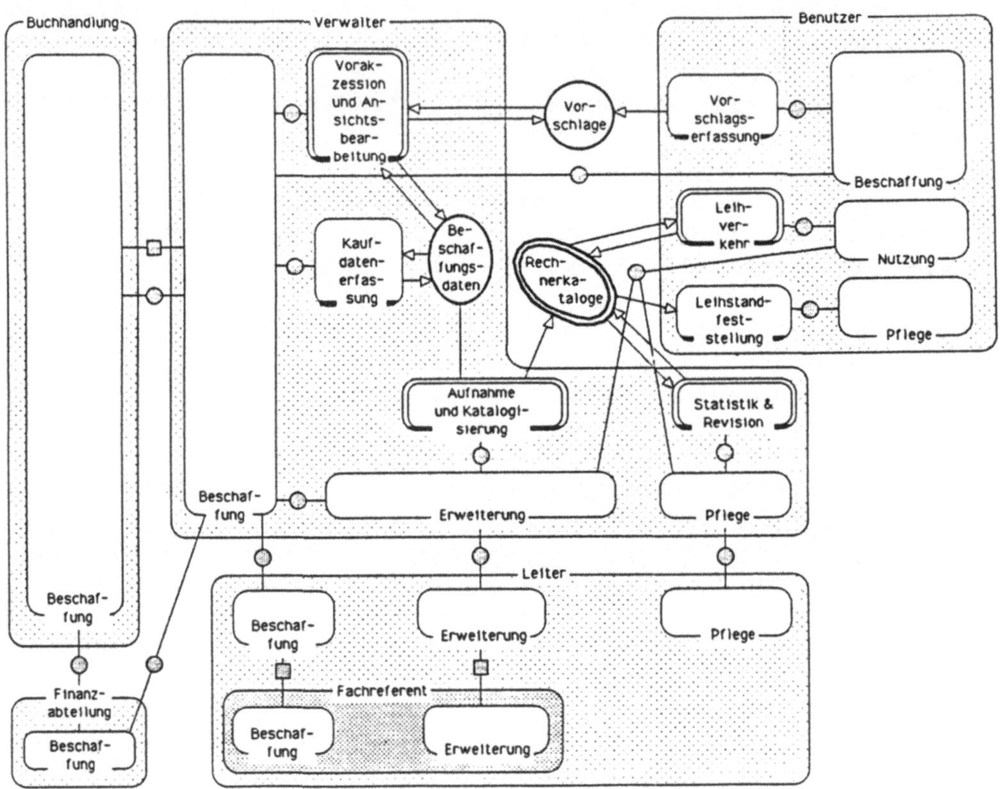

**Abb. 5/50: Automatisierte Funktionen
und ihre Einbettung in Rollen**

Die vergröberten Funktionskomplexe (Abb.5/51) weisen die 'Pflege' des Bestandes als neuen Aufgabenbereich aus (vgl. Abb.5/41).

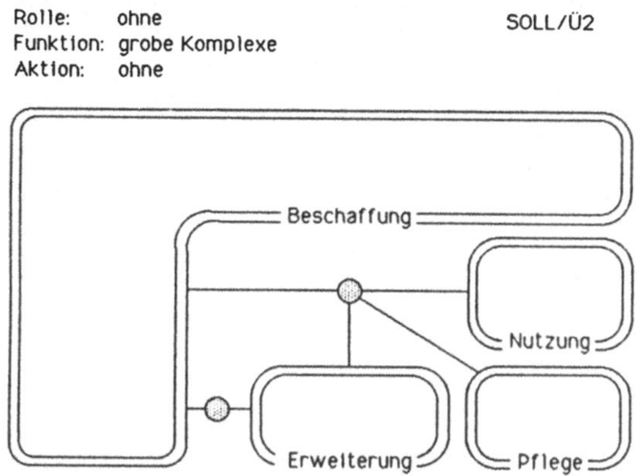

Abb. 5/51: Rollenübergreifende Aufgaben
(SOLL, Funktionsnetz)

Die nachfolgenden Abbildungen zeigen die veränderten Rollen im Detail. Die Art der Mensch-Rechner-Interaktion ist noch nicht genau festgelegt und nur durch das Terminal-Ikon dargestellt. Durch gleichartige Anordnung entsprechender Komponenten wird der Vergleich von Ist- und Soll-Beschreibung gezielt unterstützt. Obwohl nicht alle Rollen direkt mit dem geplanten Computersystem interagieren, wird deutlich, daß bis auf die Fachreferenten alle Rollen durch den Rechnereinsatz betroffen sind.

Rolle: Verwalter und Nachbarschaft   SOLL/VO
Funktion: Überblick
Aktion: Überblick

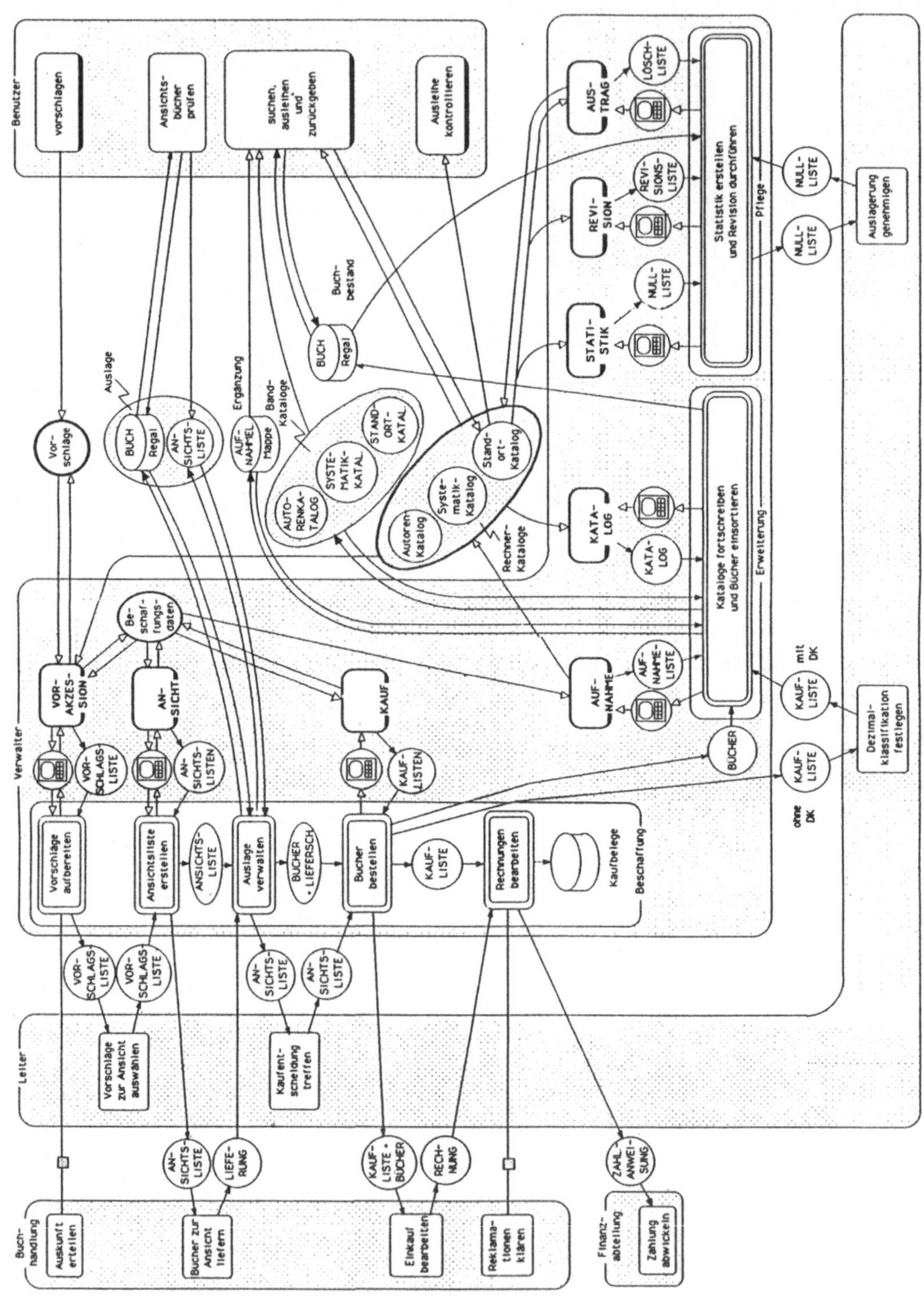

Abb. 5/52: Die Rolle 'Verwalter' (SOLL, Übersicht)

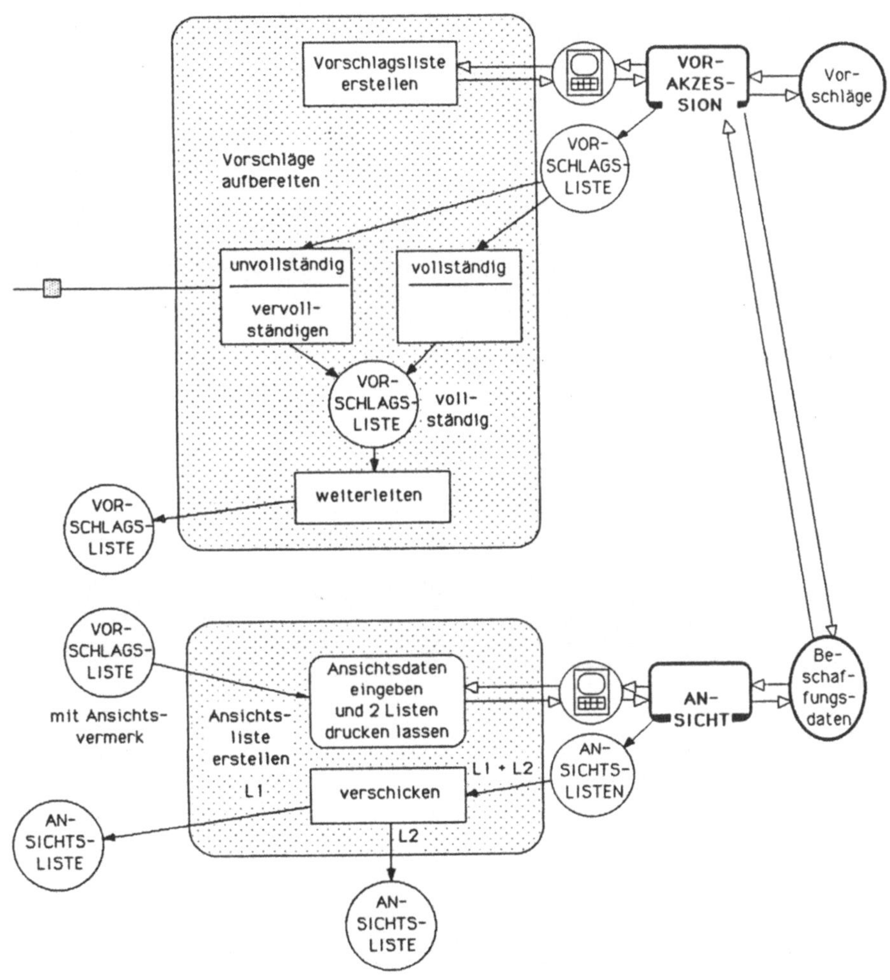

Abb. 5/53: Die Rolle 'Verwalter'
(SOLL, Aktionen, Teil 1)

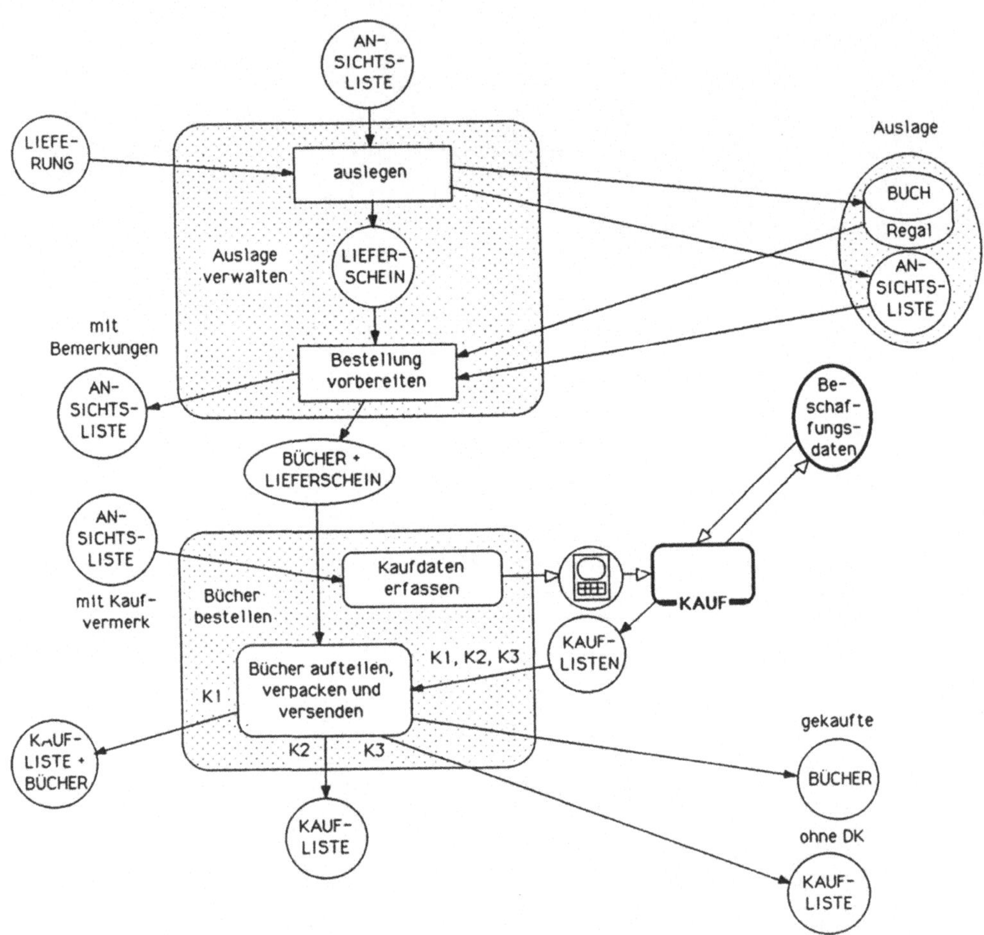

Abb. 5/54: Die Rolle 'Verwalter'
(SOLL, Aktionen, Teil 2)

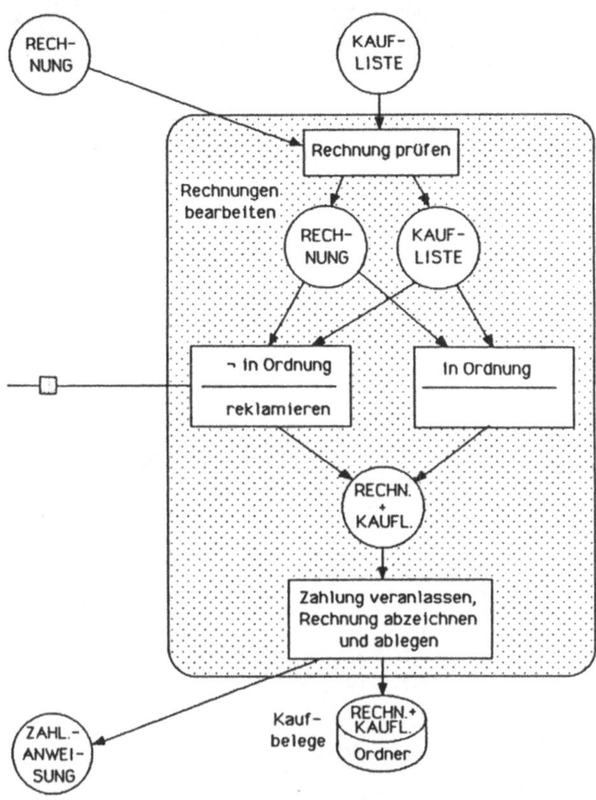

Abb. 5/55: Die Rolle 'Verwalter' (SOLL, Aktionen, Teil 3)

Rolle: Verwalter
Funktion: Erweiterung
Aktion: Kataloge fortschreiben
             und Bücher einsortieren

SOLL/V4

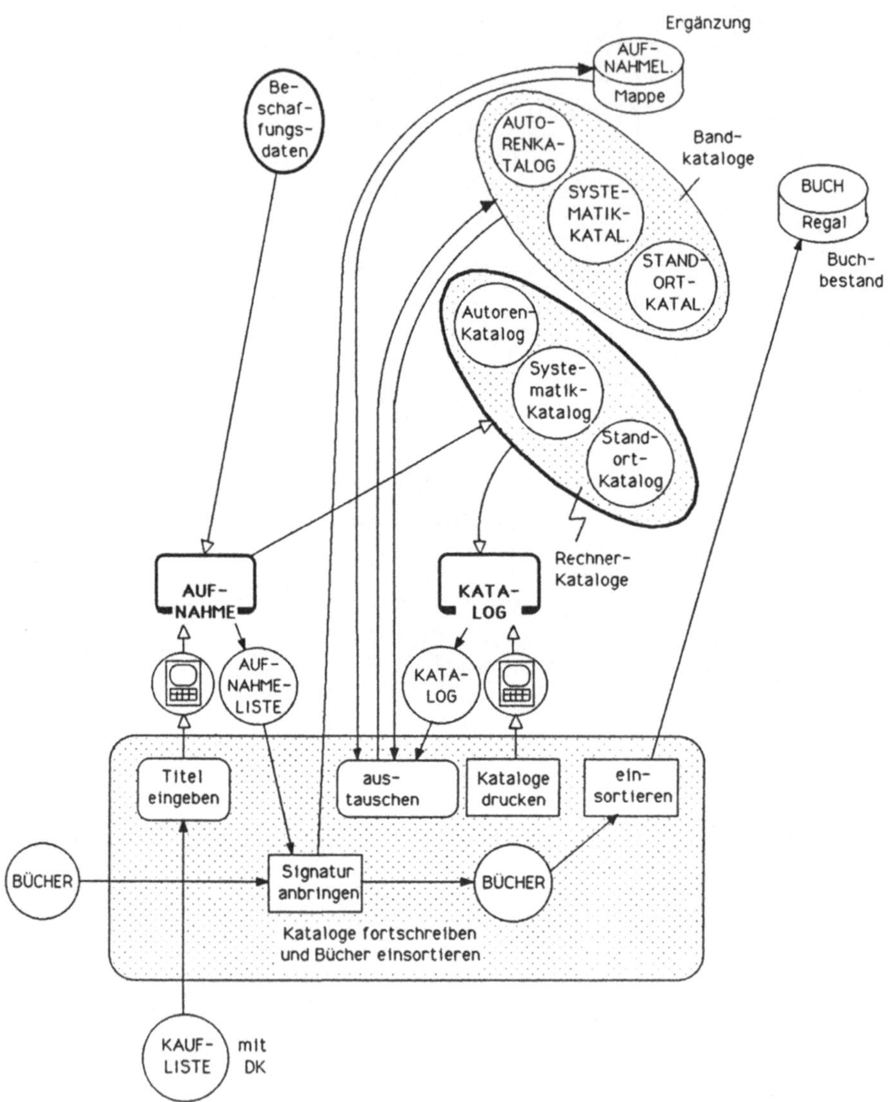

**Abb. 5/56: Die Rolle 'Verwalter'
(SOLL, Aktionen, Teil 4)**

Rolle: Verwalter
Funktion: Pflege
Aktion: Statistik erstellen
           und Revision durchführen

SOLL/V5

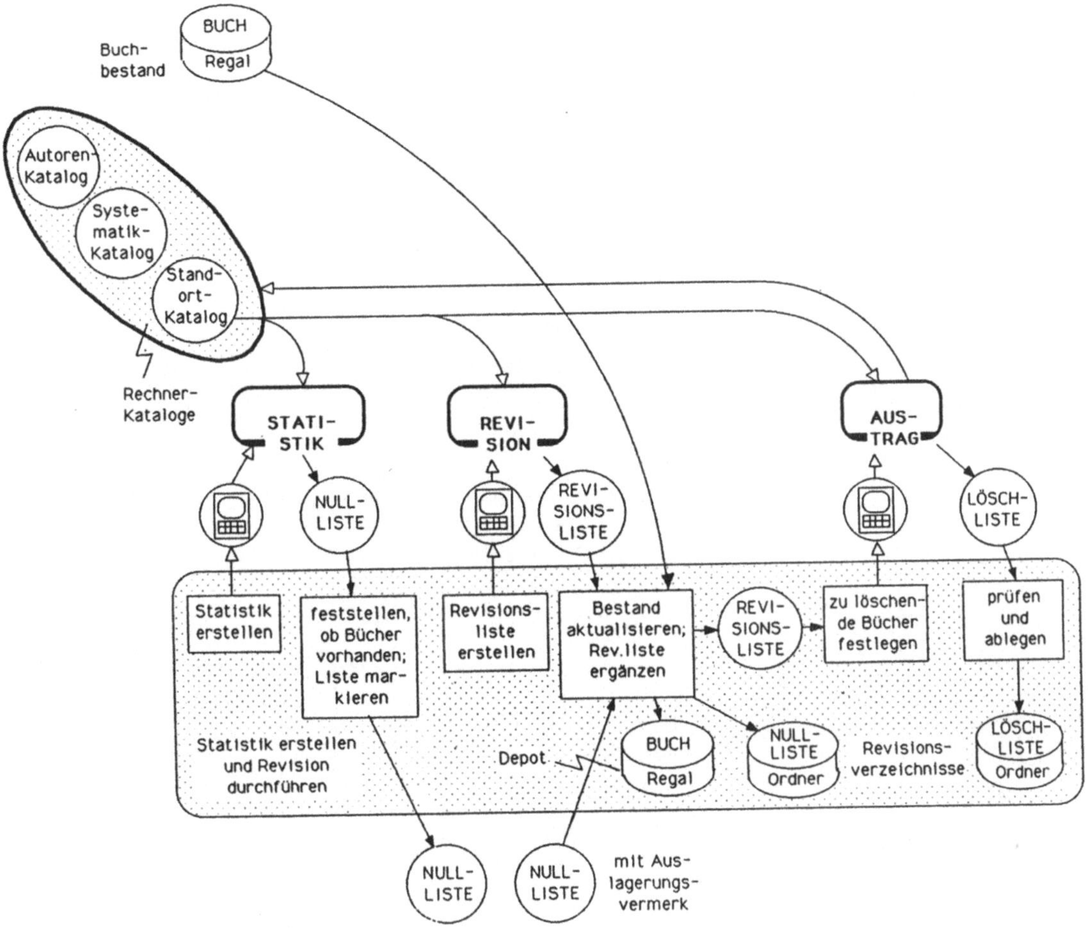

Abb. 5/57: Die Rolle 'Verwalter'
(SOLL, Aktionen, Teil 5)

Rolle: Leiter und Nachbarschaft
Funktion: Überblick
Aktion: Überblick

SOLL/LO

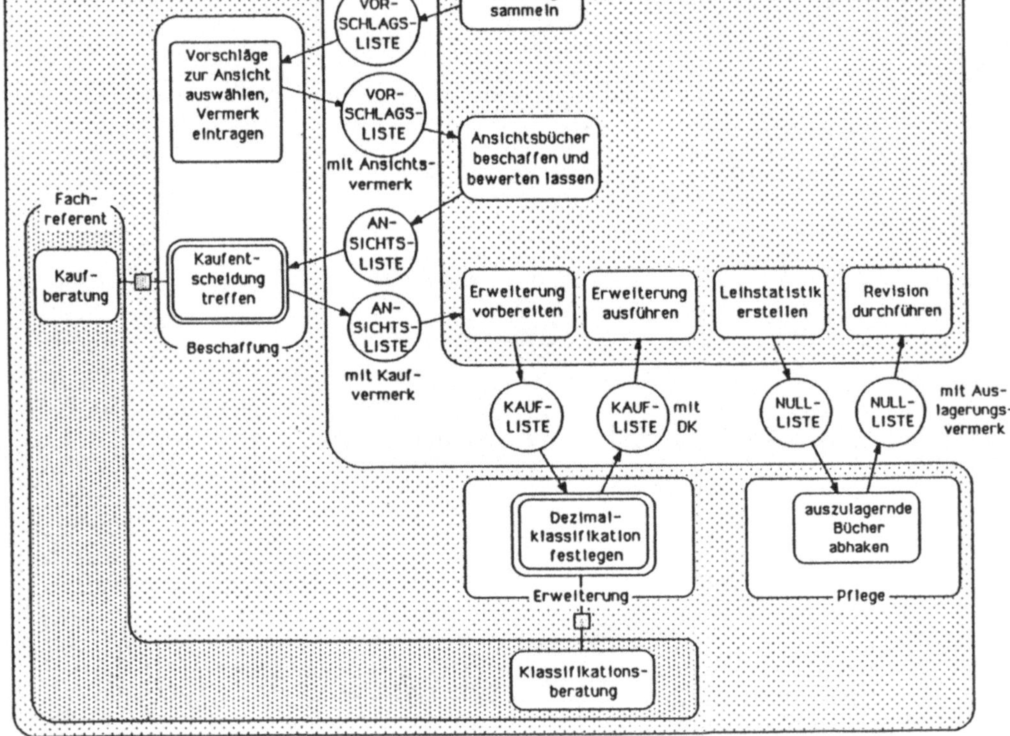

Abb. 5/58: Die Rolle 'Leiter'
(SOLL, Übersicht)

Rolle: Leiter   SOLL/L1
Funktion: Beschaffung
Aktion: Kaufentscheidung treffen

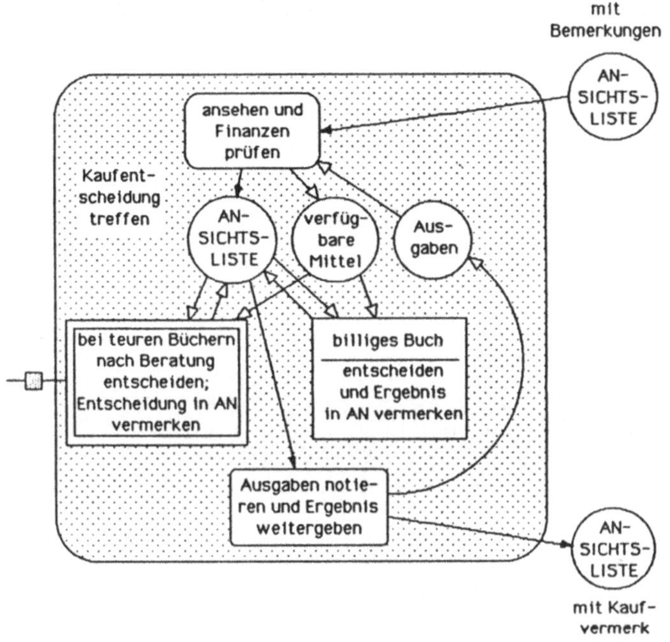

Rolle: Leiter   SOLL/L2
Funktion: Erweiterung
Aktion: Dezimalklassifikation
          festlegen

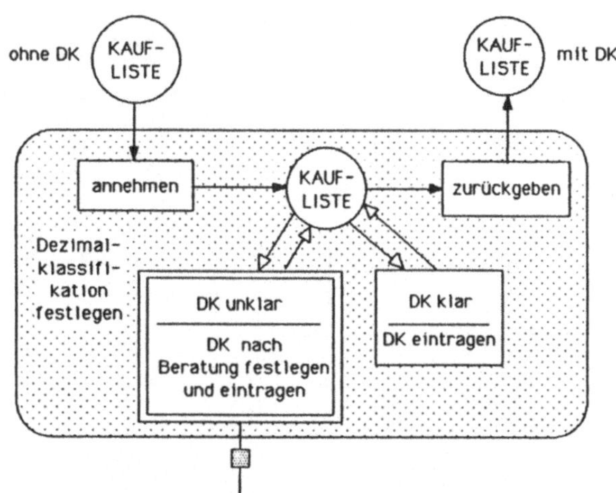

Abb. 5/59: Die Rolle 'Leiter' (SOLL, Aktionen)

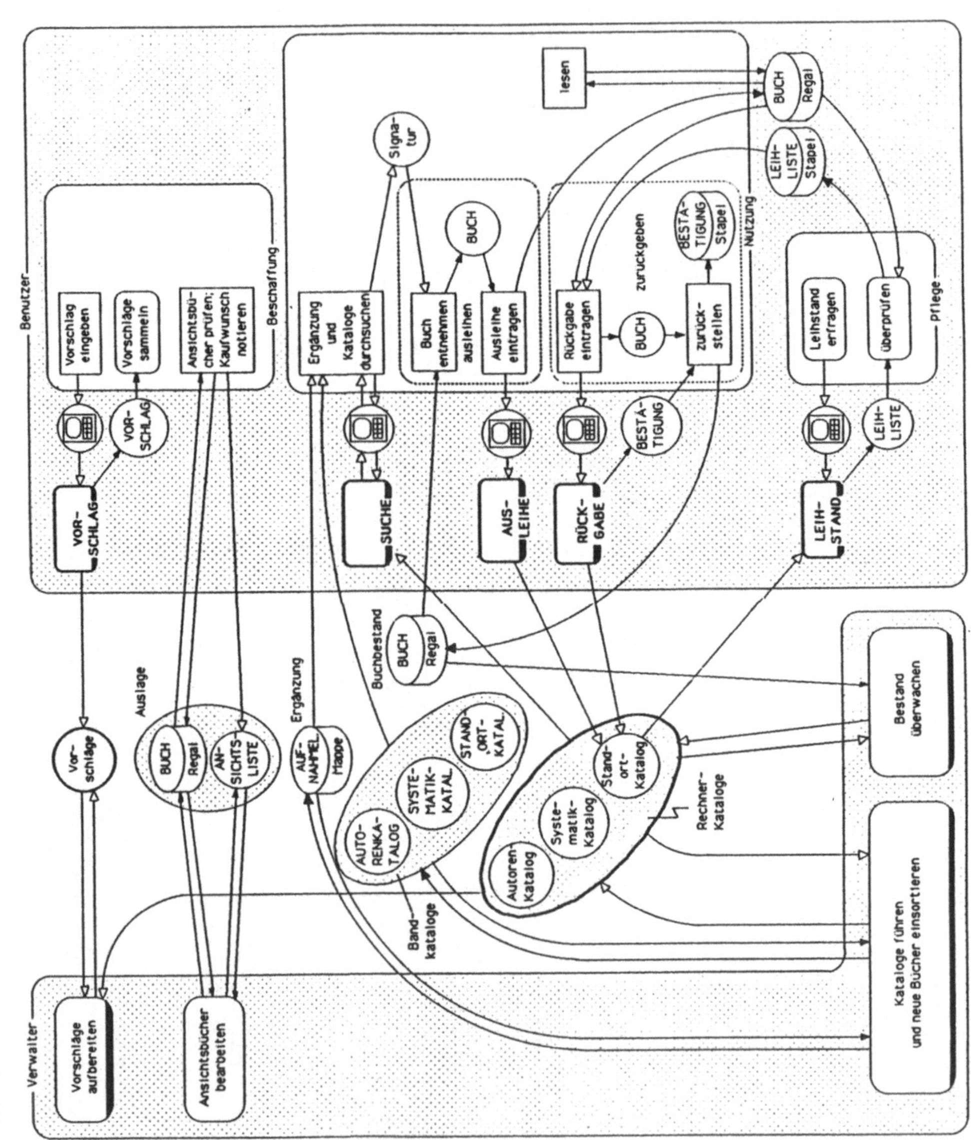

Abb. 5/60: Die Rolle 'Benutzer' (SOLL, Gesamtbeschreibung)

Das vorgestellte SOLL-Konzept kann als Ausgangspunkt für weitere
Verbesserungen im Rahmen von kooperativer Rollenentwicklung
dienen.
Zum Beispiel ist die Zielvorstellung, daß Benutzer bei
Rechnerausfall auch manuell arbeiten können sollen, nicht voll
verwirklicht. Zwar kann die Suche nach Büchern manuell erfolgen.
Eine Ausleihe ist jedoch selbst dann nicht möglich, wenn das
gesuchte Buch vorhanden ist, da sie im Rechner vermerkt werden
muß. Dasselbe gilt für die Rückgabe von Büchern. Eine
zusätzliche manuelle Kartei für nachzutragende Leihvorgänge
könnte vorgesehen und die Benutzerrolle entsprechend revidiert
werden.

Für Zwecke der Softwareentwicklung kann aus den Rollenbeschreibungen eine Beschreibung aller automatisierten Funktionen und
ihrer Zusammenhänge gewonnen werden (Abb.5/61). Sie enthält die
kombinierte Sicht der zugehörigen Rollen, sagt aber wenig über
die technische Realisierung von Funktionen, Mensch-Maschine-
Schnittstellen und rechnerinternen Positionen aus. Durch weitere
Präzisierung der Objekttypen und der automatisierten Funktionen
bis hin zu einer vollständigen Formalbeschreibung können
Vorgaben für die Programmierung gewonnen werden.

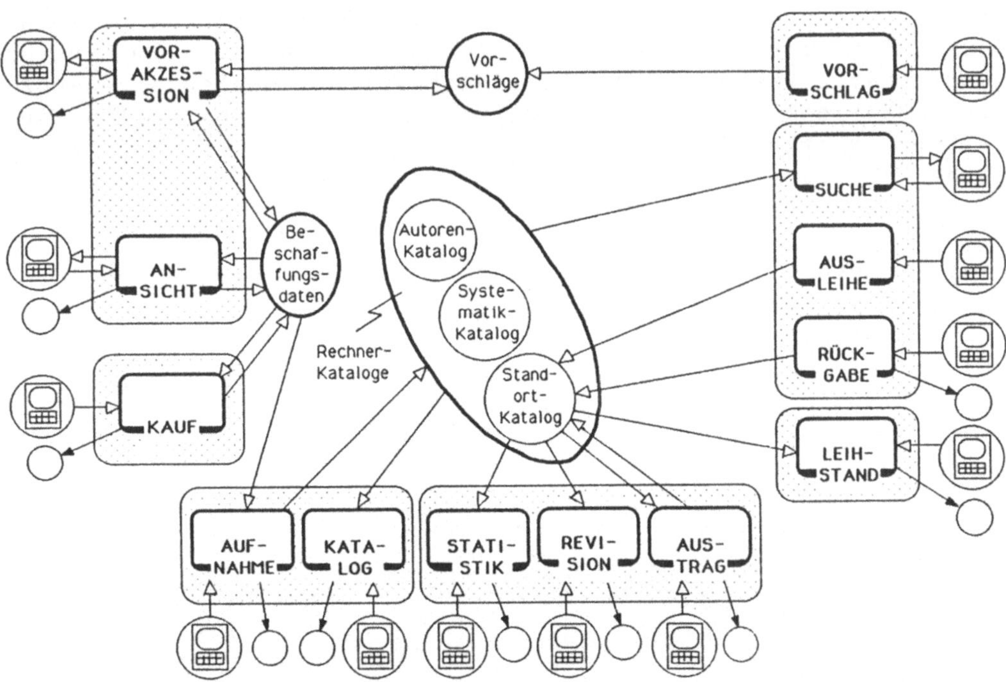

Abb. 5/61: Automatisierte Funktionen im Überblick

Das Bibliotheksbeispiel macht deutlich, daß RFA-Netze sehr flexibel zur Beschreibung primärer Rollen und automatisierter Funktionen auf verschiedenen Abstraktionsstufen, in Ausschnitten und aus unterschiedlichen Perspektiven eingesetzt werden können. Die wesentlichen Zusammenhänge sind auch ohne Formalisierung direkt aus der graphischen Darstellung zu erkennen.

5.2.3. Benutzungsmodell eines Texteditors

Das letzte komplexe Beispiel behandelt den Einsatz unserer Beschreibungskonzepte im Bereich der Dokumentation interaktiver, automatisierter Funktionen.
In Voruntersuchungen zu dieser Arbeit wurde ein vollständiges Benutzungsmodell des <u>zeilenorientierten Texteditors SOS</u> (Version 23/424) im DECSystem10 des Fachbereichs Informatik der Universität Hamburg entwickelt. Es wurde mit Hilfe von Kanal- /Instanz-Netzen und sogenannten Zustands-/Aktivitätsnetzen beschrieben (Oberquelle, 1984c; 1985). Die dort verwendete Beschreibungstechnik läßt sich unter Ausnutzung von RFA-Netzen weiter verbessern. Im folgenden werden die wesentlichen Klassen von Teilbeschreibungen an Hand von Beispielen vorgestellt.

Die Beschreibung des Benutzungsmodells geht von der Rolle eines <u>Textverarbeiters</u> aus, der automatisierte Funktionen des Time-sharing-Systems DEC10 mit dem Ziel der Herstellung gedruckter Texte für die eigene Verwendung ausnutzt. Im Rechner gespeicherte Texte werden als stationäre Datenobjekte behandelt. Die Möglichkeit der Kooperation mit anderen Rollen durch rechnervermittelten Austausch von gespeicherten Texten wird nicht betrachtet. Sie würde eine andere Sicht der Rolle 'Textverarbeiter' ergeben.

Die Struktur der Rolle 'Textverarbeiter' kann grob wie in Abb.5/62 erklärt werden.

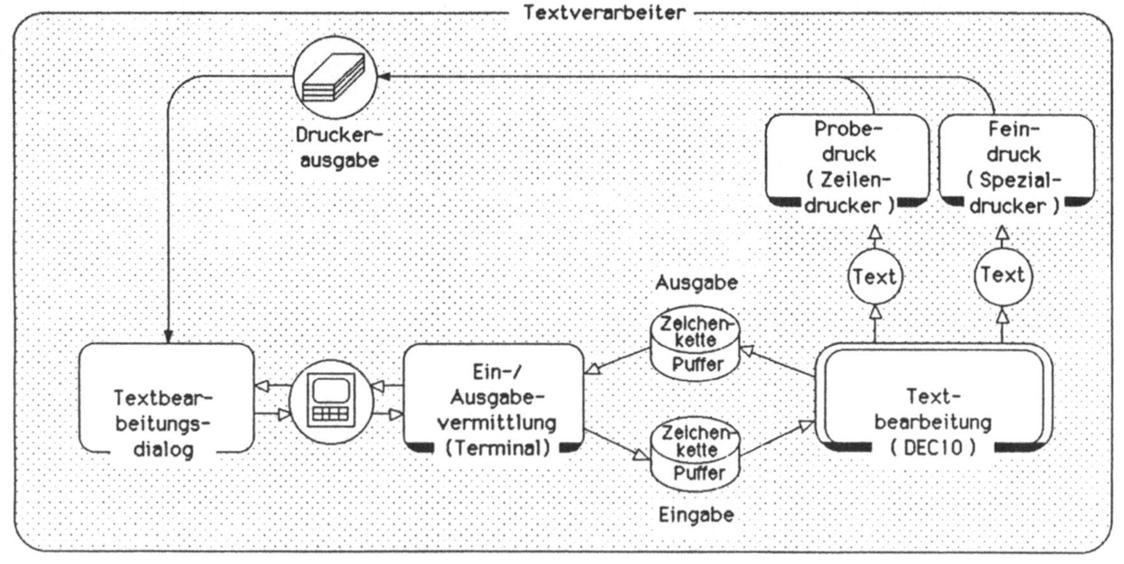

Abb. 5/62: Interaktionsmöglichkeiten des Textverarbeiters mit Textbearbeitungsfunktionen des DECSystem10 (RF-Netz)

Für die gezielte Nutzung der Editiermöglichkeiten und das Verständnis der auf dem Bildschirm angezeigten Daten benötigt der Textverarbeiter ein hinreichend präzises, vollständiges Modell der statischen Aufbaustruktur des Funktionskomplexes Textbearbeitung und seines dynamischen Verhaltens (vgl. Oberquelle, 1984b).

Abb.5/63 macht deutlich, daß aus der Sicht des Textverarbeiters grundsätzlich zwei Funktionskomplexe, Monitor und SOS-Editor, zu unterscheiden sind. Beide haben Zugriff auf die Benutzerdateien im Dateisystem.
Außerdem interagieren sie durch den Austausch von Aufruf- und Resultat-Daten, die jeweils nach Empfang durch den Empfänger gelöscht werden.

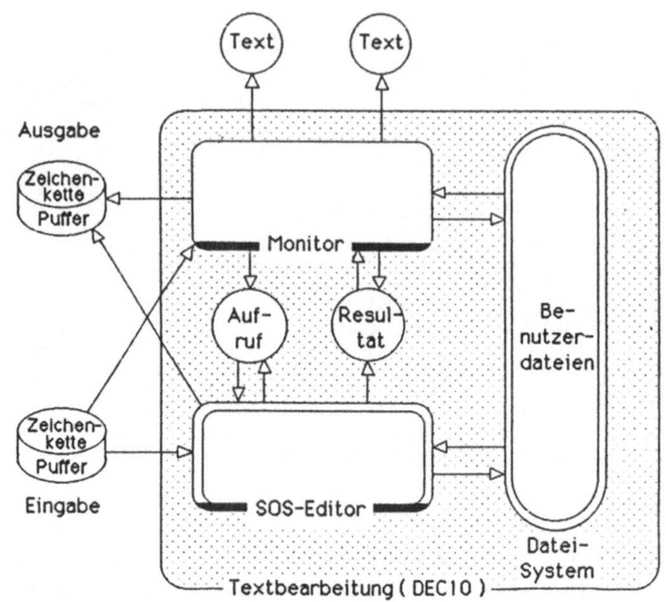

Abb. 5/63: Die Textbearbeitungsfunktionen (F-Netz)

Die feinste Beschreibung des SOS-Editors mit Funktionen ist in Abb.5/64 angegeben. Sie zeigt, daß maximal vier spezialisierte Editoren eingesetzt werden können, die je nach Aufruf als Voll- oder Lese-Editor auf die Benutzerdateien zugreifen. Je zwei der Editoren verwenden dieselben Parameter.

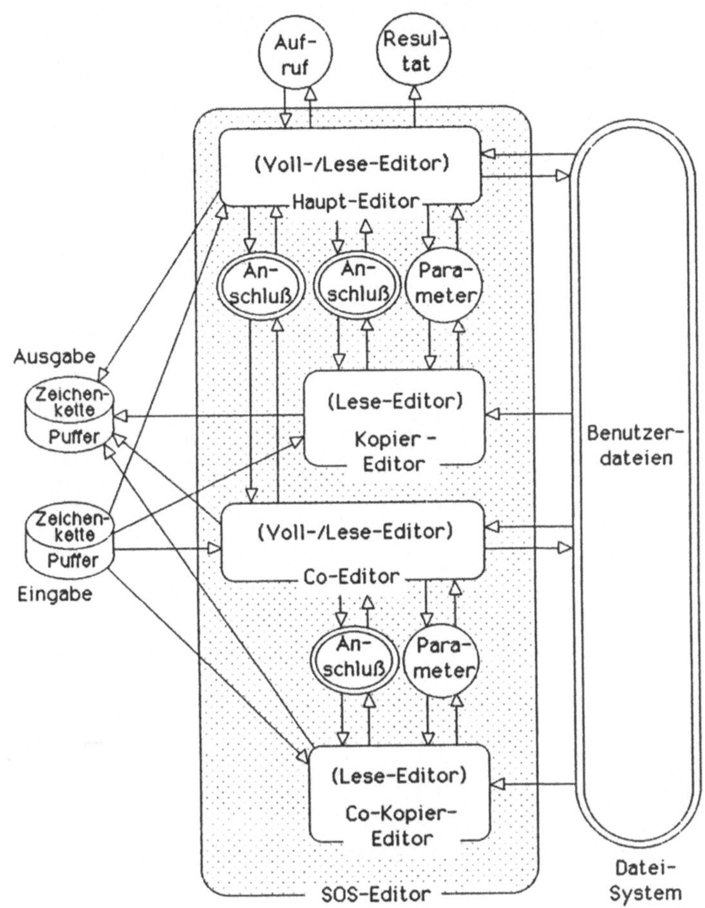

Abb. 5/64: Die Funktionen des SOS-Systems (F-Netz)

Die Aufbaustruktur von Editor-Funktionen wird exemplarisch für einen Voll-Editor in Abb.5/65 angegeben. Lese-Editoren entstehen durch Einschränkungen aus diesen.

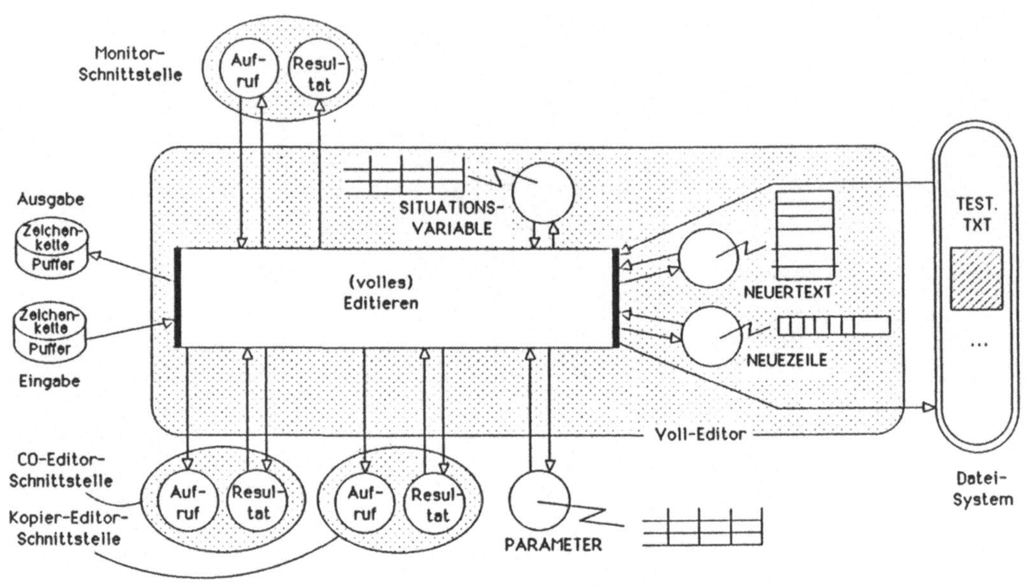

Abb. 5/65: Statische Struktur eines Voll-Editors (F-Netz)

Die <u>Tätigkeit</u> <u>des</u> <u>Editierens</u> hat lesenden Zugriff auf
Benutzerdateien, kann einen neuen Text und eine neue Zeile
bearbeiten und geänderte Texte in Dateien des Dateisystems
zurückschreiben. Sie wird durch Situationsvariable und Parameter
gesteuert, die durch spezielle Editierhandlungen veränderbar
sind. Die Objekttypen in den wichtigsten Positionen sind durch
Ikonen angegeben.

Die Objekttypen können informal durch graphische Strukturbeschreibungen wie in Abb.5/66 und erläuternden Text erfaßt
werden.

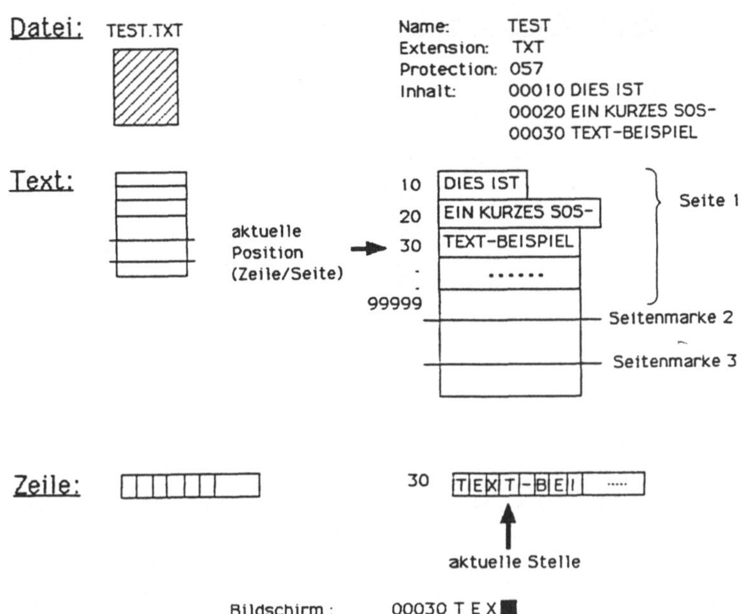

Abb. 5/66: Informale graphische Beschreibung wichtiger Objekttypen

Für die präzise Erfassung der Situationsvariablen und Parameter wurde in Oberquelle (1984c) eine Tabellendarstellung eingeführt, auf die das Tabellen-Ikon hinweist. Auf Einzelheiten dieser Objektbeschreibungen wird hier verzichtet.
Eingaben sind Zeichenketten, die gemäß der Kommandosprachen-syntax des Monitors bzw. des SOS-Systems konstruiert sein müssen. Sie können durch erweiterte Syntaxdiagramme (vgl. Oberquelle, 1984c) vollständig und anschaulich erfaßt werden.
Ausgaben sind ebenfalls Zeichenketten, die den Inhalt der bearbeiteten Datenobjekte (z.B. einen Bereich aus NEUERTEXT oder NEUEZEILE) oder Mitteilungen an den Textverarbeiter darstellen.

Die Dynamik der Editiertätigkeit kann vollständig mit Aktionsnetzen beschrieben werden. Die nachfolgenden Abbildungen zeigen Teile einer solchen stufenweisen Beschreibung. Um die Übersichtlichkeit zu erhöhen, wurde primär der Kontrollfluß dar-gestellt und nur zur Verdeutlichung der Interaktion mit anderen Funktionen die Zugriffe auf die Editoranschlüsse gezeigt.

Bei den Zuständen wird zur Erhöhung der Transparenz zwischen
<u>Dialogzuständen</u> und <u>internen Zuständen</u> unterschieden:

<u>Dialogzustand mit Anzeige</u>:

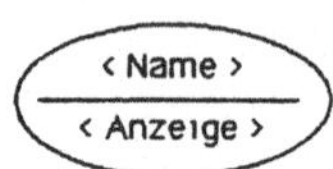

Die nächste Handlung kann durch eine Eingabe des
Benutzers ausgewählt werden.
Die Angabe der Anzeige ist optional. Ist sie an-
angeben, so erscheint sie jedesmal bei Erreichen
dieses Zustandes.

<u>Interner Zustand</u>:

Die nächste Handlung wird vom Dialogsystem in
Abhängigkeit vom Inhalt seiner Datenobjekte
ausgewählt.
Sie ist nicht unmittelbar durch Eingaben steuerbar.

Abb. 5/67: Zustandsklassen von Dialogsystemen

Ein Dialogzustand mit Anzeige kann als Abkürzung für ein
Teilnetz angesehen werden (vgl. Abb.5/68).

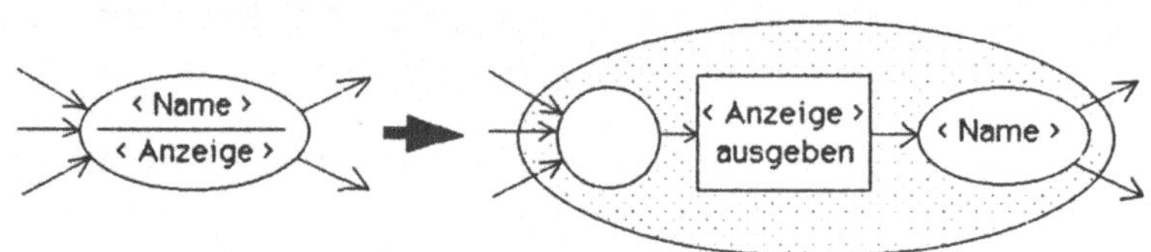

Abb. 5/68: Dialogzustand mit Anzeige

Abb.5/69 zeigt einen Überblick über alle Klassen von
Editierhandlungen, die durch Aufruf aus den internen Zuständen
'Start' bzw. 'Restart' oder aus dem Dialogzustand 'Textmodus'
erreichbar sind. Der Zustand 'Start' ist Anfangs- und Endzustand
der Editorfunktionen. Bei jeder Klasse sind einzelne enthaltene
Handlungen verbal und durch Kurzformen der für ihre Auswahl
benötigten Kommandos angegeben. Zur Erhöhung der Lesbarkeit sind
die Kontrollflußpfeile vom 'Textmodus' zu den unteren Hand-
lungskomplexen nur einmal vergröbert gezeichnet. Eine
Sonderstellung nimmt die Handlung 'unterbrechen' ein, die aus
jedem Zustand des Editors durch Eingabe des Kommandos CTRL-C
gefordert werden kann. Stellvertretend für alle diese Zustände
ist ein zusätzlicher Zustand mit der Bezeichnung 'beliebiger
Zustand' eingeführt worden.

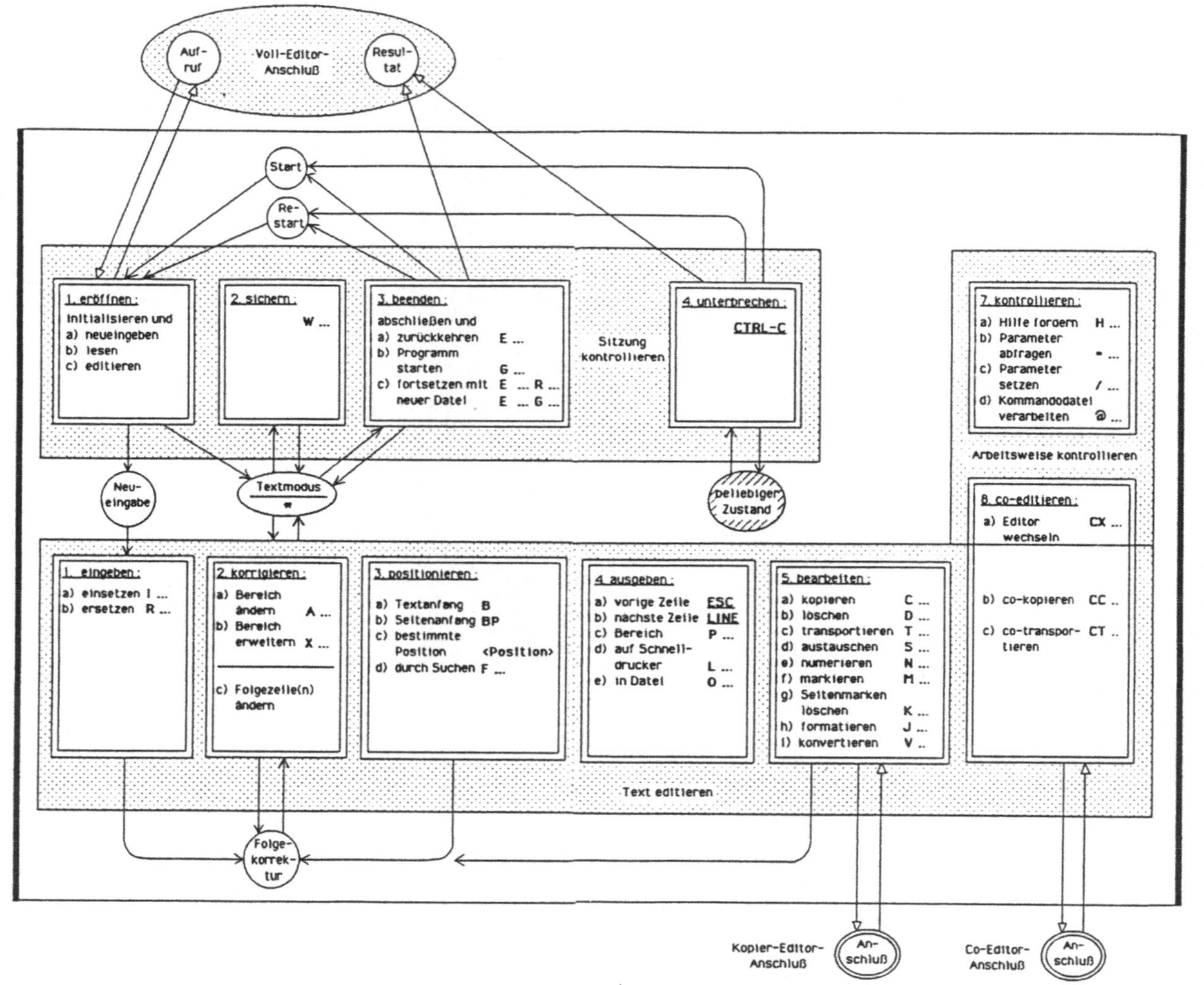

Abb. 5/69: Überblick über Handlungsklassen und Kommandos (FA-Netz)

Komplexe Handlungen werden weiter verfeinert, bis alle erreichbaren Dialogzustände erfaßt sind.
Abb.5/70 zeigt eine Verfeinerung der Handlung 'eingeben', die selbst einen Dialogzustand und einen internen Zustand besitzt und alternative Ein- und Ausgangszustände deutlich macht. Eine weitere Verfeinerung der Handlung 'zeichenweise eingeben' und des komplexen Dialogzustandes 'Zeicheneingabe' enthält Abb.5/71. Sie erfaßt auch Sonderfälle. Die Handlung 'Zeile korrigieren (ändern)' kann in ähnlicher Weise weiter verfeinert werden.

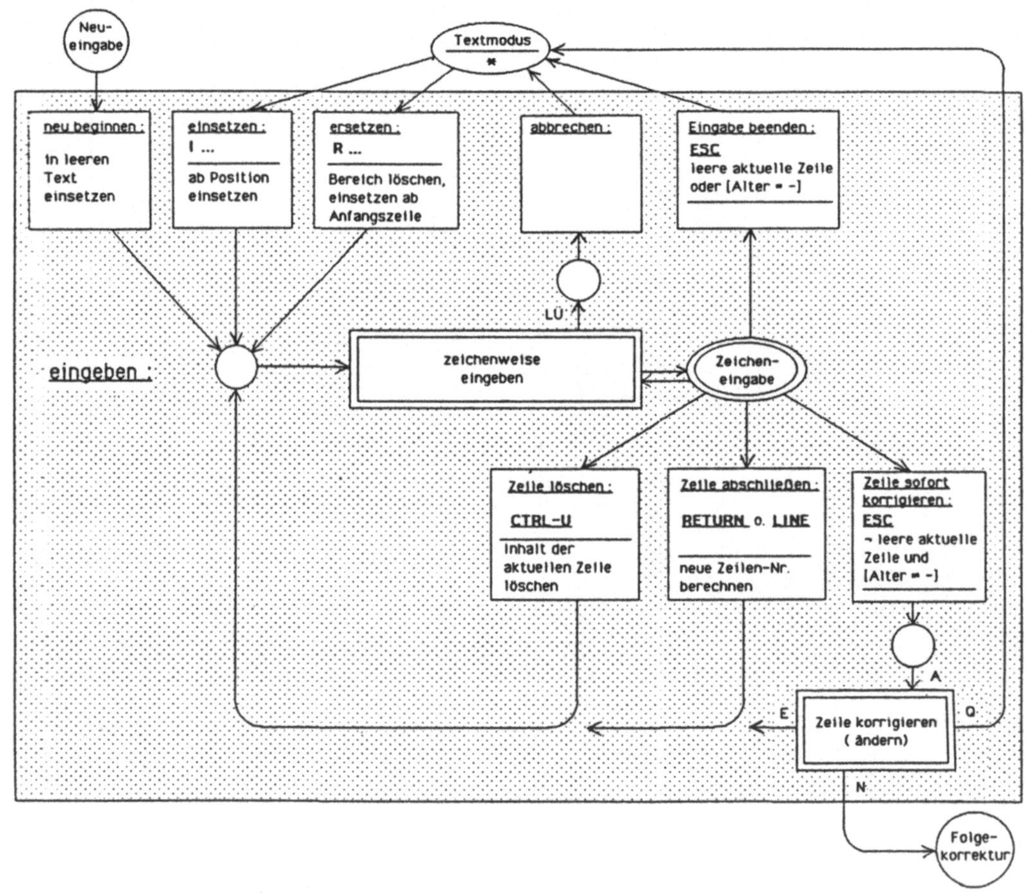

Abb. 5/70: Verfeinerung von 'eingeben' (A-Netz)

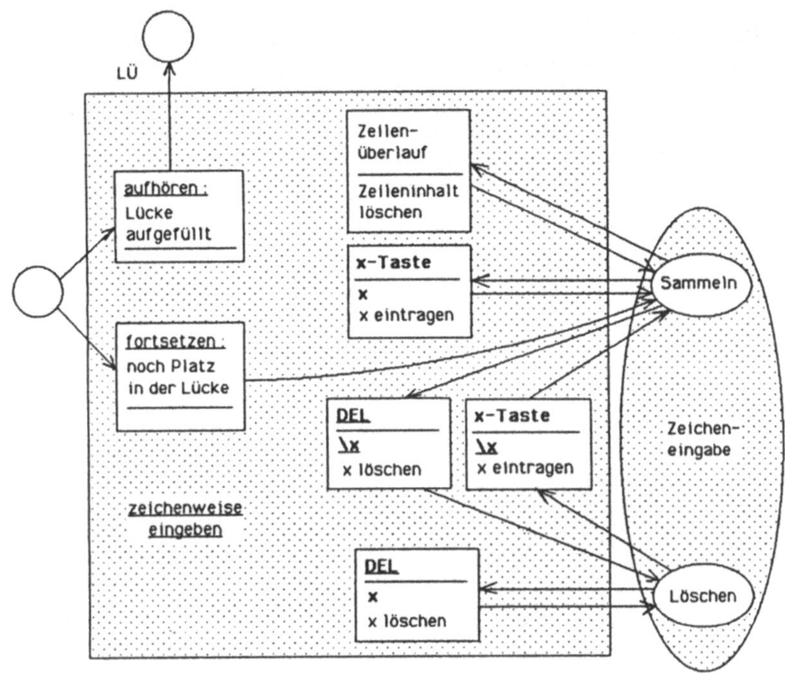

Abb. 5/71: Verfeinerung von 'zeichenweise eingeben'
und 'Zeicheneingabe' (A-Netz)

Für elementare Handlungen wird eine spezielle Konvention
verwendet:
- Bedingungen, die sich auf die Art der Eingabe beziehen, sind
  fett gedruckt.
- Ausgewertete Argumente von Kommandos werden mit kursiven Namen
  bezeichnet.
- Bedingungen und Wirkungen, die sich auf Situationsvariable
  oder Parameter beziehen, stehen in eckigen Klammern.
- Auszugebende Meldungen sind fett gedruckt.
- Alle sonstigen Bedingungen und Effekte werden verbal ausgedrückt.

Handlungen, die einem einzelnen Kommando entsprechen, können
selbst noch immer komplex sein und eine Verfeinerung erfordern.
Der Kontrollfluß kann von den Argumenten des Kommandos abhängen
und auf spezielle Dialogzustände führen, die durch ein vollständiges Benutzungsmodell erfaßt sein müssen. Abb.5/72 zeigt
ein Beispiel für eine semi-formale, graphische Beschreibung
eines Kommandos und der damit ausgewählten Handlung.

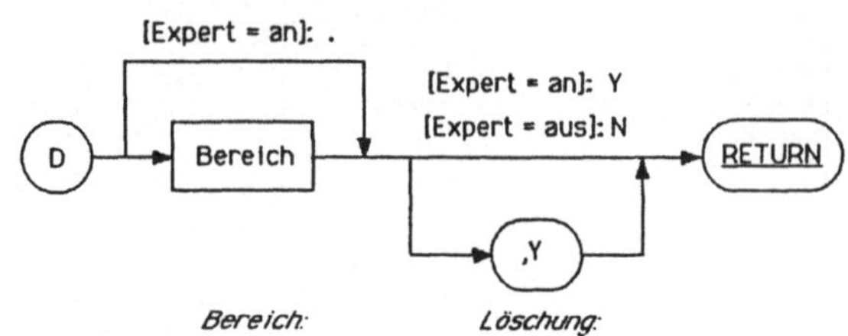

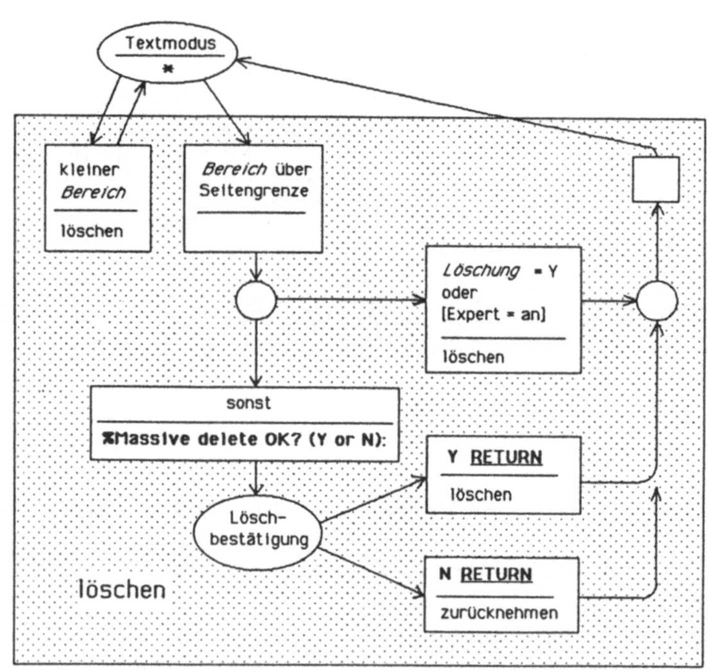

Abb. 5/72: Das Kommando 'delete' und die Handlung 'löschen'

Die Handlung wird verbal erläutert.
Die Struktur des Kommandos wird durch ein erweitertes Syntax-
diagramm angegeben, welches deutlich macht, welche Argumente (im
Beispiel: Bereich, Löschung) geliefert werden und wie fehlende
Angaben ergänzt werden.
Die Semantik des Kommandos ist die Ausführung der zugehörigen
Handlung 'löschen', die durch ein Aktionsnetz dargestellt ist.

In den Bedingungen und Wirkungen wird auf Argumente (kursiv) und Systemvariable (in eckigen Klammern) Bezug genommen.

In gleicher Weise wie in den vorstehenden Ausschnitten ist es möglich, alle Handlungen des SOS-Systems vollständig darzustellen. Dasselbe gilt für alle Monitorhandlungen, die zur Verarbeitung von Textdateien eingesetzt werden sollen.

Daß Benutzungsmodelle dieser Art zur Verbesserung des Verständnisses der automatisierten Funktionen und zur Erhöhung der Produktivität des menschlichen Rollenträgers beitragen, ist für die ursprüngliche SOS-Beschreibung in Oberquelle (1985) berichtet worden. Noch bessere Ergebnisse können mit einer verbesserten Darstellung auf der Basis von RFA-Netzen erwartet werden.

Aktionsnetze der hier verwendeten Art decken alle wesentlichen Möglichkeiten der in Abschnitt 3.4.1 diskutierten Zustandsdiagramme für die Spezifikation interaktiver automatisierter Funktionen ab. Sie zeigen darüber hinaus wesentlich deutlicher den Zusammenhang zwischen Kontroll- und Objektaspekt und zwischen statischer und dynamischer Struktur der Funktionen.
Wie die Zustandsdiagramme können die hier vorgestellten Ausdrucksmöglichkeiten nicht nur für die Dokumentation fertiger Systeme aus der Sicht primärer Rollenträger sondern auch in frühen Phasen der kooperativen Entwicklung von automatisierten Funktionen eingesetzt werden. Erfahrungen liegen damit jedoch noch nicht vor.

6. ZUSAMMENFASSUNG UND AUSBLICK

Ausgangspunkte dieser Arbeit waren Schwierigkeiten, die sich im Bereich der traditionellen Softwaretechnik und bei der Benutzung interaktiver Programmsysteme zeigen: Sowohl für die Kommunikation von Entwicklern mit Benutzern wie für die Formulierung von Benutzungsmodellen fehlen adäquate Beschreibungssprachen. Die Untersuchung dieser Problematik und die Erarbeitung von Lösungsvorschlägen erfolgte in drei Schritten.

Um zu wohl begründeten Anforderungen an benutzergerechte Beschreibungssprachen zu gelangen, wurden im 1.Schritt die Beziehungen zwischen Beschreibungen und Arbeit in Organisationen mit interaktivem Rechnereinsatz eingehend analysiert. Nach einer Charakterisierung der für den betrachteten Zusammenhang wesentlichen Eigenschaften von Beschreibungen wurde ein neuer konzeptioneller Rahmen entwickelt, innerhalb dessen die Benutzung von Computern und die Verwendung von Beschreibungen behandelt werden können.

Arbeit als Handeln in kooperierenden Rollen ist die Grundvorstellung, die auf drei konzeptionellen Ebenen betrachtet wird: auf der Rollenebene, der Funktionsebene und der Aktionsebene.

Die getroffenen Unterscheidungen zwischen Rollen und Funktionen, zwischen aktiven Handlungsträgern und passiven Objekten, zwischen zeitlichen Zuständen und räumlichen Positionen, zwischen individuellen Objekten und beliebig kopierbaren Datenwerten, zwischen Kooperation und Interaktion, zwischen Delegation und Wechsel des Funktionsträgers usw. erlauben eine differenzierte Erfassung des Computereinsatzes.
Computer können maximal Funktionsträger für solche Funktionen einer Rolle sein, deren Aktivität auf der Aktionsebene vollständig durch elementare Handlungen beschreibbar ist. Die vollständige Delegation von Aufgaben an Computer ist nicht möglich, da Delegation auch pragmatische Aspekte der Rollenebene umfaßt.

Rollenbeschreibungen sind ein wesentliches Hilfsmittel der Reorganisationsarbeit, die die Aufgabe von sekundären Rollen ist und die Veränderung von primären Rollen zum Ziel hat.

Das vorgeschlagene Konzept der kooperativen Rollenentwicklung geht davon aus, daß Träger primärer Rollen in sekundären Rollen an der Reorganisationsarbeit beteiligt werden, um ihr Wissen und ihre Interessen einbringen zu können. Für die Beschreibungssprachen ergeben sich spezifische Anforderungen, die ausführlich begründet wurden. Die Nützlichkeit nicht voll formalisierter, graphischer Ausdrucksformen wurde besonders betont.

Vor diesem konzeptionellen Hintergrund wurde in einem 2.Schritt eine umfassende Analyse von primär graphischen Ausdrucksmitteln vorgenommen. Es stellte sich heraus, daß alle wesentlichen Konzepte mit Hilfsmitteln der Netztheorie erfaßbar sind, wobei Objekte einer besonderen Behandlung bedürfen. Es erschien jedoch kein einzelner Ansatz und keine Kombination von Ansätzen direkt zur Rollenbeschreibung aus der Perspektive der primären Rollenträger geeignet.

Aus diesem Grunde wurde im 3.Schritt eine Menge von neuen, eng auf einanander abgestimmten, nicht formalisierten Netzinterpretationen eingeführt, die unter der Bezeichnung RFA-Netze zusammengefaßt sind. Die besondere Art der graphischen Darstellung erlaubt es, Rollen und ihre Bestandteile auf den einzelnen konzeptionellen Ebenen in unterschiedlichen Detaillierungen und Ausschnitten zu erfassen. Darüber hinaus können Beziehungen zwischen groben und feinen Darstellungen und zwischen Darstellungen auf den unterschiedlichen konzeptionellen Ebenen durch gemischte Netze zum Ausdruck gebracht werden. Elementare Aktionsnetze bilden eine gemeinsame feinste Darstellungsebene, von der aus alle anderen Konzepte von RFA-Netzen als Abstraktionen bzw. Spezialisierungen gewonnen werden können.

Dem Objektkonzept wurde besondere Aufmerksamkeit geschenkt. Nach einer Präzisierung des Objektbegriffs wurden vielfältige Möglichkeiten der Beschreibung von Objekten und von Operationen an Objekten vorgestellt. Sie stellen ein Spektrum an Ausdrucksformen dar, das mit Netzen kombinierbar ist, aus dem aber für jeden Anwendungsfall gezielt ausgewählt werden muß.

Im 5.Kapitel haben wir an einer Vielzahl unterschiedlicher Anwendungen gezeigt, daß RFA-Netze geeignet sind, komplizierte Zusammenhänge durch ihre graphische Differenziertheit verständlich zu beschreiben und umfangreiche Sachverhalte komprimiert und trotzdem übersichtlich zu erfassen.

Vergleichen wir das Erreichte mit dem Anforderungskatalog aus Kapitel 2, so kommen wir zusammenfassend zu folgenden Ergebnissen:

RFA-Netze und die Möglichkeiten der Objektbeschreibung bieten eine umfassende Menge von Sprachkonzepten zur Rollenbeschreibung aus der Sicht primärer Rollenträger. Sie spiegeln den im 2.Kapitel entwickelten konzeptionellen Rahmen direkt wider. Sie sind offen für die Integration der Fachsprache von speziellen Anwendungsgebieten.

Die Kohärenz von Teilbeschreibungen wird durch elementare Aktionsnetze als gemeinsame feinste Beschreibungsebene hergestellt.

Die graphischen Möglichkeiten wurden in RFA-Netzen und für Objektbeschreibungen gezielt ausgenutzt. Eine Formalisierung von Konzepten wurde nur für den Umgang mit Objekten exemplarisch angedeutet.

Alle für diese Arbeit angefertigten graphischen Darstellungen wurden rechnergestützt erstellt. Es wurde dafür das allgemeine Graphik-System MacDraft auf dem Macintosh-PC der Firma Apple verwendet. Die graphische Qualität der auf diesem Wege erzeugten Papierdarstellungen ist gut.
Die verfügbaren Netzeditoren (PETRIPOTE, Beaudouin-Lafon, 1983; PET, Krog & Pedersen, 1984) konnten nicht eingesetzt werden, weil sie auf spezielle Netztypen beschränkt sind und nur sehr eingeschränkte graphische Ausdrucksmöglichkeiten bieten.

Eine Präzisierung bis hin zur Formalisierung der RFA-Konzepte erscheint für elementare Aktionsnetze ohne große Schwierigkeiten mit Hilfe von PrT-Netzen oder HL-Netzen möglich. Für die Erfassung des Objektaspektes sind Spezialisierungen ähnlich wie in OF-Netzen notwendig.

Für die Zukunft zeichnen sich zwei wesentliche Aufgaben ab, die im Rahmen dieser Arbeit nicht bearbeitet werden konnten:

Zum einen ist es notwendig, die RFA-Konzepte in weiteren Anwendungsfällen mit primären Rollenträgern zu erproben und weiterzuentwickeln.

Zum anderen erscheint es notwendig und möglich, die Rechnerunterstützung bei der Bearbeitung von RFA-Netzen zu verbessern. Das verwendete System MacDraft bietet zwar den Vorteil, daß die elementaren graphischen Ausdrucksformen beliebig kombiniert und neue Ausdrucksformen (z.B. Ikonen) einbezogen werden können. Es nutzt andererseits die strukturellen Zusammenhänge zwischen den Netzkomponenten in keiner Weise und erfordert ein Arbeiten auf einer zu primitiven Stufe. Beispielsweise sind die weißen Datenflußpfeile aus einer ungerichteten Kante und einer Pfeilspitze zusamengesetzt, die einzeln positioniert werden mußten.

Graphische Editoren, die die Bearbeitung von gemischten Netzdarstellungen unterstützen, sind ein notwendiges Werkzeug, um den vorgestellten graphischen Sprachkonzepten für die kooperative Rollenentwicklung zu großer praktischer Verbreitung zu verhelfen.

LITERATURVERZEICHNIS

Diese Liste ist sortiert nach 1.Autor, Jahr, Ko-Autoren, a/b/c.
Sammelbände, die in mehreren Literaturangaben verwendet wurden,
sind mit einem '*' gekennzeichnet

Verwendete Abkürzungen:

    CACM   Communications of the ACM
    IFB   Informatik-Fachberichte
    IJMMS   International Journal on Man-Machine Studies
    LNCS   Lecture Notes in Computer Science
    NIS   Notizen zu Interaktiven Systemen
            (Herausgeber: GI-Fachgruppe 'Interaktive Systeme')

Arbejdspladsgruppen(1985).   EDB   konsekvensvurdering   paa
    Handelshøjskolens Bibliotek, Aarhus. Delrapport fra første
    fase;   Forskningsbibliotekernes   edb-konsekvensvurderings-
    projekt, Aarhus

Balzer,B.,Cheatham,T.E.,Green,G.(1983). Software Engineering in
    the 1990s: Using a New Paradigm. Computer, 16,11, 39-45
Balzert,H.(1982).   Die   Entwicklung   von   Software-Systemen.
    Prinzipien, Sprachen, Werkzeuge. Reihe Informatik, Bd.34,
    Bibliographisches Institut, Mannheim, Wien, Zürich
Bartholdy,M.(1984). Omskoling paa Berlingske Tidende. UTOPIA
    Projekt, rapport nr.10, Arbetslivscentrum, Stockholm
Belady,L.A.,Lehman,M.M.(1979).   The   Characteristics   of Large
    Systems. in: Wegner,P.(Ed.). Research Directions in Software
    Technology. MIT Press, Cambridge, Mass., London, 106-138
Beaudouin-Lafon,M.(1983). PETRIPOTE: A Graphic System for Petri-
    Nets Design and Simulation. Papers presented at the 4th
    European Workshop on Applications and Theory of Petri Nets,
    Toulouse, 20-30
Bertin,J.(1974).   Graphische   Semiologie,   Diagramme,   Netze,
    Karten. de Gruyter, Berlin, New York
Best,E.,Fernandez,C.(1986).   Notations   and Terminology on Petri
    Net Theory. Arbeitspapiere der GMD, 195, GMD, St.Augustin
*Bjerknes,G.,Ehn,P.,Kyng,M.(Eds.)(1987).   Computers and Democracy
    - A Scandinavian Challenge (im Druck)
Boehm,B.W.(1976). Software Engineering. IEEE Transactions on
    Computers 25,12, 1226-1241
Bødker,S.,Hammerskov,J.(1984).   ISAC - A Case Study of Systems
    Description Tools. Aarhus University, Computer Science Dept.,
    DAIMI PB-172

Borgida,A.(1985). Features of Languages for the Development of Information Systems at the Conceptual Level. IEEE Software, 63-72

Bracci,G.,Pernici,B.(1984). The Design Requirements of Office Systems. ACM Transactions on Office Information Systems 2,2, 151-170

*Brauer,W.(Ed.)(1980) Net Theory and Applications. LNCS Vol. 84, Springer, Berlin, Heidelberg, New York

*Briefs,U.,Ciborra,C.,Schneider,L.(Eds.)(1983). Systems Design for, with and by the Users. North-Holland, Amsterdam

Brodie,M.J.,Mylopoulos,J.,Schmidt,J.W.(Eds.)(1984). On Conceptual Modelling. Perspectives from Artificial Intelligence, Databases, and Programming Languages. Springer, New York, Berlin, Heidelberg, Tokyo

Carrol,J.M.,Thomas,J.C.(1982). Metaphor and the Cognitive Representation of Computing Systems. IEEE Transactions on Systems, Man and Cybernetics, Vol. SMC-12,2, 107-116

Chen,P.P.(1976). The Entity-Relationship Model - Toward a Unified View of Data. ACM Transactions on Database Systems, 1,1, 9-36

Clement.D.(1984). Empirical Guidelines and a Model for Writing Computer Documentation. in: INTERACT(1984), Vol.1, 108-122

De Cindio,F.,De Michelis,G.,Pomello,L.,Simone,C.(1982). Superposed Automata Nets. in: Girault,C.,Reisig,W.(Eds.). Applications and Theory of Petri Nets. IFB Vol. 52, Springer, Berlin, Heidelberg, New York, 269-279

De Cindio,F.,De Michelis,G.,Pomello,L.,Simone,C.(1983a).Real System Modelling: A Formal but Realistic Approach to Organizational Design; in: Wedde,H.(Ed.). Adequate Modeling of Systems. Springer, Berlin, Heidelberg, New York, Tokyo, 134-152

De Cindio,F.,De Michelis,G.,Pomello,L.,Simone,C.(1983b). Conditions and Tools For an Effective Negotiation During the Organization/ Information Systems Design Process; in: Briefs et al.(1983), 173-192

De Cindio,F.,De Michelis,G.,Simone,C.(1985). Formal Computer Systems in Social Organizations. Working Conference on DEVELOPMENT AND USE OF COMPUTER-BASED SYSTEMS AND TOOLS, Precedings, Part I, Aarhus University, Aarhus, 145-164

Dehning,W.,Maaß,S.(1977). Kommunikative Aspekte der Mensch-Computer-Interaktion. Universität Hamburg, Fachbereich Informatik, Mitteilung Nr. 43, IFI-HH-M-43/77

Denert,E.(1977). Specification and Design of Dialog Systems With State Diagrams. in: Morlet,E.,Ribbens,D.(Eds.). Proc. International Computing Symposium. North-Holland, Amsterdam, 417-424

Dickover,M.E.,McGowan,C.L.,Ross,D.T.(1978). Software Design Using SADT. in: Infotech State of the Art Report 'Structured Analysis and Design', Vol.2, Infotech Int., Maidenhead, 99-114

DIN(1977). DIN 66001: Sinnbilder für Datenfluß- und Programmablaufpläne. (September 1977). Beuth, Berlin, Köln

DIN(1978). DIN 66200: Betrieb von Rechensystemen, Begriffe. (Oktober 1978). Beuth, Berlin, Köln

Dzida,W.(1981). Unterstützung menschlichen Arbeitshandelns durch das Datensichtgerät. in: ERGONOMIC(Hrsg.). Das Datensichtgerät als Arbeitsmittel II, Berlin, 69-77

Dzida,W.(1983a). Das IFIP-Modell für Benutzerschnittstellen. Office Management, Vol.31, Sonderheft "Mensch-Maschine-Kommunikation", 6-8

Dzida,W.(1983b). Über den möglichen Einfluß der kognitiven Ergonomie auf die Software-Produktion. in: Cakir,A.E.(Hrsg.). Bildschirmarbeit. Konfliktfelder und Lösungen. Springer, Berlin,Heidelberg,New York, 229-248

Dzida,W.,Valder,W.(1984). Application Domain Modelling by Knowledge Engineering Techniques. in: INTERACT(1984), Vol.2, 320-327

Ehn,P.,Kyng,M.(1987). The Collective Resource Approach to Systems Design. in: Bjerknes et al.(1987), 17-57

*Ehrig,H.,Floyd,C.,Nivat,M.,Thatcher,J.(Eds.)(1985). Formal Methods in Software Development. Vol.1: Colloquium on Trees in Algebra and Computing. LNCS Vol. 185; Vol.2: Colloquium on Software Engineering. LNCS Vol. 186; Springer, Berlin, Heidelberg, New York, Tokyo

Essig,H.,Heibey,H.-W.,Kühn,M.,Rolf,A.(1980). BENORSY Prototyp. Universität Hamburg, Fachbereich Informatik, Forschungsgruppe DV-Wirkungen

Fitschen,F.(1984). Das Fallregelparadigma als generelles Programmierkonzept. Universität Hamburg, Fachbereich Informatik, Mitteilung Nr. 118, IFI-HH-M-118/84

Floyd,C.(1983). Grundzüge eines Paradigmenwechsels in der Softwaretechnik. (unveröffentlichtes Vortragsmanuskript). Vortrag beim IV. Wissenschaftlichen Kolloquium zur Organisation der Datenverarbeitung 'Information, Organisation und Informationstechnologie', Humboldt-Universität, Berlin, DDR, 13.-15.12.1983

Floyd,C.,Keil,R.(1983).   Adapting   Software   Development   for
    Systems Design With the User; in: Briefs et al.(1983),
    163-172
Floyd,C.(1984). A Systematic Look at Prototyping. in: Budde,R.,
    Kuhlenkamp,K.,Mathiassen,L.,Züllighoven,H.(Eds.). Approaches
    to Prototyping. Springer, Berlin, Heidelberg, New York,
    Tokyo, 1-18
Floyd,C.,Pasch,J.(1985).   Methoden   für   den   Entwurf   großer
    Softwaresysteme. in: Morgenbrod,H.,Remmele,W.(Hrsg.). Entwurf
    großer Software-Systeme. Berichte des German Chapter of the
    ACM, Bd.19, Teubner, Stuttgart, 12-37
Floyd,C.(1985). On the Relevance of Formal Methods to Software
    Development. in: Ehrig et al. (1985), Vol.2, 1-11
Floyd,C.(1987).   Outline of a Paradigm Change in Software
    Engineering. in: Bjerknes et al.(1987), 191-210
Freeman,P.,von Staa,A.(1984). Towards a Theory of Software Engi-
    neering; University of California, Irvine, Information and
    Computer Science, TR   242 (submitted for publication)

Genrich,H.J.,Richter,G.(1974). DIN 66200 - ein Anfang in der
    Betriebssystemnormung. Angewandte Informatik 8, 339-342
Genrich,H.J.,Stankiewicz-Wiechno,E.(1980). A Dictionary of Some
    Basic Notions of Net Theory. in: Brauer(1980), 519-535
Genrich,H.J.,Lautenbach,K.(1981).   System Modelling with High-
    level Petri Nets. Theoretical Computer Science 13,1, 109-136
Genrich,H.J.,Shapiro,R.M.(1983).   A Diagram Editor for Line
    Drawings with Inscriptions. in: Pagnoni,A.,Rozenberg,G.
    (Eds.). Applications and Theory of Petri Nets. IFB Vol. 66,
    Springer, Berlin, Heidelberg, New York, Tokyo, 112-131
Gibbs,S.J.(1985). Conceptual Modelling and Office Information
    Systems. in: Tsichritzis,D.C.(Ed.).   Office Automation.
    Concepts and Tools. Springer, Berlin, Heidelberg, New York,
    Tokyo, 193-225
Godbersen,H.(1983). Funktionsnetze. Eine Modellierungskonzeption
    zur Entwurfs- und Entscheidungsunterstützung. Ladewig,
    Birkach, Berlin, München
Götzke,H.(1972). Netzplantechnik. Technik-Tabellen-Verlag Fin-
    kentscher & Co., Darmstadt
Goldberg,A.,Robson,D.(1983). SMALLTALK-EIGHTY[80]. The Language
    and Its Implementation. Addison-Wesley, Reading, MA
Gorny,P.(1984). Zur Manipulation visueller Information. in:
    Schauer & Tauber(1984), 55-88
Gould,J.D.,Lewis,C.(1985).   Designing   for   Usability: Key
    Principles and What Designers Think. CACM 28,3, 300-311
Grochla,E.(1972). Unternehmungsorganisation. Rowohlt, Reinbek
    bei Hamburg

Grochla,E. und Mitarbeiter(1974). Integrierte Gesamtmodelle der Datenverarbeitung. Entwicklung und Anwendung des Kölner Integrationsmodells. Hanser, München
Grochla,E.(Hrsg.)(1978). Elemente der organisatorischen Gestaltung. Rowohlt, Reinbek bei Hamburg

Hacker,W.(1978). Allgemeine Arbeits- und Ingenieurpsychologie. 2.Aufl. Huber, Bern
Halasz,F.G.,Moran,T.P.(1982). Analogy Considered harmful. in: Moran.T.P.(Ed.). Eight Short Papers on User Psychology. XEROX PARC, Palo Alto, 33-36
Holt,A.W.(1979a). Net Models of Organizational Systems, in Theory and Practice. in: Petri,C.A.(Ed.). Ansätze zur Organisationstheorie Rechnergestützter Informationssysteme. GMD, Bericht Nr.111, Oldenbourg, München, Wien, 39-62
Holt,A.W.(1979b). Roles and Activities. A System for Describing Systems (incomplete draft). Massachusetts Computer Inc., Wakefield
Holt,A.W.(1980). How to Read Entity Activity Maps. (Manuskript). Massachusetts Computer Inc., Wakefield
Holt,A.W.,Ramsey,H.R.,Grimes,J.D.(1983). Methode des Koordinierungssystems als Grundlage eines Umfeldes für Software-Technik. Elektrisches Nachrichtenwesen, Vol. 57,4, 307-314
Holt,A.W.(1985). Coordination Systems: The User's View. (Draft Version of 19 june 1985). ITT, Shelton
Holt,A.W.(1986). Coordination Technology and Petri Nets. in: Rozenberg (1986), 278-296
Hülsen,H.-J.,Schmidt,C.,Schulz,J.(1984). Formale Semantik der Sprache INTRAN unter besonderer Berücksichtigung eines Objektbegriffs (Band 1 und Band 2). Universität Hamburg, Fachbereich Informatik, Mitteilungen Nr. 120 und 121

Iivari,J.(1983). Contributions to the Theoretical Foundations of Systemeering Research and the PIOCO Model. Acta Universitatis Ouluensis, Series A, No. 150, University of Oulu, Oulu, Finland
Iivari,J.,Koskela,E.(1984). On the modelling of human-computer interaction as the interface between user's work activity and the information system. in: INTERACT(1984), Vol.1, 150-157
*INTERACT(1984). Conference Papers INTERACT '84, First IFIP Conference on 'Human-Computer Interaction', London, Vol.1 and Vol.2

Jackson,M.A.(1975). Principles of Program Design. Academic Press, London
Jacob,R.J.K.(1983). Using Formal Specifications in the Design of a Human-Computer Interface. CACM 26,3, 259-264

Jensen,K.(1981). Coloured Petri Nets and the Invariant Method.
    Theoretical Computer Science, 14, 317-336
Jensen,K.(1983). High-Level Petri Nets; in: Pagnoni,A., Rozen-
    berg,G. (Eds.). Applications and Theory of Petri Nets. IFB
    Vol. 66, Springer, Berlin, Heidelberg, New York, Tokyo,
    166-180
Jochum,F.,Winter,D.(1981). ISAC - eine Analyse- und
    Entwurfsmethode für komplexe Softwaresysteme. in: Proc. GI
    11.Jahrestagung, IFB Vol.50, Springer, Berlin, Heidelberg,
    New York, 201-215

Kämper,S.,Schneider,N.(1984). Verwendung von Netzen zur aufga-
    benbezogenen Anforderungsermittlung: Darstellung, Erprobung
    und Bewertung anhand der Fallstudie 'Bibliothekssystem'.
    Diplomarbeit, TU Berlin, WS 83/84
Kammersgaard,J.,Kyng,M.(1984). EDB og arbejdets organisering paa
    dagbladet Information. UTOPIA Projekt, rapport nr. 17;
    Arbetslivscentrum, Stockholm
Keil-Slawik,R.(1985a). KOSMOS - Ein Konstruktionsschema zur
    Modellierung offener Systeme als Hilfsmittel für eine
    ökologisch orientierte Softwaretechnik. Dissertation, Berlin
Keil-Slawik,R.(1985b). Aufgabenbezogene, dialogorientierte
    Systementwicklung. GI-Fachgruppe Software Engineering
    (Hrsg.). Softwaretechnik-Trends, 5,2, 105-135
Kieras,D.,Polson,P.G.(1984). A Generalized Transition Network
    Representation for Interactive Systems. in: Janda,A.(Ed.).
    Human Factors in Computing Systems. North-Holland, Amsterdam,
    103-106
Klaus,G.(1973). Semiotik und Erkenntnistheorie. Wilhelm Fink
    Verlag, München-Salzburg, 4.Aufl.
Kosiol,E.(1978). Aufgabenanalyse und Aufgabensynthese. in:
    Grochla(1978), 66-84
Krämer,B.(1984). Stepwise Construction of Non-Sequential
    Software Systems Using a Net-based Specification Language.
    in: Rozenberg,G.(Ed.). Advances in Petri Nets 1984. LNCS Vol.
    188, Springer, Berlin, Heidelberg, New York, Tokyo, 307-330
Krog,J.W.,Pedersen,J.A.M.(1984). PET - A graphical Petri net
    editor. User's Manual. Aarhus University, Computer Science
    Department, DAIMI MD-50, Version 1
Krückeberg,F.(1983). Bürokommunikation und ihr Umfeld. in:
    Wisskirchen et al.(1983), 95-120
Kupka,I.,Oberquelle,H.,Wilsing,N.(1975). An Experimental
    Language for Conversational Use. Universität Hamburg,
    Institut für Informatik, Bericht Nr. 18, IFI-HH-B-18/75
Kupka,I.,Maaß,S.,Oberquelle,H.(1981). Kommunikation - ein Grund-
    begriff für die Informatik. Universität Hamburg, Fachbereich
    Informatik, Mitteilung Nr. 91, IFI-HH-M-91/81

Kupka,I.,Maaß,S.,Oberquelle,H.(1982).   Kommunikation in Mensch-
    Rechner-Dialogen. in: Proc. GI 12.Jahrestagung, IFB Vol. 57,
    Springer,Berlin, Heidelberg, New York, 211-230
Kupka,I.(1984). Algorithmische Metakommunikation. in: Schauer &
    Tauber(1984), 9-19

Lundeberg,M.,Goldkuhl,G.,Nilsson,A.(1979). A Systematic Approach
    to Information Systems Development. I. Introduction.
    Information Systems 4, 1-12; II. Problem and Data Oriented
    Methodology. Information Systems 4, 93-118

Maaß,S.(1984).   Mensch-Rechner-Kommunikation.   Herkunft   und
    Chancen eines neuen Paradigmas. Universität Hamburg,
    Fachbereich Informatik, Bericht Nr. 104, FBI-HH-B-104/84
MacLennan,B.J.(1982).   Values   and   Objects   in   Programming
    Languages. ACM SIGPLAN Notices 17,12, 70-79
Maiocchi,M.(1985).   The   Use   of   Petri Nets in Requirements and
    Functional Specification. in: Teichroew,D.,David,G.(Eds.).
    System Description Methodologies. North-Holland, Amsterdam,
    New York, Oxford, 253-272
Malone,T.W.(1985).   Designing   Organizational   Interfaces.   in:
    Borman,L.,Curtis,B.(Eds.).   Human   Factors   in   Computing
    Systems; CHI'85 Conference Proceedings, Special Issue of the
    ACM SIGCHI Bulletin, 66-71
Mathiassen,L.(1981).   Systemudvikling og Systemudviklingsmetode.
    Universitet Aarhus, Datalogisk Afdeling, DAIMI-PB-136
Mekly,L.J.,Yau,S.S.(1980).   Software Design Representation Using
    Abstract Process Networks. IEEE Transactions on Software
    Engineering, Vol. SE-6,5, 420-435
Moran,T.P.(1981). The Command Language Grammar: a Representation
    for the User Interface of Interactive Computer Systems. IJMMS
    15, 3-50

Naur,P.(1982). Formalization in Program Development. BIT 22,
    437-453
Naur,P.(1985). Intuition in Software Development. in: Ehrig et
    al.(1985), Vól.2, 60-79
Nievergelt,J.(1983).   Die   Gestaltung   der   Mensch-Maschine-
    Schnittstelle.   Proc.   GI-13.Jahrestagung, IFB Vol.73.
    Springer, Berlin, Heidelberg, New York, Tokyo, 41-50
Norman,D.A.(1984).   Stages   and   Levels   in   Human-Machine
    Interaction. NIS 13, 13-24
Nygaard,K.,Sørgaard,P.(1987).   The   Perspective   Concept   in
    Informatics. in: Bjerknes et al.(1987)

Nygaard,K.,Haandlykken,P.(1981). The System Development Process - Its Setting, Some Problems and Needs for Methods. in: Hünke,H. (Ed.). Software Engineering Environments. North-Holland, Amsterdam, New York, Oxford, 157-173

Oberquelle,H.(1979a). Objektorientierte Informationsverarbeitung und benutzergerechtes Editieren. Teil 1: Grundlagen. Universität Hamburg, Fachbereich Informatik, Bericht Nr.62, IFI-HH-B-62/79

Oberquelle,H.(1979b). Objektorientierte Informationsverarbeitung und benutzergerechtes Editieren. Teil 2: Eine Anwendungs-studie. Universität Hamburg, Fachbereich Informatik, Bericht Nr.63, IFI-HH-B-63/79

Oberquelle,H.(1980). Nets as a Tool in Teaching and Terminology Work. in: Brauer(1980), 481-506

Oberquelle,H.(1981). Communication by Graphic Net Representations. Universität Hamburg, Fachbereich Informatik, Bericht Nr.75, IFI-HH-B-75/81

Oberquelle,H.(1982). Some Concepts for Studying Flow and Modifi-cation of Actors and Objects in High-level Nets. Papers presented at the 3rd Eupopean Workshop on Applications and Theory of Petri Nets, Varenna, 343-363

Oberquelle,H.,Kupka,I.,Maaß,S.(1983). A view of human-machine communication and co-operation. IJMMS 19, 4, 309-333

Oberquelle,H.(1984a). Basic Concepts of Object-Flow Nets. Universität Hamburg, Fachbereich Informatik, Mitteilung Nr.122, FBI-HH-M-122/84

Oberquelle,H.(1984b). On Models and Modelling in Human-Computer Co-Operation. in: van der Veer,G.C.,Tauber,M.J.,Green,T.R.G., Gorny, P.(Eds.). Readings in Cognitive Ergonomics - Mind and Computers. LNCS Vol. 178, Springer, Berlin, Heidelberg, New York, Tokyo, 26-43

Oberquelle,H.(1984c). Beschreibung von Dialogsystemen mit Diagrammen: Der Text-Editor SOS. Universität Hamburg, Fachbereich Informatik, Mitteilung Nr.130, FBI-HH-M-130/84

Oberquelle.H.(1985). Semi-formal Graphic Modelling of Dialog Systems. in: Papers Presented at the 6th European Workshop on Applications and Theory of Petri Nets. Espoo, Finland, June 26-28, 1985. Helsinki University of Technology, Digital Systems Laboratory, 1-16 und
Universität Hamburg, Fachbereich Informatik, Bericht Nr. 113, FBI-HH-B-113/85

Parnas,D.L.(1969). On the Use of Transition Diagrams in the Design of a User Interface for an Interactive Computer System. Proc. ACM 24th Nat. Conference, 378-385

Petri,C.A.(1977a). Communication Disciplines. in: Shaw,B.(Ed.).
     Computing System Design. Proc. Joint IBM University of
     Newcastle upon Tyne Seminar. University of Newcastle upon
     Tyne, Computing Laboratory, 171-183
Petri,C.A.(1977b). Modelling as a Communication Discipline. in:
     Beilner,H.,Gelenbe,E.(Eds.).   Measuring,   Modelling   and
     Evaluating Computer Systems. North-Holland, Amsterdam,
     435-449
Petri,C.A.(1980).   Introduction to General Net Theory. in:
     Brauer(1980), 1-19

Reisig,W.(1982). Petri-Netze. Eine Einführung. Springer, Berlin,
     Heidelberg, New York
Reisig,W.(1983). System Design Using Nets. Papers presented at
     the 4th European Workshop on Applications and Theory of Petri
     Nets, Toulouse, 309-321
Richter,G.(1982). IML-inscribed nets for modelling text
     processing and data(base) management systems. in:
     Zaniolo,C.,Delobel,C. (Eds.). Proc. 7th Int. Conf. on Very
     Large Data Bases, Cannes. IEEE Computer Society Press,
     363-375
Richter,G.(1983a): Realitätsgetreues Modellieren und modell-
     getreues Realisieren von Bürogeschehen. in: Wißkirchen et
     al.(1983), 145-214
Richter,G.(1983b).   Netzmodelle   für   die Bürokommunikation.
     Informatik-Spektrum 6,4, 210-220 (Teil 1), 7,1, 28-40 (1984,
     Teil 2)
Richter,G.,Voss,K.(1986). Towards a Comprehensive Office Model
     Integrating Information and Resources. in: Rozenberg (1986),
     401-417
Ross,D.T.(1977).   Structured   Analysis(SA):   A Language for
     Communicating Ideas. IEEE Transactions on Software
     Engineering, Vol. SE-3,1, 16-34
Ross,D.T.,Schoman,K.E.Jr.(1977).   Structured   Analysis   for
     Requirements Definition. IEEE Transactions on Software
     Engineering, Vol. SE-3,1, 6-15
Ross,D.T.(1980). Removing the Limitations of Natural Language
     (With Principles Behind the RSA Language). in: Freeman,H.,
     Lewis II, P.M.(Eds.). Software Engineering. Academic Press,
     New York etc., 149-179
*Rozenberg,G.(Ed.).(1986) Advances in Petri Nets 1985. LNCS
     Vol.222, Springer, berlin, Heidelberg, New York, Tokyo

Santos,C.S. dos,Neuhold,E.J.,Furtado,A.L.(1980).   A Data Type
     Approach   to   the   Entity-Relationship   Model.   in:
     Chen,P.P.(Ed.). Entity-Relationship Approach to Systems
     Analysis and Design. North-Holland, Amsterdam, New York,
     Oxford, 103-119
*Schauer,H.,Tauber,M.(Hrsg.)(1984).   Psychologie der Computer-
     benutzung.   Schriftenreihe der Österreichischen Computer-
     gesellschaft, Vol.22, Oldenbourg, Wien, München
Searle,J.R.(1969). Speech Acts. Cambridge University, Cambridge
Sørgaard,P.(1985). Perspective and Description. An Investigation
     of Two Central Concepts related to Systems Development
     Considered as a Knowledge Producing Process.   Aarhus
     University, Computer Science Department
Streitz,N.(1984). Cognitive Ergonomics: An Approach for the
     Design of User-oriented Interactive Systems. RWTH Aachen,
     Institut für Psychologie, Arbeitsbericht Nr.I/17

Troy,N.(1981). Zur Bedeutung der Streßkontrolle. Experimentelle
     Untersuchungen über Arbeit unter Zeitdruck. Diss., ETH Zürich

Valder,W.,Weller,U.(1984). Schwierigkeiten mit der klassischen
     Systemanalyse. Angewandte Informatik 8, 323-328
Vester,F.(1975). Denken, Lernen, Vergessen. Deutsche Verlagsan-
     stalt, Stuttgart
Volpert,W.(1974) Handlungsstrukturanalyse. Pahl-Rugenstein, Köln
von Staa,A.,Freeman,P.(1985). Requirements for Software Engi-
     neering Languages. University of California, Irvine,
     Information and Computer Science, TR 85-08 (submitted for
     publication)

Wasserman,A.I.(1985). Extending State Transition Diagrams for
     the Specification of Human-Computer Interaction. IEEE
     Transactions on Software Engineering, Vol. SE-11,8, 699-713
Watzlawick,P.,Beavin,J.H.,Jackson,D.D.(1974). Menschliche Kommu-
     nikation, Formen, Störungen, Paradoxien. Huber, Bern
Wells,M.(1984) Representing the User's Model of an Interactive
     System. in: INTERACT(1984), 145-149
Wendt,S.(1983). Grundlegende Systemtechnische Begriffe und
     Modelle der Informationstechnik. Universität Kaiserslautern,
     Fachbereich Elektrotechnik, Bericht 83-B-14
Winograd,T.,Flores,C.F.(1986).   Understanding   Computers   and
     Cognition: A New Foundation for Design. Ablex Publishing
     Corp., Norwood, New Jersey
*Wisskirchen,P.,   Kreifelts,T.,   Krückeberg,F.,   Richter,G.,
     Wurch,G. (Hrsg.) (1983). Informationstechnik und Bürosysteme.
     Teubner, Stuttgart

Yau,S.S.,Caglayan,M.U.(1983). Distributed Software System Design
    Using Modified Petri Nets. IEEE Transactions on Software
    Engineering, Vol. SE-9,6, 733-745
Young,R.M.(1981). The machine inside the machine: user's models
    of pocket calculators. IJMMS 15, 51-85

Zemanek,H.(1980). Abstract Architecture. General Concepts for
    Systems Design. in: Bjørner,D.(Ed.). Abstract Software Speci-
    fiations. LNCS Vol. 86, Springer, Berlin, Heidelberg, New
    York, 1-42
Zemanek,H.(1984). Über die Grenzen der Einsicht im Computer-
    wesen. in: Wettstein,H.(Hrsg.). Architektur und Betrieb von
    Rechensystemen. IFB Vol. 78, Springer, Berlin, Heidelberg,
    New York, Tokyo, 1-25

Band 111: Kommunikation in Verteilten Systemen II. GI/NTG-Fachtagung, Karlsruhe, März 1985. Herausgegeben von D. Heger, G. Krüger, O. Spaniol und W. Zorn. XII, 236 Seiten. 1985.

Band 112: Wissensbasierte Systeme. GI-Kongreß 1985. Herausgegeben von W. Brauer und B. Radig. XVI, 402 Seiten, 1985.

Band 113: Datenschutz und Datensicherung im Wandel der Informationstechnologien. 1. GI-Fachtagung, München, Oktober 1985. Proceedings, 1985. Herausgegeben von P. P. Spies. VIII, 257 Seiten. 1985.

Band 114: Sprachverarbeitung in Information und Dokumentation. Proceedings, 1985. Herausgegeben von B. Endres-Niggemeyer und J. Krause. VIII, 234 Seiten. 1985.

Band 115: A. Kobsa, Benutzermodellierung in Dialogsystemen. XV, 204 Seiten. 1985.

Band 116: Recent Trends in Data Type Specification. Edited by H.-J. Kreowski. VII, 253 pages. 1985.

Band 117: J. Röhrich, Parallele Systeme. XI, 152 Seiten. 1986.

Band 118: GWAI-85. 9th German Workshop on Artificial Intelligence. Dassel/Solling, September 1985. Edited by H. Stoyan. X, 471 pages. 1986.

Band 119: Graphik in Dokumenten. GI-Fachgespräch, Bremen, März 1986. Herausgegeben von F. Nake. X, 154 Seiten. 1986.

Band 120: Kognitive Aspekte der Mensch-Computer-Interaktion. Herausgegeben von G. Dirlich, C. Freksa, U. Schwatlo und K. Wimmer. VIII, 190 Seiten. 1986.

Band 121: K. Echtle, Fehlermaskierung durch verteilte Systeme. X, 232 Seiten. 1986.

Band 122: Ch. Habel, Prinzipien der Referentialität. Untersuchungen zur propositionalen Repräsentation von Wissen. X, 308 Seiten. 1986.

Band 123: Arbeit und Informationstechnik. GI-Fachtagung. Proceedings, 1986. Herausgegeben von K. T. Schröder. IX, 435 Seiten. 1986.

Band 124: GWAI-86 und 2. Österreichische Artificial-Intelligence-Tagung. Ottenstein/Niederösterreich, September 1986. Herausgegeben von C.-R. Rollinger und W. Horn. X, 360 Seiten. 1986.

Band 125: Mustererkennung 1986. 8. DAGM-Symposium, Paderborn, September/Oktober 1986. Herausgegeben von G. Hartmann. XII, 294 Seiten, 1986.

Band 126: GI-16. Jahrestagung. Informatik-Anwendungen – Trends und Perspektiven. Berlin, Oktober 1986. Herausgegeben von G. Hommel und S. Schindler. XVII, 703 Seiten. 1986.

Band 127: GI-17. Jahrestagung. Informatik-Anwendungen – Trends und Perspektiven. Berlin, Oktober 1986. Herausgegeben von G. Hommel und S. Schindler. XVII, 685 Seiten. 1986.

Band 128: W. Benn, Dynamische nicht-normalisierte Relationen und symbolische Bildbeschreibung. XIV, 153 Seiten. 1986.

Band 129: Informatik-Grundbildung in Schule und Beruf. GI-Fachtagung, Kaiserslautern, September/Oktober 1986. Herausgegeben von E. v. Puttkamer. XII, 486 Seiten. 1986.

Band 130: Kommunikation in Verteilten Systemen. GI/NTG-Fachtagung, Aachen, Februar 1987. Herausgegeben von N. Gerner und O. Spaniol. XII, 812 Seiten. 1987.

Band 131: W. Scherl, Bildanalyse allgemeiner Dokumente. XI, 205 Seiten. 1987.

Band 132: R. Studer, Konzepte für eine verteilte wissensbasierte Softwareproduktionsumgebung. XI, 272 Seiten. 1987.

Band 133: B. Freisleben, Mechanismen zur Synchronisation paralleler Prozesse. VIII, 357 Seiten. 1987.

Band 134: Organisation und Betrieb der verteilten Datenverarbeitung. 7. GI-Fachgespräch, München, März 1987. Herausgegeben von F. Peischl. VIII, 219 Seiten. 1987.

Band 135: A. Meier, Erweiterung relationaler Datenbanksysteme für technische Anwendungen. IV, 141 Seiten. 1987.

Band 136: Datenbanksysteme in Büro, Technik und Wissenschaft. GI-Fachtagung, Darmstadt, April 1987. Proceedings. Herausgegeben von H.-J. Schek und G. Schlageter. XII, 491 Seiten. 1987.

Band 137: D. Lienert, Die Konfigurierung modular aufgebauter Datenbanksysteme. IX, 214 Seiten. 1987.

Band 138: R. Männer, Entwurf und Realisierung eines Multiprozessors. Das System „Heidelberger POLYP". XI, 217 Seiten. 1987.

Band 139: M. Marhöfer, Fehlerdiagnose für Schaltnetze aus Modulen mit partiell injektiven Pfadfunktionen. XIII, 172 Seiten. 1987.

Band 140: H.-J. Wunderlich, Probabilistische Verfahren für den Test hochintegrierter Schaltungen. XII, 133 Seiten. 1987.

Band 141: E. G. Schukat-Talamazzini, Generierung von Worthypothesen in kontinuierlicher Sprache. XI, 142 Seiten. 1987.

Band 142: H.-J. Novak, Textgenerierung aus visuellen Daten: Beschreibungen von Straßenszenen. XII, 143 Seiten. 1987.

Band 143: R. R. Wagner, R. Traunmüller, H. C. Mayr (Hrsg.), Informationsbedarfsermittlung und -analyse für den Entwurf von Informationssystemen. Fachtagung EMISA, Linz, Juli 1987. VIII, 257 Seiten. 1987.

Band 144: H. Oberquelle, Sprachkonzepte für benutzergerechte Systeme. XI, 315 Seiten. 1987.

Band 145: K. Rothermel, Kommunikationskonzepte für verteilte transaktionsorientierte Systeme. XI, 224 Seiten. 1987.

Band 146: W. Damm, Entwurf und Verifikation mikroprogrammierter Rechnerarchitekturen. VIII, 327 Seiten. 1987.

Band 147: F. Belli, W. Görke (Hrsg.), Fehlertolerierende Rechensysteme / Fault-Tolerant Computing Systems. 3. Internationale GI/ITG/GMA-Fachtagung, Bremerhaven, September 1987. Proceedings. XI, 389 Seiten. 1987.

Band 148: F. Puppe, Diagnostisches Problemlösen mit Expertensystemen. IX, 257 Seiten. 1987.

Band 149: E. Paulus (Hrsg.), Mustererkennung 1987. 9. DAGM-Symposium, Braunschweig, Sept./Okt. 1987. Proceedings. XVII, 324 Seiten. 1987.

Band 150: J. Halin (Hrsg.), Simulationstechnik. 4. Symposium, Zürich, September 1987. Proceedings. XIV, 690 Seiten. 1987.

Band 151: E. Buchberger, J. Retti (Hrsg.), 3. Österreichische Artificial-Intelligence-Tagung. Wien, September 1987. Proceedings. VIII, 181 Seiten. 1987.

Band 152: K. Morik (Ed.), GWAI-87. 11th German Workshop on Artificial Intelligence. Geseke, Sept./Okt. 1987. Proceedings. XI, 405 Seiten. 1987.

Band 153: D. Meyer-Ebrecht (Hrsg.), ASST'87. 6. Aachener Symposium für Signaltheorie. Aachen, September 1987. Proceedings. XII, 390 Seiten. 1987.